中國傳統　經典與解釋

入其國，其教可知也……其爲人也：溫柔敦厚而不愚，則深於《詩》者也；疏通知遠而不誣，則深於《書》者也；廣博易良而不奢，則深於《樂》者也；絜靜精微而不賊，則深於《易》者也；恭儉莊敬而不煩，則深於《禮》者也；屬辭比事而不亂，則深於《春秋》者也。

——《禮記·經解》

中國傳統 經典與解釋
Classici et Commentarii

方以智集

邢益海 張永義 ●主編

圖象幾表

［明］方以智◎編
彭戰果 郭旭◎校注

華夏出版社
HUAXIA PUBLISHING HOUSE

2019年國家社會科學基金項目
"桐城方氏學派文獻整理與研究"
（項目編號：19ZDA030）

"方以智集"出版説明

方以智，字密之，號曼公、愚者、無可、藥地等。萬曆三十九年（1611），生於安徽桐城。崇禎十三年（1640），進士及第，授翰林院檢討。明亡後流離嶺表，永曆帝累以内閣大學士相召，終上十辭疏而不入朝。順治七年（1650），在廣西平樂爲清兵所執，披緇得免。順治九年（1652）北返，經樟樹（有藥都之稱），停廬山，抵桐城。次年春往南京曹洞宗禪師覺浪道盛處，圓具足戒，法名大（弘）智。順治十二年（1655）因父喪破關回桐城，廬墓三年。服闋後禪遊江西，並於康熙三年（1664）入主青原山淨居寺。康熙十年（1671），因"粤難"押赴廣東，卒于江西萬安之惶恐灘。

方以智雖一生坎坷，卻好學不倦。早歲重考訂，《清史稿·隱逸傳》稱其"年十五，群經、子、史，略能背誦。博涉多通，自天文、輿地、禮樂、律數、聲音、文字、書畫、醫藥、技勇之屬，皆能考其源流，析其旨趣。"中年以後，瀕經離亂，備嘗艱險，爲學轉趨幽深。出家後思考重心多落在烹炮三教，宗一圓三，環中寓庸，會通《易》《莊》禪之途。所著書，存世者不下400萬言。其中，《物理小識》《通雅》等屬前期作品，《易餘》《東西均》《藥地炮莊》《冬灰錄》《一貫問答》以及《周易時論合編》（方孔炤、方以智合編）等爲後期代表作，另有詩文集若干種。

方以智生前聲名籍甚，身後卻默默無聞，與其學術史地位頗不相稱。"方以智集"箋注疏釋方以智要著,以饗學界。尚未流通者,優先推出。已整理而明顯不盡人意者,亦不憚重出:或校點,或校釋,或校訂,或彙編,有注音,有釋義。一切以可讀、可用爲準也。方以智文字艱深玄奧,索解不易,本集不敢以盡善盡美爲矢的,歡迎讀者批評指正。

古典文明研究工作坊
中國典籍編注部乙組
2011年5月

目　　錄

校注説明 / 1

李世洽鑒定刻本 / 1
周易時論序 / 3
時論序 / 6
方潛夫先生時論序 / 8
方仁植先生每覓易象詩以謝之 / 11
周易時論序 / 13
方中德跋 / 14
方中通記 / 17
方中履記 / 19
周易時論合編圖象目錄 / 21
時論後跋 / 25
周易時論合編凡例 / 27

圖象幾表卷之一
　方孔炤序 / 35
　方以智記 / 36

圖書
　冒示 / 37
　諸家冒示 / 39
　河圖洛書舊説 / 43
　密衍 / 56
　四象卦數舊説 / 66
　四象新説 / 67
　洪範九疇諸解 / 70
　河洛析説 / 76
　　朱升七圖
　　新表矩曲四圖
　　飛宮禹步
　　三合四圖
　　巳亥穿圖
　　三七衡圖
　　關子明三合
　　大九九方圖
　　鄭樵《禹貢》依生序説

干支維正河圖
陰符遁甲洛書
洛書符
圖書五行 / 85
五行尊火爲宗說 / 92

圖象幾表卷之二
　卦畫
　　八卦橫圖 / 94
　　大橫圖 / 95
　　　八卦積數
　　　十八變參兩數
　　大圓圖 / 99
　　八際峙望中分互取圖 / 104
　　合方圓圖諸說 / 106
　　三十六宮方圖合元會圖 / 109
　　方圖諸象 / 110
　　　四交十六卦
　　　四層起中
　　　四破各十六卦
　　　十二方環中央
　　　明堂表法
　　　握機表法
　　　旋望對錯
　　　疊對
　　　震巽中交
　　　坎離井字

艮兌邊井字
倒方圖易震巽說
四分四層說 / 121
方圖明堂表法說 / 122
日月運行圖 / 124
明生歲成納甲氣朔圖 / 126
卦起中孚歸奇象閏圖 / 128
九行八卦表 / 130
宿度圖 / 134
分野星土說 / 139
　分野圖
　星土說
三天圖 / 145
納音圖 / 147

圖象幾表卷之三
　八卦
　　父母圖說 / 151
　　先天八卦方位圖說 / 153
　　後天八卦方位圖說 / 155
　　先天一三縱橫說 / 160
　　中天四坎四離變衍 / 161
　　四正四偏先後之變與統
　　　三男三女先後之變 / 163
　　唐堯朔易圖 / 165
　　天門據始圖說 / 166
　　後天分金說附 / 168

三輪拱架幾表說 / 168
十六卦環中交用圖說 / 170
先後天因重說 / 171

卦變

《啓蒙》卦變圖 / 173
來氏、沈氏《象傳》卦變說 / 174
八宮游、歸卦變圖 / 178
歸游相綜之圖 / 182
元公黃氏衍京變 / 184
八不變卦顛盪圖 / 186
八盪雙顛圖 / 187
依先天序顛錯三圖 / 189
巾石昌氏中交百二十八卦圖 / 190
序卦互見圖 / 192
京變圓圖與應朔望圖 / 193
朱子卦變圓圖 / 195
三互圖說 / 196

圖象幾表卷之四

蓍策

《啓蒙》蓍衍 / 199
　三微成蓍
　三蓍成象
　四約過揲
　十八變策六十四狀圖
邵子十二會策 / 205

大衍蓍原析圖 / 209
大衍千二百乘起圖 / 210
易東丁氏倚九十九圖 / 211
圖書合數 / 212
　用五
　二微
　餘數
《關子明易傳》約 / 214
七其六說 / 217
大衍蓍原三五錯綜說 / 217
七七說 / 221
筮占 / 223

序卦說

景元蕭氏考約 / 225
黃氏卦序演 / 237
三十六貞悔圓圖、方圖 / 241
《野同錄》序卦 / 244

圖象幾表卷之五

旁徵

三易考約 / 247
《京氏傳》約 / 249
六十四卦甲子積算 / 252
卦氣直日圖 / 257
具爻應廿四氣納虛圖 / 259
《太玄》約 / 261
《洞極》約 / 264

《元包》約 / 266
《潛虛》約 / 269
邵約 / 271
　經世概
　元會數
　天根月窟圖
洪範蔡疇 / 279
　石齋黃氏廣填卦三圖
五行雜變附 / 284
玩易雜說 / 294
　承乘比應
　中四爻
　任間〇卦主

納音附
邵子聲音概論
燕樂論約
等切旋韵約表
論古皆音和說

圖象幾表卷之七

《崇禎曆書》約 / 361
圜中
天圜
二曜
五緯
兩間質約 / 380

圖象幾表卷之六

五運六氣圖 / 302
三陰三陽圖 / 304
五運六氣 / 305
人體呼吸十二經卦氣圖 / 308
人身呼吸合天地卦氣說 / 310
律呂聲音幾表 / 320
　律應卦氣相生圖
　《律呂新書》積實約
　八十四調
　黃鐘空圍九分圖說

圖象幾表卷之八

極數概 / 391
河洛積數概
九六說
參兩說
五合相藏說
四象八卦適值位數
商高積矩圖說
石齋黃氏天方圖說
聲數

校注説明

《圖象幾表》是《周易時論合編》的一部分。方氏襲承朱熹《周易本義》以來的象數易學注《易》著作的一般體例，將易圖及其說明文字作爲第一部分，而將《周易》文本的注解作爲第二部分。《圖象幾表》是《周易時論合編》的第一部分即易圖及易圖的説明文字，凡八卷；緊隨《圖象幾表》之後的上下經、上下繫、説卦、序卦、雜卦之古今注解集成與闡發部分凡十五卷。鑒于《周易時論合編》的篇幅很大，故將該書分爲《圖象幾表》（前八卷）和易注（後十五卷）兩部分進行校注，前者擬名《圖象幾表》，後者擬名《周易時論》。

據方以智《時論後跋》，《周易時論合編》經四次易稿而成。方孔炤自崇禎四年春至崇禎六年（1631—1633）爲方大鎮結廬守孝期間，廣方學漸《易蠡》和方大鎮《易意》而編成初稿；又于崇禎十三年（1640）在獄中與黃道周探討易學，互受影響，崇禎十四年秋出獄后，歷時二年"會揚、京、關、邵，以推見四聖，發揮旁通，論諸圖説"而易稿；1644年，明亡，方孔炤歸隱桐城故里，重新編修《時論》，第三次易稿；清順治十二年秋（1655）方孔炤卒，方以智受父編《時論》之遺命，于順治十三年爲方孔炤結廬守孝合山時，率三子中德、中通、中履及從子中泰（即中發）始再編《時論》。成書後，于順治十七年（1660）由白華堂刊刻，而迄今發現的三個《周易時論合編》藏本皆由該刻本印出：一爲日本內閣文庫藏書，1983年台灣文鏡文化事業公司將之影印出版；一爲北京大學藏本，2002年影印出版于上海古籍出版社的《續修四庫全書》叢書經部易類第15册；一爲中國社會科學院哲學所藏本，原書有殘，據日本内閣文庫藏本補全。

因各藏本圖文皆存在印刷模糊不明處，故《圖象幾表》的校注本採用文鏡文化事業公司影印本和《續修四庫全書》影印本（前者簡稱"文鏡本"，後者簡稱"續修本"，兩本合稱"原本"）互參校正。對于文鏡本和續修本皆誤刻、漏刻或模糊不清的圖文內容，主要採用其他相同或相近文本、行文理路和義理、計算方法等進行校正。

原本《周易時論合編·圖象目錄》所載的標題和原本《圖象幾表》正文中的標題之間存在着很大的出入，若互相參照《圖象目錄》所載標題和原本正文所載標題，則可將原本正文中所載的標題分爲三類：甲，以完全一樣的名稱出現在《圖象目錄》中的標題，這類標題約占原本標題的50％；乙，標題名稱與《圖象目錄》中所載的標題存在略微差異且存在明顯對應關係的標題，這類標題約占原本標題的35％；丙，未出現在《圖象目錄》中且無法與目錄中的標題相對應的標題，這類標題約占原本標題的15％。《圖象目錄》中所載的標題也可分爲三類：子，與原本正文標題存在對應關係的標題（也就是上述原本標題的甲、乙二類），這類標題約占《圖象目錄》標題的37％；丑，没被載入到原本正文之中且與原本正文內容存在明顯對應關係的標題，這類標題約占《圖象目錄》標題的60％；寅，少量很難和正文內容相對應的標題。校注者爲使原本正文內容的主旨與層次清晰明確，將《圖象目錄》中丑類標題加到校注本正文中，並在新加入正文的標題后注"原本正文無此標題，據《圖象目錄》而加"和其他需說明的情況；原本已有的所有標題一般忠實于原本正文，不進行改動，若需要說明的則加以注釋；《圖象目錄》中寅類標題需要作出說明的在正文加注說明。另外，校注本的少量標題是校注者爲方便重編目錄和區别行文所加。

除標題外，原本《圖象幾表》原文可分爲三類，一是大號字的正文，二是小號字的正文，三是小號字的注釋正文的文字。在校注本中，這三類文字皆採用大號字，原本號字的注釋性文字則加到（）内。校注者的注文主要採用文間注，即將注文間于正文及正文注釋性文字之間，另有一部分採用腳注，注文全部採用小號字。

校注本圖表皆根據原本重新制作（除卷三中的《三輪六合八觚圖》外）。圖表内容的次序一律從原本之舊，全部採用自右到左的前後次序，上南、下北、左東、右西的方位次序。圖中的解釋性文字可加標點的一般都新加標點符號。

原文引用其他人著作或言論的文字，能找到出處的引文按出處加引號，找不到出處的一般不加引號。且方氏引他人言論，一般不按原引文之次序全部摘引原文，而多爲采引文之要。若這種采引不影響對文義的理解，則不做說明；若影響到對文義的理解，則在注文中加引方氏未引之文。

校注本中的八卦、六十四卦一般不加書名號；易學、易道、易理、易象、易占、先天易、後天易、羲易、河圖、洛書等一般皆不加書名號。

原本中，○在文中句子之間，一般是分隔文義的分隔符號；在數字之間，則一般是"零"的簡寫。校注本皆從原本。另外，原本一些字采用多种書寫形式，校注本一般皆從舊。原本中部分無法用現代輸入法輸入的異體字形，則採用該字可被輸入的異體字形，如原本中出現的"樹"的異體字"㘽"，校注本以"樹"字代替之。

彭戰果

2017 年 9 月 22 日

李世洽鑒定刻本 此標題爲注者所加

上谷李溉林①先生鑒定方潛夫方孔炤先生合編《周易時論》：

桐山方氏四世精《易》，潛夫先生研極數十年，明此一在二中、寂歷同時之旨，邵邵雍、周周敦頤、程二程、朱朱熹是爲正鐸，而理寓象數，中旁皆通。近代王陽明、焦弱侯焦竑(1540—1620)，字弱侯，號澹園、漪園，明江寧（今南京）人，萬曆十七年(1589)狀元，著作頗豐，有《澹園集》《焦氏筆乘》《焦氏類林》《國史經籍志》《老子翼》《莊子翼》等、管東溟管志道(1536—1608)，字登之，號東溟，明太倉（今屬蘇州）人，著有《問辨牘》四卷、《續問辨牘》四卷、《師門求正牘》二卷、《惕若齋集》四卷等、郝楚望郝敬(1558—1639)，字仲輿，号楚望，明湖北京山（今湖北荆門市京山縣）人，明末著名經學家、孫淇澳孫慎行(1565—1636)，字聞斯，號淇澳，謚號文介，明武進（今屬江蘇常州）人，著作有《困思抄》《慎獨義》等傳世、高景逸高攀龍(1562—1626)，字存之，又字云從，明江蘇無錫人，世稱"景逸先生"，東林黨領袖，著有《高子遺書》十二卷等、黃石齋黃道周(1585—1646)，明末大儒，抗清名臣，字幼元，又字螭若，謚號忠烈，明漳浦（今福建東山縣）人，易學著作有《三易洞璣》十六卷、《易象正》十六卷，還有《洪範明義》《孝經集傳》等傳世、倪鴻寶倪元璐(1593—1644)，明代學者，書法家，字汝玉，一作玉汝，號鴻寶，明浙江

---

① 上谷爲秦漢時所設郡名，屬今河北張家口市以及今北京西部一帶。李溉林指李世洽，字溉林，清順治八年(1651)之後，在安徽桐城一帶爲官。

上虞(今紹興市上虞區)人,著作有《兒易内儀以》六卷、《兒易外儀》十五卷等傳世諸先生之説,萬派朝宗矣。一切生成,天然秩敘,元會、呼吸、律曆徵幾,通志成務,體用神明,兼該悉備,實造化人事之橐籥,百家九流之指歸也。木坊特懇請求季蘆先生余颺,字廣之,明莆田(今福建莆田市)人,著有《史論》《莆變紀事》《蘆中集》等手授秘本,公諸海内,誠古今之奇書,識者珍之。

白華堂藏板

周易時論序

天地不得不卦爻,虛空不得不象數。乾端坤倪,肇呈龍馬,一部大《易》,充塞古今,啓鍵開關,要在因時制用而已。用藏後天即顯先天,但不明先天之理,無以貞後天之用。膠柱之泥時與逃冥之晦時,百謬千差,背馳正鐸,其能會存泯于一原,偕寂歷以共貫,中道措宜,幾神明者,難矣! 羑里殷周周文王被商紂囚羑里而演《周易》之際,志在明夷《易‧明夷(離下坤上)》曰:"明夷,利艱貞。"《彖傳‧明夷》曰:"明入地中,'明夷',内文明而外柔順,以蒙大難,文王以之。";尼山孔子《春秋》之交《孟子‧滕文公上》曰:"世衰道微,邪說暴行有作,臣弑其君者有之,子弑其父者有之。孔子懼,作《春秋》。《春秋》,天子之事也;是故孔子曰:'知我者其惟《春秋》乎!罪我者其惟《春秋》乎!'",學在大過《周易‧大過(巽下兑上)》曰:"大過,棟橈;利有攸往。"《彖傳‧大過》曰:"大過,大者過也。'棟橈',本末弱也;剛過而中,巽而説行,利有攸往,乃亨。大過之時,大矣哉!"又《論語‧述而》曰:"子曰:加我數年,五十以學《易》,可以無大過矣",豈非其時爲之哉。乃聖人之用,可心悟不可言詮。天不言而歲功成,天何言哉!《論語‧陽貨》載:子曰:"予欲無言!"子貢曰:"子如不言,則小子何述焉?"子曰:"天何言哉! 四時行焉,百物生焉,天何言哉?"夫子固全身寫《易》也。昔人云:"善《易》者不言《易》。"雅言雅爲正,雅言指正經典之音而讀之三經,曷略羲伏羲、文周文王?《論語‧述而》曰:"子所雅言,《詩》《書》、執禮,皆雅言也。"該句上一條爲:"子曰:加我數年,五十以學《易》,可以無大過矣。"《中庸》明《易》之旨,獨贊時中,邵子謂子輿氏孟子深于《易》,爲能知時用。然而誦其篇章,無或概見《中庸》《孟子》中未直接引稱《易》之文或論述《易》,則《易》之未易名言,安在其不言也耶?潛夫方先生纘承家學,著爲《時論》,紹繼承聞舊聞,此處指早期方氏易學則祖明善方孔炤祖父方學漸。方學漸(1540—1615),字達卿,號本庵,其弟子私謚明善先生,其著述豐盛,存有《邇訓》二十卷、《桐彝》三卷、《心學宗》《性善繹》《東游記》等。其易學著作《易蠡》已失傳,而禰亡父之位廷尉廷尉爲秦漢魏晉時期掌管刑獄的最高官職,自北齊而改名爲大理寺卿,後世因之。方孔炤之父方大鎮官至大理寺少卿,故李世洽以廷尉稱之。方大鎮(1560—1629),字君静,號魯岳,門人私謚爲文孝先生,其著作大多佚失,存有《寧澹語》《寧澹居奏議》《寧澹居文》。其易學著作《易意》和《野同録》均佚失,集説則循康節邵雍之謚號而遵考亭朱熹之號,而又精搜揚揚雄、京京房、王王弼、鄭鄭玄、周周敦頤、程二程、張張載、蔡蔡元定之奥,以匯及近代名儒鉅公、窮經博物諸君子,不下十百餘家,綜合全貌,徵幾析義,綱舉目攤chī鋪陳,開展,亡慮數十萬言,亦何燦然其明備也!得毋語之過詳,用之或寡要與!不知先生束原本誤作"柬"髪通籍通籍指入仕爲官以來,起家循吏良吏,入領職方明天啓元年(1621),方孔炤任兵部職方郎,出視楚撫明崇禎十一年(1638)至十三年(1640),方孔炤以右僉都御史巡撫湖廣,任期内一直圍勦張獻忠所帥的農民叛亂。忤不順從璫指宦官魏忠賢,本書方孔炤所撰《周易時論合編凡例》曰:"天啓甲子,以不覆魏良卿之伯,忤璫削籍,禍且不測。"指明天啓四年(1624),方孔炤反對封魏忠賢之侄魏良卿爲肅寧伯,而得罪魏忠賢忤相本書方鯤《時論序》曰:"及入楚,主勦不主撫,又忤楊樞輔。"楊樞輔指楊嗣昌,大節嶷嶷。晚丁鼎革指滿清代明之運,嘉遯環中草堂,令嗣密之方以智字密之萬里歸省。華表一鶴,猶復埋影雪窟;黄葉棲真,更從廬居阡塊中,盡變極研,卒就名山之業。夫先生以其高尚可則之志，堂搆鼓鐘，世、出世爲薪火，生平歷涉九卦《繫辭傳下》中，反復陳述三次的履、謙、復、恒、損、益、困、井、巽九卦，关于九卦與方孔炤人生閱歷之關係，詳見本書方孔炤所撰的《周易時論凡例》。履憂患而濟之艱貞，身親《易》用，莫大乎是。以茲河洛之原委，天人之浩博，洞悉幽微，旁通曲暢，朗日星于午會，屹砥柱以中流。斯《編》《周易時論合編》也，道未墜地，存乎其人。先生其能已于言乎！且予聞方氏之易，累世遹 yù 遵循修，門內諸賢，同心揚搉 què 商議，皆劭先生所漸，摩皇繼序于有翼。予友人竹西方豫立，字竹西，號墨吟執契蓋十餘年，是爲先生從子，繩其祖德，互相發明，手出秘稿示予，謀授之梓用以製造刻本的木板。予憶令皖時曾覿先生之儀範，高山云邈，音徽如存，披玩往復，未嘗不撫卷而三嘆也。海内善讀先生之書者，有言言易，易在；無言言易，易無不在。苟有得于時用之樞機，忘其筌蹄，思過半矣。竹西子請表章之，遂不辭鮮識，因序以行，公諸世之學者。

順治十有七 1660 歲庚子夏
五端陽日淮徐兵使者上谷李世洽
題于水心堂中

時論序

河洛既兆，九圖用彰，卦畫已陳，象變斯備，時至事起，數極變生。聖人有微權焉。周文志在明夷，道在小畜，其當殷周之際乎！宣尼孔子服膺斯文，龍潛古人認爲孔子有王者之德而無王者之位，應《周易》潛龍勿用之象，故方鯤稱孔子爲"龍潛"畏匡指孔子受匡人圍困之事，乃志在《春秋》，行在《孝經》，豈先后之殊塗哉？兩聖人之時爲之也！《易》之言時者，莫備于乾，而假年學《易》，庶無大過，乃始喟然于變通趨時。嗟乎"化而裁之存乎變，推而行之存乎通"出自《繫辭上》，"吾黨之小子不知裁"《論語·公冶長》曰："子在陳，曰：'歸歟！歸歟！吾黨之小子狂簡，斐然成章，不知所以裁之。'"，"既有典常，苟非其人，道不虛行"出自《繫辭下》，蓋難之也。朋亡于泰，拔茅斯吉；《周易·泰》曰："九二，包荒，用馮河，不遐遺。朋亡，得尚于中行。"又曰："初九，拔茅茹，以其彙。征吉。"祉離于否，包承則羞。《周易·否》曰："九四，有命，無咎，疇離祉。"《小象》釋曰："'有命，無咎'，志行也。"又《周易·否》曰："六二，包承，小人吉，大人否。亨。"又曰："六三，包羞。"君子赴時，能無慎與？吾家中丞公潛夫著《易時論》，其所撰，觀天之道，察時之變，盡人之事，備物之情，發揮旁通，引伸觸類，作《易》者其有憂患乎？筮賁愀然，致飾亨盡，窮上反下。《彖·賁》曰："'賁亨'，柔來而文剛，故亨。分剛上而文柔，故'小利有攸往'。剛柔交錯，天文也。文明以止，人文也。觀乎天文，以察時變；觀乎人文，以化成天下。""復，亨。剛反。"引自《彖傳·復》。先王閉關以息物《大象傳·復》曰："雷在地中，復。先王以至日閉關，商旅不行，後不省方"，君子齋戒以掩身，因乎其時也。文之序卦，大過終坎離而水火分通行本《易經》卦序，大過之後爲坎、離二卦，小過終既未而水火合小過之後爲既濟、未濟二卦。乾坤闔闢，日月晦明，始始終終，物不可窮，知其解者，故能爲龍爲蛇，爲見爲潛。碩果不食，載之者誰爲留之？包瓜含章，命之者誰爲迎之？際斯時者然後知處時之難也。惟虎有尾，履道坦坦，幽人貞吉《周易·履》曰："履：履虎尾，不咥人。亨。"又曰"九二，履道坦坦，幽人貞吉。"；惟龍無首，終日乾乾，與時偕行。盈不可久也，謙乃有終也。物惡其屈，莫測其伸；身隱于蟄，莫測其存。"《易》之爲書也不可遠！""噫，亦要存亡吉凶，則居可知矣"，而況寢食游咏其中者哉！著圖以該其義，設卦以廣其象，別爻以盡其變，祖羲皇而郊仲尼，周道傷于幽周幽王、厲周厲王，舍魯何適？"不能去父母之邦！"夫亦曰"易象在魯"，其可以集厥成乎？潛夫居職方，特劾援遼，逃將保任，孫樞輔力爭坐府，與逆璫忤；及入楚，主勦不主撫，又忤楊樞輔指楊嗣昌，其節概以憂患見其艱貞，故有本也。茲《論》《周易時論合編》也，道未墜地，傳之其人，後有作者，欲考成焉，則是《編》之爲津梁，功偉矣哉！

　　　　　　　　龍山方鯤方孔炤從父，字羽南，著有《易盪》題

方潛夫先生時論序

自天地以至人物，有一不範圍于《易》中者乎？則有一不範圍于時中者乎？故《易》之配日月以成宇，而時貫其中矣。古今聖賢，未有相因襲者，後之聖人，每不憚于改前聖之所爲，創未有之事而不爲奇。以《易》論，庖犧畫之，彖、象、繫詞三聖人各極其致各隨其時，添薪傳火，開關啓鑰，不膠先聖之柱，自誠後聖之明，千變萬化，總環一中而止。故不變易無以爲《易》也，不變易亦無以爲時也。《易》之爲時用也大矣哉！且即以學《易》者論，文王時處艱貞，其卦爲夷；周公時當制作，其卦爲泰；孔子際轍環删述之時，其卦爲睽；孟子當異端邪説之時，其卦爲兑。至若輔嗣、康成連經合《彖》《周易》本《經》《傳》相分，漢末魏晉時學者將《象》《彖》《文言》傳附于《經》中，即有今本《周易》，邵子明元會運世之故，程子程頤融理數一源之妙，晦翁朱熹闡象變占玩之微，皆因時以覺世，劘切帝王，陶鑄天地，反對交輪，明代錯之至理而已。近代新建王陽明、京山郝敬、會稽季本(1485—1563)，字明德，號彭山，明會稽(今浙江紹興)人，著有《易學四同》八卷、《易學四同别録》四卷、《詩説解頤》《蓍法別傳》等、漳浦黄道周，擊揚四聖指成《周易》之四聖。關于《周易》的成書，古代的一種觀點認爲是伏羲畫八卦，文王重卦並作卦辭，周公繫爻辭，孔子傳《易》，歷此四聖，而有《周易》

之鐸,剥爛程朱之案,愈出愈奇,迭翻迭顯,總未有紹述三世、貫徹一中如桐城方潛夫先生《時論》之爲極深研幾、至大至廣也。先生之學《易》也,以統有無之中爲極,以河洛爲端幾,而要歸于時用。先生之言曰:"自天地未分而今時矣!今時之天地,即未分時之天地也。人人全具卦爻,而時時事事有當然之卦爻。"今又即以先生論,嘉州忤貴爲訟卦,後倣此之時,職方忤璫爲壯之時,撫楚忤相爲過之時。至若當蠱之時而以謙爲用,際革之時而以遯爲行,蓋先生無日而不在易中,亦無時而不在卦爻象象之中。故居方慎辨,憂違樂行,又悉環于代錯持幬之中。觀先生之以《易》律身,則知先生之以《易》垂訓,意深慮遠,合于聖人憂患之懷而盡變極通。山梁之嘆時《論語·鄉黨》中,孔子曰:"山梁雌雉,时哉!时哉!",《中庸》之"時措"《中庸》曰:"成己,仁也;成物,知也;性之德也,合内外之道。故時措之宜也",孟子之贊"聖之時"《孟子·萬章下》曰:"孟子曰:'伯夷,聖之清者也;伊尹,聖之任者也;柳下惠,聖之和者也;孔子,聖之時者也。'",先生直以全篇括之。蓋歷四聖之時而後有邵朱之時,更歷邵朱之時而後有先生之時也。先生之爲繼《易》之傳人也,又何疑焉?

莆田後學蘆中人余颺賡之撰

  桐城方中丞潛夫先生,諱孔炤,號仁植,萬曆丙辰 1616 進士。其父廷尉公大鎮,萬曆己丑 1589 進士。《易》,其家傳也。中丞公之嗣爲密之以智,中崇禎庚辰 1640,方以智中進士。以辛卯原本作"己卯",爲崇禎十二年(1639),而後文所言方以智"出家"之事,在清順治九年(1651),是年爲辛卯年,故改爲"辛卯"出家父之門順治九年正月,清帥馬蛟麟勸降方以智,不果。因馬氏器重方以智,聽任其于是年二月出家于梧州(今廣西梧州)冰井寺,天末不受宰相之召,瓢衲僧衣以隱,別稱浮山、藥地、愚者。庚子清順治十七年(1660),遣其子田伯中德來侯家父余颺,以《時論》求序云。

蘆中之子余佺余颺之子謹識

方仁植先生每覓易象詩以謝之

古人開關寶古文,寇賊不鋤火不焚。
歐黃貫械談尚書,一篇尚書如一君。
憶在少年喜易象,束①髮危襟日相向。
于今忽近六十年,九草七箋未得上。
真宰惱人塵務多,葦編不得揮陽戈。
文臣秦相各排憤,垂老欲墜將如何。
白雲庫中百二日,宛轉呻吟裂血碧。
玄黃初寫十二圖,龍馬已嚼三寸膝。
桐城方公受此經,苦無部署同批繩。
自言詮經家三世,義理象數向雜纏。
黄霸杜林亦人耳,豈有朝聞遂夕死。②
片楮只字皆收藏,但願生存畢此理。
筐籃一日臨吾門,風雨蔽天雷霆尊。
回顧白雲不可見,經書皆與蝶驚翻。

---

① 原本作"朿"。
② 黄霸,字次公,西漢循吏;杜林,字伯山,東漢初名臣。

緬想方公食三嘆，定謂此書終河漢。
丁申欲取神鬼愁，恨見數行未一半。
嗚呼死生會有時，九原尚有羲文師。
龐眉高官人何限，呼理不應如呼豨。
膚肉可匱理不奪，自信此心如日月。
左手貫鎖右袖書，解鎖寫書尚帶血。
淹留北寺五月餘，仰鑽亦已消居諸。
二十萬歲出指節，欲斷不斷形摸殊。
此書方成未一夜，縕紐又過白雲下。
方公握髮來庫門，連薴未施幾聲罷。
小臣叩首稱主恩，年來北寺誰能存。
已甘垂翼談北目，何欲開眼談乾坤。
乾坤開朝水火暮，常恐諸儒爲理誤。
繆將水火爭炎涼，遂使乾坤鍵門戶。
方公好學天下無，手捫北斗生觚隅。
攔頤已出羲農背，何必覽此增欷噓。
昨日明庭戒吾黨，血肉狼藉爲開講。
此道旣不存詩書，白心致主更清敞。
餘生僅得還茅齋，閉眼緘書手不開。
羲前一畫無爻象，啾啾鬼哭何爲哉？

崇禎辛巳_{崇禎十四年(1641)}六月九日弟黃道周具草

周易時論序

　　逆知先天而順理先在後中之天，故可以損益知百世而藏密于前用之時義焉。天地絪縕，自屯而蠱；男女咸、恒，因遯而革。大過、小過，共收水火。知憂患者，神明矣。知險于易，知阻于簡。卦爻象象，各極旁通。庖犧、羑里、東山尼父《孟子·盡心上》曰："孔子登東山而小魯，登泰山而小天下。"，時適爲之。不知畫前而挈餅者，專畫前而鏤空者，但言畫後即畫前而荒忽防辨者，皆不知時者也。潛夫方子以明善爲祖，廷尉爲父，職方忤璫，撫楚忤相，當屯蠱遯革之末造，觀象順止，蓋于《易》，身服膺之矣。故合數千年之説，于定中知其不定，于不定中決其一定，以河洛卦策，通知元會晝夜幽明生死之故。一在二中，要于官天繼善，所謂"雜而不越""旁行不流"者與！此書也，真學《易》者之指南也。

　　崇禎甲申 1644 冬龍山白瑜明清之際學者，字瑕仲，一字安石，桐城人安石題

方中德跋 此標題爲校注者所加

不肖德指方中德，字田伯，方以智長子，著有《古事比》《遂上居集》等省侍竹關，敝吡粗饘，嗒無古今，德方中德内切割，不敢慰解。老父訓之曰："三世家學而偷息祇支，罪無逃矣。祖父以朱、邵爲飲食而守雌闇修，所編《時論》，千載津梁，汝輩爲敦詩書、説禮義之人，發憤竭才，自可深造。最要者一，毋自欺而已。我自少好詩書，嘗云曠達行其謹曲，寔自便耳。通籍指入仕爲官。崇禎十三年(1640)三月，方以智中二甲進士，後授官翰林院檢討後，侍西庫刑部監獄俗稱"西庫"者二年方以智入仕同年一月，方孔炤因在鄂西香油坪抗擊明末流寇，中流寇埋伏，兵敗而被彈劾下獄于西庫，方以智持續向崇禎皇帝爲其父伸冤，崇禎感其孝心，于十四年(1641)七月釋放方孔炤出獄，始自猛醒刻厲，然好與升菴楊慎(1488—1559)，明代學者，文學家，字用修，號升菴，明四川新都(今屬成都)人，著作有《升菴經説》《易解》《升菴詩話》《畫品》《升菴詩集》等傳世、元瑞指胡應麟(1551—1602)，明代文學家、詩人，字元瑞，號少室山人，明浙江蘭溪(今浙江蘭溪市)人，著作有詩論《詩藪》、詩文集《少室山房集》等。方以智于崇禎十三年(1640)末著成《詩説》，辨考務博，專窮物理《通雅》和《物理小識》皆成書于該段時間，崇禎十三年，方以智與湯若望相互來往。忽當崩裂，甄蘇矢死，又爲仇螫，祖父命我遠游，患難之中，乃以少所受之河洛，深研精入，數蹈白刃，以氣勝之，其甘茶苦如飴，則生平好學自遣已耳。既以覆掖爲大逢，便嘗其味，微于宗一先生吳應賓(1565—1643)，字尚之，號觀我，門人私諡宗一先生，明南直隸桐城（今安徽省桐城市）人，方以智外祖父，吳觀我曾師事三一教教主林兆恩，服膺其說三教合一之說，對方以智的思想有很深的影響，著作《宗一聖論》等均已佚有入處。匡廬廬山歸省見逼清順治九年(1652)，在方中德、方中通二子的迎接下，流亡多年的方以智自廬山回到桐城，與其父團聚，遂以熽火爲鐵門，痛錐濺血，于轟雷閃電中過身，此蓋日日在刀頭感天地之鉗錘也。忽然爇破黄葉，重歷千差，乃嘆巧于鍛鍊，新建王陽明爲將之說然乎哉蓋指陽明歷經生死磨難而悟道于龍場之事！《易》用震、艮、巽、兌之偏以行坎離之中，即乾坤之純矣。無非卦爻，無非太極也。伊尹伊、周周公、夷伯夷、惠柳下惠、三仁指商末的微子、箕子和比干三人。《論語·微子》曰："微子去之，箕子爲之奴，比干諫而死。孔子曰：'殷有三仁焉！'"、泰伯，其迹不同，其道則一。蠱之'高尚'，孔子曰'志可則也'，《周易·蠱》曰："上九，不事王侯，高尚其事。"《小象傳》釋之曰："'不事王侯'，志可則也。"豈非萬世治蠱之清涼藥乎？善于服藥，總歸正用，不則蜀梁指梁州，位今四川、貴州一帶，漢末爲劉璋所踞，公旗指東漢張魯，字公旗受紿受欺騙不反矣。時乘也，時中也，各人、各土、各時之一爻，皆具三百八十四爻六十四卦共三百八十四爻而不礙其適當此一爻也，我豈慕白椎白椎指出家哉？古人餒虎之願，秦昭王四十九年（前258），秦將王陵圍困趙都邯鄲，魏信陵君的姐姐（趙平原君的夫人）數致書于魏安釐王和信陵君，請求魏國出兵救趙，但魏王懼怕秦國之威，不敢抗秦救趙，信陵君數請魏王發兵救趙，不果。無奈之下，信陵君欲帥其門客到趙國赴死，其門客侯嬴認爲信陵君的做法如同以肉投餒虎，對救趙毫無功績，並獻計竊得魏王虎符，終引兵救趙于覆亡之際。等于嬰、杵指程嬰和公孫杵臼，二者皆爲春秋晉國解救趙氏孤兒的義士，萬世旦暮，又何所望？《禮運》曰：'本于大一而協于分藝。'可知各安生理之聖諭，正是百家之會歸。古人不以道名，而以藝自食,蓋泯于用光得薪者也。邵子藏一,深于表法;陸子指陸九淵推倒智勇,直于開拓心胸;朱子知損益之同時,而爲後世析薪皷業。人曾知天地之實法即藏無實法之煅煉乎?無實法之煅煉總爲受用生成之實法乎?汝等燒不欺之火,以學問爲茶飯,即可悟全身是易矣。"不肖少罹患苦,棗昏無知,念茲家學,惟有戒懼。謹因編次,略記所聞。

不肖中德百拜敬跋

方中通記_{此標題爲校注者所加}

《易》本以象數爲端幾而神明其中，道器費隱不相離也。宋儒惟邵_{邵雍}、蔡_{蔡元定}因數言理，而後亦無傳。故膠腐者膚泥，掠虛者襲冒，誰信此秩序變化之符耶？胡康侯_{胡安國（1074—1138），字康侯，號青山，謚號文定，北宋建寧崇安（今福建省武夷山市）人，著作有《資治通鑒舉要補遺》一百卷、《春秋胡氏傳》三十卷等}曰："象數者，天理也，非人力思量之所能爲也。"我祖中丞公_{方孔炤}與石齋先生_{黃道周}同西庫_{崇禎十三年（1640），方孔炤與黃道周先後被彈劾入獄，在獄中相互切磋學問}，衍此盈虛而研極焉。晚徑通黃公之塞，約幾備矣。老父方以智會通之曰："虛空皆象數，象數即虛空，神無方，準不亂，一多相貫，隨處天然，公因反因。"真發千古所未發，而決宇宙之大疑者也。嗟乎！掠虛易，實學難，貫一切而會通者尤難。世無慮爲枯菀_{wǎn，枯菀指死生}窮通所累，或專守訓詁，或專嗜詞章，或專談經濟。其談道德性命者，非猥庸踐迹，則暗癡匿影，非謏髁_{xí kē，不正貌}倍違背謫，則荒空莽蕩矣。好學不厭，目擊幾幾，即費知隱，格明物則，而与萬世享"物物，無物者"，竟無此旦暮遇耶？且目爲象數專門，以隱以游焉可耳。小子蹇劣，親承家學，不能荷薪，然信此方圓圖爲統類博物之綱宗，則烏敢不以告同志也乎？午會幸甚，自有知者。

不肖孫中通方中通,字位伯,方以智次子,精于算術,著有《數度衍》二十四卷等百拜謹記

方中履記此標題爲校注者所加

浮山聞語曰：新建王陽明三間之喻陽明弟子王畿曰："先師嘗有屋舍三間之喻。唐虞之時，此三間屋舍原是本有家當，巢（巢父）、許（許由）輩皆其守舍之人。及至後世，聖學做主不起，僅守其中一間，將左右兩間甘心讓與二氏（釋道二家）。及吾儒之學日衰，二氏之學日熾，甘心自謂不如，反欲假借存活。洎其後來，連其中一間岌岌乎有不能自存之勢，反將從而歸依之，漸至失其家業而不自覺。"（王畿《龍溪王先生全集》卷一）未也，明堂見本書第二卷《方圓明堂表法説》必南而爲天地，理其家事者也；北奧房屋隱蔽之處者，守黑者也。騎危指屋脊者，虛空座也。尊主者曰：屋以棟爲主乎！辨實主者曰：屋以基爲主乎！兩掃者曰：棟與基皆非也，屋以虛空爲主者也。人在虛空，如魚在水，使土其屋中，無寸隙焉，人將何如？是虛空者，人所切切不可離者矣。屋内之虛空，與屋外之虛空一也；千古上之虛空，千古下之虛空一也。非大主乎？理者曰：人適時乎築基搆棟之屋，藏坐卧焉。風矣，雨矣，將享峰頂之虛空乎？抑享屋中之虛空乎？故曰時乎屋而屋處，不必以檜巢營窟之虛空廢四阿兩下之虛空也。時乎晦息則奧，時乎誦讀則廡，時乎治事享客則堂，時乎出門而游四方，方皆寓奧廡門堂之基與棟焉。竈也，榻也，几案也，穢則灑掃之，漏則修葺之，缺一不可者也。時其時，位其位，物其物，事其事，是虛空之中節也，是不落有無之屋理也，君子明其當不當耳，各當其當，斯大泯矣。未有屋而有屋，必將毀堂奥、撤棟庸、禁修葺與洒掃，而乃還此虛空耶？虛空豈患其少而嘵嘵 xiāo 爲？知之亦然，不知亦然，貴知夫森森秩秩者之無非虛空也，容其森森而理其秩秩，乃以適享其洞洞濁濁已矣。有物有則，即無聲臭，開物成務，深幾藏神，此惡可以不格不致而藉不知爲不知以自諉 wěi 推脱乎？虛空之屋主，適統御于明堂，是明堂之政，乃主中主也。政府立而統君民矣，傀異不得以充類，畸説炫惑矣。觀會通，行典禮，制數度，議德行，寂歷同時，前用藏密，盡之矣。時爲士子，中士子之節。悦禮義，敦詩書，是士子之明堂也。季彭山季本以經世、忘世、出世分之。經世者，折中之實法也，可以縣象魏《周禮·天官·冢宰》曰：“正月之吉，始和布治于邦國都鄙，乃縣治象之法于象魏，使萬民觀治象，挾日而斂之。”因此，"縣象魏"有立法度之義，顧言行者《中庸》載孔子之言曰：“君子之道四，丘未能一焉：所求乎子，以事父，未能也；所求乎臣，以事君，未能也；所求乎弟，以事兄，未能也；所求乎朋友，先施之，未能也，庸德之行，庸言之謹；有所不足，不敢不勉，有餘不敢盡；言顧行，行顧言，君子胡不慥慥爾！”因此，"顧言行"有行禮義之義也。忘之云、出之云者，巧奪之無實法也。説冰欲寒，以消其心，及其至也，何世可出？即世是忘，無入不自得之形容焉耳。五世相傳，惟重立志不惑《論語·爲政》中，孔子曰：“吾十有五而志于學，三十而立，四十而不惑，五十而知天命，六十而耳順，七十而從心所欲，不逾矩”，豈敢漫言從心而執無實法之黄葉，以掃理而荒學哉？所悲無水之澤，有言不信，坎宫之游，儉德用晦，廢權亦無首也。異類中行可矣。自小伶仃，生于憂患，雪地抄錄，更愧世昌，然不敢不自終日反復也。

不肖中履方中履，字素伯，方以智少子，著有《古今釋疑》等伏記

周易時論合編圖象目錄

《周易時論合編·圖象目錄》爲原本所載。由于原本《圖象幾表》中未載該目錄的大多標題(《圖象目錄》中標題與《圖象幾表》正文標題之間的含攝關係見校注者所撰的《校注説明》),故校注本繼續收録原本《圖象幾表》之目録,以備讀者參考。另外,校注本《圖象目録》所載位置從文鏡本,續修本載于方孔炤所撰的《周易時論合編凡例》之後。

圖象幾表八卷

卷之一

圖書

太極冒示圖説;諸家冒示集表;河圖洛書舊解集;密衍(有極即無極;河圖金火易位除十正陽變成洛書凡十一圖);四象卦數舊説;四象新説;洪範九疇諸解;河洛析説(朱升七圖;新表矩曲四圖;飛宮禹步;三合四圖;巳亥穿圖;三七衡圖;關子明三合;大九九方圖;鄭樵《禹貢》依生序説;干支維正河圖説;陰符遁甲洛書説附;洛書符);圖書五行諸説;五行尊火説。

卷之二

卦畫

　　八卦橫圖（藏三十六宮）；大成橫圖（八卦積數；十八變參兩數）；大圓圖（邵子諸說）；八際峙望圖；合方圓圖諸說；三十六宮方圖合元會圖（鄧氏說）；方圖諸象（四交十六卦；四層起中；四破各十六卦；十二方環中央；明堂表法；握機表法；旋望對錯；叠對；震巽中交；坎離井字；艮兌邊井字；倒方圖易震巽說）；日月運行圖；明生歲成納甲氣朔之圖；革、節、中孚歸奇象閏圖；九行八卦表；宿度圓圖；分野星土；三天圖（先天、中天、後天）。

卷之三

八卦

　　父母圖說；先天八卦方位圖說；後天八卦方位圖說；先天一三縱橫說；中天四坎四離變衍；四正四偏先後之變；統三男三女先後之變；唐堯朔易圖說；天門據始圖說；三輪拱架幾表說；十六卦環中交用圖說；後天分金說附；先後天因重說。

卦變

　　《啓蒙》卦變圖；來氏、沈氏《彖傳》卦變說；八宮游、歸卦變圖；游歸綜圖；元公黃氏衍京變（四正四隅正對顛對合文王序位；二老包少中長；二老包長中少）；八不變卦顛盪圖；八盪變顛圖；依先序顛錯三圖；巾石呂氏原本"巾石"誤作"中石"中交百二十八卦圖；京變圓圖；應朔望圖；朱子卦變圓圖；三互圖。

卷之四

蓍策

《啓蒙》蓍衍（三微成著；三著成象；四約過揲；六十四狀）；邵子十二會策（去三四五六以成九八七六）；大衍蓍原析圖；大衍千二百乘起圖；易東丁氏倚九十九圖；圖書合數（用五；二微；餘數）；《關子明易傳》約；七其六説；三五錯綜説；《漢志·三統》本易説約；《唐志·大衍曆議》約；七七説；筮占。

卦序

景元蕭氏考約（八卦分體合體）；元公黃氏卦序演；三十六貞悔圓圖、方圖（分六周九周三周）；《野同録》序卦。

卷之五

旁徵

三易考約；《京氏傳》約；六十四卦甲子積算；京邵三層卦氣；直日圖；具爻納虛圖原本誤作"具爻約虛圖"；《太玄》約；《洞極》

約;《元包》約;《潛虛》約;邵約(經世概;元會數;天根月窟圖);洪範蔡疇(石齋黃氏廣填卦三圖);附《皇極數》河洛理數約;五行雜變約(三式堪輿祿命星禽十象所取);玩易雜說(承乘比應;中四爻說;任間卦主說)。

卷之六

五運六氣圖;人身呼吸十二經卦氣圖;三陰陽圖;律呂聲音幾表(《律呂新書》積算約準;八十四調;律娶妻生子圖;黃鐘冪實算約;燕樂論約;邵子聲音解;納音附;等切字母;旋韻圖說;聲數諸說);黃帝五位性情圖;八風圖。

卷之七

《崇禎曆書》約;兩間質測。

卷之八

極數概(河洛積數概;九六說;參兩說;五合相藏說;併倚;乘倚;除倚;追倚;損益倚;比例倚;商高積矩表;石齋黃氏天方圖說)。

時論後跋

家君子_{方孔炤}自辛未_{崇禎四年(1631)}廬墓白鹿三年_{崇禎三年末，方大鎮卒，方孔炤結廬守孝三年}，廣先曾王父_{方學漸}《易蠡》、先王父_{方大鎮}《易意》而闡之，名曰《時論》，以六虛之歸環中者，時也。又八年，撫楚以議勤穀城_{今屬湖北襄陽市}，忤楚相被逮，時石齋先生_{黃道周}亦拜杖下理，同處白雲庫中，閱歲有八月，兩先生脩然_{整齊貌}相得，蓋無不講《易》朝夕也。肆赦之後，家君子特蒙召對，此兩年中，又會揚_{揚雄}、京_{京房}、關_{關朗}、邵_{邵雍}，以推見四聖_{指成《易經》之四聖}，發揮旁通，論諸圖説。自晉以後，右尊王_{王弼}左降低鄭_{鄭玄}，而李鼎祚_{中唐易學家，著有《周易集解》，該書博采李鼎祚之前易學家的象數易説集之}，依然皮傅鉤鈲也。至康節_{邵雍}乃明河洛之原，考亭_{朱熹}表之。學易家，或鑿象數以言占，或廢象數而言理，豈觀其通而知時義者哉？一有天地，無非象數也。大無外，細無間，以此爲徵，不者洸洋矣。觀玩環中，原其始終，古今一呼吸也。雜而不越，旁行而不流，此《時論》所以折衷諸家者乎！家君子之于學也，不跡于壇坫_{聲望}，不靡于文辭，通籍數十年，職方忤璫，幾罹不測，武陵一中幸感天恩，皆怡然處之，安往而不逍遙環中耶？余小子少受河洛于王虛舟先生_{王宣，生卒不祥，明代易學家，字化卿，號虛舟，師事方學漸，與方大鎮辨}

析學問，又爲方以智業師，著有《風姬易溯》，今已佚，符我家學，猶恨爲詞章所廢，周章好博，且曰謹守父師之説，以晚學《易》，檮昧而文過耳。時乎！時乎！猶恐不及！

　　崇禎癸未 1643 冬日不肖男以智百拜謹跋于上江小舘

　　重覽癸未跋，忽忽十五年，老父歸卧環中堂，《時論》又再易稿矣。時乎！尚何言哉！小子感天地之鉗鎚，刀鍔刀刃百淬磨煉，癉徵歸省，復遇焴火，鐵限封關，老父則無不以生死相反復也。不恥衣食，不忘溝壑，所示習坎《象傳》釋坎卦象曰：“水洊至，習坎；君子以常德行，習教事。”繼明釋離曰：“大人以繼明照于四方。”，懼終始《繫辭傳下》曰：“懼以終始，其要無咎，此之謂《易》之道也”矣。痛此終天，古今皆血。既已剥爛黄葉，緣無所避，《合編》未竟，遺命諄諄，時當病瘵，墓廬磈硊，命兒子德、通、履合前後稿而編録之，自泯薪火而已。嗟乎！環中寂歷，善用惟時，拂迹者膠柱，竊冥者荒蕪。統御謂何？獨立亦未易也，姑曰委化任其自然而變化，悶無悶乎？果不可以莊語《莊子·天下篇》曰：“以天下爲沈濁，不可與莊語。”成玄英疏曰：“莊語，猶大言也。”而以卜筮象數寓之乎？差別難窮，賴此易準《繫辭傳》曰：“《易》與天地準，故能彌綸天地之道。”，待好學者深幾而神明之，存乎其人，同時哭笑。

　　　　　　　　　　　　　　　　　　不肖智稽首又跋

周易時論合編凡例

"時"之爲言也，孔子題之，子思書之，孟子潢 huáng 渲染之。張二無明中末期學者言《易》贊十二時卦，鄒匪石鄒維璉（？—1635）字德輝，一字德耀，號匪石，明江西新昌（今江西宜豐）人言二十四卦贊時，吾謂六十四皆不息之時也。時時變，中不變者也。伏羲約表一切生成之象，文王總表四時藏歲之圖，孔子始影寫一太極之眞，而寔歸于順理同患之用。春夏秋冬不可謂歲，欲離春夏秋冬，豈有歲乎？自天地未分而今時矣！今時之天地即未分時之天地也，是有極即無極也。可信時乘此中，所貴正經前用，使民善用其有極即無極之卦爻而已矣。故《易》冒冒，覆也天下之道而立仁與義，以宰其陰陽剛柔。政府既立，權統君民。邵子以年月日時，徵元會運世，而曰經世者，貴時用也。其道甚大，百物不廢，懼以終始，其要無咎，是萬古之時用也。一元堯當巳末，周孔當午初，今當正午"一元"至此講邵雍所推演的各個朝代在一元中所處的時間坐標，萬法咸章，雖遘陰至，而陽必用陰。行窩潛老，家學忘食，方悚荷薪。合編今古，亦曰隨時拾薪云爾。

非膠比喻拘泥辭訓指文字訓詁之學之名字，則溺洸洋之巧言，告之曰虛空皆象數也，洋溢充塞皆所以然之理也，反不信矣。造化同原，此心皆備，隨處表法，俱顯生成，故此《編》以圖居首,全無文字,而萬理萬變具焉。王虛舟王宣、曹白笴未詳、錢爾卓錢志立,字爾卓,號鏡水皆事先祖,虛舟晚窮河洛,白笴、爾卓善析名理。家羽南氏方鯤,方孔炤從父采兼山指葉兼山,江西人,方鯤之師之近道者,啓蒙之學彰彰矣。百原邵雍之宗,善于徵質,朱子表章之功大哉!然五百餘年,罕有知其微者。永叔歐陽修之字不耐研極,故不信諸圖,並不信《文言》《繫詞》《繫辭傳》矣歐陽修在《童子問易》卷三中,否認河圖和洛書的存在,並且認爲《繫辭》《文言》《説卦》等都不是孔子所作。穆姜春秋齊僖公之女,魯宣公夫人,放蕩淫泆,與其兄齊襄公通姦,此事爲魯宣公發現後,穆姜謀殺了宣公所引者《左傳·襄公九年》曰:穆姜薨于東宫。始,往而筮之,遇《艮》之八三。史曰:"是謂《艮》之《隨》三。《隨》其出也,君必速也。"姜曰:"亡。是于《周易》曰:'《隨》,元亨利貞,無咎。'元,體之長也;亨,嘉之會也;利,義之和也;貞,事之幹也。體仁足以長人,嘉德足以合禮,利物足以和義,貞固足以干事,然,故不可誣也,是以雖《隨》無咎。今我婦人而與于亂。固在下位而有不仁,不可謂元。不靖國家,不可謂亨。作而害身,不可謂利。棄位而姣,不可謂貞。有四德者,《隨》而無咎。我皆無之,豈《隨》也哉? 我則取惡,能無咎乎? 必死于此,弗得出矣。",左氏附會填入者也,且夾漈鄭樵(1104—1162),字漁仲,號夾漈,史學家,南宋興化軍莆田人,著作今存《通志》《夾漈遺稿》《爾雅注》《詩辨妄》等考證左非丘明鄭樵認爲《左傳》作者不是左丘明,而是另一個左氏,乃三晉之文士也,顧以後來之竊拾,而疑聖人之言乎? 猶之升菴楊慎以"人生而靜"四語爲非出于《禮記》,不知子書僞出,皆後人掇《禮記》之言耳。近有信后天圖而不信先天圖者,豈知一切生成,處處皆此圖耶! 來矣鮮來知德、黃元公黃端伯(1585—1645),字元公,號迎祥,明建昌新城(今江西省黎川縣)人,明末抗清烈士,好佛,易學著作有《易疏》止以京變言錯綜,豈知處處皆錯綜乎? 詳見本書卷三。中五河洛之中五用三,藏一旋四,此易之準也,先廷尉方大鎮所云寓圍于範者也。自在西庫，與石齋公黃道周論《易》，表法邵子，舉概而已，細差殊未合也。故衍二十四圖，易歷相追，今十餘年，究之本無追不合者，其有待乎！

張二無嘗言淇澳公孫慎行(1565—1636)，字聞斯，號淇澳。明江蘇武進(今屬江蘇常州)人，著作有《困思抄》《慎獨義》《文鈔》等之旨，與焦、管、王、陶、周、陳諸公，皆冥心沂源者也。高、顧、鄒、馮、劉、鄭諸公，皆敦坤載乾，立範者也。癸未崇禎十六年(1643)與鴻寶倪元璐同北道中，深論昭代政治清明之時代，獨契新建王陽明之所謂將罷然，京山之所謂竊。不深于《易》，終為譎智所欺，終身不反矣。《易》之秩序，寂歷同時，萬古不壞者也。

何羲兆何瑞圖，字羲兆，號山農，崇禎三年舉人，黃道周弟子問漳浦先生黃道周曰：聖賢言理耳，如落象數，則算手疇人精於天文曆算者矣。先生曰：如此，聖賢事天，當廢日星落日星，亦臺官稗史矣。木上曹木上，黃道周弟子云：象數則不同，何思何慮，無不同者。先生曰：如此，學問止于《中庸》，行事盡于《論語》。《詩》《書》《禮》《樂》《春秋》，何故作乎？吾家最忌籠統，交盤不得。潛老夫曰：本無增減者，聖人與天地皆不憂者也，何必鳴鐘戶賣乎？藉此匿于雲霧，又能奪人，易藏固陋耳。聖人因人而倫之，因物而則之，因聲而傳之，皆本無增減者也。而能使萬世善用其本無增減者，此所以參贊而統天也。《易》故自碎其太極以為物物之卦爻，一貫者即一是多，即多是一也。真易簡者，動蹟皆易簡也。上古未顯之法，《易》皆表之，後代繼闡之法，《易》皆具之。兩間天地間皆《易》之兩間也，以故百家九流，無逃于易準者。五行、七曜、六合、七尺之故，曆律、呼吸是其徵幾。《堯典》《尚書》首篇，記帝堯之政首言欽天授時，以曆數為傳導之表據《堯典》,堯即位初,命羲和氏觀天定曆,指導人事。《堯典》曰"(堯)乃命羲和,欽若昊天;曆象日月星辰,敬授人時",豈容以委化任其自然而變化之說荒忽模糊不清之耶？今各就其法而窮其所以然,爲之刪煩成約,使後世學者易明差別,亦自消其飽食之一端也。此《編》較《全書》明楊時喬《周易古今文全書》,止有四分之一,而所收者十倍,正以前賢各有發明,集之則條理成矣。兩間物物皆河洛也,人人具全卦爻而時時事事有當然之卦爻,無非象也。卦爻命詞所取之象,此小象也,虛舟王宣最精,向令兒輩受之,今其遺書猶在右鐏左銳,字右鐏,號藏一,桐城人,與方以智交厚,其著作《仁樹樓別錄》《中五說》《公因反因說》皆收錄于方以智《青原志略》而傳于今、夏子左國鼎,字夏子,號非楚,桐城人處,此至通至簡者也。總之,無所非象,而聖人亦時有不取;無所非義,而聖人亦時有不宣。蓋緣爻觸變而會通之,隨人徵理事耳。六虛之位,一爻皆有四千九十六原理見本書第二卷之《大成橫圖》,而仍不礙其爲此爻之象也。以爲心法,皆心法也;以爲治道,皆治道也;以爲涉世之物情、占事之先幾,皆適當也。不可爲典要《繫辭傳下》曰:"《易》之爲書也,不可遠,爲道也屢遷,變動不居,周流六虛,上下無常,剛柔相易,不可爲典要,唯變所適。"而有典常,故爲各正性命之書。

田何西漢今文易學之宗師,字子莊,齊人,據《史記》《漢書》所載,孔子傳易于魯商瞿,傳六世至齊人田何,漢興後,田何受易于諸生,而有施、孟、梁丘、京氏等今文易學的重要分支分十翼漢初田何受《易》,《易經》與《易傳》各爲一書,連《經》自費直西漢古文易學之宗師始《漢書·儒林傳》言,費氏易學"長于卦筮,亡章句,徒以《彖》《象》《繫辭》十篇文言解說上下經",輔嗣王弼因之,淳于俊三國曹魏易經博士謂康成鄭玄合《彖》、《象》于《經》,則《文言》自輔嗣合者也。鄒汝先言呂汲公北宋呂大防,(1027—

1097），字微仲，宋京兆府藍田（今陝西藍田）人，封爵汲郡公、王原叔王洙，(997—1057)，字原叔，北宋目錄学家，北宋宋城（今河南商丘）人合《大象》于各卦，而李鼎祚本已如此，知輔嗣先附矣。朱子《本義》指《周易本義》相沿，爲便學者耳。論《易》自有大源流，自有表法，自有精義，徒欲別異《經》《傳》以爲古耶？無謂也。

詁訓詁示下學，固不可少，然膠泥而不能通類會通，久膏肓矣。此《編》先敘諸本考異，雖屬"亥豕"代指訓詁考據之學。《吕氏春秋·察傳》載："子夏之晉，過衛，有讀史記者曰：'晉師三豕涉河。'子夏曰：'非也，是己亥也。夫己與三相近，豕與亥相似。'至于晉而問之，則曰晉師己亥涉河也。"，存之亦足參考也。訓字之義，古多諧聲轉借，必如追擬古篆，何必爾耶？子才以意作篆，別借發揮耳。楊桓（1234—1299)，字武子，兗州（今山東）人，元代學者，博覽群籍，精于小學，工篆籀，文字音韻學著有《六書統》二十卷、《六書溯源》十三卷、《書學正韻》三十六卷所統十蓋指楊桓在《六書統》中將象形字分爲十類，分別是：天文、地理、人品、宮室、衣服、器用、鳥獸、蟲魚、草木、怪異，半訛矣。此後載諸取象之説。此後方集諸家通説，或言心學，或言治教，或引古今事。拘者必曰：四聖人時，豈有漢唐後事乎？不知《易》包古今，總此人心，總此氣運，總此物理，正當旁引，方令覽者寔徵，豁然全身是易也。姑勿言羲易之奇，文、周所繫，龍、狐、魚、虎，是道理乎？是政事乎？可以參前，可以引觸矣。時行物生，天何言哉？鳶魚、黃鳥，謂皆馬龜之注可也。

全禾全種，而日用灌耘此因二貞一之二即一也。太極渾全，汁爲吉凶《繫辭傳上》曰："是故《易》有大極，是生兩儀，兩儀生四象，四象生八卦，八卦定吉凶，吉凶生大業。"，皇極終離，明于福禍《大象傳·離》曰："明兩作，離。大人以繼明照于四方。"而《尚書·洪範篇》説明建用皇極之文與離之象相類，且摻和有禍福。今護高者，諱言慶殃乎？諱言行曜日、月、星之統稱乎？聖人本以蓍龜守《易》，藏大于小，不礙其為無所非占，亦不礙其就占言占也。朱子曰："散之在理則有萬殊，統之在道則無二致。""時固未始有一，而卦亦未始有定象；事固未始有窮，而爻亦未始有定位。"皆引自附于《周易程氏傳》的《易序》，一般認為該序為朱子所作。旨哉，其本義也，就占言占而已矣。後必以此詆朱子者，是自未悟全《易》之用也。立象繫詞，隨人通解，卦卦爻爻皆有三重義、四舉例，豈相壞乎？故曰：頓漸同門，正變同時，此非"三反晝夜，用師萬倍"引自《陰符經》者。執一字名，便疑矛盾，自難信貞一在反對中，有代明錯行《中庸》曰："辟如四時之錯行，如日月之代明，萬物並育而不相害，道並行而不相悖。"方氏引之以明"固二貞一"之旨之妙。

《易》惟變所適，本爻所之，乾初之姤是也；有五爻變而本爻不變者，乾初為復是也；有一、二、三積變而上者，京氏之變，各卦自為七變，不獨八宮也；有推變，朱子所列是也；有貞悔變，屯蒙顛對，舊曰反對是也；有互換變，泰損是也；有伏變，屯鼎望對，舊曰正對，錯卦是也；有倚變，橫圖相易是也；有叠變，方圖東北與西南迤對之夬履睽革，舊曰綜卦是也。詳見本書第三卷。然觸類之幾，以始所之為端。《左》《左傳》《國》《國語》諸占，是一徵也。故石齋與余同此觀玩，若軌革卦影軌革卦影為流行于宋代的一種占卜方式，其起源衆說紛紜，今已失傳。關于方氏對軌革卦影的看法，方以智《通雅》卷三中有論述，其曰："軌革易占也，卦影圖占也。"又"京（京房）、管（管輅）以來遂行軌革之說，孟奇以分野猶軌革之分，爻通考《火珠林》即京氏法，軌革之道又有卦影，《東坡志林》曰：'費孝先言得之眉山老人，壞一竹牀，書定年月當壞，遂師之，老人授以易軌革卦影。'"，占事知來，則固全用之矣，聖人以不動之心，應萬變之心，亦猶是也。

在此幬中，代錯鼓舞，有開必先，不能違時，異言、卮言，皆此幬中之言也。不收才俊,爲淵驅魚,言性其情,利之自轉。《易》無棄物,盡入藥籠,聖人總以天地爲證據,當然條理,本于生成,稱謂一通,何諱之有？學海惕龍,不欺飛躍,官天繼善,時義乘權,萬法俱明,自能化邪歸正,要歸無咎,質俟"質俟"出自《中庸》,其曰:"故君子之道,本諸身,征諸庶民,考諸三王而不繆,建諸天地而不悖,質諸鬼神而無疑,百世以俟聖人而不惑。質諸鬼神而無疑,知天也;百世以俟聖人而不惑,知人也。是故君子動而世爲天下道,行而世爲天下法,言而世爲天下則。遠之則有望,近之則不厭。"何疑。他石攻玉,不妨激揚,招歸解縛,馳張並用。慎辨居方,濟之即以集之;井收履旋,容之即以化之。安環中因應之生理,享尊親明察之寂塲。精入往來,本何思慮,琴簫革木,異響同和。此《編》大集,互取兼收,上、中、下根,隨其所受,共此惕天,筮香感火,受命如嚮,以不聞聞。

少侍先廷尉方大鎮之側,負墻而已。筮仕嘉州,鋭身解綬,救出一高孝廉萬曆四十五年(1617),方孔炤任嘉定知州,救高孝廉出冤獄,未免自喜。先廷尉示之曰謙之"平稱"《大象傳·謙》曰:"地中有山,謙。君子以裒多益寡,稱物平施。",一言而可終身者也。天啓甲子1624,以不覆魏良卿明末宦官魏忠賢的侄子之伯天啓六年,論功封魏良卿肅寧伯,忤璫削籍,禍且不測,始自痛省。先廷尉教之曰:而同"尔"知三陳九卦《繫辭傳下》中,三次陳述履、謙、復、恒、損、益、困、井、巽九卦之德之生于憂患乎？以世道言,後更有甚于此者。滅理以言天,諱善以夸道,人心之幾如此,邪風大行,能毋亂乎？忽忽廬白鹿之墓三年,重讀祖、父之書,述成《時論》,優游丘壑足矣。賊鋒甚熾,江北爲墟,居鄉守禦,不能弢晦,而危楚之任,倏爾在肩,議勤穀城,失執政之指,以將衂致逮,琅當西庫者兩年,遂與黃石齋辇據,亦一幸也。歸顏環中草堂,且天隤海竭矣。

此生憂患便爲家常，奉北堂以守此山，終老墓側，筮得潛龍，自稱潛老夫，固其時也。衰病之餘，供薪舉火，合編往哲之語，以爲菁龜。荒鄉僻處，兵燹書殘，遠借甚苦，是以此《編》，未得卒業，惟有農夫周岐，字農夫、幼光錢澄之，字幼光，桐城人，著有《田間易學》、右鐔左銳及從子建、詒方鴉立和方兆及。方鴉立，字子建；方兆及，字子詒輩，間過徑中，老夫何嘗一語人乎。暮年獨子方以智，悲韓洄(732—794)，字幼深，唐京兆長安(今屬西安)人。安史之亂時，韓洄避難于江南，而此時家中有七人遇害、崔倫字敍，寶應二年(763)崔倫出使吐蕃，爲吐蕃拘八年，不屈而還之命，萬里歸省，復緣鑿坎，自矢以雪爲關，鑊湯歸實，不出環中。余書誡之，猶是九卦也。

　　鹿湖潛老夫孔炤生萬曆辛卯1591，奄忽六十四卦之歲，且記此以付子孫云。

圖象幾表卷之一

皖桐方孔炤潛夫授編
孫　中德、中通、中履、中泰編録
潭陽後學游藝再校

方孔炤序_{此標題爲校注者所加}

朱子《啓蒙》《易學啓蒙》以圖書、卦畫、蓍策、變占四者約之。《序》指《易學啓蒙·原序》，朱熹撰曰："自本而榦通"干"，而支，自不能已，分合進退，縱橫逆順，無往不相值相合，是豈聖人心思智慮之所得爲哉！"張子張載所以歎秩序之天地也。嗟乎！一在萬中，至動賾zé也。動、賾並用，始自《繫辭上》，其曰："聖人有以見天下之賾，而擬諸其形容，象其物宜，是故謂之象。聖人有以見天下之動，而觀其會通，以行其典禮，繫辭焉以斷其吉凶，是故謂之爻，言天下之至賾而不可惡也。言天下之至動而不可亂也。擬之而後言，議之而後動，擬議以成其變化。"孔穎達曰："賾謂幽深難見。"泯有無而約言太極，則冒冒，覆也耳。極深研幾jī事物變化的隱微端倪，惟此圖象，爲格通萬一之約。本無言語、無文字，而天下理得。秩序歷然有次序貌，隨時隨位，開物成務，而於 wū 感歎詞穆《詩經·維天之命》曰："維天之命，於穆不已。"朱子曰："於，歎詞也。穆，深遠也。"其中，此邵子所以終日言而不離乎。謹因楊本指明楊時喬編撰的《周易古今文全書·易學啓蒙》，推廣諸家，俟等候人引觸會通，神而明之。命兒侄輩編錄，題曰《幾表》。謂費隱朱子曰："費，用之廣也。隱，體之微也。"此處方氏用費隱這一對概念來形容天地萬物運行的體微與用廣交輪按一定的次序往來相推之輪回運動之幾，難以指示，不得不于時位旁羅之象數，表其端耳。

崇禎癸未 1643 潛夫方孔炤識

方以智記此標題爲校注者所加

訓詁習膠，一執名字，則不能會通，雖語之，亦不信也。急于破執，因用掃除之權而巧遁洸洋恣肆放縱者，又借掃除以掩其固陋已矣。故以此河洛象數，爲一切生成之公證。全寔 shí 通"實"全虛之冒，本末具焉；物物互體互用之細，本末具焉；綱維統治之宰，本末具焉。聖人隨處表法，因形知影，而隱用于費，知體在用中乎！知至體大用在質體質用中乎！則不落而並不落其不落矣。立象極數，總謂踐形，猶之目視耳聽、手持足行也。時序四時運轉之交輪，可得而數矣。事物之節限，可得而徵矣。既不爲文字所膠，而又豈爲洸洋所蕩乎！故作《冒示》《密衍》《極倚》諸圖，依然辟喻耳，在研幾者自得之。

不肖智方以智記

圖書原本正文無此標題，據《圖象目錄》而加

冒示《圖象目錄》作"太極冒示圖説"

《野同錄》方大鎮纂，已佚曰：不可以有無言，故曰太極。太極何可書乎？姑以圜象畫之，非可執圜象爲太極也。《中庸》曰："於穆深遠不已，天之所以爲天也。"善哉，子思孔伋，字子思，孔子之孫，作《中庸》之畫太極乎！所以然者，倫次序或位置序于卦爻時位，宜民日用謂之當然，當然即所以然。然不聳之于對待之上，而泯之于對待之中，能免日用不知耶？潛老夫方孔炤曰：不得不形之卦畫號曰有極，而推其未始未曾有形號曰無極，因貫一不落有無者號曰太極。《易》教潔静精微《禮記·經解》曰："潔静精微，《易》教也。"，使人深窮反本，逆泝而順理之，不至此，豈信所以然之大無外、細無間乎？微之顯《中庸》曰："夫微之顯，誠之不可掩如此夫。"又"知微之顯，可與入德矣"者，常無常有；費而隱者，即有即無。惟恐人以有爲有、無爲無，又恐人以有無玄蔓無邊際地糾纏延伸，故正告微顯、費隱也。諸子各高其幢 chuáng 指支撐帳幕、傘蓋、旌旗的木竿，情實僞日出。因有酷表示程度深，有"甚""很"之義塞以愚民者，因有離畸以詑 tuó 欺騙蒙蔽民者。匿隱匿蒙蔽則大惑，學士巧遁。安得不明此不落有無之確徵，使人安天地之當然哉！有開必先，時也。周子合

說圖極太

無極與陰陽而明太極，人未親切也。邵子合無極與有象而明道極，爲無體之一，又曰有無之極，又曰心爲太極，而人猶未親切也。程子程頤曰：「體用一源，微顯無間。」《周易程氏傳・序》。有親切者乎？朱子曰：「自一陰一陽，而五行之變至不可窮，無適非太極之本然。太極不雜乎陰陽，不離乎陰陽。一而二，二而一者也。」有親切者乎？自有而推之于無，自無而歸之于有，此不得不然之示也。然必表寂隱而未顯貌歷顯而有序貌同時之故，始免頭上安頭之病；必表即歷是寂之故，始免主僕不分之病。于是決 jué 斷定之曰：不落有無之太極，即在無極、有極中，而無極即在有極中。人值逢，面對此生爲不落有無之有，猶時值日中爲不落日夜之日。聖教惟在善用其當有者，有物有則，即無聲臭。何容作有無之見乎？故深表兩間天地之間之所以然曰太極，而太極之所以然原自歷然事物有次序貌。止菴楊時喬之字以丨一豎指其中，惜未暢耳。駁者曰：「太極即中，而又中其中乎？」曰：「從對待而顯其絕待斷絕對待，又合絕待與對待而顯其寂歷焉。無統辨總體上的分別而有統辨，主僕歷然，安得不一指其主中主乎？」駁者曰：「謂主在中而中不定中，定中則執矣。」曰：「中不定中，而不得不因中以指之。猶太極之圓，而方觚 gū 棱角皆圓也，而不得不以圓指之。」駁者曰：「執生爲性，如謂指指月之手指是月。外理于氣，如謂水非冰。今猶二之乎？」曰：「不得二之，不得混之，此合一萬之大一也。正謂一在二中，二中之主僕歷然，則一中之主僕歷然，明矣。一樹之根枝歷然，則仁周敦頤曰：「生，仁也」中所以爲根枝者歷然。鳥鷇 kòu 待母鳥哺食的幼鳥之首足歷然，則卵中所以爲首足者歷然。充兩間天地之間之虛，貫兩間之實，皆氣也。所以爲氣者，不得已而理之。則禦氣者,理也;泯氣者,理也;泯理氣者,即理也。以泯理氣之氣而專言氣,則人任其氣而失理矣。提出泯理氣之理而詳徵之,則人善用于氣中而中節矣。誰非緣而必尊真心于緣之外?誰非氣而必明其理于氣之中?儒者治心治世,一貫始終,正本其所以然之理以正告也。一以貫之,豈□此字模糊難詳貫乎?豈奔貫乎?喻以水冰,謂冰是水可,而謂水非冰,未嘗不可也。請更喻之,有水一瓨 xiáng 長頸的甕壇類容器,水彌遍布此瓨,冰有不彌此瓨者矣,水之甘未有不彌此瓨者矣。今當稱水之甘,使人知味,烏可但稱水,而禁人之稱甘乎?甘在水中,無適非甘。非若太極指點也,不得已而指其極在太中,在人會通焉爾。"下方所刻,總曰"冒示"。

諸家冒示

《全書》楊時喬《周易古今文全書》所載旋毛有中脊楊書中的雙魚太極圖摹馬之旋毛,故有中脊焉。鄭漁仲鄭樵(1104—1162),字漁仲,號夾漈,史學家,南宋興化軍莆田人,著作今存《通志》《夾漈遺稿》《爾雅注》《詩辨妄》等已言之,蔡元定得于蜀山隱者傳蔡元定從蜀地訪得三圖,其中包括雙魚太極圖。

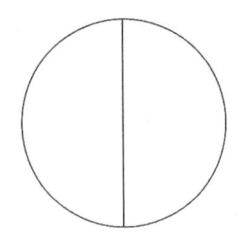

楊止菴楊時喬示人。

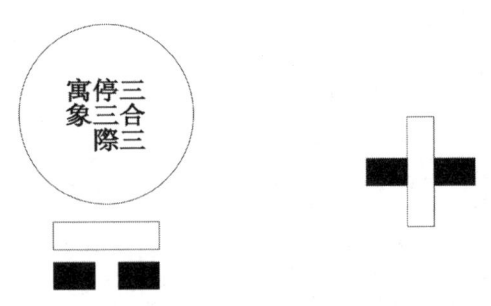

奇指上左圖中的陽爻偶指陽爻下的陰爻之兩中節藏參 sān 古同"三",即"三"之大寫。

奇貫偶中,一縱一橫上右圖,即表直極腰輪之象,即表一貫兩端之理,倉帝指倉頡,傳說中的上古造字者,據《河圖玉版》《禪通記》等記載,倉頡曾經自立爲帝,號倉帝。"十"字足寓萬法,習習以爲常矣,弗著耳。

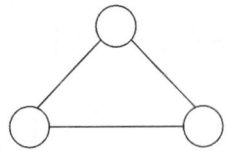

古四聲音韻術語,指表示音階高低的平、上、去、入四聲通,"一"即有"依"音。西乾帝目,讀之爲"依",西乾指古印度天竺,帝目指佛教中的"伊帝目多伽",其梵文爲 itivuttaka。據龐璞在《東西均注釋》所考,itivuttaka 本譯作"伊帝曰多伽",指佛經分類中的一類,爲大乘九部之一,意爲"本事"(如是說,或此事過去如是說)。在後世流傳中誤作"伊帝目多伽",有時亦指佛陀三十二相之一的胸前卍爲"伊帝目"。方以智將錯就錯,取"目"爲能見之意,以"伊帝目"爲一種認知事物本身的認識方法,蓋三因指隨、泯、統三因,爲方以智總結的認識世界之本相的三種互通互用的方法。隨爲順應,泯爲消解,統爲貫通。《東西均·三徵》曰:"明天地而立一切法,貴使人隨;暗天地而泯一切法,貴使人深;合明暗之天地而統一切法,貴使人貫。以此三因,通三知、三唯、三謂……""暗隨明泯,暗偶明奇,究竟統在泯、隨中,泯在隨中,三即一矣,一即三矣。"即一之表法也。壘、焱、森、森、蟲chóng之類,皆以三狀多,可悟三爲約法。該段釋上右圖。

此古天字;古氣字作≈,亦以三重狀之;巛川字的篆體則直而曲之。益信非三不顯,萬法惟乾統禦蓋因乾以三橫爲象。該段釋右圖。

論聲以◎◎爲聲母。方以智曰:"◎略近恩、翁而唇、舌、腭、齒俱不動,既爲聲本,即爲聲餘。"詳見本書卷六《等切旋韻約表》爲本。今取以象三極之貫,太極在無極、有極中,而無極即在有極中。兩間之氣貫虛寔,而凝地之寔以成用。人物之神與氣,皆凝精成形以用中中醫和道教認爲人之神與氣皆由精化來。一自分爲二用,而一與二爲三。諸家之圖皆用三立象以範圍之,三即一也。該段釋上右圖。

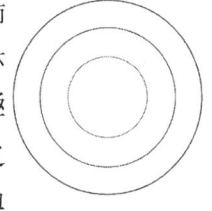

五行木、火、土、金、水爲五行、四時春、夏、秋、冬爲四時、中央四方,以至五聲宮、商、角、徵、羽爲五聲、五色青、黃、赤、白、黑爲五色、五臟心、肝、脾、肺、腎爲五臟、五志喜、怒、思、憂、恐五種情志、五常仁、義、禮、智、信爲五常之類,皆此配位根據氣運行之象

與陰陽互推運動相符情況環象配位而流行矣。四破而中五即一也。該段釋上右圖。

四維與"四正"相對而言,四正就方位而言指東、西、南、北;而四維指西北、西南、東南、東北四個方向即✕,古"五"字也。已八四維合四方爲八矣,加四爲十二,以至無量。該段釋右圖。

周濂溪周敦頤示人。指右圖,圖出自周敦頤《太極圖》。

虛舟王宣,生卒不祥,明代易學家,字化卿,號虛舟,師事方學漸,與方大鎮辨析學問,又爲方以智業師,著有《風姬易溯》,今已佚衍指右圖,可悟卯酉藏子午晝夜。古人以地支環象配位,每支得三十度,可表方位、時辰、月份等。根據一日或者一年中陰陽二氣的互推運轉,這種配法將子當北方,午當南方,卯當東方,西當西方,與上圖相對應,則由內到外,第一環黑白相接處爲卯酉,而第二環黑白相接處爲子午,第一環在第二環中。又卯酉子午與一日時辰對應,則子時爲夜半,午時爲日中,子午即有晝夜之義,而卯酉所在第一環在子午所在第二環內,故曰:卯酉藏于子午晝夜。

兩縱三衡同"橫",合二五爲古之"算"字,魏莊渠魏校(1483—1543),字子才,號莊渠,經學家,明昆山(今屬江蘇昆山市)人,著作有《周禮義疏》《春秋經世》《大學指歸》《體仁説》等表之。該段釋右圖。

爲十者五其五，而藏十六方分。指右圖。

智曰：《禮運》《小戴禮記》與《孔子家語》所載篇目曰："禮本于大一，分爲天地。"即太極、兩儀也。自此兩儀爲太極，而四象爲兩儀；四象爲太極，而八卦爲兩儀。雖至四千九十六原理見本書第二卷之《大成橫圖》，亦兩儀也。故自一至萬謂之大兩，而太極者，大一也。大兩即大一，而不妨分之以爲用。費有三象費中有隱，此爲二，不落費隱爲三，所以説費有三象。下文"隱"與"不落費隱"同"費"，隱亦有三象，不落費隱者亦成三焉。兩即藏三對待爲二，而對待者不落對待之統一与二爲三，謂對對待錯相交之中藏一，而三爲錯綜之端矣。二分太少爲四象太陽、少陰、少陽、太陰，而一即藏于中五矣。此參兩、參伍旋四藏一之旨，所以爲萬法盡變也。故或〻之、丨之、乂之、十之爲太極之寂歷同時。不可畫，畫之不能盡，而姑約指之，使自得耳。旋毛即龍馬之毛甲坼 chè 即神龜之文，尚不知圈點之可通。習見卦畫，則知ー、ーー爲卦畫也。豈知可點可注、可直可曲、可自下而上、可自上而下、可正交、可隅交、可環蟠環繞、可斷續，無非卦畫耶？又豈知費隱理事之皆可點化約指之耶？聞之南嶽老人蓋指方孔炤，明亡後，方孔炤隱居于小龍山南麓的白鹿山莊，觀者深幾，不必膠柱。

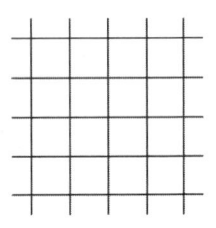

河圖洛書舊説

《易》曰："河出圖，洛出書，聖人則之。"出自《繫辭上》。《書》曰："天球、河圖，在東序。"出自《尚書·顧命》。《洪範》有錫禹九

洛書　　　　河圖

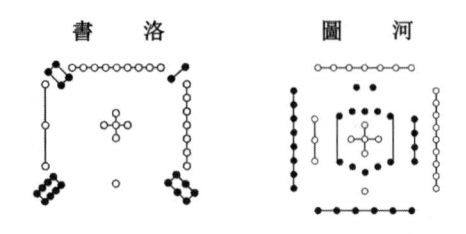

疇《尚書·洪範》言,大禹治水,"天乃錫禹洪範九疇,彞倫攸敘。"九疇數與洛書相符,圖書派易家以爲九疇是大禹法洛書而成。九疇之詳參考本卷《洪範九疇諸解》之言。孔安國(前156—前74)字子國,西漢經學家以羲伏羲時龍馬出河負圖,禹時洛龜負書釋之。鄭康成鄭玄曰:"《春秋緯》云:'河以通乾出天苞,洛以流坤吐地符。《河圖》九篇,《洛書》六篇。'"引自《春秋緯說題辭》。劉歆(前50—23)西漢末經學家,字子駿,古文經學創始人,曆法著作有《三統曆譜》曰:"河圖、洛書,相爲經緯;八卦、九章,相爲表裏原本作"相爲表章",《漢書·五行志》載劉歆言,作"相爲表裏",據此而改。"朱子曰:"讀《大戴禮》指《大戴禮記》,西漢戴德整理,其《明堂篇》有二九四、七五三、六一八之語。鄭鄭玄注云:'法龜文即大禹之時洛出神龜之文也。'然則漢人固以九數者爲洛書矣。"引自《朱子語類·禮五》。關子明關朗,北魏易學家,字子明,現有《關氏易傳》一卷、邵康節邵雍,皆以十爲圖,九爲書。劉牧北宋易學家,字先子,號長民,有《易數鈎隱圖》《卦德通論》等傳世《鈎隱圖》指《易數鈎隱圖》易置之劉牧以九爲圖,以十爲書,言自範諤昌北宋易圖書傳人,建溪人,許堅北宋易圖書傳人,江左人,李溉北宋易圖書傳人、種放北宋學者、隱士,字明逸,著有《嗣禹說》《表孟子》等,皆佚失得于希夷指陳摶,五代宋初易學家,字圖南,賜號"希夷先生"。作品大多佚失,《正統道藏》載有題名爲陳摶的《陰真君還丹歌注》。邵子自李之才北宋易學家,字挺之,著有《易卦反變圖》《六十四卦相生圖》等、穆修北宋文學家,易圖書學傳人,有《穆參軍集》三卷傳世得之希夷。劉劉牧所傳混耳。漢前圖書本具,而中間隱晦，至宋乃顯。潛老夫曰：圖書一理，皆《易》道也。九疇洪範九疇應書九宮，又何嘗非圖之中五四運乎？理藏于象，象歷表現出條理、節律、次序爲數。《易》以睹聞傳不睹聞，非待馬龜而具，特因馬龜而觸其徵耳。羲時並見，而禹時重見龜文，未可知也。馬毛甲坼，鄭漁仲鄭樵載之，蔡元定言之。陽中陰，陰中陽。一毛之中，順逆往來。甲坼之文，單合互藏，自然之理，一語足矣。止菴連紙圖之楊時喬在《全書・易學啓蒙》中，仿旋毛甲坼之象而作圖，不必也。以天眼觀之，兩間何者非馬龜，非河洛乎？天一生水《繫辭傳上》曰："天一，地二；天三，地四；天五，地六；天七，地八；天九，地十。天數五，地數五，五位相得而各有合。天數二十有五，地數三十，凡天地之數五十有五。"《尚書正義・洪範》曰："天一生水，地二生火，天三生木，地四生金，天五生土，此其生數也。如此則陽無匹，陰無耦，故地六成水，天七成火，地八成木，天九成金，地十成土，于是陰陽各有匹偶，而物得成焉，故謂之成數也。"，水附土爲五行之始終一、六爲水之生數與成數，五、十爲土之生數與成數，故水爲五行之始，土爲五行之終。下襲即藏上律也。《中庸》曰："上律天時，下襲水土。"河源遠，故爲圖之體；洛源近，故爲書之用。龍寓于馬，以天行托于地行也《易》以龍、天象乾，以地、馬象坤。龜者，人用北方之靈智也。即此指之，不躍然生動逼真地顯現耶？《繫傳》舉五十有五見上文關于"天一生水"之出自《繫辭傳上》的注文，人以爲河圖也。豈知除十爲洛書，何嘗不具洛書之用乎？乘除圓方，不出一二三四五六七八九十而已《周髀算經》曰："數之法，出于圓方。圓出于方，方出于矩。"矣。朱子曰："一二三四五六七八九十如兄弟。"謂其有序也。一生一成，從内至外，如夫婦，謂其有別也。一與六、二與七、三與八、四與九、五與十兩數皆組成河圖同方位點數，亦爲五行各自的生數與成數，是五位相得也。《繫辭傳上》曰："天數五，地數五，五位相得而各有合。"一合九爲十、三合七爲十,而併中五,曰天數二十有五。五爲數主,實係生數,爲陽,故屬之天;二合八爲十、四合六爲十、五合五爲十兩合數皆爲洛書相對方位的點數,曰三十,成數也,是各有合也。相得以五言,有合以十言,天之一、三、七、九,統于中之一一個五;地之二、四、六、八,統于中之二兩個五。故天地之數皆曰數五也。特以其生數奇,奇屬天,故曰天五爾。古五作╳,四交藏隱含旋之象。

邵子曰:"圖圓而書方。"《皇極經世書·觀物外篇上》曰:"蓋圓者,河圖之數;方者,洛書之文。"以圓始四布而未立隅也,書則八方矣。

胡玉齋胡方平,字師魯,號玉齋,南宋婺源(今江西婺源)人,胡一桂之父,爲宋末元初傳承朱熹易學的重要人物,有《易學啓蒙通釋》二卷曰:"'圖以五生數統五成數而同處其方。'《易學啓蒙·本圖書》中朱子之語,本段後做此。生成相合,交泰之義也。中爲主,則外爲客矣。'書以五奇奇數一、三、五、七、九統四偶偶數二、四、六、八而各居其所',陽正陰偏,尊卑之位也。'正爲君,則側爲臣矣。'"

蔡節齋原本作"蔡虛齋",當爲明代易學家蔡清,其號爲虛齋。然而後文所引之語,出自宋元之際胡方平所撰《易學啓蒙通釋·本圖書》之注文,該注文明確指出後文所引之文出自"節齋蔡氏",當爲南宋易學家蔡淵,其號爲"節齋"。據此而改曰:"圖數偶圖數十,爲偶,偶者靜偶屬陰,故靜。靜以動爲用,故行háng同行列方向合一合六、二合七、三合八、四合九、五合十皆奇。書數奇書數九,爲奇,奇者動奇屬陽,故動。動以靜爲用,故對相對方向合一合九、二合八、三合七、四合六皆偶。"圖體藏用,書用藏體。圖左旋①生以北爲起點，向左旋轉，河圖五行水、木、火、土、金環象依次生成而對克相對方位中，西金克東木，北水克南火，書右旋克以北爲起點向右旋轉，洛書五行水、火、金、木、土、水環象依次相克而對生相對方位中，南金生北水，東木生西火。黄《疏》指黄端伯所撰的《易疏》曰："圖書俱以五爲中數，而内外正隅之數俱從五推之。圖有十，書無十，細察數無非十也。"細察數無非十也"《易疏》作"非無十也，一對九、二對八、三對七、四對六，無非十也"。河圖中宫十五，外郭四十，而七八與九六，亦十五也。此處《易疏》有"是洛書有十五，河圖亦有十五也"，方氏未載。且河圖一、三，奇也，位于東北；二、四，偶也，位于西南，此内象也。七、九，奇也，位于西南；六、八，偶也，位于東北，此外象也。内則陽下陰上，外則陽上陰下，已有剛柔相推、順逆相錯之變，非特洛書之飛伏飛伏出自漢代京房易學，京房認爲"飛"即顯現于外而可見者，"伏"即隱藏于内而不可見者奇也。圖則奇偶對成對而居一方，書則奇偶乘。圖明其正，書明變也，然用變而體不變，故八卦各有不變之世爻。世爻，京房易學術語。京房將《周易》六十四卦分爲八宫，每宫八卦。乾震坎艮坤巽離兑分别爲各宫本卦，統領一宫，八宫按先陽後陰，先父母後子女的次序排列。八宫卦各宫本卦上爻爲上世爻，保持不變，第一爻遇陽變陰或遇陰變陽，産生一世卦，一世卦的第二爻遇陽變陰或遇陰變陽則産生二世卦，依此變三至五爻，産生三世至五世卦，五世卦的第四爻遇陽變陰或遇陰變陽，其他爻保持不變，而演化成游魂卦，游魂卦上卦不變，下卦完全恢復本宫下卦卦象，即産生歸魂卦。由一世卦演至歸魂卦凡七變，每宫八卦之排列皆按爻變次序，即按一世卦、二世卦、三世卦、四世卦、

---

① 本書中的"左旋"和"右旋"兩個詞的意義不統一，時而以旋轉的起始點爲標準言左旋和右旋，時而用古代天文學意義上的左旋和右旋。前者左旋爲自起始點向左旋轉，右旋爲自起始點向右旋轉；後者則是以北爲極，向西旋轉爲左旋，向東旋轉爲右旋。

五世卦、游魂卦、歸魂卦之次序排列。而這個卦變過程中，各宮八卦第六爻保持不變，故曰："八卦各有不變之世爻。"一、二、三、四，五之所包，六、七、八、九，五之所衍，然皆太一之氣，周流九宮而不休。"此京京房易之指也，故圖書之數始于一，中于五，極于九。九者，氣變之究終極也。

《解》曰：贏十縮九，生克則異，而中五則同。圖偶用奇，書奇用偶。圖之一與六、二與七、三與八、四與九、五與十，合之皆奇，體方用圓也。古人認爲天圓地方，河圖以十立體，十爲偶，是地數而爲方；而其用爲奇，奇是天數而爲圓，所以説"體方用圓"。書之一與九、二與八、三與七、四與六，合之皆偶，體圓用方也。潛老夫曰：舊説圖法天，故五行順序；書法地，故五行逆施。寔則天因地偶以立體，而地以天奇而致用，圖又法地，書又法天也。

《解》曰：陽左旋陽數自小到大的次序，始于向左旋轉，陰右旋陰數自小到大的次序，始于向右旋轉，圖書同。五位于中，一位下，三位左，圖書同。七則圖上而書右，九則圖右而書上，二四六八，圖則同居于正，書則各安其偶。同居正者，以陰從陽也。列于隅者，別陰于陽也。七上九右者此論河圖，以少從少，故三連七三和七皆爲少陽，以老從老，故一連九一和九皆爲老陽也。九上七右者此論洛書，少安其少，讓老居尊也。圖順行以次相生，至南離離處後天八卦方位的南方則火克金不能生也。故位坤火金之間河圖，南爲火，西爲金，後天坤處西南，由南向西旋轉即是火金之間而坤處于其間，所以説"坤火金之間"，顧母以生其子，使火不克金而轉生金，是裁造化之太過也。書逆行以次相克，至東震亦爲後天方位則木受水生，不克水也。故位艮水木之間，奉君以制其臣，使木得克土而轉克水，是補造化之不及也。

圖西北之一四，東南之二三，生數五五個，即一、二、三、四、五也。一得五而成六于北，二得五而成七于南，三得五而成八于東，四得五而成九于西，五得五而成十于中，成數亦五五個，即六、七、八、九、十也。陽數積二十有五，五其五也。陰數積三十，六其五也。全數五十有五，十一其五，乃十二十二個五虛空缺其一五一個五也。虛中五爲極，則十其五也。西北之太數河圖位西北之數皆爲太數，一、九爲太陽，四、六爲太陰二十，東南少數河圖位東南之數皆爲少數，二、八爲少陰，三、七爲少陽二十，八其五也。以十推之，陰陽相得之數十，相合之數亦十也。一九、四六爲二太，其數十也；三七、二八爲二少，其數亦十也。內之甲、丙、戊、庚、壬，外之乙、丁、己、辛、癸，五行古人以天干配五行之數極于十也。中宮二五合十，內爲陰陽之位。一、四、二、三合十，外爲陰陽之數。六、七、八、九合三十，無之非十。故數以五爲母，以十爲子。

圖之全數，十也。自一至十，則五、六當數之中中間。故生數有五，五爲生數之終；成數有五，六爲成數之始。生成之數，始終于五六矣。奇數有五，五中于五五個奇數，奇而爲奇主也。偶數有五，六中于五五個偶數，偶而爲偶主也。奇偶之數，樞紐于五、六矣。五乘五得數二十五，五乘六得數三十，天地之數也。天干十天干法五倍之爲十。地支十二地支法六倍之爲十二。干支之道，用五、六也。又以五、六各分之。自一至五，前數也，前有五，中之者三，前屬陽，故三亦陽，三而三之，則數行矣；自六至十，後數也，後有五，中之者八，後屬陰，故八亦陰，八而八之，則卦六十四卦立矣。除十則五、六、七、八、九之中，以七爲中，猶之一、二、三、四、五之中，以三爲中也。

沈全昌沈壽昌,明宣城(今安徽宣城)人,纂有《易學圖解》六卷曰:一爲數始,圖之五十有五,總此一也。其指一始出于北,天開于子子配北方,陰極而陽始生,故曰"天開于子",四時始于冬至冬至在農曆十一月,地支紀月爲子月,位于北也。再一則爲南之二,合二以生東之三,合三以生西之四,合四以生中之五,合五、合六、合七、合八、合九,則爲北外之六、南外之七、東外之八、西外之九、中外之十。智按:北方之一河圖中,位于北方的一,乃小一也。邵子曰:"一非數也。"出自《皇極經世書·觀物外篇上》。合全圖全書,謂之大一,即名太極。不落中旁,不離中旁。而先儒以中之五、十指之,正以莫非太極之中,歷然中統旁之表也。

五之前,一二三四,五之後,六七八九,皆成四象,何以前爲位而後爲數也?蓋以五居中象太極,太極動而生陽,靜而生陰,兩儀具矣。于陽儀上初加一奇爲太陽,次加一偶爲少陰。次于陰儀上加一奇爲少陽,又次加一偶爲太陰。四象之位,以所得之先後言也。七、九陽也,陽主進,自七進九,九爲老陽,七則少矣。六、八陰也,陰主退,自八退六,六爲老陰,八其少矣。七、八、九、六之數,以所得之多寡言也。且一位太陽,所連者九;二位少陰,所連者八;三位少陽,所連者七;四位太陰,所連者六。數與位,豈有一毫相悖哉!九者陽之數終,亦圖之用數,居于外如天之無不包也。十者陰之數終,亦圖之衍數,居于內如地之無不載也。九爲九矣,一八、二七、三六、四五合之皆九所包也。十爲十矣,一九、二八、三七、四六合之皆十所載也。四時以九爲季蓋指九十日爲一季,五行以十爲紀生之五行與成之五行合爲十,曆以十九成章之始古人發現經過十九個冬至,日月重會于原點,據此推算,十九歲七閏將無閏餘,也因此定十九歲爲一章,有出于九與十者哉！

用老而不用少，何也？陽主進，進至九無可進也，則必變。陰主退，退至六無可退也，則必化。七則有九可進，八則有六可退，不能變化<small>陰變陽、陽變陰</small>，故不用也。一、九俱老陽，四、六俱老陰，不用一、四，何也？一、四生數也，生則體未充，故不用。六、九成數也，成則形已完，故可用也。且一得五而成六，故陰以六爲成之始；四得五而成九，故陽以九爲成之終，<small>體生數爲體在用成數爲用中矣</small>。以中五推之，陽數含一、三，合五成九，故生數之陽盡于九；陰數含二、四，合而成六，故生數之陰盡于六，用在體中矣。智曰：本以太極爲體，圖書爲用，究以圖書立體，而以太極爲用。止同"只"有善用，即用此圖書、卦爻、倫常、時位之體用也。

中宮之五，環中以應外者也。其下一點生水，是謂天一；上一點生火，是謂地二；左一點生木，是謂天三；右一點生金，是謂地四；中一點生土，是謂天五。既生矣，外各以五成之。<small>升菴楊慎(1488—1559)，明代學者，文學家，字用修，號升菴，明四川新都（今屬成都）人，著作有《升菴經説》《易解》《升菴詩話》《畫品》《升菴詩集》等傳世</small>引雪花六出<small>雪花有六個花瓣</small>，太陰玄精，龜文六棱<small>烏龜殼上的紋呈六棱角狀</small>，以證一六之水。智曰：二七何證乎？蓋圓必圍六也。全昌<small>沈壽昌</small>曰：五行之生，一行具五，而氣始備。如一六合而成水，六之第一點，水之水也；第二點，火之水也；三點，木之水；四點，金之水；五點，土之水；至第六點，而一之水始成。以推火、木、金、土皆備五行而成。智曰：一物一太極也，五常、五志，皆各五其五。見未及此，乃執總惡別耳？

陽主生，陰主成，然生數亦有陰，成數亦有陽也。生數陽多陰少，屬氣，故象天。成數陰多陽少，屬形，故象地。象天故生之始終始于一而終于五俱陽，而陰不先陽以生也。象地故成之始終始于六而終于十俱陰，而陽不先陰以成也。

圓圖指《伏羲六十四卦方位圖》，見本書第二卷《合方圓圖諸說》陽始于北之子，卦爲復復卦，居子位，下倣此，故圖之一居北；長于東之卯卦爲泰，故三居東；盛于南之巳，卦爲乾，故七居南；盡于西之酉，卦爲剥，故九居西。陰始于南之午，卦爲姤，故二居南；長于西之酉，卦爲否，故四居西；盛于北之亥，卦爲坤，故六居北；盡于東之辰，卦爲夬，故八居東。猶不悟圓圖之妙乎？

九，太陽之數也，居西河圖九居西。四爲太陰之位，亦居西。九自西退，至南則七也，而少陰之二亦在南，是以九以太陽居太陰之位，七以少陽居少陰之位也。六，太陰之數也，居北。一爲太陽之位，亦居北。自北進至東，則八也，而少陽之三亦在東，是六以太陰居太陽之位，八以少陰居少陽之位也。太與太、少與少相連者，方以類聚。太不與少、少不與太合者，物以群分也。

人知流行之相生以土而濟幫助，不知對待之相克亦得土而不相害也。如水克火，中有五則顧火而克水，水不害火，土亦不害水。金克木，中有五則顧土而制克制金，金不害木，木亦不害土。火克金、木克土，亦復如是。

五行之生克皆有其故，如水生木，以木常克土，是克其克我者，而以恩報之也。水克火，以火常克金，是克其生我者，而以仇報之也。生克之理，惟視己之衰旺，旺則我生者生矣，而生我者亦老，我克者克矣，而克我者亦囚，如木旺則火生、土死、水老、金囚是也。

《兒易》倪元璐《兒易外儀》曰:"乾體據金,坤體據土。以金位四金居西方,河圖之位爲四,是第二金非第一金也;以土位五土居中央,河圖之位數爲五,是第二土非第一土也。木從水生,因以生火。以木位三木居東方河圖之位數爲三,是第二木非第一木也,第一木必依水居,猶第一金必乘乾作,第一土必倚坤行也。"採自《兒易外儀·開成之類曰原始中》。如兒墜地,五官俱完,如花初開,五瓣齊出,五位君臣,一時並立,比之于印,無有首位起止也。故曰:五行之中,各具五五。

《洛書解》曰:洛書統于中五洛書中宮五點,以五下一點爲水,一進五爲六,故六統于一,六附一而水之用行;五右一點爲火,七退五爲二,故二統于七,二附七而火之用行;五上一點爲金,九退五而四,故四統于九,四附九而金之用行;五左一點爲木,三進五爲八,故八統于三"八統于三"之"三"文鏡本模糊不清,續修本爲"三",八附三而木之用行;中一點爲土,五合爲十,故四方之十俱統于五。無不統斯中五(土)無不附,故爲水之君土克水,木之臣木克土,火之子火生土,金之母土生金,而土之用無不行矣。又曰:前數主進,故一三云進。後數主退,故七九云退,陰陽之義也。五爲中樞,八方之數,一四、二三,固合爲五矣。以所列者綜而析之,三其五也,如二四爲六,中有九洛書二四之間有九焉;二六爲八,而中有七;四八爲十二,而中有三;六八爲十四,而中有一。俱三析之,孰非五乎?以所附者合而分之,兩其五也,如九非五也,而與一對,合其一以分之,則五矣,八與七六非五,而八對二、七對三、六對四,各以其對者合而分之,又五矣。以所連者減而配之,一其五也,如六非五而連一,減一以配之則五矣,七與八九非五,而七連二、八連三、九連四,各以所連減而配之,又無非五矣。

《全》楊時喬《周易古今文全書》論數曰:"以中五加六爲十一,加七爲十二,加八爲十三,加九爲十四,加十爲十五,合之得六十五。除減去一以歸體,餘則卦數《周易》上下經共六十四卦也。"

總圖之全數而各倍之,則一一爲一,二二爲四,三三爲九,四四爲十六,五五爲二十五,六六爲三十六,七七爲四十九,八八爲六十四,九九爲八十一,十十爲百,合之得三百八十五。除一以歸體,餘則爻數《周易》六十四卦共三百八十四爻也。

劉雲莊 南宋劉爚(yuè)(1131—1216),字晦伯,號雲莊,宋建寧崇安(今屬福建)人,朱熹、呂子謙門人,著有《奏議史稿》《易經説》《禮記解》《四書集成》《遺録》等曰:"易畫生于太極,其理至精。易畫原于圖書,其數至變。形之于理,必有所依而後立,故不雜乎數,而不離乎數。太極爲理之原,圖書爲數之祖,理數本非二也,合觀可矣。"

圖數五十有五,除中五爲五,實則五其十一也。以生數之極,成數之始,五、六合之,十一也。班固曰:"十一而天地之道畢。"語出《漢書·律曆志》。從五、六中間,自四究于一之前,自七推于十之後,則四、七合之,十一也;三、八合之,十一也;二、九合之,十一也;一與十合之,十一也。即此而一爲數之始,十爲數之極,皆不過十一也。曰一十,曰十一,曰五十,曰十五,互用而迭交換、輪流見也。一六、二七、三八、四九、五十,皆隔五而成也。洛書乃五其九,除中五則八方爲四十。河圖除中之五與十,則四方爲四十。《正》黃道周《易象正》曰:"凡五行之數,去十則用九,存十則用十一。用十一,何也?土德之終,十十爲百,後加一十,得兩河圖河圖數之和爲五十五,兩之爲一百一十爲萬物終。九十之禦統禦而相合二十，八十之禦三十，七十之禦四十，六十之禦五十，皆得兩河圖，爲五百五十數前文五對數之和。以五十五退之，爲五德之序。金九十金處西方，河圖對應的數爲九，十倍爲九十加一九爲九十九，以五經之，爲四百九十五。木八十八木處东方，河圖對應的數爲八，十倍爲八十，加八爲八十八，以下兩個演算做此，經五爲四百四十。火七十七，經五爲三百八十五。水六十六，經五爲三百三十。（共一千六百五十。）凡五行之成數，二千二百。其生數，八百二十五。凡三千二十五，爲五十五自乘之數也。"智按：八百二十五，乃以一二三四五各乘河圖數也。二千二百，以六七八九十乘河圖數也。

　　極河、洛之合數，曰五十五，五其十一也，四十五，五其九也，九與十一相乘，得九十九而會矣，于是九其圖而十一其書，則四百九十五，而圖、書之數會矣，是五百而虛五也。圖書自乘河圖數和洛書數相乘爲二千四百七十五。乘五、六爲三十，以乘四百九十五，則一萬四千八百五十也。十二乘四百九十五爲五千九百四十，倍爲萬一千八百八十，則多具策指用大衍筮法占筮得出六十四卦的總策數。《繫辭傳上》曰："二篇之策，萬有一千五百二十，當萬物之數也。"一通期jī通期指三百六十日耳。大衍指大衍筮法中之，十八其大衍，而二十其書，則九百而會矣。十一其大衍，而十其圖，則五百五十而會矣。衍大衍用四十九，乘四百九十五，則二萬四千二百五十五而會矣。除扐四十八，三分爲十六，又三分四百九十五爲百六十五，以十六乘百六十五，爲二千六百四十，于是三之，爲七千九百二十，而十六其四百九十五，亦七千九百二十也。通期三分，爲百二十，乘百六十五三分四百九十五，爲萬九千八百，于是三之，爲五萬九千四百，是三百六十與圖書之合數會矣。具爻指六十四卦總爻數,爲三百八十四三分爲百二十八,乘百六十五爲二萬一千一百二十,于是三之,合數六萬三千三百六十,是三百八十四爻與圖書之合數會也。

密　衍

《全書》《周易古今文全書》析衍諸圖煩矣,而無體有極本卷之《冒示》曰:"不落有無之太極,即在無極、有極中,而無極即在有極中。"之故,易位生成河圖金火易位而成洛書,詳見文後第十圖、第十一圖及其説明文字之故,圖書體用之分合、合分,終未剖分解,分開醒明瞭也。此豈天地必如此剖合次第乎？理寓象數,衍而歷之,易燎然明確貌耳。故因邵子小衍邵子《皇極經世書·觀物外篇上》曰:"五十者,蓍數也,六十者,卦數也,五者,蓍之小衍也,故五十爲大衍也。",以虛舟子明代王宣法衍之曰"密衍"。

智方以智識

秩敘寂歷,冒如斯也。

前衍無極即有極圖。

朱子曰:"已形已見者,可以言知;未形未見者,不可以名語言、文字求。"出自附于《周易程氏傳》的《易序》,一般認爲該序爲朱子所作。故權宜立前衍,使人逆而窮之,順而理之。開眼者,河洛、卦策,處處彌綸,有何虛空非象數,象數非虛空乎？此段爲説明上圖。

秩敘寂歷，冒如斯也。　　○　　有極即無極圖

北即太陽,東即少陽,南即少陰,西即太陰,隨處一星 上圖一圈,即有中五四破 中央一點圍四方四點之五點之象,如圖書之中五。而八卦、九宮、十二盤,三百六十皆具矣。可信象即無象,名即無名。天下理得,成位乎中。此段釋上圖,並衍出下圖。

衍小子邵

中五即中一 見上段"中五四破"也,可以藏一而旋四用三矣,可用三于一矣,或縱或衡同"橫",即參矣;或四用半,即兩矣。有此無此,亦兩 有中藏無,無中藏有,故"兩"也,有、無與不落有無,亦參也。萬法明矣。此段釋上圖。

道家曰古河圖。　十五是參伍也,一切卦象,總用四周之四十。

天地之數,盡于十、五 生數盡于五,成數盡于十。以五乘十,十乘五,皆大衍 大衍之數也。故全圖皆太極,而不礙以中之十五為極。又以中五為極,又以中五之一為極。又有旋毛之中,則

圈圈每一圈皆有太極之正中明矣。此段爲釋上圖，圖中道家今人一般稱道教。

三五三個五，道家河圖衍天地之數十五分之，即五行生數。中一五，原不動，而四行乃二五一、四、二、三所分也，四象顯矣。此段依上上圖衍上圖。其後六段做此，皆爲依所在段落之上上圖衍出上圖。

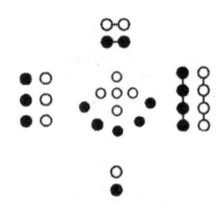

有陽即有陰陽中藏陰，微隱微不顯者固已顯現者交協，和合而顯，亦各分也。冬冬配北方、春春配東方陰在外，陽在內。夏夏配南方、秋秋配西方陽在外，陰在內。

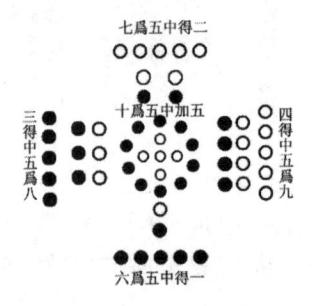

陰陽既配指上上圖，各以中五加之，即各具五行之成數。

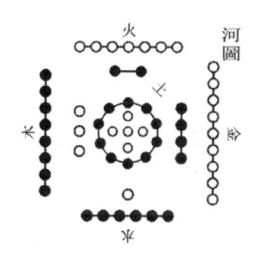

環生河圖五行自北而東旋轉，水、木、火、土、金依次生成對克河圖相對方位中，西金克東木，北水克南火，矩直角在西南河圖五行環生，由于土處中央，故在西南構成的直角。巳東南亥西北方連方角處連結，寅東北申西南方開，太、少應之，四正藏隅，爲十五者四。

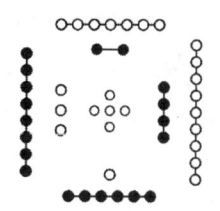

天下之數盡于十，而十不用，以九極則十復爲一也。上圖及其後二圖爲依河圖衍出洛書。

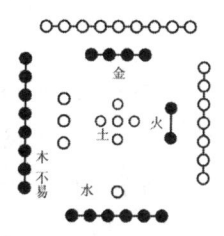

水、木、土不易，而火、金易者，用先陰也。後文曰："一水、三木、五土皆陽，二火、四金爲陰。"五行惟金、火以陰用陽，詳後。此段依上上圖衍上圖。

洛書

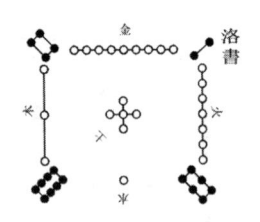

金
木　土　火
水

　　陽居四正，陰居四隅，八方九宮八方點數與九宮之數對應，洛書建極。朱子所云："中主外客，正君側臣。"出自《易學啓蒙·本圖書》。聖人扶陽抑陰之道，非有一毫造作也。環克洛書五行自北而西始旋轉，水、火、金、木、土，水依次相克對生洛書相對方位中，南金生北水，東木生西火，矩在歲限歲限指上一歲結束、下一歲開始之時，位配東北。已亥數貫，左旋以北爲極，向西旋轉爲左旋，向東旋轉爲右旋數生詳見本段之後第五段，合五生隅，半邊亦生隅詳見下文。爲十五者八，縱縱向，指二七六、四三八橫橫向，指二九四、六一八交乘交，指二五八、四五六午縱橫相交，指一五九、三五七皆是矣。

　　中五之一爲中心，中五連心之四爲第一層，隨中五之地十爲第二層，一二三四爲第三層，六七八九爲第四層，合中一謂之五層可也，猶四方合中爲五方也。此段前文爲説明河圖。書則三層。

　　虛舟子王宣曰：天下之數始于一，終于十，而五爲中。言五而兼六者，五爲生數之終，而六爲成數之始也。言五與十者，合兩生、成之終數也。故五、十者，數之統也。五與十爲數十五，以一五而合二五也，參伍也，故河洛爲十五者十二。原其始則五行之生數，十五已足生數一、二、三、四、五和爲十五。用九、用六《易》爻辭陽用九而不用七，陰用六而不用八，用十五也。即以此作十圓圖，而五在中，已盡其妙。大衍以十乘五，以五乘十，而是矣。河圖五十五，虛其中宮之五者，亦適合也。潛老夫曰：一切卦象森羅，皆四旁之四十布河圖四方之四十所爲，而中之十五若不用焉，乃所以用也。智曰：邵子言小衍者，示五而萬備矣。愚者方以智言：前衍者，舉一而五具矣，一亦不舉而伍亦具矣，萬亦具矣。知之則全圖皆太極也，知全圖之皆太極，又當知中之十五爲極，十五以中五爲極，中五以中一爲極，一又有其所以然者，則兩間之星星㘆㘆形容事物小，皆有太極之正中焉，歷歷常明矣。

《集象》曰：洛書用九不用十，以陽數自一極于九也。不用十而十寓于一，何也？算器算盤逢五寄上位，變而爲一，逢十寄前位，變而爲一。《玉海》南宋王應麟撰曰：“一固一也，十亦一也，萬億亦一也。”《全》周易古今文全書·易學啓蒙曰：“滿指屈則五矣，伸小指爲六，伸至食指爲九，則一尚在也，即十也，即一也。但生數則爲一而在中，成數則爲十而在外。”

虛舟子曰：五行各得中五而成，人皆知之。土自加五，而復倍除之，人不知也。蓋圖既已成，當除十而不用矣。寄王于四《禮記正義·月令》曰"土雖寄王四季"，雖無五而五存，正位居體，故建極本《洪範》，見本卷《洪範九疇諸解》焉，建極以克制爲生，以扶陽爲經。苟非金火易位，何能左旋相克洛書自北而西還轉五行相克耶？一水、三木、五土皆陽，二火、四金爲陰，《啓蒙》所謂："陽不易位而陰易位也，成數雖陽，蓋亦生之陰也。"引自《易學啓蒙·本圖書》。于是以陽居正位，以陰居四隅位，而成洛書矣。陰易位而隅置者，聖人扶陽抑陰，即所以用陰。此千古不易之道也。自朱子、劉長民劉牧、胡雙湖胡一桂亦言金火易位矣，而河圖變洛書之演，使人豁然，則自虛舟王子始，今從而廣之。

洛書之數亦環相生。中五合北一爲六，故左旋西北得六，北一合六爲七，故西方得七；西七合西南二爲九，故正南得九；九合東南四爲十三，除十算三，故正東爲三；三合東北八爲十一，除十算一，故正北得一。潛老夫曰：隅何以生之耶？蓋十年而得之。以五合北一例之；五合西七爲十二，除十得西南二；以五合南九爲十四，除十得東南四；以五合東三爲八，故東北得八。又合八一六七爲二十二，除二十得西南二；合六七二九爲二十四，除二十得東南四；合二九四三爲十八，除十得東北八；合四三八一爲十六，除十得西北六。又有妙義焉。一二三與七八九，三合也，而四五六穿亥巳以中三乘兩頭，象限周期，天巧哉。

潛老夫曰：天下之道，必相制乃可用。制殺之道，先起金方，金火不易位，則永不相制矣。所以但易金火位者，正陽以用陰也。五行惟金火之性獨烈，水木不變而金火通變，蓋金入于火，不別于火，火能煉金，乃別其金，妙哉！火用煖 nuǎn 溫暖光，金主聲、氣肺屬金，人用之最先者也，人身則心肺心屬火而肺屬金操呼吸之地，《内經》指《黃帝内經》，爲中醫經典，分《靈樞》《素問》兩部分，後面引文引自《素問·刺禁論篇》所謂"膈肓"原本作"膏肓"，《素問·刺禁論篇》作"膈肓"。"膏肓"在中醫中大概有兩義，一爲心與膈膜之間的部位，二爲膏肓穴，然此膏肓之二義與文義之間的聯繫，没有"膈肓"緊密，因爲"膈肓"有心肺之下的膈膜之意，"膈肓之上"即有心肺之意，而"膏肓之上"很難和"心肺"聯繫起來。據此二因而改"膏肓"爲"膈肓"之上，中有父母"者也。五味則先制辛苦五味中苦屬火入心，辛屬金入肺，言聲則齒舌齒屬金，舌屬火相通，論音律則林鐘屬火徵 zhǐ 與南呂屬金羽林鐘和南呂爲十二律之一，徵與羽爲五音之一。傳統音樂理論中，十二律相當于現代音樂理論中的十二個不同音高，五音相當于五個不同音階，故上文中的"林鐘徵"與"南吕羽"爲音高與音階的組合，林鐘爲季夏之律屬火，南吕爲仲秋之律屬金爲事物，音相通焉。西南之間，坤土本位，而離兑二陰用事之地依後天八卦方位，坤處西南，爲金火相交之處，而離處南屬火，兑處西屬金，故變動從此始。劉爚原本作"劉牧"，然而後文所引之語，出自《易學啟蒙通釋·本圖書》之注文，該注文明確指出所引之文出自"雲莊劉氏"，當爲南宋劉爚，據此而改"劉牧"爲"劉爚"曰："一三五不易，七九位易者，北東陽始生之方，西南陽極盛之方。陽主進，進極而變也。"董天台南宋董楷，著作有《周易傳義附錄》十四卷傳世曰："成隨生數，如子者父之陰，臣者君之陰。"引自董楷《周易傳義附錄·朱子易說》，引文原爲："成數雖陽，固亦生之陰者，如子者父之陰，臣者君之陰。"

智曰：凡生則始水，而用則首金，如人以精始，而下地即有聲金主聲氣，此一理也。火有相 xiàng 火，金曰燥金，火爲土寄位所鬱阻滯，故以相火足之。相火和燥金爲中醫術語，爲五運六氣中的六氣之"少陽相火"和"陽明燥金"之簡稱。六氣與十二地支相配，則有巳亥厥陰風木、子午少陰君火、丑未太陰濕土、寅申少陽相火、卯酉陽明燥金、辰戌太陽寒水，可見六氣有君火和相火二火，二火之間有丑未太陰濕土，故文中曰："火爲土寄位所鬱，故以相火足之。"金爲燥金相火轉爲燥金，分火體也，此一理也。南方、西方，陰而用陽，暑即藏寒，爲萬物之用地、成地。坤土據西南居間，故易位在此，以一歲言之，爲四時之中間西南之位爲立秋，也就是一年之中，此一理也。

又曰：聞之先輩云：金生水。五金豈能生水乎？蓋因土中有石，石即金體，金之生于土中也，本一石也，五金八石，土之精精華也，石則生水矣。此邵子所以表水、火、土、石《皇極經世書·觀物外篇下》曰："日、月、星、辰共爲天，水、火、土、石共爲地。"，而四大指地火水風，爲古印度哲學提出的物質擁有的四種基本功能，隨佛教傳入中國之金即地也。古人又云："金即天星。"《史記·天官書》曰：

"星者,金之散氣,是以星應金,金生水也。"又有説焉:"金爲氣母,在天爲星,在地爲石。天垂象,地賦形,故石上雲而星降雨。天地氣交,星者氣之精,石者氣之形,精氣合而水生焉。《天文志》以星搖動而爲風雨之候,石津濕而爲雨水之應,此非金生水爲氣化之義歟。五行以氣爲主,是天地之生數,水爲首,而五行之成序,金爲首也。"明代郎瑛《七修類稿》之《續稿》有載。金以石爲體,而以火爲用者也。金能生水,而又能出火,陽燧陽燧爲古代用日光取火的工具,由銅製成取火、陰燧陰燧爲古代承接露水的盤子,由銅製成取水,皆以鑑燧取水火于日月之器之劑,得明水、明火之用,豈非有至理乎?火之體,全無而用有也。金之體,半自天、半自地也。火由木而見形,依土而附質,遇水而作聲,無體寄體者也。金得火氣,燥堅土中,又得火制,足以制物。故曰:火以用無而傳神,金以凝有而用精,乾剛居西北六,以南位用離之九。金火易位,其旨微哉!

　　既已二七與四九易位,而一坎洛書一與後天八卦坎皆居北方爲五行此爲洪範九疇第一疇與洛書之一對應。九疇即《尚書·洪範》所言的"初一曰五行,次二曰敬用五事,次三曰農用八政,次四曰協用五紀,次五曰建用皇極,次六曰乂用三德,次七曰明用稽疑,次八曰念用庶征,次九曰嚮用五福、威用六極"。洪範九疇之數與洛書九數相符,圖書之學認爲九疇是大禹按洛數而定,故文中合洛數、後天卦位與九疇而論,後倣此,以六奉三德九疇第六疇之乾乾居西北,與洛書六相對應,居天門爲陰陽之始,三震洛書三與震皆居東方以八讓艮洛書八與後天艮居東北,于人門爲成卦之限,故震以坎三用八政九疇第三疇,而艮以八庶徵用五,庶徵,爲九疇第八疇。孔穎達曰:"庶,衆也。徵,驗也。"庶徵即爲衆徵驗。《洪範》曰:"八、庶徵:曰雨,曰暘,曰燠,曰寒,曰風,曰時。"孔安國注曰:"雨以潤物,暘以乾物,暖以長物,寒以成物,風以動物,五者各以其時,所以爲衆驗。"因此,《洪範》中雖列庶徵六條，而其實爲五，故曰："庶徵用五。"若所以輔五行、受五福九疇第九疇、應五事九疇第二疇、符五紀九疇第四疇而徵其極皇極，九疇第五疇也。五行之一，八政之三，河洛不易三和五在河圖衍出洛書的過程中沒有變位。而三德之六，明三才天地人之章于六爻六畫卦一二爻爲地，三四爻爲人，五六爻爲天也。所易之數，四妙連三，七妙連六，九妙衝chòng向著，朝著一，二妙衝八。八爲《易》《易》有八卦之明用，故立寅方東北而暗用其九。徵之圖，而生數四，成數四，是八也；徵之書，而五前之一二三四，與五後之六七八九，亦八也；徵之橫圖指《伏羲八卦次序圖》，見本書第二卷，而乾一坤八合九，六子指兌少女、離中女、巽長女、艮少男、坎中男、震長男，六卦爲乾坤之六子皆然兌二艮七爲九，離三坎六爲九，震四巽五爲九，是八數藏九也。方圍必九，是八方藏九也。《象正》《易象正》曰："四正皆乾，四隅皆坤。"引自《易象正·三天卦象與雜卦歲曆》。智方以智以爲八方皆交錯也，藏于全圖，而建于中五者，是爲真乾。徵之參兩不用五，蓋無非五矣。

龍江林爾虛林兆恩(1517—1598)，明代學者，三一教創始人，字懋勳，號龍江，道號子穀子，又號心隱子、爾虛子、混虛氏等，明莆田縣(今屬福建莆田市)人。三十歲時棄科舉，專心研究宋儒和當時王陽明的"身心性命"之學，創儒、道、釋"三教歸一"學說，著有《三教正宗統論》三十六卷作《先衍》載于《三教正宗統論》第九卷曰："先能生天、生地、生日、生月、生人，人惟得其先也，故能衍天、衍地、衍日、衍月，而天地日月，各足于人之先，而人莫之知也。"始以天上地下，日東月西，而人中繼分，縱衍橫衍，加隅爲九，故有心天、心日之衍。潛老夫曰：先在後中，惟知善用而已。

四象卦數舊說原本正文無此標題,據《圖象目錄》而加

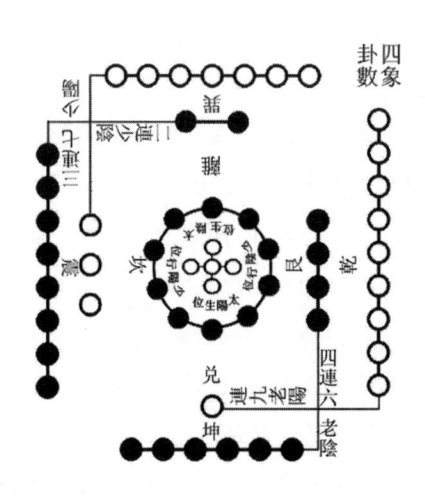

全書所說	一乾極于九	二兌始于一太陽	三離極于七	四震始于二少陽	五巽極于六	六坎始于三	七艮極于四太陰	八坤始于八
呂巾石說	太陽乾一 此本部	少陰兌二 子卦	少陽離三 天卦	太陰震四 地卦	太陽巽一 天一二	少陰坎二 地三四	少陽艮三 數六七	太陰坤四 八九配合
韓苑洛說	六老陽一	八少陰二	七少陽三	九老陰四				
何玄子說	乾九	兌一	離二	震三	巽八	坎七	艮四	坤六

上左圖中,《全書》指《周易古今文全書》,楊時喬撰。呂巾石指呂懷(1492—1573),字汝德,一作汝愚,號巾石,明永豐(今上饒廣豐)人,師從湛若水,易學著作有《周易卦變圖傳》二卷,已佚,另有《簫韻考逸》二卷、《律呂古義》三卷等存。韓苑洛指韓邦奇(1479—1555),明代學者,字汝節,號苑洛,明朝邑(今屬陝西)人,著作有《易學啓蒙意見》(一名《易學疏源》)四卷、《易占經緯》四卷、《卦爻六圖》《禹貢詳略》《洪範圖解》等。何玄子指何楷(?—約1656),明末清初學者,字玄子,號黃如,明鎮海衞(今福建廈門)人,或言爲明晉江人。有《古周易訂詁》十六卷、《詩經世本古義》傳世。

先儒指朱熹謂虛其中之五與十,太極象也。四周奇數二十,偶數二十,兩儀象也。中五四布,即四象本位也。《易學啓蒙·本圖書》曰:"則河圖者虛其中,則洛書者總其實也。河圖之虛五與十者,太極也。奇數二十,偶數二十者,兩儀也。以一二三四爲天,六七八九者四象也。"北爲太陽生位,東爲少陽行位,南爲太陰生位,西爲少陰行位,正對者四本位正相對也。化用則東南用少,西北用太。細

分之則一二三四，四象用位也；六七八九，四象用數也。以用位言，老陽一、少陰二、少陽三、老陰四；以用數言，老陰六、少陽七、少陰八、老陽九。在圖則一六共宗，而太陽又居北一，連西九矣；二七爲朋，而少陰又居南二，連東八矣；三八同道，而少陽又居東三，連南七矣；四九爲友，而太陰又居西四，連北六矣。所謂二老二少，互藏其宅也，用位與本位，亦互藏也。冬春合歲限一歲之終，夏秋合歲中一歲之中，與東南春夏之交合氣闢開闢、打開，西北合氣翕 xì 收斂，亦互藏也。卦分如上上左圖諸列，各有所取。今所折中，再圖之于後。《蠱》蓋指《易蠱》，方學漸撰，已佚曰：大氐大概混而四分，不過以一、二、三、四爲四象。而或以合十之餘配之，或以相得之數配之，亦何不可通，皆自然也。《啓蒙》曰："析四方之合，以乾坤坎離居四寔四方，兌震巽艮補四虛四維，則先天八卦是已。"引自《易學啓蒙·本圖書》。幼清吳澄（1249—1333），元初理學家，字幼清，晚字伯清，學者稱草廬先生，元撫州崇仁（今江西崇仁縣）人，有《易纂言》《易纂言外翼》行世，其著作被後人收錄于《草廬吳文正公全集》以爲羲伏羲觀兩間，無非奇偶，故因河圖作八卦，不必拘拘以圖配卦。採自吳澄《易纂言外翼·序》此撮 cuō 摘取其概約簡要之通論也，既知通論，何礙質核？

四象新説原本正文無此標題，據《圖象目錄》而加

智按：釋下左圖一二三四，天地之陽，故順數 shǔ，動詞。古書排版自右開始，故而自右向左一個接一個地數數爲順數，反之則爲逆數；六七八九，天地之陰，故逆數。猶之自左而右，則坤第一，而艮二、坎三、巽四、震五、離六、兌七、乾八，逆數也；自右而左，則乾第一，而兌二、離三、震四、巽五、坎六、艮七、坤八，順數也，適恰

好與配數相符_{上文八卦順數次序恰好是伏羲先天八卦次序}。要 yāo 求其至理，陰陽互根，數亦互用。以一六水、二七火、三八木、四九金，環而配之，則四正皆水火，四隅皆金木，而土在其中。_{詳見上圖}。通環本水木火金，而二土重于丑未_{丑未二支屬土，後天八卦居坤艮}，此更明東南自爲一周，西北自爲一周，而辰戌之二土，居其間矣。

潛老夫曰：一用于二，必分陰陽，中五四旋，必分太少，四正爲象之主，四偏從之。陽儀乾離順數得一二，而陰儀坤坎回數得六七。圖布四方，則乾坤坎離四正卦，當南北之極，巽震二長在東，艮兌二少在西，則四隅卦巽、震、艮、兌先天八卦方位位于四隅，當日月出入之腰輪_{日月東升西落，其出入之腰輪乃東西焉}。表以四時，春夏秋正用，而冬爲不用之用，故乾坤主于北，而坎離濟于南。坎水_{水象坎}濟于七火，而先天位西對三_{先天方位坎位西與離三相對}，故以七予後天之兌_{兌二得七爲九}。離用二火以熱天一之水，而先天位東，故以八連後天之震。中明本于中剛，故後天乾以一予坎坎六得一爲七。而坤以六奉乾，乾藏用九于六，而以九予用二之離。離既居九，而以二奉坤養矣。坤連四之艮則以予巽，巽以三讓震，震以八予艮。而震春兌秋，遂主二分之用，故外包焉。用巽對乾，用艮對坤，此內運所以合乾坤，補四維也。蓋震與兌夾離，先天乾命之，以繼離之明《説卦傳》曰"離也者，明也"，故曰外包。巽與艮夾坎先天方位巽居西南，艮居西北，坎居西而位二者之中間，先天坤命之指巽艮，以習坎之體《象傳》釋坎卦象曰："水洊至，習坎；君子以常德行，習教事。"洊 jiàn，同"薦"，並列義，故曰內運。凡此皆足以窮朱子所謂陰陽互根之理，自不必執一訛一也。李一菴曰：後天惟乾一用中五爲六，而處于先天一九之間，故位西北；坎七用乾之一，藏坤之六，故位正北；終始在艮，而啓寅方東北，故倍四爲八，以合震而居東北；帝出乎震《説卦傳》曰"帝出乎震"。又釋此語曰"萬物出乎震，震，東方也"，故八付于艮，三取于巽，始得乾參，中分坤半，藏五用三，木表生氣，發水土而生火，居正東方。範布政焉，四陽卦乾坎艮震之德也。巽已乾亥，對司陰陽後天方位中，巽位東南爲陰，乾位西北爲陽，且二者相對，加乾之一爲四，而實得坤三分之二也；對震爲兌，本同乾九，而除四之半，以坎之七自居，以所除之二加離，而自東南巽至正西兌，是陰用之首尾也；離適居南，合坎之七，成乾之九，圖惟北東有一八連九，三六連九，而南之二七則自九也，西則明九而四則與中五合九矣，故南爲正九之位，《洪範》于此藏十焉《洪範》曰："次九，曰嚮用五福，威用六極。"亦即九疇第九疇以一用"五福"和"六極"二者，故第九疇藏二，也就是洪範九疇之九藏十；坤若得離之二，而實自藏六之四，倍予分土對衝之艮，藏五之三，而合三四以助，克制歸乾之兌。此四陰卦坤巽離兌之德也。智按：以數言之，參以兩爲體。九，參法也；八卦，兩法也；六爻，則參兩之始交也。以損益言之，九而三分，倍實爲全六；六而三分，四寔爲全八者也。以序言之，四象尊太陽，而乾兌爲二老、六子之始終，宜乾一兌九矣；以德言之，用九無首《周易·乾》曰"用九，見群龍無首，吉"，乾剛妙于用柔，故藏九于六。先天以九予兌，後天以九予離，離明兌説《象傳》曰："明兩作，離。"又《象傳》曰："兌，説也。"説，通"悦"，皆二柔離兌二卦屬陰也，漢人泥乾用九，而以兌爲一耳。震艮同八，男之始終，卦反對也；坎兌同七，共西北之水澤也；二老同六，明九六皆藏于六也；巽艮同四，先後共上下之偏維也；巽震同三，二長共東及南之木也；坤離同二，乾坎同一，四正互飛伏，示純中之陽一，用純中之陰二也，五則無非五也。再觀先天八卦，水火四正，金木四隅，可謂吻合。若依舊説，太亂無謂。

洪範九疇諸解原本正文無此標題，據《圖象目錄》而加

朱子曰："九疇之序，順而言之，則五行爲始。故五行不言'用'，《洪範》中，箕子總列九疇曰："初一曰五行，次二曰敬用五事，次三曰農用八政，次四曰協用五紀，次五曰建用皇極，次六曰乂用三德，次七曰明用稽疑，次八曰念用庶征，次九曰嚮用五福，威用六極。"獨于五行無"用"字。乃衆用之所自出。錯而言之，皇極爲統，故皇極不言數，乃衆數之所由該。"《旁注》指《周易旁注》曰："九疇統于皇極。"一與九對，故天之五行與人之福極指五福，《洪範》曰："九、五福：一曰壽，二曰富，三曰康寧，四曰攸好德，五曰考終命。"對，皇極之建，本于造化之五行，而驗于民生之福極也；二與八對，故人之五事《洪範》曰："二、五事：

洪範九疇圖

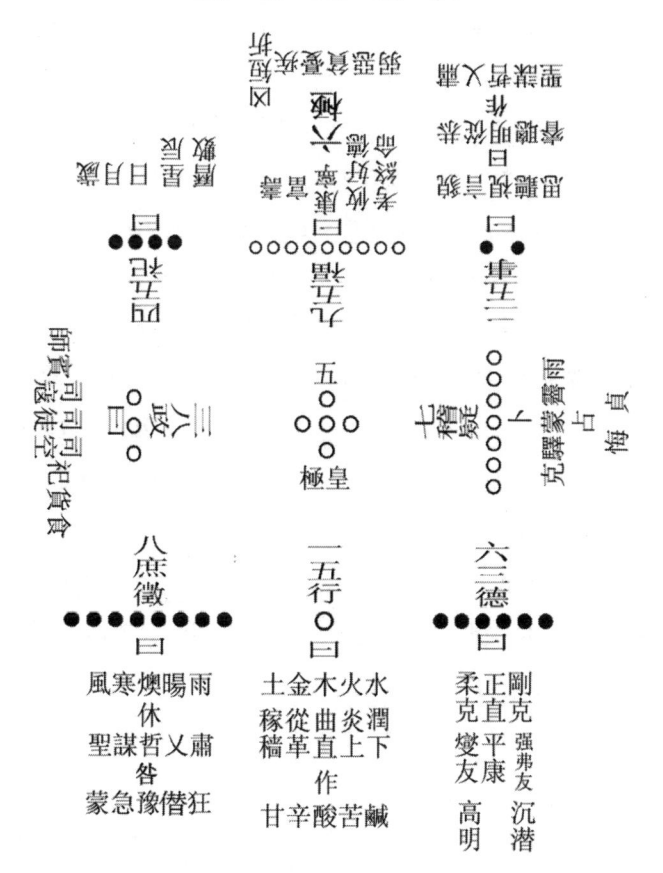

一曰貌,二曰言,三曰視,四曰聽,五曰思。"與天之庶徵《洪範》曰:"八、庶徵:曰雨,曰暘,曰燠,曰寒,曰風,曰時。五者來備,各以其敘,庶草蕃廡。一極備,凶。一極無,凶。曰休徵:曰肅,時寒若;曰乂,時暘若;曰哲,時燠若;曰謀,時寒若;曰聖,時風若。曰咎徵:曰狂,恒雨若;曰僭,恒暘若;曰豫,恒燠若;曰急,恒寒若;曰蒙,恒風若。"對,皇極之建,修于吾身之五事,而省于天時之庶徵也;三與七對,故人之八政《洪範》曰:"三、八政:一曰食,二曰貨,三曰祭,四曰司空,五曰司徒,六曰司寇,七曰賓,八曰師。"與天之稽疑《洪範》曰：" 七、稽疑：擇建立卜筮人，乃命卜筮。曰雨，曰霽，曰蒙，曰驛，曰克，曰貞，曰悔，凡七。" 對，皇極之建，明則行諸政事，而幽則聽諸卜筮也；四與六對，故天之五紀《洪範》曰：" 四、五紀：一曰歲，二曰月，三曰日，四曰星辰，五曰曆數。" 與人之三德《洪範》曰：" 六、三德：一曰正直，二曰剛克，三曰柔克。平康正直，強弗友剛克，燮（xiè調和）友柔克。沉潛剛克，高明柔克。惟辟作福，惟辟作威，惟辟玉食。臣無有作福作威玉食，臣之有作福作威玉食，其害于而家，凶于而國。人用側頗僻，民用僭忒。" 對，皇極之建，上以五紀順天奉時而下以三德撫安世酬交際往來物也。故《洪範》之樞在乎中五之皇極，實天人之統會，此則中數統外數者也。《全》楊時喬《周易古今文全書》曰：" 九疇之細目，五行五，五事五，八政八，五紀五，皇極一，三德三，稽疑七，庶徵五原本作"庶徵"，後無"五"字，"庶徵用五"，前原文與注文已明言，故加"五"字，五福極十一，亦五十也。皇極居中不用，爲四十九。"《圖解》曰：疇者，因九宮之數，別差等而係連接之事，此人之所以合天也。初一曰五行，原始也。一六水，潤下作鹹；二七火，炎上作苦；三八木，曲直作酸；四九金，從革作辛；五十土，稼穡作甘，天之五行也。次二曰敬用五事，立人也。貌澤水，恭作肅也；言揚火，從作乂yì安定也；視散木，明作哲也；聽收金，聰作謀也；思通土，睿作聖也，人之五行也。次三曰農用八政，養民也。三八原民生，食與貨也；一六享鬼神，祀也；二七主禮教，司徒古代官名，司職教育也；四九典兵刑，司空古代官名，司職軍事、司寇古代官名，司職治安也；五十奠安置、穩定民居，賓外交與師軍隊也，其五行之生成乎！次四曰協用五紀，明時也。一爲一周之歲次，水之一也；二爲十二月之辰建，火之二也；三爲三百六十日，木之三也；四爲四千三百二十時，金之四也；五則爲無不統之曆元焉,土之五也,其五行之終始運乎！次五曰建用皇極,居于九之中,尊爲八_{其他八疇}之主,太極也,皇建其有極而君道立矣。次六曰乂用三德,權治體也。太上陰陽合德,平康而正直者也；其次陽克陰,高明而柔克也；陰克陽,沉潛而剛克也,太極而陰陽者乎！平康與沉高_{沉潛和高明}二友,亦五也。次七曰明用稽疑,定吉凶也。水兆雨象,火兆晴象,木兆蒙象,金兆驛象,土兆克象,數之不變曰貞,數之既變曰悔,貞悔統于前五者也。次八曰念用庶征,求觀省也。肅時徵雨,貌澤水也；乂時徵暘,言揚火也；哲時徵煥,視散木也；謀時徵寒,聽收金也；聖時徵風,思通土也,五氣之時爲休徵,五氣之不時爲咎徵,而狂也、僭也、豫也、急也、蒙也,各相因而從之矣,其五行、五事之符乎？次九曰嚮用五福,時感應也。有得氣之常而爲壽者,有得氣之厚而爲富者,有得氣之休而爲康寧者,有得氣之正而爲攸好德者,有得氣之全而爲考終命者,福也。反之則爲凶短折,爲疾、爲憂、爲貧、爲惡與弱,威用六極,所以申五福也。潛老夫曰：六極終以五福統之,明道之人幾先,惟有一吉,安理無咎,禍福所不能論矣。敬、農、協、建、乂、明、念、嚮威_{指九疇二至九},皆曰用,而初一曰五行,以無非五行也。人之于天,無非用五行也,八次皆一初也,九疇皆一中也。一中環八方,君也、心也,合天人者也。八宮天人相對,左天夾人,右人夾天,寔則天錫人範,時乎此人,人即天也,此九疇之所以圍于範乎。藏十事于九宮_{第九疇二事,則九宮凡十事},藏九用爲八用。用素于時,時素于位,莫非圜中,而建乎方中,旁行因應,互徵中五之宜,時中之用大乎哉！稗編載有辨《洪範》非洛書者,謂不過九數相應耳,以今觀其天人交應,理位適符,烏有變理治平之經,不合圖、書者乎？但曰書不必專屬之範，範具圖理，以書之即圖理也，《易》用圖于書者也，就其已成之數，列而分之，理則何嘗分乎？

《太玄》漢揚雄著用九《周易》卦畫分陰陽爻兩種（陽爻一畫，陰爻兩畫），而《太玄》有三種（一畫，兩畫，三畫）；《周易》六位而成六十四卦，而《太玄》列四重而成八十一家，家曰首，《太玄》每首的解説分九條，從初一、次二到次八和上九，故曰"用九"，九正取洛書以明《易》。西山蔡元定衍九疇之數，正以明《易》《範》之合也，《易》之圍其範，範其圍也。卦以八列體指八經卦，蓍以九藏用大衍筮法以四十九策蓍草爲用，故四象之策指大衍筮法得老陽、少陰、少陽、老陰的揲策數，分別爲老陽三十六策、少陰三十二策、少陽二十八策、老陰二十四策，進退于老陽十二者，立體之統也；三十六者，藏用之統也，爲其二六而四九也。大衍筮法之詳，見本書第四卷之《蓍策》。天五地六，合于三十而兩之爲六十，用三十六則餘二十四，舉二十四，即藏三十六矣。此五其十二，而乾坤分之也。兩其三，二其兩爲六爻。而又兩之爲十二，則四分用三之九藏焉。加六爲十八變，則九六之會藏焉。故洛書坤以五事居二，而八予艮衝 chòng 相對；乾以三德居六，而四予巽衝；一坎九離，司其上下之極，而所尚者，木三、金七之東西輪也。是西北之金而剛者，乾以三兼六而藏九者也。律貴黃鐘之九矣律指中國古代音樂理論中的音高標準，律分爲十二律，即六律和六呂。十二律按律管由長到短的次序排列，爲黃鐘、大呂、太簇、夾鐘、姑洗、中呂（又作仲呂）、蕤賓、林鐘、夷則、南呂、無射 yì、應鐘。依此次序，奇數的六個律爲六律，六律又稱"陽律"，偶數的六個律爲六呂，又稱"陰律"或"陰呂"。六呂夾在六律之間，故又稱"六間"。古人定律一般以律管，故而用尺度作爲音高的量度。具體定律時，先確定黃鐘律管的長度，然後再用三分損益法確定其他十一律的律管長度。黃鐘律長九寸，三分黃鐘律長九寸而損其一則生林鐘六寸，三分林鐘六寸而益其一則生太簇八寸，三分太簇八寸而損其一則生南呂，如此等等。因此，黃鐘律長九寸乃是其他律生成的標準，故有"律貴黃鐘之九"之言，**而林鐘之六**林鐘律長爲六未衝居丑，**太簇之八**太簇律長爲八寅開八卦。《禮記・月令篇》中，依氣之運行將十二律和十二月相配，具體爲：孟春之月，律中太簇；仲春之月，律中夾鐘；季春之月，律中姑洗；孟夏之月，律中中呂；仲夏之月，律中蕤賓；季夏之月，律中林鐘；孟秋之月，律中夷則；仲秋之月，律中南呂；季秋之月，律中無射；孟冬之月，律中應鐘；仲冬之月，律中黃鐘；季冬之月，律中大呂。孟春爲農曆一月，其後依次類推。又古人以十二地支經十二月，十一月爲子月，依次類推，林鐘居未，與丑相對，太簇居寅，故有文中"林鐘之六未""太簇之八寅"之語。**曾知人統之統天地爲乾坤之義，夏時之等乎？**此處之論，與"三統"相關，三統亦稱"三正"，正指"正朔"，正爲一年之首，朔爲一月之始。三統即夏、商、周三代正朔，董仲舒認爲，每一朝代之開始，都必須"改正朔，移服飾"，因此三代之正朔不同。夏朝正朔以寅月（今農曆正月）爲正月，以平旦爲朔，是爲人統；商朝以丑月（今農曆十二月）爲正，以雞鳴爲朔，是爲地統；周朝以子月（今農曆十一月）爲正，以夜半爲朔，是爲天統。漢儒認爲歷史上的朝代按三統循環，每一次改朝換代，都當按三統之循環改正朔，而漢當改周（漢儒不承認秦的合法性）之正朔，由天統改爲人統。後世改朝換代，並未依三統之說而"改正朔"，故後世之正朔皆爲人統，亦即夏時。**子雲**揚雄**但法三統之曆**《三統曆》爲漢劉歆依《太初曆》所定，**西山蔡**元定**止用兩加九位，《潛虛》**北宋司馬光撰**惟知用五之尊**《潛虛》仿《太玄》系統而作，其時空系統以虛爲萬物之祖，曰："虛生氣，氣成體，體以受性，性以辨名，名以立行，行以俟命。"（《潛虛・氣圖》）依這個時空系統的次序，司馬光立氣圖、體圖、性圖、名圖、行圖、命圖這樣由虛逐步演化的六圖，以演繹其以虛爲核心的宇宙時空系統。而《潛虛》中，氣爲五行之氣，故氣之後的體、性、名、行、命皆演化自五行之氣，也就是說，它們皆與五相關，故言其"惟知用五之尊"，**而實則五合參兩用九六，但布四六即藏五九。所以然者，一在二中，天用于天地之器體，而無體之道用寓焉。**

河洛析説

朱升七圖原本正文無此標題，據《圖象目錄》而加

朱升(1299—1370)，字允升，元末明初的軍事家、學者，明代開國謀臣，安徽休寧(今休寧縣)人，著有《周易旁注》《楓林集》等曰："一數至十，環列爲圖，平衡取而八宮交午相對，則書也。交午取而五位内外相合，則圖也。圓方嬴多餘縮虧損，相與爲用，原出于此。"出自朱升《周易旁注·前圖》，爲朱升解説下諸圖之語。

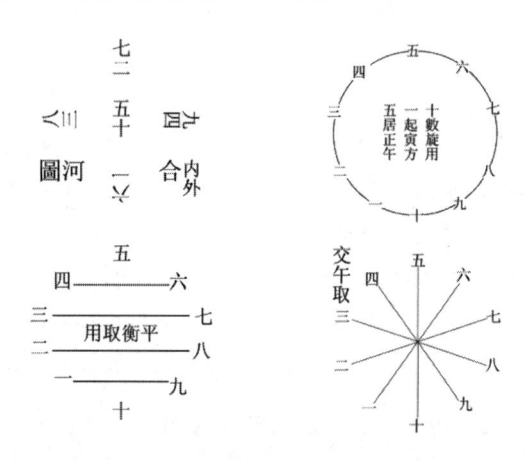

八宮交對爲洛書。釋上圖。

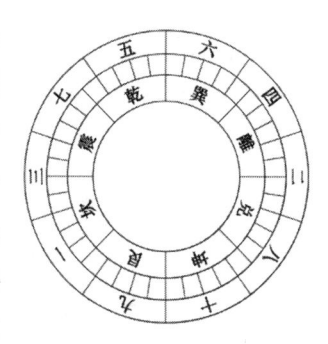

邵子曰："一屬艮坎，二屬離兌，三屬坎震，四屬巽離，五屬乾，六屬巽，七屬震乾，八屬兌坤，九屬艮，十屬坤。"此以一卦爲五分，八卦四十分，當十數，數得四分。右圖自外至内第二環有四十分，内環各卦得五分，外環各數得四分。乾統三男，占五陽數于左；三女從坤，占五陰數于右。陽數中于五，陰數中于六，故在上。陽數究至極于九，陰數究于十，故在下。一附九，合十于左下；四附六，合十于右上。三與七合十而左升，二與八合十而右降，莫非自然。上圖爲《周易旁注・前圖》中的《卦數圖》。本段文字爲《周易旁注・前圖》中解説上圖語。据朱書，自"此以一卦爲五分"到"莫非自然"引自吴澄書。

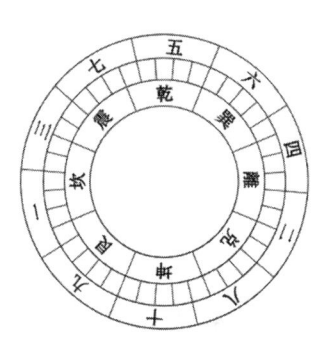

幼清元代吴澄曰："乾正五，坤正十，則雷震卦象雷風巽卦象風以氣附天乾卦象天，山艮卦象山澤兌卦象澤以形附地坤卦象地，水坎卦象水火離卦象火以質居天地間。又父乾爲父上母坤爲母下，男女順序，列于左右，法象尤著。"《周易旁注・前圖》引吴澄之語，但並未載入右圖，圖蓋爲方氏依吴澄之語推演而來。

以上七圖朱氏朱升所載。

新表矩曲四圖原本正文無此標題,據《圖象目錄》而加

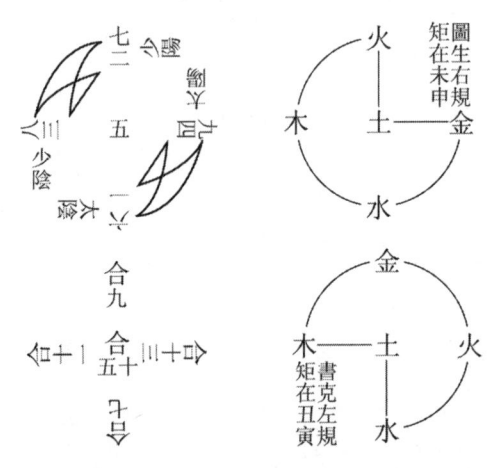

原本左上圖北方倒"六"上無倒"一"字,由于該圖所示爲河圖,故倒"六"上當有倒"一",據此加之。

北七、南九、東十一、西十三、中十五河圖北、南、東、西、中五方各自的奇偶數之和,每加二七、九、十一、十三、十五這五個數依次多二。本段爲釋上圖左下圖。

潛老夫曰:圖生右旋以北爲極,自北而東還轉規之,**矩**直角**在未申。書克左旋**以北爲極,自北而西還轉規之,**矩在丑寅。規生于矩,折中四直,所以絜** xié 用繩子量圓柱狀的物的粗細也。**圖内一四合五,二三合五;外一九爲十,四六爲十,六九爲十五,俱西北合;二八爲十,三七爲十,七八爲十五,俱東南合。二太、二少,亦因之。可知春夏爲陽用,秋冬爲陰用,而夏季與歲限,有交籥** yuè **焉。**籥爲古代冶金的鼓火器,籥外爲通風箱,籥内有活塞,活塞與外部手柄相連,通過推拉外部手柄作往復運動即可鼓風吹火。交籥就如同開始推活塞和開始拉活塞的兩個不同時空中的運作,卻又是同一往復交通運動中不可缺的重

要節點。矩曲之用,天地自然之徵乎。○又曰:用生數中圍之東三南二,而合成數外圍之西九北六也,三六而二九,合爲十八。又曰:四季之土,丑未丑居東北,未居西南,而後天二土,坤處東北,艮位西南爲職,河漢銀河之維銀河自東北延伸到西南,穿乎坤艮。

飛宮禹步原本正文無此標題,據《圖象目錄》而加

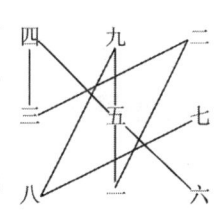

　　潛老夫曰:書數飛宮,亦循環也。禹步道士在禱神儀禮中常用的一種步法者,秘傳八十一變,其本此乎!三合地支三合,此即:申子辰合水,寅午戌合火,巳酉丑合金,亥卯未合木相用,亦本此也,人不知耳。○又曰:洛書一九相貫,直極相交,數亦居其首尾。數一至五則三爲中,數五至九則七居中。故三七爲平用之輪;六四者,陰陽之正介疆界也;二八者,入用之方體也。

三合四圖原本正文無此標題,據《圖象目錄》而加

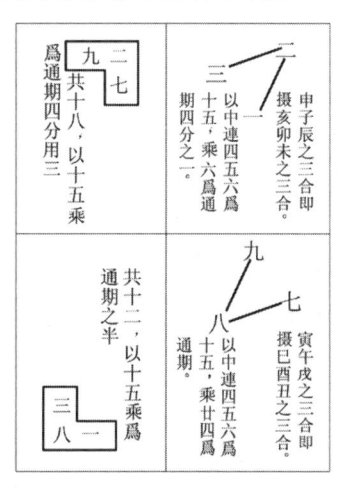

巳亥穿圖原本正文無此標題，據《圖象目錄》而加

　　洛書九數，惟四五六從巽一直順數向乾後天八卦方位中，巽居東南，乾居西北，故貫天門、地戶之篇。後天八卦，亦以乾巽、巳亥分陰陽。《易》明用八，八即四，四即二也。此明四交與方圖合焉。

三七衡圖原本正文無此標題，據《圖象目錄》而加

　　三四六七，他方亦不得比。以震兌後天震兌爲東西、卯酉之衡，故常言甲庚而藏子午，春秋之義，金木之用也。一三五七九爲陽數，除中與兩頭，而用其前後之中焉。西金克東木，寔三木生七火也。

關子明三合原本正文無此標題，據《圖象目錄》而加

　　關子明關朗《洞極》以一四七共十二爲天，二五八共十五爲地，三六九共十八爲人。皆以三加。

卷之一　81

```
    四　九　二
    　 ◯
    三　五　七
    　
    八　一　六
```

詳見《參兩說》載于本書第八卷。

大九九方圖原本正文無此標題，據《圖象目錄》而加

四四九二八 四九四五四六 四二四七四一 四三三四八	九四九二八 九九九五四一 九二九七九一 九三三四八	二九二二八 二九二五二一 二二二七二一 二三三四六
三四三二八 三九三五三一 三二三七三一 三三三四六	五四五二八 五九五五五一 五二五七五一 五三三四六	七四七二八 七九七五七一 七二七七七一 七三三四六
八四八二八 八九八五八一 八二八七八一 八三三四八	一四一二八 一九一五一一 一二一七一一 一三三四六	六四六二八 六九六五六一 六二六七六一 六三三四六

潛老夫曰：方分則九均分爲九格，縱橫皆三個，交道相交之處十六。此方分八十一均分爲八十一格，縱橫皆九格，而交道則百也。開方中國古代數學術語，是"開平方"之省略語。開爲分割，平方爲正方形。開方即是將一正方形分割爲面積均等的若干正方形、開立由"開平方"而衍生出"開立方"(簡稱"開立")，開立是將一正方體均分成體積均等的若干正方體、半圭圭指古代王侯所用的玉質禮器，呈上尖下方狀長條，上尖部呈等腰三角，下方部呈等腰梯形。半圭則是形如半個圭的玉器，又稱"璋"，呈梯形狀、三角，皆本諸此。乘除之冪積《九章算術・方田》曰："凡廣從相乘謂之冪。"廣爲橫長，從爲縱長，也就是說冪指面積之，各有取用。《正》《易象正》曰："衷五之文，八十一；游五之文，七十二；環五爲文，五百

七十六。以五衷之,有正矩、反矩、隅夾、反夾,正股、反股,間勾、反勾。圭黍固各類也。《周禮》玉兆玉兆,《周禮》中所載的占卜用語,《周禮・大卜》云:"大卜掌三兆之法:一曰玉兆,二曰瓦兆,三曰原兆。"鄭玄曰:"兆者,灼龜發于火,其形可占者。其象似玉瓦原之罍罅。",如四正十五,或周環十五,方圭長條形玉器,上部呈等腰三角狀圜璧中央有圓孔的圓形玉器之文花紋;原兆如方田步弓,通五曲直,遠近《周髀》《周髀算經》之法;瓦兆如一五六、六五一、一六五、五六一之類。以此三兆,密禦九疇,不用灼而文燦然。故以五行而辨福極,以庶徵而證五事,以五紀而省三德,以稽疑而定八政,亦此意也。"上文引自《易象正・卷之終上・疇象合圖》。

鄭樵《禹貢》依生序說原本正文無此標題,據《圖象目錄》而加

《禹貢》爲《尚書》篇目。禹,指大禹也;貢,獻也,稅也。《禹貢》所載,爲大禹治水之地域、情形,以及其制定賦稅、納貢之事。上圖中的冀、兖、青、徐、揚、荆、豫、梁、雍指《禹貢篇》中所載的九州,即相傳大禹將中國劃分爲九個不同區域的稱謂,也就是冀州、兖州、青州、徐州、揚州、荆州、豫州、梁州、雍州。

徐四	揚九	荆二
青三	豫五	梁七
兖八	冀一	雍六

禹之治水、治地,皆用九爲規。如奠設置九州、刊砍伐九山、滌滌除擁塞九川、陂bēi築堤岸九澤是也。《尚書・禹貢》載禹之功績曰:"禹敷土,隨山刊木,奠高山大川。"又:"九州攸同,四隩既宅;九山刊旅,九川滌源,九澤既陂。四海會同,六府孔修。"鄭漁仲鄭樵曰:《禹貢》九州,法洛書而先北冀,次東北兖,東青,東南徐,南揚原本"南揚"誤作"南陽",而據圖和行文,當指南方揚州,故應該爲"南揚",西南荆,乃入中豫,而次西梁,次西北雍。豈非法水、木、火、土、金布四時而用生乎?

干支維正河圖

　　潛老夫曰：劉牧合先後天而十支維之，蜀才謂之遁正用維之圖。熊袞以八卦、八干、八支，用天于地，謂之歸藏之盤。要之，本于河圖。圖四布，書八環，二其四也。十二支加八卦，而陽正當一支，陰隅當二支，此三其四也。加隅卦乾坤巽艮以任維，此四爲十六方也。五其四爲方圖之三層，用河圖外郭四十之半。洛之參兩，外郭四十，亦用半也。六其四爲二十四，向以八干夾四正。而四季藏戊己，則旁羅之經也。環爲八者三，則三合五行，三卦五行也。環爲六者四，則四經五行也。二十四各具陰陽順逆爲四十八局，而總不出于十二折半之六。圍方之四，相衝相害，相合相破，惟此因二之几而已。故曰：順五兆，排六甲，布八門，推五運，定六氣，要以明地紀立人極，而成化始也。

陰符遁甲洛書

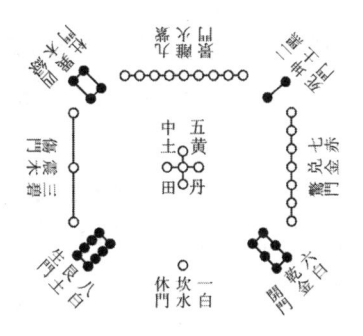

　　上圖黃端伯《易疏》有載。陰符遁甲指以道教典籍《黃帝陰符經》爲依據的奇門遁甲之術，奇門遁甲爲古代秘傳的推演預測術，"奇"指三奇，爲乙丙丁。

具體而言,奇門遁甲將十天干分爲三組,甲爲元帥,藏于幕後,故曰"遁甲";乙丙丁爲三奇,乃甲之副手;戊己庚辛壬癸爲六儀。門指八門,即開門、休門、生門、傷門、杜門、景門、死門和驚門,這八門分別用以表征和預測事物的生滅興衰。

《握奇經》《握奇經》又稱《握機經》或《幄機經》,《四庫全書》將之列爲子部兵家類,稱其舊本題風後(傳爲黄帝之時人物)撰,漢丞相公孫弘解,晉西平太守馬隆述讚,該書主要講述奇門遁甲的八陣之布列曰:"八陣,四爲正,四爲奇,餘奇爲握奇。"取象于天、地、風、雲、龍、虎、蛇、鳥《握奇經》推演布陣取象的八類事物,前四爲四正,後四爲四奇,即八卦之象也。星家星相家,以占星而預測吉凶者、形家堪輿家,以相地度風水而引導和預測吉凶者、曆家曆算家,演算曆法者皆祖之。震不與巽對,而與兑對,何也? 陽以穿于地下者爲專氣凝聚之氣,陰以透于地下者爲專氣也。或曰:男尊長,女貴少。潛老夫曰:奇門奇門遁甲貴陽之奇,而逆據西北天門之乾始,故三白一白、六白、八白位北方寒凝之地,陽之所生也;東方苢植物初生、甲甲木,樹葉凋零後的樹木而碧矣;東南緑而茂發矣;正南紫則華盛矣;西南之坤,役養正盛,而即爲死門草木春生秋死,立秋之時在西南,乃萬物入死之端,故稱"死門",以當黑色,此先幾隱微徵兆也。《老子》曰:"萬物並作,吾以觀其復。"邵子觀牡丹開,歎其敗,即此故也。兑正西收,故用乾之赤而熟成之,成則果藏仁,而復化爲白矣。開、休、生當北方三白,震初出《説卦傳》曰:"萬物出乎震,震,東方也",即具傷損害幾端倪;既出,必杜堵塞損害之而後用;南方正用,故爲景大門;一盛即具死幾,至西歸而始驚驚恐,驚則覺覺知,覺則還同復歸而後交合不覺而開矣。中中五無所名,是爲奇統奇偶。術家通某種方術的人或門派不知其理,故二遁奇門遁甲術語,指陽遁和陰遁逆布之説皆訛,今爲正之,蓋取其乙、丙、丁,而與戊、己、庚、辛、壬、癸六儀,環順爲九也,而甲則遁于六儀中矣。今以丁、丙、乙逆,則丁、丙、乙、戊、己云云，豈相續乎？智曰：洛書遁十，而九疇遁一，其用九，而初一不言用也。藏十並藏一，所以用九，即所以神于用十數中間之八數也，即所以神于用四周之八數也。遁甲者，遁一也。

洛書符原本正文無此標題，據《圖象目錄》而加

皇極老人圖即洛書符符驗也。縱橫皆十九行，應一至九之數序，礦菴取之以圖聲。

圖書五行《圖象目錄》作"圖書五行諸説"

《白虎通》東漢班固撰，又稱《白虎通義》《白虎通德論》，該書是東漢章帝建初四年(79)由漢章帝親自主持的白虎觀儒家經學會議的會議資料彙編曰："行者，爲天行氣。水，準均等也，水在黃泉，養物平均有準；火，化也，陽氣用事，萬物變化；金，禁也，秋時萬物陰氣禁止；木，觸也，陽氣動躍觸地而出；土，吐放出也。土居中央，總理萬物，古以聲訓也。"採引自《白虎通·京師》。"土居"至此，《京師》之原文爲："土在中央者，主吐含萬物。土之爲言吐也。"王氏王安石曰："五行者，往來行于天地之間而不窮，故曰行。"引自王安石《臨川文集·洪範傳》。

周子周敦頤此圖右圖，該圖出自周敦頤《太極圖》，夏火秋金，土在中央；冬水春木，土亦在中央；斜交二行，則所重在夏秋之間乎！水生木、土生金，皆

自上生下，氣化也，故水系交木，火系交金，皆有土在中焉。橫列三層，則水下系金，火下系木，金生水、木生火，皆自下生上，無待于土矣，形化而藏氣化者也，故先水火，次金木。邵子曰："水者，火之地；火者，水之氣。"火金相守則流，水木相得則然，從其類也。水生于有，故木生于土者亦有；火生于無，故金生于土者亦無，是邵子亦以金木附水火也。蓋一六河圖北方之數，北配水、二七河圖南方之數，南配火在中五之上下，其氣可以直上直下；三八河圖東方之數，東配木、四九河圖西方之數，西配金橫貫中五，故形相資。橫渠張載曰："水、火，氣也，故炎上、潤下，與陰陽升降，土不得而制王夫之曰："土不得制者，不受命于土也。"焉；金、木者，土之華實王夫之曰："木者，土之敷榮；金，土之結而堅者爾。"也，木得土之浮王夫之曰："木受水火之氣，故浮。"，華于水火之交；金得土之精，實王夫之曰："金乃水火之精所結，故實。"于水火之際。"引自張載《正蒙·參兩篇》。黃勉齋黃榦(1152—1221)，字直卿，號勉齋。祖籍長樂縣，徙居閩縣(今福州市區)，師事朱熹並弘揚朱熹之學。著有《周易繫辭傳解》《儀禮經傳通解續》《朱侍講行狀》《晦庵先生語續錄》《勉齋集》等曰："陰陽之氣，一濕一燥，而爲水火，濕極燥極，而爲木金。"又曰："人物始生，亦精與氣耳。精濕而氣燥，精沉而氣浮，故精爲視而氣爲言。"原本作"朱子曰：陰陽之氣一濕一燥而爲水火，濕極燥極而爲金木。或曰：人物始生亦精與氣耳。精濕而氣燥，精沉而氣浮，故精爲視而氣爲言。"但該句朱子曰之語和或曰之語皆出自朱熹弟子黃榦《勉齋集·卷十三》之《復甘吉甫》，胡方平《易學啓蒙通釋》引黃榦之語釋朱熹語，方氏蓋因此而混淆。故改"朱子曰"爲"黃勉齋曰"，改"或曰"爲"又曰"。究則成精，皆氣所爲也。以氣候言之，則水濕、火燥、木溫、金涼，由此論之，五行寔二行，而二本一也。子瞻蘇軾的字曰："五行始一至五足矣，六以往者，相因沿襲之數也。水、火、木、金，得土而成，故一、二、三、四得五而成六、七、八、九,得水一、火二、木三、金四而爲十,言十則一、二、三、四在其中,而六、七、八、九則五在其中矣。大衍五十者,五不得特專門地,特別地數,以爲六、七、八、九之中也。一、二、三、四在十之中,然而特數之,何也？水、火、木、金特見于四時而土不特見,言四時足以舉土,而言土不足以舉四時也。'水曰潤下,火曰炎上,木曰曲直,金曰從革',皆有以名之,而'土爰稼穡',曰于是稼穡而已,故曰土無定位,無成名,無專氣。"引自蘇軾《東坡易傳》卷七《繫辭傳上》。又曰:"陰陽之始交天一爲水。凡人之始,造形皆水也,故一水;得煖氣而生,故二火;生而後有骨,故三木;骨生而堅,堅者,金也,故四金;骨堅而肉生,肉爲土,故五土。"又曰:"人之在母胎,母呼亦呼,母吸亦吸,口鼻皆閉,以臍臍帶達。臍者,生之根。"後二引文皆出自蘇軾《東坡全集》卷四十四之《續養生論》。

朱子曰:"太極分儀,一變一合而五行具,質形質具于地,氣行于天者行天之氣無形也。此處引文有删減,原文爲:"有太極,則一動一靜而兩儀分;有陰陽,則一變一合而五行具。然五行者,質具于地,而氣行于天者也。"以質而語其生之序,則曰水火木金土,而水、木,陽也;火、金,陰也。以氣而語其行之序,則曰木火土金水,而木、火,陽也;金、水,陰也。統言之,氣陽質陰也;錯交錯言之,動陽靜陰也。"引自朱熹《太極圖説解》。其寔一時俱生俱成,然亦不礙于次第質論也。諸儒曰:水火體虛而用常羨變動,流動,得氣先也;木金體實而用常嗇塞而不通,得氣後也。土收終氣,故體厚而用博 tuán 圓,亦其序也。又曰:陰陽上下升降不可見,于五行可見。是故太極動而生陽,陽降生水,陽不自降,交于陰之升而後降,降即水成矣,故其性潤下,所謂天一生水,地六成之也；静而生陰，陰升生火，陰不自升，交于陽之降而後升，升即火成矣，故其性炎上，所謂地二生火，天七成之也；動而生陽，陽升主發散，即生木，得陰降而暢達，即木成矣，故其性曲直，所謂天三生木，地八成之也；静而生陰，陰降主收斂，即生金，得陽生而融結，即金成矣，故其性從革，所謂地四生金，天九成之也；土則陽降陰升，陽散陰斂，陽之降而生，即土生，陰之升而斂，即土成矣，故其德稼穡，所謂天五生土，地十成之也。

《啓蒙》曰"生數陽居下左"者，陽始也，生數屬陽，故陽先之；"成數陰居下左"《易學啓蒙·本圖書》曰："其（河圖）生數之在内者則陽居下左，而陰居上右也。其成數之在外者，則陰居下左而陽居上右也。"者，陰始也，成數屬陰，故陰先之。翁思齋翁泳。原本作"劉雲莊"，爲南宋劉爚，其號雲莊，而後文之引文，出自胡方平所撰《易學啓蒙通釋·本圖書》之注文，該注文明確指出本文所引之文出自"翁氏思齋"，當爲南宋易學家翁泳，其字爲"思齋"。據此而改"劉雲莊"爲"翁思齋"曰："陰陽之數《易學啓蒙通釋》中，"數"作"位"，生數爲主，而成數配之。東北陽方，則主之以奇而與合者偶；西南陰方，則主之以偶而與合者奇。"

朱子曰："陰陽無端而互爲其根，未可截然分也。"諸儒曰：雜陰陽而夾雜陰而未純，是謂少陽；陽極而生陰，是謂太陽；雜陽陰而夾雜陽而未純，是謂少陰；陰極而生陽，是謂太陰。雜者必至于純，純者必至于極，極則變，變則又雜，此之謂互根者也。陽自北生，由左至南而止，故木陽，火亦得爲陽也，而陽之根在于水中，水生于金，金性下凝，水未離其體，此陽根陰，生生不已也。陰自南生，由左至北而止。故金陰，而水亦得爲陰也，而陰之根，在于火中，火生于木，木性上達，火未離其體，此陰根陽，生生不已也。水一生，木三生，所謂根陽也。而水以六成,木以八成,是陰也,是水木皆陰根陽也。火二生,金四生,所謂根陰也。而火以七成,金以九成,是陽也,是火金皆陽根陰也。徐渭(1521—1593)字文長,號青藤,明紹興府山陰(今浙江紹興)人,善詩文、戲劇、書畫,著作有《徐文長文集》傳世。《徐文長文集》第二十四卷中有文《函三館記辭達而爽》,該文表達了徐渭對當時的術數家以及揚雄、邵雍、朱熹等的象數之學不以爲然的態度不信數序,是仍執通冒顢mán 頇hān 顢頇爲廣大貌,而未明離微羅輪之幾。

朱子曰"質曰水火木金土",蓋以相間者言,猶曰東西南北,所謂對待者也;"氣曰木火土金水",蓋以相因者言,猶曰東南西北,所謂流行者也。朱熹《太極圖說解》曰:"五行者,質具于地,而氣行于天者也。以質而語其生之序,則曰水火木金土,而水、木,陽也;火、金,陰也。以氣而語其行之序,則曰木火土金水,而木、火,陽也;金、水,陰也。又統而言之,則氣陽而質陰也,又錯而言之則動陽而静陰也。"九峰蔡沈(1167—1230),字仲默,號九峰,南宋建州建陽(今屬福建)人,蔡元定次子,朱熹門人,著有《書集傳》《洪範皇極》《蔡九峰筮法》等曰:"流布四時曰五行,人所取用曰五材,乃質也。"舒子溪舒芬(1484—1527),字國裳,號梓溪,明南昌進賢(今屬江西南昌)人,經學家,正德十二年(1517)狀元,著有《舒文節公全集》曰:"七政七政,古代天文術語,具體所指說法不一。其一認爲指日、月、金星、木星、水星、火星、土星,其二認爲指北斗七星成象于天,乃質之在地者升騰于上。萬物成形于地,乃氣之在天者降委于下。此所謂氣質也。"潛老夫曰:可見之質,皆地也;不可見者,皆天氣也。又可指者氣也,不可指者所以爲氣者也。朱子曰:"金一從一革《洪範》曰:"金曰從革",互變而體不變也。"引自《朱子語類》卷七十九。張子張載曰:"曲直者,能既曲而又伸也。從革者,一從革而不反也。然皆互用。"

呂巾石指呂懷,原本"巾"誤作"中"曰:"水象分,金象合,火象分而合，木象合而分，水雖可合可分，而其原原本則分也，金雖可合可分，而其質則合也。"

《全》《周易古今文全書》曰："夏火用事，暑氣酷而火燄減，火氣盛火體衰也。冬水用事，寒氣盛而水流涸，水氣盛而水體衰也。水克火，火克金。置金于水火之間則相濟。木克土，土克水，置木于水土之間則相資。"

又曰："貪心動則津津液生，哀心動則淚生，愧心動則汗生，欲心動則精生。心一動而水生，即可以爲天一生水之證。神爲氣主，神動則精氣隨；氣爲水母，氣聚則水生。"

又曰："河圖五、十居中，原本作"河圖各五十居中"，而楊時喬之《周易古今文全書·易學啓蒙卷一》（萬曆王其玉刊本）作"河圖五十居中"。另外，文中有"各"如畫蛇添足，令行文不暢。據此二因而刪"各"字。北一與西四合爲五，南二與東三合爲五。北西者，金水之合也；東南者，火木之合也。皆生數也。外之二其十五皆合乎中之十五也"外之二其十五皆合乎中之十五也"《周易古今文全書·易學啓蒙卷一》作"外之二五皆法乎中五者也"。養生家指道教修行者。因其通過服食丹藥和修煉追求長生，故得名重金水合處，木火爲侶，竊用乎是也。"原本"養生家"之前有"張子曰"。此段引文皆引自《周易古今文全書·易學啓蒙卷一》，楊時喬于"養生家"之前引張載《正蒙·參兩》語曰："張子曰：'受者隨材各得，施者所應無窮，神與形、天與地之道與！'"方氏引楊時喬該段文字爲節錄（沒有逐句引用，采其要而已），並未引楊時喬所引張載之語。又《正蒙·參兩》中並未言及"養生家"之事。故而方氏于"養生家"前加"張子曰"有誤，刪之。

又曰："水之一、六者，木之始也；木之三、八者，水之終也。所謂木根在水，水至木而盡發生發也。根者、發者，皆從土中來，故術家謂火木土會成一局。火之二、七者，金之融也；金之四、九者，火之結也。所謂火燄見于金，金至火而盡斂也。燄者、斂者，皆從土中過。謂之金火相會而從土。"

李希濂曰：土旺四季，惟陽能生。丑戌，陰也；辰未，陽也，然辰不如未。春木氣盛則土傷，夏火氣盛則土息。夏季土旺，加火尤旺，故能生金而爲秋，安得依黃勉齋黃幹生序即行序之説乎？舒梓溪舒芬曰：夏火得土，可生秋金。冬水得土，可生春木。止菴楊時喬曰：旺四非丑未辰戌也。一年交際在夏秋方位爲西南，兩年交際在冬春方位爲東北，邵子所謂交際之會也，而皆有土後天八卦坤居西南，艮居東北，坤艮皆爲土，土所以交會也。萬物出機在夏秋間，入機在冬春間，而皆有土，土所以成出入之機也。《月令》《小戴禮記》篇目中央《月令》曰"中央土"，《素問》長夏，于夏秋間之土坤屬土，後天方位居夏秋之間見之。《素問》曰："所謂得四時之勝者，春勝長夏，長夏勝冬，冬勝夏，夏勝秋，秋勝春，所謂四時之勝也。"王冰次注云："長夏者，六月也。土生于火，長在夏中，既長而旺，故云長夏也。""天地節而四時成"，于冬春間之土艮屬土，後天方位居冬春之間見之。

《見》曰：東北陽方，生方也。不惟相生之河圖至此合生，即相克之洛書至此亦不能不生。故知"天地之大德曰生"也。得中五以制之，不惟克者遂其克，即生者亦濟以克，不克不能生也。此皆用中五以成功也，故曰"成言乎艮"。

水火一日不交則天地之生機息矣，然非土爲和合則不交。今星家既曰丙戌生在寅，又曰水土長生在申，殊不解所謂。以吾觀後天卦，坤居申方，離火正熾，而申宮之土與水並生，是故火不至于太燥，則土以水氣而暗與火交，而火不知也；艮居寅方，坎水猶旺，而寅宮之土與火並生，是故水不至于太寒，則土以火氣暗與水交，而水不知也。水不太寒而物生，火不太燥而物成,則皆土爲之也。潛老夫曰:命術算命之術亦分四庫指辰、戌、丑、未,辰爲水庫,戌爲火庫,丑爲金庫,未爲木庫,而土止重于未丑二宮,蓋未丑與寅申合,而圖書之二矩曲也,坤補不足,艮制有餘者也。智曰:河圖内連五,外連十。連十五者,皆于寅申分際,然而寅生于亥寅屬木,亥屬水,木生于水,故寅生于亥,申申屬金生于巳巳屬火。則辰、戌、丑、未四者皆屬土之四附,亦未可謂無土也。琴今稱古琴中徽徽爲琴弦音位標志,在琴面順琴弦的方向鑲嵌有十三個圓形標志,以金、玉或貝等製成。從琴頭開始,依次稱爲一徽、二徽直至十三徽,而七徽位于十三徽位之中,又稱中徽之外,一一徽,後倣此,二角角爲古代五音之一,五音爲宫商角徴羽,古人將五音與五行相配,則有宫屬土、商屬金、角屬木、徵屬火、羽屬水而三爲宫宫屬土,四、五徽而六爲宫,八、九商而十爲宫,十一二十一和十二羽而十三爲宫。齶、舌、齒、唇之忍、收聲皆宫喉也,可徵也。無非冲氣也,則無非土也。合觀洛書,四、五、六之獨順後天乾、巽爲門戶,而艮、坤艮、坤皆屬土乃其中分之節也,是之謂乂交叉。

五行尊火爲宗説

《夢筆録》曰:火爲五行之至神變化、功用等之隱微難測,非同木、土、金、水之成形也。世但知火能生土,不知火能生金、生水、生木。蓋金非火不能生成,水非火不能升降,木非火不能發榮。《易》稱乾爲龍。龍,火之精也。五行之精惟龍神變,故有火龍、土龍、金龍、水龍、木龍。今之土中、石中、金中、海中、樹中,敲之、擊之、鑽之,無不有火出焉,則此火能藏神于萬物,而又能生萬物也。或曰坎卦在子宮後天方位坎位北方子宮,所謂天一生水,以陰先陽也,還知坎中一畫真陽,爲天地之心乎?

表冬至子半者冬至日子時之中，正以坎中一畫真陽爲天地之根，火之宗也。陽在陰中，即龍宮之在海海爲水，屬陰藏，神龍之潛在九淵，所謂陽在下而勿用，即《大易》寂然不動之宗也。復卦先天六十四方位復處北方以至日冬至閉關復卦，下震上坤。《象傳》釋復卦曰："雷在地中，復。先王以至日閉關，商旅不行，後不省方。"伊川釋之曰："雷者，陰陽相薄而成聲，當陽之微，未能發也。雷在地中，陽始復之時也。陽始生于下而甚微，安靜而後能長。先王順天道，當至日陽之始生，安靜以養之，故閉關，使商旅不得行，人君不省視四方。"，道家藏火坎水之中藏真火、伏火降服真火之訣，正謂此也。在胎之前，非三緣之火不能結搆；身既生後，非丹田之火不能養成，故百骸、五臟、六腑、十二經絡，獨以心火爲君，命火爲臣，始能傅生化食以資長其骨肉，此火不調則百病生，此火一散則百骸廢。人初死時，百骸俱在，獨此煖氣一去，則四大地火水風皆潰散矣，所謂法界聖凡同是此心所造，須當辨其邪火、真火，能知性空真火，性火真空，則知薪盡爲火傳《莊子·養生主》曰："指窮于爲薪，火傳也，不知其盡也。"、燈傳傳燈爲禪宗用語，主要指禪宗心法相傳不絕。爲命續矣。五德五行有形有神。形也，土分之則崩，金分之則缺，水分之則絕，木分之則折，獨火爲神，愈分愈多，愈聚愈勝，愈與愈有，愈傳愈久，此向上不傳之秘，所以分燈列燄而傳乎？

　　潛老夫曰：火是陽，轉陰風之燥氣，必知其所以然之公理，而適用于中節當然之理，則能轉 zhuǎn 轉變，改變氣而不爲氣所轉。此有毫釐之辨，何嘗不泯于氣中，而混不能歷然知其處，則此火燎原滅裂矣。

圖象幾表卷之一終

圖象幾表卷之二

皖桐方孔炤潛夫授編
孫　中德、中履、中通、中泰編錄
宋山後學左鋭再校

卦畫 原本正文無此標題，據《圖象目錄》而加

八卦橫圖

八卦橫圖	｜六乾｜	二七兌二	三九離三	四震四	五巽五	六四坎六	七三艮七	八二坤八	圖書	數數序右
八卦	乾	兌	離	震	巽	坎	艮	坤		
四象	太陽	少陰		少陽		太陰				
兩儀		陽儀				陰儀				
太極										

乾一坤八共九，兌二艮七共九，離三坎六共九，震四巽五共九，即藏于此。三十六

上圖中，原本左上角"書數"省去"數"字，又八卦對應的黑白格中沒有刻相對應的卦名，皆補之。《圖象目錄》中，《八卦橫圖》這一標題下有子標題——《藏三十六宮》，該子標題所攝主要是上圖左下角"乾一坤八"至"藏于此"等文

字所説明的内容。

《啓蒙》曰："兩儀之上各生一奇一偶。"引自《易學啓蒙・原卦畫》。奇陽爻爲奇上加奇者，陽之純，故象太陽。奇上加偶陰爻爲偶者，陰雜于陽中，故象少陰。偶上加奇者，陽雜于陰中，故象少陽。偶上加偶者，陰之純，故象太陰。潛老夫曰：純在雜中，於穆不已。玄黄，天地之雜也《文言傳》曰："夫玄黄者，天地之雜也，天玄而地黄。"，兩儀已不得不雜矣。故曰："純統純雜，少適用而老能變，故太包少于其中矣。"朱子又云："以流行之體統而言之，則但謂之乾。以動靜分之，然後有陰陽剛柔之別也。"引自《朱子語類》卷六十九。斯言盡之。

大横圖

邵子"以太極分兩儀而陰陽交焉，四象陽交陰而生天四象，剛交柔而生地四象，八錯而萬物生焉。一分二，二分四，四分八，八分十六，十六分三十二，三十二分六十四"。引自《皇極經世書・觀物外篇上》。猶根之干，干之枝也。朱子曰："盈天地間，莫非太極、陰陽之妙，聖人俯仰遠近《繫辭傳下》曰："古者包羲氏之王天下也，仰則觀象于天，俯則觀法于地，觀鳥獸之文與地之宜，近取諸身，遠取諸物，于是始作八卦，以通神明之德，以類萬物之情。"，固有超然默契于心者。自兩儀未分，渾然太極，而六十四卦之理，已粲然顯著貌于中。分則百千萬億之無窮。"渾然太極"至此爲節録，《易學啓蒙》作："渾然太極，而兩儀、四象、六十四卦之理已粲然于其中。自太極而分兩儀，則太極固太極也，兩儀固兩儀也，自兩儀而分四象，則兩儀又爲太極，而四象又爲兩儀矣，自是而推之，由四而八，由八而十六，由十六而三十二，由三十二而六十四，以至于百千萬億之無窮。"雖纂畫若有先後，而渾然之中，不容毫髮思慮作爲于其間。程子謂之加一倍法《二程外轉・傳聞

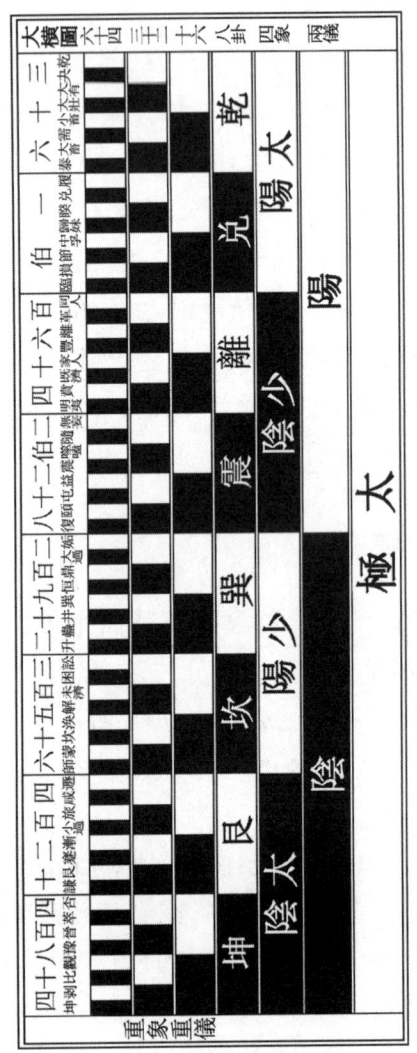

雜記》載:"堯夫易數甚精。自來推長曆者,至久必差,惟堯夫不然。指一二近事,當面可驗。明道云:'待要傳與某兄弟,某兄弟那得工夫?要學,須是二十年工夫。'明道聞説甚熟,一日因監試無事,以其説推算之,皆合。出謂堯夫曰:'堯夫之數,只是加一倍法,以此知《太玄》都不濟事。'堯夫驚撫其背曰:'大哥你恁聰明。'"(謝良佐 錄)朱熹、蔡元定以爲明道所言的"加一倍法",就是一分二,二分四,四分八,八分十六,十六分三十二,三十二分六十四的確定易象分合互藏之方法,邵子所謂畫前有《易》,洵確實不妄矣。"引自《易學啓蒙·原卦畫》。○《纂言》《易纂言》因《啓蒙》而衍爲四畫之卦,五畫之卦,四畫爲重儀,奇三十二,偶三十二。五畫爲重象,奇八十,偶八十。○潛老夫曰:自太極而兩儀,儀爲極則四象爲儀,四象爲極則八卦爲儀,八卦爲極則十六卦爲儀,十六卦爲極則三十二卦爲儀,三十二卦爲極則六十四卦爲儀。一陰一陽之謂道,皆儀即皆極也。以重儀爲四畫,重象爲五畫,姑以稱謂便人指耳。

八卦積數 原本正文無此標題，據《圖象目錄》而加

積數：乾三十六，兌一百，離百六十四，震二百二十八，陽儀共五百二十八；巽二百九十二，坎三百五十六，艮四百二十，坤四百八十四，陰儀共一千五百五十二。合積二千〇八十，蓋以三十六為始，而七七次加六十四。

十八變參兩數 原本正文無此標題，據《圖象目錄》而加

十百零二四七八三 九八四万十千百亿	六爻	四四一二六二 十百千万十	十八
十百零四一九二 三六一万十百千		二千万十 十零一三	十七
十百千万零二六 一二一六四百千		六三五五五 十百千万	十六
零九八四三四一 七百千万十百千	五爻	八六七二三 十百千万	十五
九六九二八七四 十二百千万十百		四八三六一 十百千万	十四
三三一八一 十百千万十百		二九一八一 十百千万	十三
一四四一三五 十百千万十	四爻	十零四 六九五	十二
律十百千万十 參七四一七七		十零二 八四千	十一
十零九五 九四千万		十零一 四二千	十
三八六九一 十百千万	三爻	二一五 十百	九
一六五七 十百千		六五二 十百	八
七八一二 十百千		八二一 十百	七
九二七 十百	二爻	四六 十	六
三四二 十百		三一 十	五
一八 十		十 六	四
七二 十	初爻	八	三
九		四	二
三		二	一

據後文，右表左側一列數為蔡元定《律呂新書》中用三分損益定律之律法與律實所定的算法，自下而上數為 3^n（n 為倒數行數）。據這種算法，原本中該列數據存在四處錯誤，倒數第七行原作"二千一百八十九"，當為"二千一百八十七"，倒數第十六行原作"二千三百〇四万六千七百二十一"，當為"四千三百〇四万六千七百二十一"，倒數第十七行原作"六千九百一十四万〇一百六十三"，當為"一萬二千九百一十四万〇一百六十三"，倒數第十八行原作"二亿〇七百四十二万〇四百八十九"，當為"三亿八千七百七十二万〇四百八十九"。皆改之。

潛老夫曰：《啟蒙》已

有十二畫之說《易學啓蒙・原卦畫》中，朱熹認爲用加一倍法畫卦至六十四卦後，六爻卦還可以繼續用加一倍法衍卦，若六十四卦各生一陽爻和一陰爻，則衍生出七畫卦百二十八個，如此類推，朱子直接衍至十二畫卦凡四千九十六個，並認爲可以按此方法可以無窮盡地演繹，焦氏指西漢焦延壽，字贛（或貢），一說其名贛（或貢），字延壽，西漢易學家，漢昭帝（前88—前74在位）任小黃令，政績豐。其易學長于災變，自稱得自孟喜，後又爲京房之師。著作有《焦氏易林》十六卷，又名《周易卦林》或《焦氏周易林》或《周易卦變》等，一般簡稱《易林》四千九十六林《焦氏易林》將《周易》六十四卦每卦皆演變爲六十四卦，如此，六十四卦卦變後凡有四千○九十六個"之卦"，並每卦後皆附有繇辭，以輔助占驗吉凶，即其法也。《象正》指《易象正》謂一卦具四千九十六，即十八變所積之二十六萬二千一百四十四也。凡爻具三變，以初爻、二爻當地之六畫，三爻、四爻當人之六畫，五爻、六爻當天之六畫共十八畫，積數二十六萬二千一百四十四，此即黃鐘律亥分六萬五千五百三十六詳見本書卷六之《〈律呂新書〉積算約》而四之爲二十六萬二千一百四十四也。律音律曆曆法損益，盡此通幾而約爲六爻。故雖至賾，理自易簡。

以兩即藏參言之，言兩儀而三儀寓，言四象而六象寓矣。陽奇一也陽爻一畫，陰偶二也陰爻兩畫。八卦二十四爻，即三十六爻；十六卦六十四爻，即九十六爻；原本作"十六卦三十二爻即四十八爻"。該段"八卦二十四爻"至"即五百七十六爻"幾個並列句中，每句先言由加一倍法所衍卦數(卦數設爲G)，然後言卦數G的陰陽二爻之數量($G\sqrt{G}$)，"即"字之後的數值爲陽爻作一、陰爻作二計算所得總爻數($3G\sqrt{G}/2$)。據此可知，十六卦對應卦數爲16，陰陽爻數量爲$16×4=64$，陽爻作一、陰爻作二計算所得總爻數爲$3×16×4/2=96$，可見，"十六卦三十二爻即四十八爻"有誤，當爲"十六卦六十四爻即九十六爻"。三十二卦一百六十爻，即二百四十爻；六十四卦三百八十四爻，即五百七十六爻。則四千九十六爻，即藏六千一百四十四爻,引而伸之,觸類而長之,何謂不可以十二爻、十八爻引伸耶? 六爻自兩儀起,連太極則七也,十二連一則十三也,十八連一則十九也。史繩祖_{生卒年未詳,字慶長,號學齋,南宋眉山(今四川眉山市)人,約宋理宗淳佑初前後在世,著有《學齋占畢》《周易古經傳斷》等}知以三法説易圖,而不知其一切本自如此。

大圓圖_{原本正文無此標題,據《圖象目錄》而加}

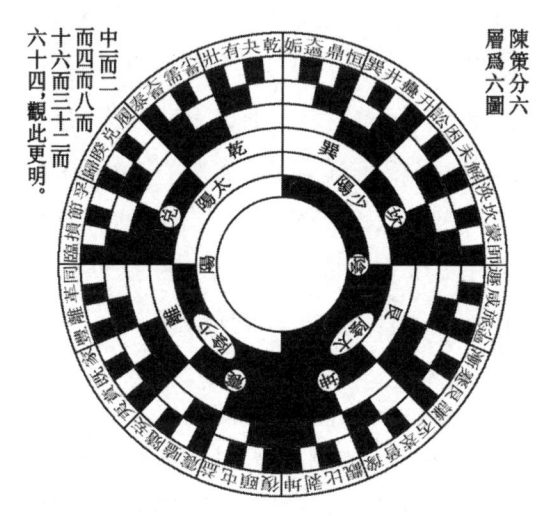

邵子曰:"先天學,心法也。《觀物外篇》曰:"心爲太極,又曰道爲太極。"又:"心一而不分,則能應萬物。此君子所以虚心而不動也。"故圖皆自中起_{原本該句無"故"字,《皇極經世書》中有"故"字;若無"故"字,則無法展現"心"作爲太極能化萬物的因果關聯。據此二因而加之},萬化萬事生于心也。"又曰:"乾以分之,坤以翕之,震以長之,巽以消之。長則分,分則消,消則翕也。乾坤,定位也;震巽,一交也;兑離坎艮,再交也;故震陽少而陰尚多也,巽陰少而陽尚多也,兑離陽浸多也,坎艮陰浸多也。""無極之前,陰含陽也;有象之後,陽分陰也。問："邵先生說'無極之前'。無極如何說前？"曰："邵子就圖上說回圈之意。自姤至坤，是陰含陽；自復至乾，是陽分陰。復坤之間乃無極，自坤反姤是無極之前。"(《朱子語類·易一》)陰爲陽之母，陽爲陰之父，故母孕長男而爲復，父生長女而爲姤，是以陽起于復，而陰起姤也。""震始交陰而陽生，巽始消陽而陰生。兌，陽長也；艮，陰長也。震兌在天之陰也，巽艮在地之陽也，故震兌上陰而下陽，巽艮上陽而下陰。天以始生言之，故陰上而陽下，交泰之義也。地以既成言之，故陽上而陰下，尊卑之位也。乾坤定上下之位，坎離列左右之門。天地之所闔闢闔，關閉也；闢，開啓也。闔闢者，若戶牖往復開合之運動也，日月之所出入。春夏秋冬，晦朔弦望月之盈虧變化，晝夜長短，行度盈縮日月運行度數的消長，莫不由乎此矣。""乾四十八而四分之，一分爲陰所克也；坤四十八而四分之，一分爲所克之陽也。故乾得三十六，而坤得十二坤也。"胡方平《易學啓蒙通釋·原卦畫》曰："乾四十八者，內卦爲乾，自乾至泰八卦陰陽爻共四十八畫也。四分之者，以四十八分爲四分每分計十二畫也。乾至泰計三十六畫陽，十二畫陰，是陽占四分之三，內一分爲陰所克也。坤四十八者，內卦爲坤，自否至坤八卦，陰陽爻共四十八畫也。四分之者，以四十八分爲四分，每分計十二畫也。否至坤計三十六畫陰，十二畫陽，是陰占四分之三，內一分爲所克之陽也。故乾得三十六陽而坤得十二陽者，蓋乾固以陽爲主，而坤亦以陽爲主也。可見天道貴陽賤陰，聖人扶陽抑陰之義。""復至乾，凡百一十有二陽陽爻；姤至坤，凡八十陽陽爻。姤至坤，凡百一十有二陰陰爻；復至乾，凡八十陰陰爻。""陽在陰中，陽逆行；陰在陽中，陰逆行。陽在陽中，陰在陰中，則皆順行。此真至之理，按圖可見之矣。""坎離者，陰陽之限也，故離當寅，坎當申。原本"故離當寅，坎當申"作"故離當寅申"，但《皇極經世書》以及朱熹在《易學啓蒙》中所引皆爲"故離當寅，坎當申"，並且原本的說法與大圓圖卦的環列情況不符，故依邵、朱改之。而數常逾之者，陰陽之溢也。然用不過乎中也。"胡方平《易學啓蒙通釋・原卦畫》曰："坎離陰陽之限者，就寅申而言也。以四時論之春爲陽而始于寅，是離當寅，而爲陽之限。秋爲陰而始于申，是坎當申而爲陰之限也。數常逾之者，離雖當寅而盡于卯中，坎雖當申而盡于酉中，是逾寅申之限而爲陰陽之溢矣。然用數不過乎中者，蓋邵子以卯酉爲陰陽之溢，則其所謂中者，是取寅申而不取卯酉也。"〇以上引邵子之語，皆出自《皇極經世書・觀物外篇》，朱熹在《易學啓蒙・原卦畫》中皆有引稱。朱子曰："一日有一日之運，一月有一月之運，一歲有一歲之運。大而天地之始終，小而人物之生死，遠而今古之世變，皆不外此，止一盈虛消息之理，小變成大，大又變成小。"引自《朱子語類》卷六十五。又曰："坤復之間，乃爲無極。"乾坤爲大父母，復姤爲小父母，此就陰陽之起處而言也。邵子所謂四分一爲陰克者，乾至泰八卦，坤至否八卦，各四十八畫，以四分之分各十二，乾至泰三十六陽，十二陰，是陽占四分之三，而一分爲陰克也；坤至否，陰占四分之三，而一分爲所克之陽也。乾固以陽爲主，坤亦以陽爲主也。朱隱老元末明初學者，字子方，號潛峰，明豐城（今江西豐城市）人，洪武中大學士，撰有《皇極經世書說》十八卷曰："陽行陰中，自第三畫始。第二畫陽，至十六而止；第三畫陽，一斷一續而得十六；第四畫陽，再斷再續而得十六；第五畫，八斷八續而得十六；第六畫，十六斷續而得十六，所謂逆也。陰行陽中亦然。"

胡雲峰胡炳文（1250—1333），元代理學家，字仲虎，號雲峰，元婺源考川（今屬江西九江市）人，撰有《四書通》《周易本義通釋》等曰："左自復一陽至臨二陽，所歷十六卦；臨二陽至乾六陽，所歷之卦八臨至履八卦而四泰至小畜四卦、四而二大壯與大有二卦、二而一夬卦，右之陰亦然。始極緩，終極速。蓋震離生于少陰，乾兌生于太陽，震一陽動而爲復,即其初少陰中之一陽也。陰中之陽,其進也緩。此復之後,所以歷十六卦而爲臨也。臨上坤下兌下體兌,自一陽進而爲二陽,已得其初太陽之陽矣。陽中陽,其進也速,此臨之後所以不越十六卦而爲泰、爲壯大壯、爲夬、爲乾也。右之陰亦然。"又曰:"復姤歷十六卦而成臨遯二陰二陽者,以其間有坎離也。坎離雖二陽二陰,未能便至三陽三陰者,蓋離中有少陰而二陽分,必至于兌,則陰在外而二陽合,合遂可進而成二陽之乾。坎中有少陽而二陰分,必至于艮,則陽在外而二陰合,遂可進而成三陰之坤。"《天原發微·各類圖》載有胡氏語。《見》曰:坎離得中,不在消長之列。而火炎上,故陽氣附之,上騰而速;水潤下,故陰氣附之,下滲而捷也。

《全》楊時喬《周易古今文全書》曰:"內體自震一起,外體自乾一起。楊時喬《周易古今文全書·原卦畫》曰:"剛柔摩于太極之上,曰一剛一柔,爲兩儀;二剛二柔摩于太極生兩爲四象;三剛三柔摩爲八卦,此爲內體,故曰剛柔相摩。自此上四畫盡與八純卦爲十六,重儀五畫盡于重儀上爲三十二,重象六畫盡于重象上爲六十四重卦,此爲外體,故曰八卦盡,是爲全體。"蓋由內體而生,初不得不疏,自合于外體,生極不得不密。蓋天氣在內,暗生恒先時而人不覺。若見其緩,一到成後,則人始得而見。"乃曰:"造化之驟如此。而不知其在內暗生者,固積久而一旦忽然昭著也。"潛老夫曰:一陰一陽,隔十六而二陰二陽爲臨、遯圓圖自一陽復至二陽臨歷十六,自一陰姤至二陰遯依然,故兩《象》釋臨二卦之《象傳》皆言"浸長"《象傳·臨》曰:"臨,剛浸而長。"《象傳·遯》曰:"'遯,亨',遯而亨也。剛當位而應,與時行也。'小利貞',浸而長也。",重之也,重其始過坎離之限朱子曰:"坎離者,陰陽之限也。",而陰、陽進據內卦畫卦自下而上始,下三爻所構成的卦稱內卦,上三爻所構成的卦爲外卦之中,司二儀三十二卦《大圓圖》陰陽二儀各主三十二卦之中也。泰、否圓六十四卦圓圖當巳亥,方六十四卦方圖當寅申。方圓皆八卦而進轉,司四象十六卦之中焉。壯、觀又司八者之中,夬、剝又司四者之中。急驟于盛寒暑之際,而舒徐于春秋之分。董子董仲舒中和表法中和表法指董仲舒《春秋繁露・循天之道篇》所述"中和"之論,該文中,董子以天道之二氣在一年中的互推運動說明"中和"。其曰:"天有兩和,以成二中,歲立其中,用之無窮,是北方之中用合陰,而物始動于下,南方之中用合陽,而養始美于上。其動于下者,不得東方之和不能生,中春是也;其養于上者,不得西方之和不能成,中秋是也。然則天地之美惡在?兩和之處,二中之所來歸,而遂其爲也。是故東方生而西方成,東方和生,北方之所起;西方和成,南方之所養長;起之,不至于和之所不能生;養長之,不至于和之所不能成;成于和,生必和也;始于中,止必中也;中者,天地之所終始也,而和者,天地之所生成也。"据此,董子所言的兩中,分別指冬至之陽與夏至之陰,而兩和,分別指春秋之陰陽和氣,其幾微乎！又曰:有疑巽坎艮坤折半者,此不知八卦非此則不相錯矣。以六爻配十二數,一與七在初爻,二與八在二爻,三與九在三爻原本"三爻"作"二爻",四與十在四爻,五與十一在五爻,六與十二在六爻。若輪之,則七、八、九、十、十一、十二,自上而下矣。十二律前半,子下生未,未上生寅,寅上生酉,酉上生辰,辰下生亥,亥上生午。至午,則先上生丑,丑下生申,申上生卯,卯下生戌,戌上生巳,巳下生子,是後半與前半相折者也。詳見本書第六卷《律吕音聲幾表》。造輪必矩而合之,輪成則無首尾矣。太陰、少陰皆在北,太陽、少陽皆在南,南故陽多,北故陰多。一在二中,正神于折半相錯,爻爻交準,一毫不容人力。邵子發明之,朱子尊信之。而人猶不悟,總爲執一,不肯深幾耳。如此畫"田",從中而顯陰陽交午縱橫交錯,歷歷分明,有何疑乎？邵子謂離坎當寅申者原本作"故離當寅申",但《皇極經世書》諸本以及朱熹在《易學啓蒙》中所引皆爲"故離當寅,坎當申",春秋卯酉始用于寅申也。陰陽消長，以一而二、而三，而坎離得中氣，故春秋主之。八卦以半際合際，當二至指節氣冬至與夏至二分春分與秋分四立立春、立夏、立秋與立冬。故復表《八際互交圖》指下圖。智曰：曾知橫而八卦，折而六爻，方圓先後，同時俱備耶？由溫以大暑，而寒已同"以"逆相迎而至；由涼以大寒，而暑以逆相迎而至。若橫列寒暑，必以大寒、大暑當兩頭，而溫涼居中，則呼爲冬、秋、春、夏矣。徒執一熟呼之數耶？則乾九兌一，何以稱焉？熟呼金、木、水、火、土矣，不許稱水、火、木、金、土耶？不許稱木、火、土、金、水耶？謂此表前半禦後半之理勢，而藏其無前無後之用可也。謂此表半順半逆之理勢，而藏其全逆全順之用可也。請以解郝、何二公之疑。方以智《通雅》卷一《音義雜論》曰："郝京山、何元子信文王八卦而疑伏羲先天圖，豈不可笑？"郝京山，指郝敬（1558—1639），字仲輿，號楚望，明湖北京山（今湖北荊門市京山縣）人，明末著名經學家。何元子指何楷。

八際峙望中分互取圖

本節圖文本卦氣說。卦氣說肇始于《易傳》，成說于漢代孟喜，又由京房發揮之。該說將流行于秦漢的陰陽五行學說和《周易》卦爻系統相結合，認爲易卦之間的陰陽爻有序的變化與一年十二月、二十四節氣、七十二候、三百六十五日的陰陽之氣消長存在著對應關係，因此，二者可以互體互用，相互說明，融爲一體。但具體如何以卦配氣，不同的易家有不同的配法，不過，他們皆遵守一個原則，即易卦按一定的原則排列后，其陰陽變化與一年之氣的陰陽運轉相符。本書以卦言氣之文皆與卦氣說相關。

　　潛老夫曰：凡有一象，必中其四方；凡值一輪，亦旋爲四時。是中旁前後皆有八際交際處，指二至、二分、四立之幾隱微之端倪，則一卦立而對面左右相望。四射猶行營古代軍營之前朱雀、後玄武、左青龍、右白虎也。乾盡酉中，而本盪 dàng 各占寅申、巳亥之位。故知正向之各爲八卦，猶四分以坤、震二盪，十六卦爲不用之用也。坤、復際冬至，乾、姤際夏至，臨、同人際春分，遯、師際秋分，無妄、明夷際立春，升、訟際立秋，泰、履際立夏，否、謙際立冬，皆乾坤之交也。震、益際小、大寒，巽、恒際小、大暑，壯大壯、小畜際滿小滿、芒芒種，觀、豫際小、大雪，家人、豐際雨雨水、驚驚蟄，渙、解際處處暑、白白露，歸妹、中孚際清清明、穀穀雨，漸、小過際寒寒露、霜霜降，皆震巽之交也。當際合六而取四峙，則坎離之交也；合四而取四峙，則艮兌之交也。玩正隅、八際之中八，又玩其中六、中四焉。四望則必正方，峙則縱橫或橢矣。隨人會占，不假思慮。

合方圓圖諸説 原本正文無此標題，據《圖象目録》而加

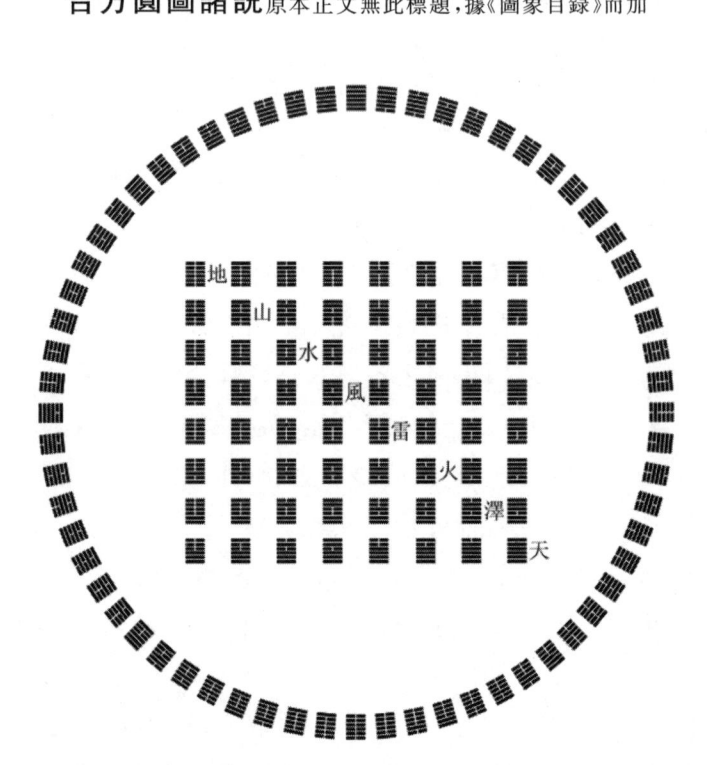

此邵子本圖，朱子分出而析論之。橫指六十四卦橫圖而參，交錯而置之，使人豁然于一本指太極。規而圓之，使人豁然于無端。亹wěi無端不絶而方之，使人豁然于方之即圓也。

《解》曰：圓圖陽生子中，順而左旋，象天也。方圖陽生寅丑間，逆而右旋，象地也。何潛齋何夢桂，南宋學者，字岩叟，號潛齋，宋淳安文昌（今浙江淳安縣）人，咸淳元年（1265）進士，著有《易衍》《中庸致用》諸書曰："圓圖見天地之順，方圖見天地之逆。天地之運，不順不行。天地之交，不逆不生。"《見》曰："自一而二加倍至六十四，順往也。規圖圓圖自外多以至中一，逆來也。"潛老夫曰：

半順、半逆而陽逆陰中,陰逆陽中,已示全逆、全順矣。就象數以爲徵,而至理森然即其渾然。此張子所以歎天秩、天敘乎！方圓卦爻,總一太極,總此秩敘。證知掃除秩敘以言太極者,詖 bì 偏頗邪之偏詞也。該段所言,本段後第二段有深解。

圓圖乾坤在中,天乾之象地坤之象定位,後以風巽之象澤兌之象之相錯者附天,以山艮之象雷震之象之相錯者附地,終以水坎之象火離之象不相射,以水火之相錯者交貫于左右也。方圖震巽在中,雷動風散後,長之以水火之既既濟,坎下離上未濟離下坎上,收之以山澤之咸艮下兌上損兌下艮上,終之以乾坤之君藏,以天地之否坤下乾上泰乾下坤上包羅于上下也。陽生于子,至巳而極；陰生于午,自戌而極。其未極也,日增其所無；其已極也,日減其所有。一彼一此,適均而已。故日之一南一北,天道也；海之一潮一汐,地道也；世之一治一亂,時之一得一喪,人道也。或謂治日少,亂日多,不知治有大小,亂亦有大小,合千百年乘除之,適均而已。猶之歲或有餘于氣,或不足于朔,合章、閏、紀、蔀,適均而已。日行南陸而寒,日行北陸而暑。然而西北極陬 zōu 邊遠偏僻之地,六月履霜；東南極島,三冬裸體。人且質疑于寒暑,合宇宙而盈縮之,亦適均而已矣。智曰:《周髀》推之,極下之國,半年夜,半年晝；赤道下之國,兩度春秋。在天視之,亦適均耳。邵子惟立恒法,即歲差亦三萬年而齊者也。大則自均,然小中之別不壞也。《見》曰:陰者,陽之影也；黑者,白之影也；偶者,奇之影也。橫圖之影緊相隨,圓圖之影遙相印,方圖之影斜相炤 zhào 同"照"耳。

以序按之,橫圖伏羲六十四卦次序圖全順。圓圖半順、半逆,右自姤起,五、六、七、八八卦巽五、坎六、艮七、坤八,順也；左自復起，四、三、二、一八卦震四、離三、兌二、乾一，逆也。朱子以起復者陽生爲順，起姤者陰生爲逆也。若橫圖由坤至姤，陰盡陽生至乾，謂順可也；從乾漸消至復，陽盡陰生至坤，謂逆可也。是橫圖亦全順、全逆也。圓圖自一陽而六陽，自一陰而六陰，皆順也。陽之氣順，則陰處後。陰之氣順，則陽處後。所謂陽行陽中、陰行陰中皆順，陽行陰中、陰行陽中皆逆。是圓圖總順、總逆也。然而不逆，則不順。陽逆行于陰中，至坤而逆極矣，而後有一陽之復；陰逆行于陽中，至乾而逆極矣，而後有一陰之姤。是以不重全陰，而重一陰一陽之姤、復也，不重順而重逆也。方圖以乾、坤居亥、巳之方，以泰、否居寅、申之方。左旋亦逆，右旋亦逆。其左旋也，由六陽乾而退至一陽復，六陰坤而退至一陰姤。是亥、子之交，陽極微而以爲全陽亥、子之時，陽當極微，然方圖于亥、子之位全陽，下倣此；卯、辰之間，陽極盛而以爲陽將盡也；巳、午之交，陰極微而以爲全陰；酉、戌之間，陰極盛而以爲陰將盡也。其右旋也，復以圓圖之冬至，轉爲方圖之春分；姤以圓圖之夏至，轉爲方圖之秋分。則自春而沂 yín 通"垠"，界限冬，自夏而沂秋，自秋而沂夏而沂春也。是以春藏于冬，冬藏于秋，秋藏于夏，夏藏于春也。故曰方圖總逆。

　　星象以陽干之死爲陰干之生，以陽干之生爲陰干之死。古人將天干與五行相配，然後區分出陽干和陰干。具體而言，甲乙木、丙丁火、戊己土、庚辛金、壬癸水，其中甲、丙、戊、庚、壬爲陽干，乙、丁、己、辛、癸爲陰干。死即逆生，即順也，而特主于陽，以陰無所爲生死也，視陽生而即謂之死，陽死謂之生耳。

三十六宮方圖合元會圖

八八	七八	六八	五八	四八	三八	二八	一八
八七	七七	六七	五七	四七	三七	二七	一七
八六	七六	六六	五六	四六	三六	二六	一六
八五	七五	六五	五五	四五	三五	二五	一五
八四	七四	六四	五四	四四	三四	二四	一四
八三	七三	六三	五三	四三	三三	二三	一三
八二	七二	六二	五二	四二	三二	二二	一二
八一	七一	六一	五一	四一	三一	二一	一一

上圖將方圖各卦的上下卦以其生成次序來表示，各卦生成的次序數分別爲乾一、兌二、離三、震四、巽五、坎六、艮七、坤八。

乾一至坤八積爲三十六從一加至八，蓋四九而六六者，即四十八策之四分三也。鄧錡未詳。元有道教學者鄧錡，作《大易圖説》(十八卷)，《文淵閣書目》、朱彝尊《經義考》皆錄該書之目。《經義考》云：「黃虞稷曰，鄧錡、張理易圖俱錄入《道藏》中。」然《正統道藏》《中華道藏》皆未收錄《大易圖説》。其書無考，難明方氏所言鄧錡即元道教學者鄧錡，故于此僅作説明，以備參考曰：乾一爲三十六，兌二爲七十二，離三爲一百八，震四爲百四十四，巽五爲百八十，坎六爲二百十六，艮七爲二百五十一，坤八爲二百八十八，共積一千二百九十六。此橫數也。以坤縱數一百乘之，得十二萬九千六百，爲天地萬物一元之數據邵子在《皇極經世書》中的推演，一元爲十二萬九千六百年，詳見本書

第五卷《邵約·經世概》。日數三十，月數十二，凡二十四變而符元數。未有太極，已存此數，前無説者，邵子發之。乾先生天圓一周徑也，徑一而圍三若取概約之數，則可認爲圓的周長爲直徑的三倍，故曰"徑一而圍三"，重之則六，故爻屬天。乾之命坤，後分地方，兩勾股也，徑一而圍四，重之則八，故卦屬地。蓍蓍草圓而神，故揲之則用四十八大衍筮法五十策去一象太極，則用蓍四十有九；掛一不用，則用揲之策爲四十八；爻卦方以知《繫辭上》曰："蓍之德圓而神，卦之德方以知。"，除四正乾、坤、坎、離四卦則用六十卦。故蓍去一而卦去四，天地之體用也。

方圖諸象 原本正文無此標題，據《圖象目錄》而加

邵子曰："圖方圖和圓圖皆自中起。"引自《觀物外篇》。方圖自中起震巽之一陰巽之一陰、一陽震之一陽，然後有坎離艮兑之二陰坎艮之二陰、二陽離兑之二陽，後成乾坤之三陰坤之三陰、三陽乾之三陽，其序皆自内而外。内四卦震恒巽益四卦，四震四巽相配而近有雷風相薄之象；震巽之外十二卦方圖圍震恒巽益四卦之十二卦縱横坎離，有水火不相射之象；坎離之外二十卦圍上注所言十二卦之二十卦縱横艮兑，有山澤通氣之象；艮兑之外二十八卦圍上注所言二十卦之二十八卦縱横乾坤，有天地定位之象。四，而十二，而二十，而二十八，皆有隔八相生之妙。又其中爲震、巽者各四中央震恒巽益四卦中含三畫震、巽各四；自是而爲坎、離者各八，而坎、離之上下，四震四巽存焉；自是之外爲艮、兑者各十二，艮、兑之上下，震、巽、坎、離各四焉；又自是之外，爲乾、坤各十六，乾、坤之上下，則六子又各四焉。以交乂 yì 乂爲刀割物形成交叉狀，交乂即交叉言，則乾坤、否泰也，兑艮、咸損也，坎離、既既濟

未未濟也，震巽、恒益也，爲四層之四隅。

方圖八卦不相隔而交者，左右各七，如兌次乾，乾與兌，即交于其次，如此者凡七。隔一卦交者六，如乾與離，隔一卦相交，同人大有，亦隔一卦相對，兌與震、離與巽、震與坎、巽與艮、坎與坤，皆然。隔二卦交者五，如乾、震隔二卦相交，無妄、大壯亦隔二卦相對，兌與巽、離與坎、震與艮、巽與坤，皆然。隔三卦交者四，乾與巽、兌與坎、離與震、艮與坤也。隔四卦交者三，乾與坎、兌與艮、離與坤也。隔五卦交者二，乾與艮、兌與坤也。隔六卦交者一，乾與坤也。不相隔者，其交最多，上下各七。交之最遠者，其交最少，上下各一。西北與東南二隅交，西南與東北二隅不交。無他，東北陽方，西南陰方；西北、東南陰陽之父，故二隅其交最密。而經世之數，獨于其交者有取焉。

鄧綺曰：先天八卦，乾坤坎離四正，反復不變，爲萬物之主。生萬物者，四維也，故左有兌震，右有艮巽。其兌、震互用，爲隨，爲歸妹；艮、巽互用，爲漸，爲蠱；震、艮互用，爲小過，爲頤；巽、兌互用，爲中孚，爲大過。乾坤交、不交，爲否、泰；坎離交、不交，爲既、未。凡十六卦，天地萬物體用盡矣。故先天皆相對，後天皆相次也。先天離東、坎西，爲日月之門；後天離南、坎北，爲陰陽之限。其在圓圖，中孚、歸妹在東，小過、漸在西；其在方圖，中孚、歸妹在北，小過、漸在南。圓圖隨、頤在北，大過、蠱在南；方圖頤、蠱在東，大過、隨在西，皆自然相對、相次者也。邵子曰："圓圖其陽在南，其陰在北。方圖其陽在北，其陰在南。"此尤造化之妙處，天地萬物之理，盡在其中矣。四正《上經》，四維《下經》乾、坤、坎、離四卦在《易經·上經》，而兌、震、艮、巽四卦在《易經·下經》。乾後八爲泰，坤前八爲否，此天地交、不交，爲《上》《易經·上經》之中；離後三爲既濟，坎前三爲未濟，水火交、不交，爲《下》《易經·下經》之終。四維互爲八卦，在《上》《下》之後半。四正爲二至夏至和冬至、二分春分和秋分，屬天。四維爲四立立春、立夏、立秋、立冬，屬地。又曰：二儀生天地之類，四象定天地之體；四象生日月之類，八卦定日月之體；八卦生萬物之類，重卦定萬物之體。類者，生之序也；體者，象之交也。推類者，必本乎生；觀體者，必由乎相。生則未來到達而逆推，象則既成而順觀。是觀日月一類也，同出而異處，異處而同象也。天變時而地變物，時則陰變而陽應，物則陽變而陰應，故時克逆知，物必順成。是以陽迎而陰隨，陰逆而陽順。語其體則天分而爲地，地分爲萬物，而道不可分也。乾八變而至泰，天在下泰卦爲乾下坤上也，又八變而至否，天在上否卦坤下乾上也；否八變而至坤，地在下也，又八變而至泰，地在上也。夫否、泰者，天地之交、不交也，故當天地之中，各得其陰陽之半。泰雖行陽，坤實在中，否雖行陰，乾實在中。故否之與泰，長在天地之中也。故乾一統三十六，天陽也；坤八統六十四，地陰也。乾一至泰八，凡三十六，其下各有乾之一，故得四十四；方圖北方乾、夬、大有、大壯、小畜、需、大畜、泰八卦中，其外卦分別爲乾一、兌二、離三、震四、巽五、坎六、艮七、坤八，數合爲三十六，內卦皆爲乾，則共爲八，八合三十六爲四十四。上至否方圖西方乾、履、同人、無妄、姤、訟、遯、否八卦，亦如之，凡八十八。否一至坤八，亦三十六，其下各有坤之八八乘八爲六十四，凡一百；下至泰，亦如之，凡二百。故二百八十八者，乾坤之本數也。乾坤生六子震長男、坎中男、艮少男、巽長女、離中女、兌少女，其六子之爻，亦二百八十八。六十四卦中，內卦與外卦爲兌之卦皆爲八卦，兌之爻數乃是三其十六爲四十八。離、震、巽、坎、艮做此，爻數皆爲四十八，則六子之爻數乃是六其四十八爲二百八十八。每卦八變八八，積之亦二百八十八乾一八變爲八、兌二八變爲十六，如此至坤八八變爲六十四，凡二百八十八。自乾一爲三十六宮，至坤八，亦二百八十八。倍坤之策坤之策百四十有四，亦二百八十八。于三百八十四爻六十四卦總爻數內，除去乾、坤九十六爻六十四卦的上、下卦中，乾、坤數合計三十二，凡九十六爻，爲晝夜之刻刻爲古代時間度量單位。一日十二時辰，每時辰八刻，晝夜共九十六刻，外生萬物者，亦二百八十八。二百八十八以太陽、少陽、太剛、少剛之數四十《皇極經世書・觀物篇六十一》曰："太陽之體數十，太陰之體數十二，少陽之體數十，少陰之體數十二；少剛之體數十，少柔之體數十二，太剛之體數十，太柔之體數十二。"如此，太陽、少陽、太剛、少剛之數爲四十乘之，即爲萬有一千五百二十，當萬物之數《繫辭上》曰："二篇之策，萬有一千五百二十，當萬物之數也。"。

邵子衍義曰：除八正卦八純卦外，有五十六卦爲子，乃天地萬物之用數也。自變言之，日數三十，月數十二，總四十二爲一變，日月十二變，即五百單四也。一卦之數，皆極于九。五十六卦之極，亦得五百單四，當日月十二變之用數也。通期外有五日四分日之一者通期爲三百六十，而一太陽回歸年爲三百六十五日四分日之一，故通期外餘五日四分日之一，乃六十三時也，一時八刻，積得五百單四刻。以三百六十日分之，一日一刻，先除三百六十刻，外有一百四十四刻，通作一千四百四十分一刻十分，又以三百六十分之，各得四分，每一日，當得一刻四分。自一日差一刻四分，三十日即爲五時二刻。每月之節氣，但加五時二刻，曆法家皆不知是理。又如月有四大農曆大月，每月三十日三小農曆小月，每月二十九日，歷代紛紜，以其大小餘有盈縮也，此但知其數爾。且如二十九日半，月與日會者，概_{大概}，_{大略}也。當會之時，盈六時，則會于三十日之初，即月大盡。縮六時，則會于二十九日之末，爲月小盡。每月上下盈縮十二時，即爲大、小盡數，故五十九日而再會。凡一年大、小盡，各有六日，陰陽曆_{中國古代通行的曆法類型，合日月運行定曆}停也。故乾、坤策_{大衍筮法中，乾坤之策凡三百六十成一歲者，概}也。周全部加五日四分日之一，盈六日，則期有三百有六旬有六日，縮六日，則除六日小盡，故得三百五十四日。一年上下盈縮十二日，消息、盈虛之道也。故六十四卦，除乾、坤、坎、離四正，凡六十卦，得三百六十爻數，當期之日也。五歲再閏，兼用四正，故得三百八十四爻，以閏成歲也。若言四大三小，即有三百八十五日，又多一爻矣。智故以三小四大徵之。

四交十六卦_{原本正文無此標題，據《圖象目錄》而加}

邵子曰："天地定位，否泰反類；山澤通氣，損咸見義；雷風相薄，恒益起意；水火相射，既濟未濟。四象相交，成十六事。"_{引自邵雍《伊川擊壤集‧卷十七‧大易吟》。}此方圖之交也。釋上圖，下十二圖與段落做此。

四層起中原本正文無此標題，據《圖象目錄》而加

四而十二而二十而二十八，以四層分，每加八焉。或以中心而人而物而天地包之。一從四起，次為四三，次為四五，次為四七，故天以二十八宿經之，再闢之則四九矣。

四破各十六卦原本正文無此標題，據《圖象目錄》而加

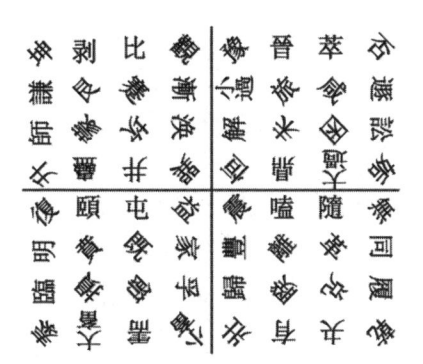

四介通"界"，疆界分之，各得十六。或以天、地、人、物配之，或以春、夏、秋、冬配之。

十二方環中央_{原本正文無此標題，據《圖象目錄》而加}

中外分之，中十六卦以四分用一，外四十八卦爲四分用三。若環分十二宮，則各四也。可分五方，可分九宮。則井田_{周代田制，通過阡陌將田地均分九分，阡陌之形呈"井"字狀，故名"井田"}建國，明堂八陣，皆寓象矣。葉兼山_{江西人，方孔炤從父方鯤之師}表后先王、君子，亦一説也。

明堂表法_{原本正文無此標題，據《圖象目錄》而加}

即以内一外三之環表之，朱子明堂圖正此表法。

握機表法_{原本正文無此標題，據《圖象目錄》而加}

此以八陣表法，中握機者，變化莫測，營陣爲游居其北三方者，重三白也。

旋望對錯_{原本正文無此標題，據《圖象目錄》而加}

此旋交相望而相對者也。

叠對_{原本正文無此標題，據《圖象目錄》而加}

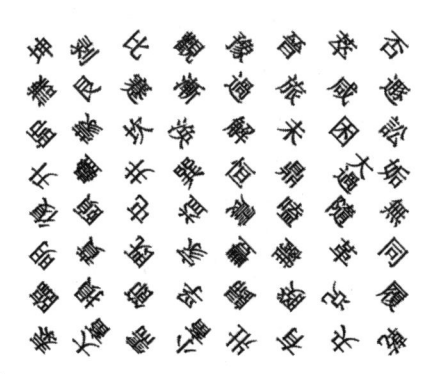

此八經卦_{乾、兌、離、震、巽、坎、艮、坤}介于巳亥，其餘西南與東北相向，皆叠對也。叠者，内卦、外卦交相叠_{對稱位置之卦的内卦與外卦同，外卦與内卦同}。《易》者也，總是一切現成，秩序天然，不容人力，在深幾者觀玩而會通之。

震巽中交_{原本正文無此標題,據《圖象目錄》而加}

```
              豫
          觀  小
          漸  過
              解
              渙
      升 蠱 井 巽 恒 鼎 大 姤
      復 頤 屯 益 震 噬 隨 無
              豐
              家
              孚
              小
              畜  比
```

　　每卦横盪 dàng 八而直盪八,此惟方圓可觀,震巽在中,雙交十字,其餘四隅各為方九_{上圖四隅空白處各當有九卦}。

坎離井字_{原本正文無此標題,據《圖象目錄》而加}

```
              晉
          比  旅
          蹇
      師 蒙 坎 渙 解 未 困 訟
              井  鼎
              屯  噬
      明 賁 既 家 豐 離 革 同
              節  睽
              需  有
```

　　坎、離井字正交,餘各九方,方為四卦。二老乾坤包六子于中,六子以坎、離為中氣,震、巽起初氣,而艮、兌究氣成之。故坎、離雙交,其分最均。_{初氣、中氣、究氣主要就一年之中,天地間陰陽二氣的升降次序而言}。

艮兌邊井字原本正文無此標題，據《圖象目錄》而加

```
        萃
剝      咸      遯
謙 艮 蹇 漸 大 旅 咸 困
  蒙         過     大
  蠱                過 隨
  頤                  革
  賁
臨 損 節 孚 歸 睽 兌 履
  大                 夬
  畜
```

艮、兌爲邊井字，乾坤包之，可不必衍。

倒方圖易震巽説原本正文無此標題，據《圖象目錄》而加

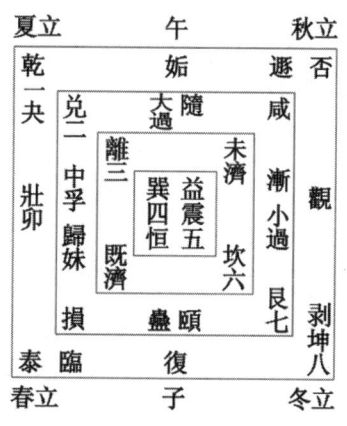

```
立夏        午        立秋
乾                        否
一                         
夬 兌  大  姤        遯
   二  過  隨    咸
壯 中      大        漸  觀
卯 孚  離  過  未        小
   三      益  濟       過
歸      巽  震
妹  既  四  五  坎
    濟  恒          艮
    損      蠱  頤    七  剝
                         坤
泰  臨      復            八
立春        子        立冬
```

上圖黃端伯《易疏》有載。

張理生卒年不詳，字仲純，元清江（今江西廬陵）人，著有《周易圖》三卷、《易象數鉤深圖》、《易象圖説》六卷倒方圖，而元公黃端伯（1585—1645），字元公，號迎祥，明建昌新城（今江西省黎川縣）人，明末抗清烈士，好佛，著有《易

疏》易震巽焉。乾統三女，坤統三男，本《鑿度》《易緯·乾鑿度》與《京傳》《京氏易傳》、《元包》又稱《元包經》，南北朝卫元嵩仿《太玄》而作也。見《易疏》。

　　乾位東南，坤位西北；復爲冬至，位北子中；姤爲夏至，位南午中。且復根于師坎下坤上之坎三爻坎，姤根于同人離下乾上之離，水火之交，陰陽氣轉，此河、洛宗也。卦氣所行，每間二位，四立交際，兩卦相連，猶四正卦專獨占子午卯酉。四隅卦兼四卦，四孟也。乾至坤八正錯卦爲經織布機上織物的縱綫，織布前固定在織布機上，織布時固定不變，泰至否反錯兼顛卦爲緯織布機上織物的橫綫，在織布時不停地添加，循環相接，各以類從。妙哉！乾、坤、否、泰序《上篇》《周易·上經》，震、艮、巽、兌、咸、恒、損、益序《下篇》《周易·下經》，隨、蠱、頤、大過，次《上經》《周易上經》末，漸、歸、孚、小過，次《下經》《周易下經》末，坎、離居中，交爲二濟，故二篇之化氣終焉。

　　自坤至乾，順也；自乾至坤，逆也。《易》爲逆數《說卦傳》曰："數往者順，知來者逆，是故《易》逆數也。"，故自乾一左旋以至坤八。京房以震、坎、艮順乾而行，巽、離、兌順坤而行，此易震、巽，而知兌、離、巽、震、坎、艮者，乃乾坤逆行之幾也。剥變爲坤，陽盡矣，而坤内一陽自謙三、師二以反于復初，于是艮、坎、震繼焉。夬變爲乾，陰盡矣，而乾内一陰，自履三、同人二以反于姤初，于是兌、離、巽繼焉，亦歸根復命意也。乾坤統四時、八節二十四節氣中的四立和四分之始終，分布爲十五卦，合並爲三十卦。月望月滿，其昉 fǎng 起始于此乎？

四分四層説

　　《易》以一用二，二旋分太、少爲四，以四因四爲十六。《易》之八八六十四卦，四此十六也，此天地人物之數本也。四用而五隱矣，一亦隱矣。圓用于方，圓圖亦方，圖之四四也，故方圓從中起，中何見乎？起于初陰、初陽之震、巽、恒、益也。生受天地之中者，人得全靈，坎、離得天地之中，環中十二卦，故以象人，此十二卦，以八坎、八離之中氣，用四震、四巽之初氣者也。物得其偏，艮、兑得得天地之究，環坎、離爲二十卦，故以象物，此二十卦，以十二艮、十二兑，資四震、四巽以受始，得四坎、四離以用中，合内内卦、外外卦共四十卦，當圖河圖、書洛書四周之全數者也。大圍乾、坤藏二十八卦，是天地之氣包之也。乾、坤各用十六，而六子各效其四純體，居亥巳，交否泰以司寅申，周流洋溢，人物並行不悖矣。通而言之，誰非天地之心而以中爲極？中統四卦，即統三四之卦，統四五之卦，統七四之卦。渾淪之中，秩敘不亂，此人道所以貴用中，以善其動入，安其止悦，亨其君藏也。或以四介分之，西北之十六爲天，以陽儀所生也。東南之十六爲地，以陰儀所生也。東北之十六爲物，西南之十六爲人，以寅方東北始生蒙昧而象物，申方西南成役立事而象人也；或以位上、位下分之，東北陽生，用陽者質剛而直，西南陰生，用陰者文柔而巧。《禮運》曰："人者，天地之心。"陰陽之交，鬼神朱子曰："鬼則陰之靈也，神則陽之靈也。"之會，五行之秀氣也，七尺之身，頂天履地，負北面南。心運于中，得方圖、圓圖之全。倫倫常常，天然之理，但靈蠢清濁，氣稟有殊耳。舊言近東多仁，近西多義，北方剛勁，南方文柔，亦其概也。人直生，獸旁生，植物倒生。旁生者，首西向而背天，禽雖橫而首昂，與獸微異。鱗甲毛螺之類，又氣之漸入于地者也。子夏言物《子夏易傳》中，常以陰陽二氣來解釋卦爻與事物，邵子觀物，亦以陰陽類分知之而已。

方圖明堂表法説

《戴記》《大戴禮記》曰："明堂九室，十二堂，三十六戶門，七十二牖窗。以茅蓋屋，上圓下方，外水曰辟雍周代所設大學。"引自《大戴禮記·明堂篇》。月令施十二月之令。盧辯注曰："于明堂之中，施十二月之令。"赤綴紅色飾物，赤屬南方戶也，白綴白色飾物，白屬西方牖也。二九四、七五三、六一八，法龜文也。"月令"至此引自《明堂篇》及與該篇相關注文。夏后世室，殷人重屋四阿ē屋簷，周明堂度度量九尺之筵竹制的墊席，蓋漸文矣。黃帝明堂，中一殿，四面無壁，茅蓋，通水，複道，有樓，從西南入，則公玉帶所上漢武者也。《史記·孝武本紀》曰："濟南人公玉帶上黃帝時《明堂圖》，《明堂圖》中有一殿，四面無壁，以茅蓋，通水，圜宮垣爲複道，上有樓，從西南入，命曰昆侖。"朱子曰："意當九室，如井田制：東中爲青陽太廟古代皇家的宗廟，東之南爲青陽右个右側的偏室，東之北爲青陽左个。南之中爲明堂太廟，南之東即東之南爲明堂左个，南之西即西之南爲明堂右个。"引自《朱子語類》卷八十七。總章玄堂倣效法此，中爲太廟、太室，只是三門九架屋而已矣。"總章"至此爲簡説朱熹之語。康成鄭玄之字謂明堂、太廟、路寢，異實同制，伯喈蔡邕之字謂明堂、太廟、辟雍，同寔異名。陳暘(1064—1128)，字晉之，宋代律學家，北宋閩清縣(今福建閩清縣)人，精于樂律，宋神宗時，爲《樂書》主編，該書共兩百卷，傳世。另有著作《禮記講文》十卷、《孟子解義》十四卷、《北郊祀典》三十卷取袁准字孝尼，三國魏人，陈郡扶乐人之辨孔穎達《禮記正義‧明堂位》曰："袁准《正論》曰：'明堂、宗廟、大學，禮之本物也。事義不同，各有所爲。而世之論者，合以爲一體，取《詩》《書》放逸之文，經典相似之語，推而致之。考之人情，失之遠矣。宗廟之中，人所致敬，幽隱清净，鬼神所居，而使衆學處焉，饗射其中，人鬼慢黷，死生交錯，囚俘截耳，瘡痍流血，以干鬼神，非其理也。茅茨采椽，至質之物，建日月，乘玉路，以處其中，非其類也。夫宗廟，鬼神所居，祭天而于人鬼之室，非其處也。王者五門，宗廟在一門之内，若射在于廟，而張三侯。又辟雍在内，人物衆多，殆非宗廟之中所能容也。'如准之所論，是鄭不同之意。"，殊未盡然。智按：廟者，貌也。前廟後寝，古以前堂通謂之廟，如後世之呼殿呼廳，皆廷轉聲，霆即電，可證也，後此乃分别宗廟、明堂之稱耳。禮，天子無事，不于廟中以朝諸侯《禮記‧王制》曰："天子無事，與諸侯相見，曰朝。"，則天子永無南面之日矣。士禮迎于廟門外，即廳事之門外也。所稱漸熟，故各執以爲常，古則猶通稱也。所謂明堂者，表嚮朝向明而治之堂也。齊之明堂，猶行在所，歸然歸趨貌靈光也。由是論之，祭祀之殿，亦可謂之明堂；朝臣見君爲朝會君見臣爲會之軒堂前屋簷下的長廊或平臺，亦可謂之明堂；辟雍教士之宫，亦可謂之明堂。四阿九室，自然之理，其制大同小異，隨時增損，何必以《考工》指《考工記》，該書爲記述官營手工業各工種規範和製造工藝的文獻，補儒家經典《周禮》之缺文而傳世。《周禮》依官制定書之章次，其官制分天官冢宰、地官司徒、春官宗伯、夏官司馬、秋官司寇、冬官司空六官。但漢人所得《周禮》獨缺《冬官司空》，因冬官司各種製造業，内容與《考工記》相類，故河間獻王以《考工記》附于《周禮》以補缺，後世因之之五室《考工記‧匠人》曰："夏后氏世室，堂修二七，廣四修一，五室，三四步，四三尺，九階，四旁兩夾，窗白盛。"又"周人明堂，度九尺之筵，東西九筵，南北七筵，堂崇一筵，五室，凡室二筵"、《大戴》之十二室爲疑耶？堂必軒，共三楹廳堂前部的柱子，而室或夾焉奥焉，則通爲九方分者，何不可各面呼爲三間耶？以八八之方圖合洛書之九宮，其論自確。畫州、建國、井地、制兵，莫不法之。上棟下宇，取諸大壯。《繫辭下》曰："上古穴居而野處，後世聖人易之以宮室，上棟下宇，以待風雨，蓋取諸大壯。"豈有祀帝天、祀祖，圖治興教之宮室，草草不合表法者哉？《月令》分居配位《禮記·月令》中，皇帝因季節氣候變化而居不同方位的宮室，行與時節相當的政令，大氐大概制器尚象之意，非必定如此也。黃帝明堂，中一室，喻藏一也，樓從西南入，寓巽方也，此即漢說，已證古有八宅之精義矣。今之中極殿、大享殿，亦上圓而下方，是其遺也。俗儒泥迹，往往執名虛談通冒，先並精義而荒之。鄉飲偶射，皆有天地陰陽之義，何謂明堂不法洛書？

日月運行圖

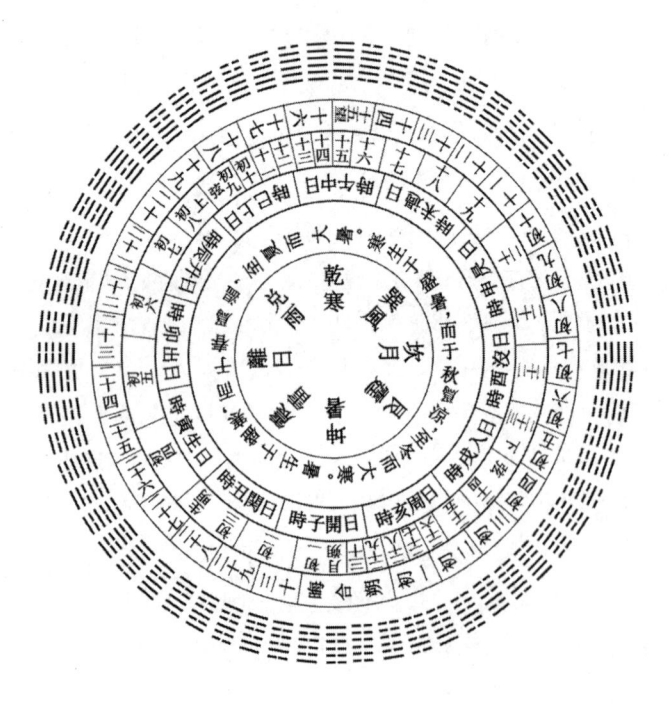

《蒙引》明蔡清《易經蒙引》曰："朱子所貼月卦甚符。"《易經蒙引·繫辭上傳》曰："朱子固曰：自坤而震月之始，生初三日也；歷離至兌則月之上弦，初八日也；至乾則月之望，十五日也；至巽則月之始虧，十八日也；歷坎至艮則月之下弦，二十三日也；至坤則月之晦二十九、三十日也。是八卦之像一月矣。"又曰："乃知朱子所貼自有理。"此二語間有蔡清說明朱子所說有理之言，詳見《易經蒙引·繫辭上傳》關於"鼓之以雷霆，潤之以風雨，日月運行，一寒一暑，乾道成男，坤道成女"之注釋。所不同者，天行健，故均。月行遲，又多虧少盈。盈纔僅僅一日爲望，故當乾；晦纔一日爲朔，故當坤。晦之生明甚難，生至有弦漸盛。故上弦當二卦，上弦多在初八或初七、初九間，月惟此數日爲盛，正兌卦之次，邵子所謂兌爲月也。過則月盛而盈易見，故初十至十五，各當一卦。望後之虧有漸，故十六、十七，當二卦。十八而虧者漸滅，十九以下，各當三卦。至二十三而下弦，或在二十二、二十四間，正當艮次。艮與兌對，上弦盛兌者，至艮而藏，月下虧者，不可見矣，故二十五當二卦，二十六漸晦矣，故當一卦，至剝而終。若以月宿之次言之，則晦正當坤，以漸生明近艮，上弦在坎，望正當乾，以漸生魄指月象虧缺不見的部分，近兌下弦在離。圓圖豎立而分南上北下觀之，正如遶 rào 同"繞"地腰輪，陽在上多，陰在下多。此理象顯然者也。潛老夫曰：天用地凝水火以爲日月，而一陰一陽之道昭然明亮貌穆然和美貌。實則天惟有時，時惟有寒暑，一寒一暑，則日用月之所爲也。《漢書》引《星傳》當爲古代天文書籍，今不傳曰："月爲風雨，日爲寒暑。"出自《漢書·天文志》。可知陰受陽感，而爲風雨，陽激陰出，而爲雷霆，則皆水、火、日、月也。故《大傳》《繫辭傳》收之曰："日月運行，一寒一暑。"畢矣！萬形相禪，各自屈伸，達者一齁 hōu 鼻息聲歷其元會。

明生歲成納甲氣朔圖

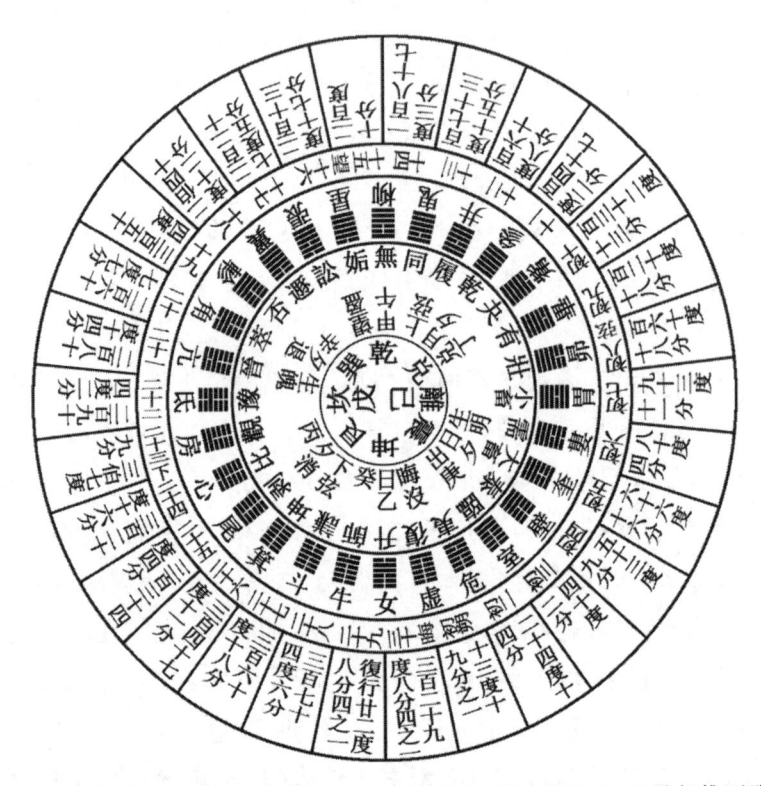

"明生歲成"源自《繫辭傳下》:"日往則月來,月往則日來,日月相推而明生焉。寒往則暑來,暑往則寒來,寒暑相推而歲成焉。"因此,"明生"與日月運行之節律相關,"歲成"與一年中氣候之變化相關,且"明生"和"歲成"之間有自然對應之關係,也就是天象與氣候變化之間存在着自然符合對應之理。"納甲"是漢京房等人將十干納八卦,並依陰陽二氣之運行將五行、方位相配合進行演繹的理論,因甲是天干之首,故稱"納甲"。具體而言,乾內卦納甲,坤內卦納乙,甲乙爲木,氣屬東方;艮納丙,兌納丁,丙丁爲火,氣屬南方;坎納戊,離納己,戊己爲土,氣屬中央;震納庚,巽納辛,庚辛爲金,氣屬西方;乾外卦納壬,坤外卦納癸,壬癸爲水,氣屬北方。

《全書》楊時喬《周易古今文全書》曰："圓圖冬至日與天會爲復,夏至日與天遇爲姤。方圖冬至月與地會爲復,夏至月與地遇爲姤。"今取君藏四七指二十八宿與星次圍旋焉。月率三十,與十二宮相旋,即元會也。舊圖皆依讀者,順布如觀渾天,從外視內,若仰而觀之。乃其昔也,日月左旋而次宿布紀,故皆取其圖而覆之,如從紙背視紙上之圖,易于省較,理則一也。

納甲本以父母包六子詳見下圖,而亦可以月行循先天,然必如此圖之,其象乃符。坎、離不用者,十二辟十二辟卦,又稱十二月卦,十二消息卦。辟爲君主義,辟卦即主卦,該說源自孟喜卦氣說。卦氣說以十二辟卦分別對應一年的十二個月,十二辟卦的七十二爻對應一年七十二候,用以說明一年十二月、七十二候的陰陽二氣之消息,三國孟康曰:"房以消息卦爲辟。辟,君也。息卦曰太陰,消卦曰太陽,其餘卦曰少陰、少陽,謂臣下也。並力雜卦氣干消息也。"具體對應順序依次爲:復卦(震下坤上)一陽息陰建子農曆十一月;臨卦(兌下坤上)二陽息陰建丑農曆十二月;泰卦(乾下坤上)三陽息陰建寅農曆正月;大壯卦(乾下震上)四陽息陰建卯農曆二月;夬卦(乾下兌上)五陽息陰建辰農曆三月;乾卦(乾下乾上)六陽息陰建巳農曆四月;姤卦(巽下乾上)一陰消陽建午農曆五月;遯卦(艮下乾上)二陰消陽建未農曆六月;否卦(坤下乾上)三陰消陽建申農曆七月;觀卦(坤下巽上)四陰消陽建酉農曆八月;剝卦(坤下艮上)五陰消陽建戌農曆九月;坤卦(坤下坤上)六陰消陽建亥農曆十月自一陽而二陽、三陽,陰生亦然。坎、離不與,而皆坎、離也。乾、離,坤、坎飛伏,故離又用壬乾納壬,坎又用癸坤納癸也。

```
        坤  乾
        乙  甲
    兌 丁 -- □ 丙 艮
    離 己 -- □ 戊 坎
    巽 辛 -- □ 庚 震
        癸  壬
        坤  乾
```

震、巽得初畫，坎、離得中畫，艮、兌得究畫，父母包之，倫序森然，此渾天納甲也。京氏京房卦爻用此，形家堪輿家不納坎、離。《洪範》大五行，離納壬，坎納癸。虞翻(164—233)字仲翔，三國吳會稽余姚(今浙江余姚)人，經學家。精通易，主卦氣説，作品有後人所輯的《虞氏易傳》九卷傳世取《參同》指《周易參同契》，東漢魏伯陽著，該書將漢代流行的黃老、修仙思想與《周易》象數相結合，用以指導修仙煉丹之道，爲後世內、外丹學所依據的最重要經典。在《參同契》中，魏伯陽利用京房納甲説，將月相之晦、朔、弦、望及月運行之方位變化與卦爻變化配合于一體，用以説明陰陽二氣的消長，此即"月體納甲説"配月，道家以坎月道教以月配坎，以日配離爲陽。

卦起中孚歸奇象閏圖

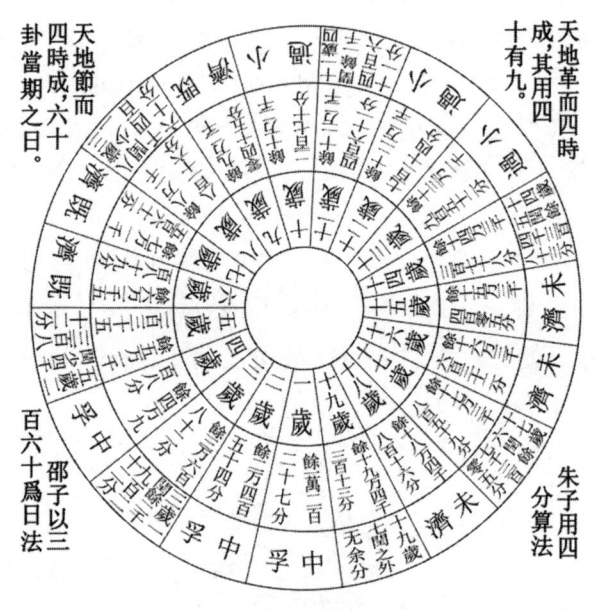

以日法爲九百四十，一朔望月時长爲 $29 \times 499/940$ 日，一歲（十二朔望

月)之時長爲 354×348/940 日，而太陽一歸年的時長爲 365×235/940 日，故歲有餘 10×827/940 日（按日法則爲 10227 分），十九歲七閏則餘分盡。上圖自內而外，第一環爲一章內的歲分次第；第二環數值爲按陰曆紀年時，一章內逐年次所積的歲之餘分，每格餘分爲 n×10227 分（n 爲一章內的歲次）；第三環內數值爲置閏後之餘分或缺分，卦爲依卦氣值每歲之餘所配的卦。據此，疑原本上圖第二環數值存在多處錯誤，列舉如下：原本中與"二歲"對應的數值作"三万四百五十四分"，疑爲"二万四百五十四分"；"五歲"原本對應數值爲"六万一千五百八十九"，疑爲"五萬一千一百三十五"；"六歲"對應數值"六万一千五百八十九"，疑爲"六万一千三百六十二"；"七歲"對應數值"七万一千五百六十二"，疑爲"七万一千五百八十九"；"十一歲"對應數值爲"十一万二千四百六十一"，疑爲"十一萬二千四百九十七"；"十八歲"對應數值爲"十八萬四千八百十六"，疑爲"十八萬四千零八十六"；"十九歲"原本對應數值爲"十九萬四千八百十六"，疑爲"十九萬四千三百十三"；另有"三歲""九歲""十三歲"所對應數值有很小的偏差。于此説明，原本圖中數值未改動。

　　潛老夫曰：十九歲七閏，一章終天地之數，則五歲再閏，歸奇之象，舉成數也。乾坤當期期之數三百六十，亦成數也。《堯典》《尚書》首篇，記帝堯之政所云六日《堯典》曰："期三百有六旬有六日，以閏月定四時，成歲。"何在乎？孚、過小過、兩濟，亦卦氣之閏法也。卦氣起于中孚，果無謂耶？《象》曰"四時成"者二焉：四十九而天地革，六十而天地節革卦爲《易經》第四十九卦，《象傳·革》曰："天地革而四時成。湯武革命，順乎天而應乎人。"節卦爲《易經》第六十卦，《象傳·節》曰："天地節而四時成。節以制度，不傷財，不害民。"，則藏四以爲恒周，存四中孚、小過、兩濟以爲納收入，容納虚，專取四以象閏餘，皆自然之故也。

　　朱子以《四分曆》《四分曆》是李梵等人修正漢初《太初曆》的誤差而編定的曆法，于東漢章帝元和二年(85)頒布定冬至，氣、朔同日一章之歲冬至與月朔同日，是一章之首。古曆法四章爲蔀，至歲首爲至、朔月首爲朔同在甲子日干支紀日中的第一日；二十蔀爲紀，至、朔同在甲子時干支紀時的第一個時辰；三紀爲元，至、朔、年、月、日、時皆值甲子，謂之曆元。及《太玄曆》司馬光據揚雄《太玄》所定的曆法，今存《太玄曆》一卷二十七章爲會，月食盡，三會爲統，朔分盡，三統爲元，六甲盡，皆起于閏分之章也。孟氏喜西漢孟喜，字長卿，易學卦氣説的創始人，著作皆佚，清人馬國翰輯佚其文兩卷，稱《周易孟氏章句》之法，自冬至初，中孚用事，卦以地六，候以天五，五、六相乘，消息一變，十有二變而歲復初，四象之變皆兼六爻，而中節之應備。是以孚、過小過、濟既濟、未有交周之義焉。日道距赤道二十有四二十四度，月道出入日道不逾六度，出黄道外南爲外爲陽，入黄道内北爲内爲陰，陰陽一周，分爲象限者四。月當黄道爲正交，出黄道外六度爲半交，復當黄道中爲中交，復入黄道内六度爲半交，是爲四象限。限爲七交，凡二百四十九，退天一周有奇。終而復始，此月行之取于四卦也。冬至日行一度強，古代天文曆法中，將整度四分表示餘分，則1/4爲少，2/4爲半，3/4爲太。又將整度十二等分，用強、弱(強表示多出1/12度，弱表示少出1/12)增減三個四分餘度，則有少弱(2/12)、少(3/12)、少強(4/12)、半弱(5/12)、半(6/12)、半強(7/12)、太弱(8/12)、太(9/12)、太強(10/12)。其中，甲度強表示比甲度數多1/12度，甲度弱表示比甲度數少1/12度，太、少、半及其強弱皆表示多出。詳見《後漢書·律曆志》。出赤道外二十四度弱；夏至日行一度弱，入赤道内二十四度強，此日行之取于四卦也。故夏至則月出中孚入小過，冬至則日出中孚入小過，二分則濟、未居焉。此其革于四十九，節于六十，而餘四象爲置閏之統也。

九行八卦表 原本正文無此標題，據《圖象目録》而加

《禮運》言：和而月生，三五十五日盈闕。《禮運》曰："播五行于

四時，和而後月生也，是以三五而盈，三五而闕。"人身以驗呼吸，《參同》以爲丹書 煉丹修仙之書，故言變化必以月表法焉。日行黃道，月出入爲九行。《漢書·天文志》曰："月有九行者：黑道二，出黃道北；赤道二，出黃道南；白道二，出黃道西；青道二，出黃道東。"曆家以八卦圖之，深幾者取而玩之，其行必環，其環必交，要不出于二環相交而已矣，故以先、後天二環象之。

　　潛老夫曰：盈息之機，天日表其全，而虛消之象，月星軌其半也。《上經》陽卦，而剝後終六，《下經》陰卦，而豐後終九，陰陽互藏其宅也。詳見本書第四卷之《序卦說》。乾君起泰而遯，坤藏起否而臨。以泰爲哉生之時，以否爲哉生之魄。乾主望而夕出，坤主晦而日沒。六卦兌、離、震、巽、坎、艮六卦居其中，二十八卦包其外，共一百六十八爻，每卦主爻二十有八。太陰之一六，運少陽之四七，舉其成數，凡二十八日而天度一周，積二十九日餘九百四十分日之四百九十九日而日月會朔原本作"積二十九日餘四百四十九而日月會朔"，而此處講月行周期，即一朔望月的時間長度，當爲"積二十九日餘九百四十分日之四百九十九日而日月會朔"。另外，若如原本作"積二十九日餘四百四十九而日月會朔"，則與後文"凡十二會，得三百五十四日九百四十分日之三百四十八分"之日數不符，若改爲"積二十九日餘九百四十分日之四百九十九日而日月會朔"，則與後文相符，凡十二會歷十二朔望月，得三百五十四日九百四十分日之三百四十八分，與天會爲一歲。其有大盡、小盡指大小月，大盡三十日，小盡二十九日者，則疾遲盈縮之致也。按先天圓圖，乾歷五位爲小畜，七位爲歸妹，八位爲中孚，三著月幾望之象焉。而君藏二儀，則小畜在上弦之際，歸妹、中孚隱而不見，然歷其數，則十四、十五正望朔也。夫太陰之從黃道也，有三度焉：一曰平行度，則十三度十九分度之七也；一曰極疾度，一曰極遲度。其遲、疾度，各有初、末二限焉。初爲益，末爲損。疾初、遲末，則過于平行矣。遲初、疾末，則不及于平行矣。自入轉初日，其卦明夷，行十四度半強，漸殺，歷七日，其卦大壯，適及平行，謂之疾初限，其積度比平行餘五度四十二分。自是其疾日損，又歷七日，其卦姤，行十二度微強，向之益者，盡損而無餘，謂之疾末限。自是復行遲度，其卦訟，又歷七日，其卦觀，適及平行，謂之遲初限，其積度比平行不及五度四十二分。自是其遲日損，行度漸增，又歷七日，其卦復，復行十四度半強，向之益者，亦盡損而無餘，謂之遲末限。八轉一周，實二十七日五十四刻四十八分。遲、疾極差，皆五度四十二分。舊曆日爲一限，皆用二十八限，此貼卦之大約也。《洪範》云："日月之行，則有冬有夏。"從其常也。又云："月之從星,則以風雨。"從其變也。夫日行不可指而定也,稽之以月之晦朔。月行不可泥而準也,驗之以星之昏旦。日月之交不可以執而舛 chuǎn 錯亂也,核之以斗柄指北斗七星象柄的部分,包括玉衡、開陽、搖光三星之建合。若夫日中日爲晝,春分之日晝與夜時長相等,星鳥指南方朱雀七宿之移而柳也;日永永爲長,夏至之日晝最長,星火火爲東方蒼龍七宿之一大火,即心宿之移而氐東方七宿之一也;宵中宵爲夜,秋分之日晝與夜時常平均,星虛之移而牽牛也;日短冬至日,晝長最短,星昴之移而奎也,自唐及漢已然矣。《小正》指《大戴禮記·夏小正》,爲現存最早的中國古代曆書、《月令》指《小戴禮記·月令》仲春日在奎,比之《堯典》在胃而異;仲夏日在井,比之在柳而異;仲秋日在角,比之在房而異;仲冬日在斗,比之在虛而異。是則《月令》之躔 chán 次躔次指日月星辰在運行軌道上的位次,已差《堯典》隔一月矣。消息盈虛,豈有極哉?夫月之不敢當黄道也。一歲之中,經天者斜行其間,凡十有三次,而四象東西南北四宿之交,六出七、八,七出六、八,凡二十六次,大約一百八十三日有奇。而與日一交者,祇二次而已,其食與不食,在乎此也。日月相會爲一月,約二十九半零二十九分,蓋以四百七十分爲半日,以七十八分三釐三毫爲一時也。南北縱謂之度,東西橫謂之道。其合朔也,日月之縱同其度,而橫不同其道。其對望也,日月之橫對其道而縱不對其度。如其朔而橫同,則月掩日。如其望而縱對,則日奪月。凡日過中則疾,凡月弦前、弦後,則疾之極而食也,有然矣。日月兩道如環,一象其天首也爲羅,一象其天尾也爲計。月行最遲之度爲孛,朔不及中。成閏而閏生炁 qì 同"氣",凡二十八年于閏而炁一周,是交食之積算也。金水附日,歲一周天;火三月而改,故二歲一周;木一歲而彤,故十二歲爲一周;土博厚不遷,歲填一宿,故二十八歲而一周也。斗分七星,復指七宿以命四時,故二十八舍指二十八宿,秉于斗辰,而各居其所,以聽二曜日月五行之旋復。蓋有不盈、不虛、不消、不息者,而後盈、虛、消、息相推而無已,此坐宿之大約也。

宿度圖

王曰俞曰:萬歷四十年癸丑年,即1613年冬至,日在黃道箕三度一十九分一十九秒八十微,赤道箕四度四分二十五微,故內道口在壁一度,外道口在軫初度。距今丙戌清順治三年,即

1646年歷歷時三十四年，歲差一分三十五秒，則今年之冬至，其內道口已不在壁而在室，外道口已不在軫而在翼。潛老夫曰：圓奇必差，約三萬年一周。其黃赤交十二次分皆歲差同移。《易》以方節圓，故以具爻三百八十四、通期爻三百六十、貞悔爻四百三十二析分以核之，此一幾微也。惜無神明者，難與語此。

《全》楊時喬《周易古今文全書》曰："地應天以時行，月附日而得會遇。天與日會，地與月會，皆同度。即遠近遲速不同而其度同，卦爻即同也。至于一年之冬至，則天、地、日、月皆會于復，是爲一歲之期矣。冬至日與天會，月與地會爲復，天、地皆在坤，故坤不用。春分日在卯，爲大壯，日、月皆入離，故離不用。夏至日與天遇，月與地遇爲姤，天、地皆在乾，故乾不用。秋分日在酉，爲觀，日月皆入坎，故坎不用。圓圖冬至日與天會爲復，天在坤，日在頤，始于震。夏至日與天遇爲姤，天在乾，日在大過，始于巽。冬至日出中孚，入坎，終于兑。夏至日出離入小過，終于艮。天行進，日行退。冬至日與天會爲復，天丑日子，天寅日亥，天卯日戌，天辰日酉，天巳日申，天午日未，天未日午。夏至天與日遇爲姤，天申日巳，天酉日辰，天戌日卯，天亥日寅，天子日丑，天丑日子。天復與日會爲復，二至者，天日陰陽之交也。日稟天氣而行，月稟地氣而行。然天圓而地方，方者既立，獨天與日月行焉。天包地外，天行于地之中，即地之行。日月無晝夜，以人居地上所見也。故知天無體，日月無方，以地爲之體、爲之方耳。曆家惟以天與日月之行見之，自復十一月歷十六卦爲臨，在先天圖，曰春分卯中。在辟卦臨爲十二月，而春分卯中則二月中氣農曆每月兩氣，月初之氣稱節氣，月中之後氣稱中氣也。謂陽自復而復長于臨、泰，至二月

圖象幾表

之大壯，而陽大盛矣。是故臨本十二月之卦，而自此陽長，則爲春分卯中者，此陽也；爲泰之立夏巳初者，此陽也。皆陽浸長者致之也。又自姤五月，歷十六卦爲遯，在先天圖曰秋分酉中。在辟卦遯爲六月，而秋分酉中則八月中氣也。謂陰自姤而浸長于遯、否，至八月之觀而陰大盛矣。是故遯本六月之卦，而自此陰長，則爲秋分酉中者，此陰也；爲否之立秋亥初者，此陰也。皆陰浸長者致之也。夏至後井水便涼，涼者寒之變，此乾氣<small>天氣，屬陰下降之漸也</small>。冬至後東風漸溫，溫者暑之變，此坤氣<small>地氣，屬陽上升之漸也</small>。故小暑、大暑爲坤暑之中，小寒、大寒爲乾寒之終。

　　邵子曰："天不可測，觀斗<small>北斗七星占天</small>。斗之所建，天之行也。魁建子，杓<small>指北斗七星中的第五、六、七顆星。亦稱"斗柄"</small>建寅，星以寅爲晝也。斗有七星，是以晝不過七分也。"<small>引自《皇極經世書·觀物外篇》</small>。日以遲爲進，月以疾爲退。日月一會而加半日、減半日，是以爲閏餘也。日一大運而進六日，月以大運而退六日，是以爲閏差也。日行陽度則盈，行陰度則縮，賓主之道也。月遠日則明生而遲，近日則魄生而疾，君臣之義也，相食數之交也，水火之克也。日隨天而轉，月隨日而行，星隨月而見。故星法月，月法日，日法天。天半明半晦，日半盈半縮，月半盈半虧，星半動半静，陰陽之義也。天晝夜常見，日見于晝，月見于夜而半不見，星半見于下，貴賤之等也。（此言星半見于地下也。《天官》<small>指《史記·天官書》</small>言斗重建，蓋以斗爲綱，四方之宿各七。星家以七曜<small>又稱七政、七緯、七耀，指日、月與金、木、水、火、土五星</small>細配之，豈無所自乎？方圖外圍亦二十八也，十二次舍，舉半言周，則謂七襄<small>指織女星七次移動位置</small>。襄者，古人所謂旁輔助參檢驗也，故衞朴北宋天文學家、數學家，于宋神宗五年(1072)被推薦入司天監主持修訂《奉元曆》。著有《七曜細行》一卷、《新曆正經》三卷、《義略》三卷、《立成》十五卷、《隨經備草》五卷立日襄、斗襄法。邵曰："斗有七星，晝不過七分。"正謂此也。)陽主舒長，陰主慘急。日入盈度，陰從于陽，日入縮度，陽從于陰。(有物于此，分半而用之。前一半則方用而有餘，後一半則過用而不足。此盈、縮之變，亦即舒、慘之辨也。以上皆言天地之用。惟此日月運行，一寒一暑。)

朱子曰："橫渠説日月皆左旋，甚是。""曆家以退數易容易算，故謂右行。"《朱子語類》卷二曰："蓋天行甚健，一日一夜周三百六十五度四分度之一，又進過一度。日行速，健次于天，一日一夜周三百六十五度四分度之一，正恰好。比天進一度，則日爲退一度。二日天進二度，則日爲退二度。積至三百六十五日四分日之一，則天所進過之度，又恰周得本數；而日所退之度，亦恰退盡本數，遂與天會而成一年。月行遲，一日一夜三百六十五度四分度之一行不盡，比天爲退了十三度有奇。進數爲順天而左，退數爲逆天而右。曆家以進數難算，只以退數算之，故謂之右行。"地本氣之渣滓聚成形質者，束于勁風旋轉之中，故兀然突兀貌浮空而不墜。"黄帝曰：'地有憑依靠乎？'岐伯《黄帝内經》中，教黄帝道與醫術的醫家曰：'大气舉之。'"引自《素問‧五運行大論篇》。則豆在脬 pāo 動物膀胱中之喻，豈待今日始明耶？《全》楊時喬《周易古今文全書》曰："天與日月左旋，至地下皆右旋也。地之山水，皆從右發脈向東南者，皆從天氣"天氣"之"天"字文鏡本字跡不清，形似"大"字，續修本清晰，爲"天"字，至地下右轉，實左旋也。"潛老夫曰：以全地之毬 qiú 通"球"如蓏 luǒ 瓜類植物之果實論之，蒂應者，極也。其棱理自蒂漸至于臍，其氣皆從地中起，地中正天中也，地氣自旋而地質不旋，止只有四游古人認爲大地在四時之中，分別向東、南、西、北四極移動，稱"四游"而已。

朱子嘗言："《唐書》有人至海,見南極下數十大星甚明。"引自《朱子語類》卷二。設使今遇泰西泛指歐洲之士,何爲不若孔子之問郯子春秋時,東夷郯國賢君,孔子曾向之求學耶?《漢藝文志》指《漢書·藝文志》有《海中星占》《漢書·藝文志》曰:"《海中星占驗》十二卷。"該書已亡矣,古未信耳。今二圖已合,天河首尾相環,與地自應,但應非一端也。可信二極爲不用之至用。世皆以圓圖爲平地,扁輪耳。當知此爲卯酉日月之輪,即可以此爲子午直極之輪,則復、姤亦可象二極也。先天乾坤應極,故六子交午中輪。後天坎離應極,故震、兌東西轉輪。巽、艮偏東,乾、坤偏西。猶今晷 guǐ 指日晷,根據日影測定時刻的儀器測,言北海今俄羅斯西伯利亞中部通古斯卡河一帶頂綫,林邑今越南中部頂綫也。然應極之間,氣自相交。天以地爲中心,人直立于地毯之上,所在以氣外升爲上,足履爲下。故上下交者,東西旋者,同時不亂。自非神明,烏能信得極乎?

分野星土說原本正文無此標題,據《圖象目錄》而加

分野是中國古代天地感應的學說,該說將周天之星區(二十八宿、十二星次)與地理區域相配,認爲天地相配的區域會相互感應,因此,可用某星區的天象占驗相應地理區域的禍福吉凶。據考該說始自戰國,主要有戰國時的十三國(鄭、宋、燕、越、吳、齊、衛、魯、魏、趙、秦、周、楚等)分野和漢大一統時代的十二州(兗州、豫州、幽州、揚州、青州、並州、徐州、冀州、益州、雍州、三河即中州、荆州)分野兩個分野系統,後世學者根據天象與地理的對應關係將兩種系統融合于一體。[①]

[①] 見邱靖嘉."十三國"與"十二州"——釋傳統天文分野說之地理系統[J].文史.2014年第一期.P5-24.

星土則主要是依分野和陰陽五行思想，根據星區而定星區對應的地理位置的氣質特徵以及據星區域星辰的變化來預測對應地理位置的福禍吉凶。

分野圖

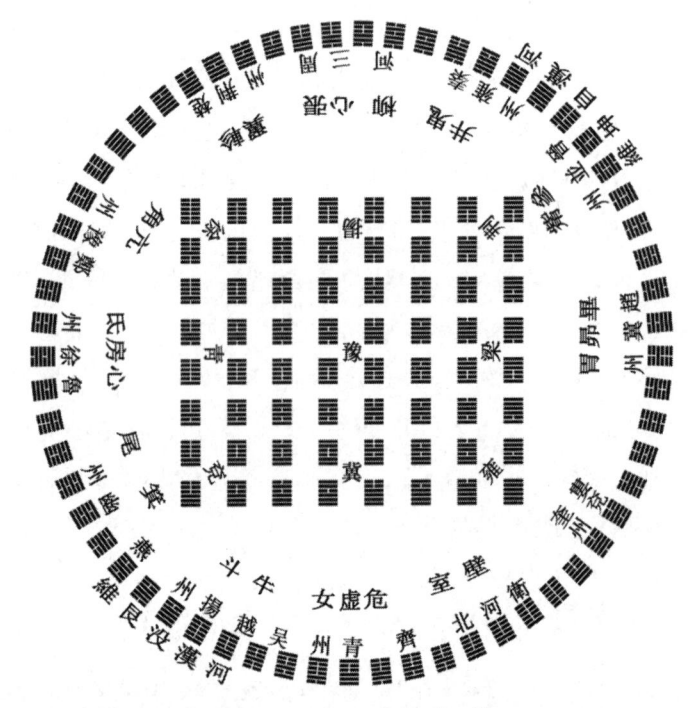

《天官書》指《史記·天官書》曰："北斗，杓北斗勺柄部三星：玉衡、開陽和搖光的總稱攜龍角指東方七宿，衡玉衡殷居中南斗指南斗六星，魁北斗七星中的第一星枕參首參宿之首。用昏天初黑之時建者杓；杓，自華以西南華山西南。夜半建者衡；衡，殷中州河古代黃河，黃河有過多次改道，西漢時黃河于章武（今河北滄縣東北）入海、濟古水名，濟水，發源于今河南省濟源市，流經今山東入渤海之間。平旦建者魁；魁，海岱古代代郡，今多屬河北以東北也。"《漢志》曰："角、亢、氐，兖州；房、心，豫州；尾、箕，幽州；斗、江、湖、牛、女，揚州；虛、危，青州；室、壁，並州；奎、婁、胃，徐州；昴、畢，冀州；觜、參，益州；井、鬼，雍州；柳、星、張，三河；原本作"柳星三河"，而《漢書·天文志》作"柳七星張三河"，文中星宿之名，方氏皆用簡稱，而在《漢書》，多用全稱，順隨方氏之行文而改爲"柳、星、張，三河"。翼、軫，荊州。甲乙，海外，日月不占；丙丁，江淮長江與淮河之間區域、海岱；戊己，中州今河南一帶、河濟黃河和濟水之間區域；庚辛，華山以西；壬癸，常山北岳恒山的別稱，漢代避漢文帝劉恒諱而改恒爲常以北。一曰，甲齊，乙東夷，丙楚，丁南夷，戊魏，己韓，庚秦，辛西夷，壬燕、趙，癸北夷。子周，丑翟，寅趙，卯鄭，辰邯鄲，巳衛，午秦，未中山，申齊，酉魯，戌吳、越，亥燕、代。秦之強，候太白指金星，占狼指奎木狼，即奎宿、弧指心月狐，即心宿；吳、楚之強，候熒惑指火星，占鳥衡指柳宿；燕、齊之強，候辰星水星，占虛、危；宋、鄭之強，候歲星指木星，占房、心；晉之強，亦候辰星，占參、罰。及秦並吞，中國于四海內則在東南，爲陽，陽則日、歲星、熒惑、填星，占于街南，畢主之。其西北則胡、貉、月氏胡、貉、月氏三者皆指秦漢時期西北部族旃zhān同"氈"，毛織的衣服裘皮衣引弓之民，爲陰，陰則月、太白、辰星，占于街北，昴主之。秦、晉好用兵，復占太白。而辰星趨急，胡貉獨占其大經也。"而辰星趨急，胡貉獨占其大經也"一句，《漢書·天文志》作："胡、貉數侵掠，獨佔辰星。辰星出入趨疾，常主夷狄，其大經也。"《春秋傳》指《國語》曰："武王伐紂，歲在鶉火。歲之所在，即周之分野也。"許芝漢末三國時人，魏國官員曰："文王爲西伯，歲亦在鶉火。"王奕曰：星次指十二星次。古人爲度量日月五星的運行和季節的變換，把黃道帶附近一周天自東向西的方向分成十二等分，稱爲"十二星次"，又簡稱"十二次"，分別是：星紀、玄枵(xiāo)、娵訾(jū zī)、降婁、大樑、實沈、鶉首、鶉火、鶉尾、壽星、大火、析木，黃帝因日月會而名耳《帝王世紀》曰"黃帝受命……乃推分星次,以定律度"。曆者以日行知度,當黃道之星,則記之,止此二十八宿。後因據此,以距度在地面觀測到的黃道帶附近恒星間的距離和度數爲距度分野。《世紀》指《帝王世紀》,西晉皇甫謐撰云:"一度爲二千九百三十二里。"(周天積一百七萬一千三里,徑三十五萬六千九百七十一里。)此表影推耳。今南京今江蘇南京市視北極出地三十六度,至北京今北京市出地四十度。地相去二千里,則五百里地當天一度。鳥道計之,則二百五十里也。泰西徵地周九萬里,亦此故也。莊子寓言扶搖九萬里,亦三百六十度之全數也。班固所載,與費直字長翁,西漢東萊(今山東掖縣)人,易學家,治古文易,善卦蓍,其著作皆亡佚《周易》所列,蔡邕《月令》指《月令章句》所分,次度已自不合。今列舉古書中所言之"次度不合"于此,以明文義。《開元占經・分野略例》曰:"費直《周易分野》曰:'自軫七度至氐十一度,爲壽星。'蔡伯喈(蔡邕)《月令章句》曰:'自軫六度至亢八度,謂之壽星之次,鄭之分野,曰鄭星,得角亢也。'"《文獻通考・象緯考》曰:"費直《周易分野》,壽星起軫七度。蔡邕《月令章句》,壽星起軫六度。"如此等等。羅經據授時次之,而王述古明代學者,字信甫,禹州人,萬曆十六年舉人所考又異。蓋既有歲差,地亦四游,宜其各別耳。劉青田劉基《分野密傳》《大明清類天文分野之書》,皆本《晉志》指《晉書・天文志》,唐李淳風撰。洪容齋南宋洪邁(1123—1202),字景盧,號容齋,又號野處,南宋饒州鄱陽(今江西省鄱陽縣)人,著作有《容齋隨筆》七十四卷傳世謂衛而列涼州今甘肅西部,雍秦而列太原今太原一帶、上黨今太原南部,此豈出李淳風(620—970)唐岐州雍(今陝西鳳翔)人,精通天文曆算,善易占,《易》著皆佚。其他著作有《晉書・天文志》《典章文物志》《玉曆通政》《周髀算經注》《九章算經注》《五經算術注》《五曹算經注》《皇極曆》等等之手乎?由《史》《史記》《漢》《漢書》所集三統甘石之説,古人所用,不執一説明矣。姑録于後。

角、亢、氐，鄭兗州：東郡入角一度，東平、任城、山陰入角六度，泰山入角十二度，濟北、陳留入亢五度，濟陰入氐一度，東平入氐七度。

房、心，宋豫州：潁州入房一度，汝南入房二度，沛郡入房四度，梁國入房五度，淮揚入心一度，魯國入心三度，楚國入房四度。

尾、箕，燕幽州：涼州入箕中十度，上穀入尾一度，漁陽入尾三度，右北平入尾七度，西河、上郡、北地、遼西東入尾十度，涿郡入尾十六度，渤海入箕一度，樂浪入箕三度，玄菟入箕六度，廣陽入箕九度。

斗、牛、女，吳、越揚州：九江入斗一度，廬江入斗六度，豫章入斗十度，丹陽入斗十六度，會稽入牛一度，臨淮入牛四度，廣陵入牛八度，泗水入女一度，六安入女六度。

虛、危，齊青州：齊國入虛六度，北海入虛九度，濟南入危一度，樂安入危四度，東萊入危九度，平原入危十一度，菑川入危十四度。

室、壁，衛並州：安定入室一度，天水入室八度，隴西入室四度，酒泉入室十一度。張掖入室十二度，武都入壁一度，金城入壁四度，武威入壁六度，敦煌入壁八度。

奎、婁、胃，魯徐州：東海入奎一度，琅琊入奎六度，高密入婁一度，城陽入婁九度，膠東入胃一度。

昴、畢，趙冀州：魏郡入昴一度，鉅鹿入昴三度，常山入昴五度，廣平入昴七度，中山入昴一度，清河入昴九度，信都入畢三度，趙郡入畢八度，安平入畢四度，河間入畢十度，真定入畢十三度。

觜、參，魏益州：廣漢入觜一度，越巂入觜三度，蜀都入觜一度，犍爲入參三度，牂牁入參五度，巴都入參八度，漢中入參九度，益州入參七度。

井、鬼，秦雍州：雲中入井一度，定襄入井八度，雁門入井十六度，代郡入井二十八度，太原入井二十九度，上黨入鬼二度。

柳、星、張，周三輔：弘農入柳一度，河南入星三度，河東入張一度，河內入張九度。

翼、軫，楚荆州：南陽入翼六度，南郡入翼十度，江夏入翼十二度，零陵入軫十一度，桂陽入軫六度，武陵入軫十度，長沙入軫十六度。

星土說

孔子曰："仰以觀于天文，俯以察于地理。"引自《繫辭下傳》。邵子曰："圓者，星也。曆紀之數其肇于此乎？方者，土也。畫州並地之法，其放于此乎？"引自《皇極經世書·觀物外篇》。鄭漁仲鄭樵曰："河出圖有自然之象，洛出書有自然之理。"引自《通志·總序》。蓋謂河圖之如星點者，爲諸圖形象之祖。洛書之如字畫者，爲六書文字六書爲東漢許慎在《說文解字》中對古文字構造與來源的總結，六書即象形、指事、會意、形聲、轉注、假借六者之宗也。時運之輪象天，列位之方法地，二十八宿當方圖之外圍。星土相占，掌諸職方，文理互顯，方圓天圓而地方互用者也。禹之治水治地，皆用九爲規，奠九州，刊九山，滌九川，陂九澤，固有取爾矣。圖編取中豫、北冀、南揚、東青原本缺"青"字、西梁、西北雍、東南徐、東北兗、西南荆，以配洛書，其概也。《唐志》指《新唐書·天文志》山河、兩戒之釋,星土也。然乎?否耶?今泰西合二圖,補金魚、火鳥。天河坤維續參、井,艮維續箕、斗,首尾相環,此何以分焉。嘗考地毯之說如豆在脬,吹氣則豆正在中,此其理也。然未言其如苽有蒂臍,而赤道之腰分南、北、東、西與二極,爲六合矩也。卯伏必分上下,圓物水浮絲懸,便自定分三輪五綫,證知中國當胸,西乾當左乳。中土以卦策定禮樂、表性命,治教之大成,獨爲明備中正,豈偶然乎?當此極之下者,無用之地也。黃道之下,人靈物盛。而中國在腰輪之南,天地人相應,其幾自應地,勢符天。全地應之,一方之地亦應之,可以平列,即可以環列。古人因民之所知而列之,惜今無神明,不能重定中土之分野,而猶守隋、晉之《志》,更今郡縣名耳。

三天圖

此《全書》楊時喬《周易古今文全書》所載三天先天、中天和後天圖也。李象山以羲圖先天也。羲序内卦、外卦,以乾、坎、艮、震、巽、離、坤、兌序之,中天也。内、外皆後天,則後天也。石齋黃道周(1585—1646),明末大儒,抗清名臣,字幼元,又字螭若,謚號忠烈,明漳浦(今福建東山縣)人,著有《三易洞璣》十六卷、《易象正》十六卷,還有《洪範明義》《孝經集傳》等則羲易爲先天而三成之;中天則乾、巽、離、兌、坤、震、坎、艮爲内卦序,而復以此序加之;後天則震、巽、離、坤、兌、乾、坎、艮爲序而加之,又以兌爲首而序加之,詳具《象正》黃道周此說錄于《易象正·卷之終上》。《估偋易說》未詳革居《序卦》之四十九,當大衍之數;節居《序》之六十,當周天之數,六十卦三百六十爻,一爻主一日。夫《上經》之三十卦始于乾、坤,終于坎、離;《下經》三十四卦始于咸、恒,終于既、未濟。且

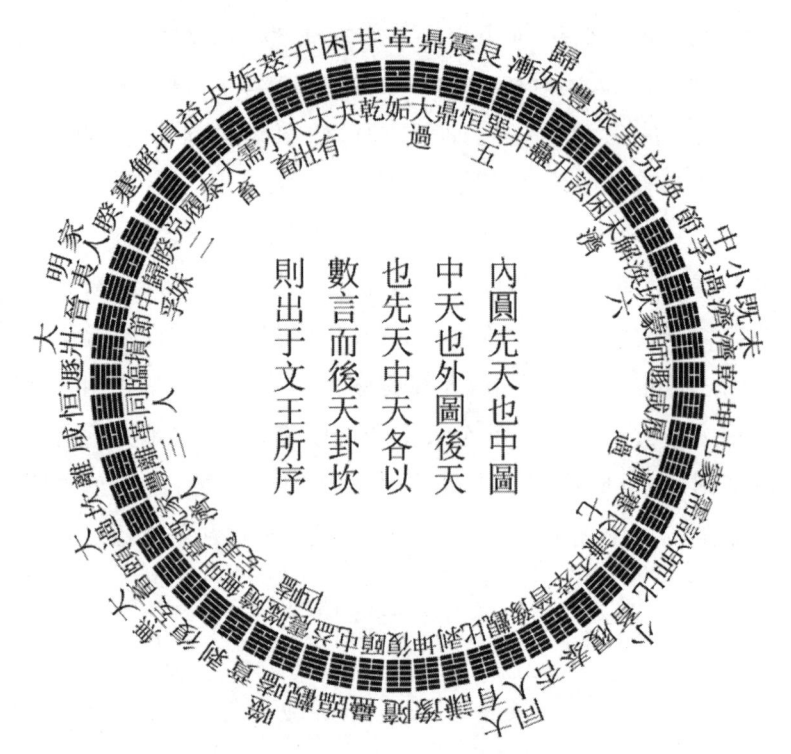

內圓先天也中圖
中天也外圖後天
也先天中天各以
數言而後天卦坎
則出于文王所序

乾配甲而起于子，坤配乙而起于丑。故六十四卦，《上經》乾起于甲子，泰甲戌，噬嗑甲申，至三十卦一百八十日而三甲盡；《下經》咸起甲午，損甲辰，震甲寅，至節癸亥而終，亦三十卦一百八十日，而年一周，所以京西漢京房、焦西漢焦延壽用以直通"值"日，天地節、革而四時成是也。節後繼以中孚兌下巽上、小過艮下震上，既既濟、離下坎上，未濟坎下離上者，所以先坎、離、震、兌四卦，應子、午、卯、酉爲春、夏、秋、冬四時此處爲坎、離、震、兌之後天方位。兩之以爲八節，是爲分、至啓閉，每爻值十五日，以應七十二候。先儒言卦起中孚，非也，中孚復起于甲子耳。乾爲十一月之卦而起甲子，節爲十月之卦而得癸亥，由是知《上經》三十卦是陽生于子而終于巳，《下經》三十卦是陰生于午而終于亥，至中孚而陽氣復生于子，故亦爲十一月之卦。自乾起甲子至節六十卦而終，是四其河圖十五之數，爲三百六十爻，爻當一日而爲六十卦，一年之候也。中孚起甲子，至未濟四卦而終，是四其六子之數，凡二十四爻，而爻當一氣，爲二十四氣，應一年之候也。四其六子之數者，何也？蓋中孚巽上兑下，小過震上艮下，併同"并"既、未濟、坎、離變體爲六子。少陽、少陰六子之氣，分布于四時，故四之以應二十四氣耳，亦應四其河圖十五數而日當一卦。凡六十日爲二十四氣，一年之候也。

納音圖此標題爲校注者所加

　　納音指六十甲子納音五行，該理論是將六十甲子與五行五音相配，用五行相生來説明律吕相生之理。原本圖中文字大多模糊不清，字跡難辨，由于圖中自内而外第一環和第三環的内容與宋元時期學者依納音之理而作《六十甲子納音》歌訣的内容相當，故圖中這部分内容校注者依此歌訣而校之。《六十甲子納音》内容如下：甲子、乙丑，海中金；丙寅、丁卯，爐中火；戊辰、己巳，大林木；庚午、辛未，路旁土；壬申、癸酉，劍鋒金；甲戌、乙亥，山頭火；丙子、丁丑，澗下水；戊寅、己卯，城頭土；庚辰、辛巳，白蠟金；壬午、癸未，楊柳木；甲申、乙酉，泉中水；丙戌、丁亥，屋上土；戊子、己丑，霹靂火；庚寅、辛卯，松柏木；壬辰、癸巳，長流水；甲午、乙未，沙中金；丙申、丁酉，山下火；戊戌、己亥，平地木；庚子、辛丑，壁上土；壬寅、癸卯，金箔金；甲辰、乙巳，覆燈火；丙午、丁未，天河水；戊申、己酉，大驛土；庚戌、辛亥，釵釧金；壬子、癸丑，桑柘木；甲寅、乙卯，大溪水；丙辰、丁巳，沙中土；戊午、己未，天上火；庚申、辛酉，石榴木；壬戌、癸亥，大海水。

　　潛老夫曰：五行本位，西方屬金。五行有聲而最清者金，故納音首金，所謂"甲子、乙丑，海中金"也。五聲宫、商、角、徵、羽，既輪之後，回輪以應天地之生數，則起于西方。羽與宫

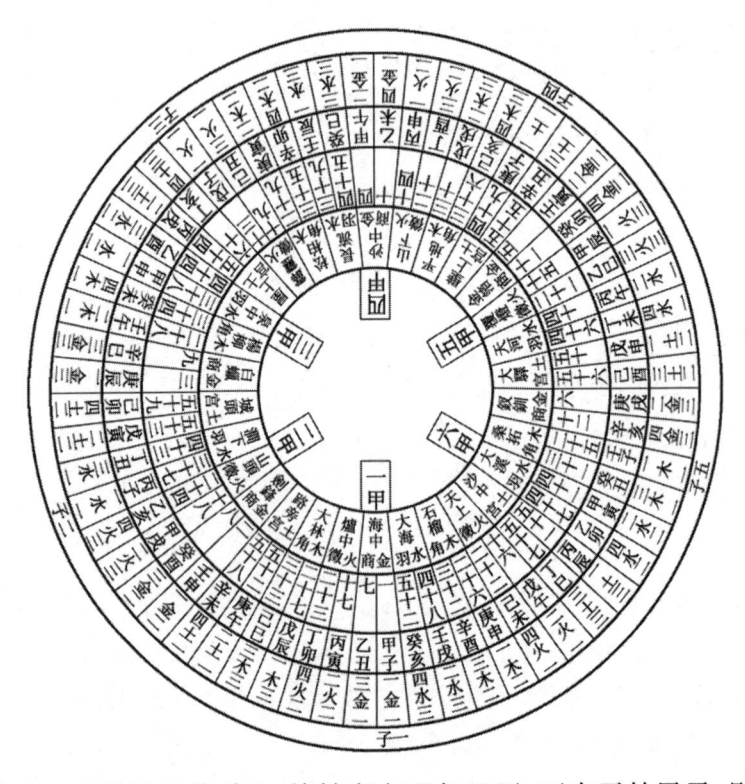

相接，而乾居于前爲金，故納音之理起于西，而支干始甲子，則仍起于北，乾統之也。凡氣始于東方而右行，木傳火，火傳土，土傳金，金傳水也；音起于西方而左行，金傳火，火傳木，木傳水，水傳土也。沈存中指北宋沈括謂納音、納甲，皆乾始而坤終也。沈括《夢溪筆談·樂律》曰："納音與易納甲同法：乾納甲而坤納癸，始于乾而終于坤。納音始于金，金，乾也；終于土，土，坤也。"音始西方起金，西左旋，故金三元終。左行傳南方火，火三元終，左行傳東方木也。自子至巳爲陽，故自黃鐘至中呂皆下生；自午至亥爲陰，故自林鐘至應鐘皆上生。以六十支干應六十律，猶之旋相爲宮法也。按支位隔八相生，分三合三原依序排列。觀天氣倚乎地，則十干順布，用地支六氣，尊六甲以爲頭，逐地而右轉；察地位負乎天，則十二支逆排，用天干五運，天干五運與地支六氣合稱"五運六氣"，出自《黄帝内經·素問》。五運是木運、火運、土運、金運和水運的總稱，木、火、土、金、水在地爲五行，在天則爲五運，由于《素問》中，將五運與天干相配用以推算每年的運氣情況，此即丁壬木、戊癸火、甲己土、乙庚金、丙辛水，故稱"天干五運"。"六氣"是指按四時之次序行于天的風、熱、火、濕、燥、寒六種氣候，由于《素問》中將六氣與地支配用以推算每年的運氣情況，故稱"地支六氣"。具體而言，六氣在天爲無形之氣，在地成形而成爲具象化的順布于四時的五行之氣，此即風生木于東方，熱生火于南方，濕生土于中央，燥生金于西方，寒生水于北方，若將六氣分爲三陰三陽而與十二支相配，則有巳亥厥陰風木、子午少陰君火、寅申少陽相火、丑未太陰濕土、卯酉陽明燥金、辰戌太陽寒水。列五子以爲首，隨天而左旋。凡三十名上圖第二圈三十名，名當二律，當十日，與七十二卦七十二卦指黄道周在文王六十四卦的基礎上推演出的七十二卦。黄道周認爲，文王六十四卦序卦（通行本《周易》之卦序），主要利用"反復"的規律。所謂反復，就是"覆"，亦即將卦象顛倒。顛倒卦象後，有五十六卦會產生新的卦，如此構成二十八對，如"屯蒙"二卦、"需訟"二卦、"師比"二卦，乃至到"既未濟"；有八卦依舊是其自身，卦象保持不變，它們是乾、坤、坎、離、頤、大過、中孚、小過。黄道周認爲，後一種顛倒後雖然沒有產生出新卦，但其顛倒卦亦具有重要的意義，因爲顛倒一卦後，兩卦之交數十二與一晝夜十二時辰相對應，以象天地運行之"反復之道"。故而，黄道周將顛倒不變之八卦倍爲二，加顛倒變化之卦，合爲七十二卦，以應七十二候。其在《三易洞璣·文圖上》曰："故體卦有八，倍爲十六；交卦二十八，倍爲五十六，兩體相命，各三十六，以爲一歲之候也。"同旋直日。卦影卜筮時，爲隱寓卦意以備應驗而繪製的圖形用之，非僅堪輿家所用遁演也。蓋氣從右行，而聲從左應。時以運轉，而律以音中，皆以徵自然相應之理也。王逵(990—1072)，字仲達，北宋開德府濮陽（今河南省濮陽縣）人，著有《文集》五十卷，已散佚曰："同位娶妻，隔八生子，此律吕相生法也。五行先仲而後孟、季，此遁甲三元紀也。甲子金之仲,爲黄鐘商,同位娶乙丑,爲大吕商。隔八下生壬申,金之孟,爲夷則商,壬申同位娶癸酉,爲南吕商。隔八位生庚辰,金之季,爲姑洗商,此金之三元終也。庚辰同位娶辛巳,爲仲吕商。隔八下生戊子,火之仲,爲黄鐘徵,戊子取己丑,爲大吕徵。生丙申火之孟,爲夷則徵,丙申娶丁酉,爲南吕徵。生甲辰,火之季,爲姑洗徵,甲辰娶乙巳,爲中吕徵。生壬子,木之仲,爲黄鐘角。如是左行,至丁巳中吕之宫,五音一終。復自甲午金之仲,娶乙未,隔八生壬寅,一如甲子元法,終于癸亥,謂蕤賓娶林鐘上生太簇之類。"《夢溪筆談·樂律》載有王逨之語。

圖象幾表卷之三

皖桐方孔炤潛夫授編
孫 中德、中履、中通、中泰編録

八卦原本正文無此標題，據《圖象目録》而加

父母圖説

《全》楊時喬《周易古今文全書》曰："一、-- 即ⴲ。"乾得此丨爲父道，坤得此丨爲母道。三男本坤體，各得乾一陽而成；三女本乾體，各得坤後疑當有"一"字陰而成，謂之索求取，而陰陽互根益明矣。《蒙引》蔡清《易經蒙引》以乾坤爲人物始生之父母，《存疑》指《易經存疑》，明林希元撰以今之生男生女爲乾坤，演教此處指佛教推中陰"中陰"指"中陰身"，指有情生命死後至投胎之前一段時間的存在狀態之索父母，佛教認爲有情生命死後的中陰身因業緣而求索正在交媾的男女投生爲未來的父母。在投生的過程中，若喜愛母親，則中陰身欲代替父而

父乾			母坤		
震長男	坎中男	艮少男	巽長女	離中女	兑少女
得乾初	得乾中	得乾究	得坤初	得坤中	得坤究

投生爲男;若喜愛父親,則中陰身欲代替母而投生爲女。褚氏南北朝褚澄,字彦道,南朝陽翟(今河南禹州)人,南齊建元(479—480)中爲吳郡太守,精通醫術,著有《雜藥方》,已佚;另有《褚氏遺書》傳于世推陰裏陽爲男,陽裏陰爲女,《褚氏遺書・受形》曰:"男女之合,二情交暢,陰血先至,陽精後衝,血開裏精,精入爲骨,而男形成矣;陽精先入,陰血後參,精開裏血,血入居本,而女形成矣。"何嫌于推言乎?朱子曰:"竹有雌雄,麻有牡麻。"《朱子語類》卷第七十四曰:"'乾道成男,坤道成女',通人物言之,在動物如牝牡之類,在植物亦有男女,如麻有牡麻,及竹有雌雄之類,皆離陰陽剛柔不得。"是物物皆有父母男女,皆有先後次序之長中少也。統言天地萬物,而惟言人者,天地之性人爲貴,萬物皆備于人也。宗一吳應賓(1565—1643),字尚之,號觀我,門人私謚宗一先生,明南直隸桐城(今安徽省桐城市)人,方以智外祖父,吳觀我曾師事三一教教主林兆恩,服膺其說三教合一之說,對方以智的思想有很深的影響,著作《宗一聖論》等均已佚曰:"夫婦者,陰陽之顯者也。陰陽者,夫婦之微者也。"是虛空皆夫婦矣。察乎此,天地與我並生,萬物與我同體,復何疑焉?《集成》曰:物物自爲父母,而生即天地之生也。豈于父母之外,別有天地之生乎?聖教親親、長長而天下平。伐一草木,殺一禽獸,非其時,謂之不孝。故仁人事天如事親,孝子事親如事天。《野同錄》方大鎮撰,已佚曰:萬物同體之體,正在有物有則之顯用中。一必因二,神于倫序。故就人而以父母之名呼之,明倫順序,即天地之孝子也。寧有叛悖矜高,謂之道乎?《易》爲天下人不知天然秩序而作,豈爲天下人不茫茫混混而作乎?孔子于卦象首明父母君臣《說卦傳》曰:"乾,天也,故稱乎父;坤,地也,故稱乎母。震一索而得男,故謂之長男;巽一索而得女,故謂之長女;坎再索而得男,故謂之中男;離再索而得女,故謂之中女;艮三索而得男,故謂之少男;兌三索而得女,故謂之少女。"又曰:"乾爲天,爲圓,爲君,爲父。"又《文言傳·坤》曰："陰雖有美，含之以從王事，弗敢成也。地道也，妻道也，臣道也，地道無成而代有終也。"，又特以一章明其稱焉謂焉《序卦傳》曰："有天地然後有萬物，有萬物然後有男女，有男女然後有夫婦，有夫婦然後有父子，有父子然後有君臣，有君臣然後有上下，有上下然後禮義有所錯。"，正名蓋凜凜哉！

先天八卦方位圖說原本正文無此標題，據《圖象目錄》而加

《說卦》曰："天地定位，山澤通氣，雷風相薄，水火不相射，八卦相錯。"即此圖先天八卦方位圖也。《旁羅解》曰：陽生于子，極于午，故正南爲乾。陽盡則一陰生，故西南爲巽。陰生則包陽，故正西爲坎。陰長則乾漸消，故西北爲艮。陰生于午，極于子，故正北爲坤。陰盡則一陽生，故東北爲震。陽生則包陰，故正東爲離。陽長則陰將盡，故東南爲兌也。《圖解》曰：四象最先太陽，奇乾偶兌相連，乾南則兌東南矣。次少陰，奇離偶震相連，離東則震東北矣。次少陽，奇巽偶坎相連，坎西則巽西南矣。最後太陰，奇艮偶坤相連，坤北則艮西北矣。又曰：圖數十，書數九，皆樞于五。此八卦之源，即八卦推之又無不十焉，無不九焉、五焉。論其十，則乾一、兌九爲太陽十也，離二、震八爲少陰十也，巽三、坎七爲少陽十也，艮四、坤六爲太陰十也。論其九，乾一與坤八對，老與老合也，畫指筆劃數，陽爻一畫，陰爻兩畫

則乾三坤六，畫亦九矣；兌二與艮七對，少與少合也，畫則兌四艮五，畫亦九矣；離三與坎六對，中與中合也，畫則離四坎五，畫亦九矣；震四與巽五對，長與長合也，畫則震五巽四，畫亦九矣。論其五，則三兩相倚爲主。乾純奇三也，坤純偶兩也，是乾坤之數五也；三交兩坎之中也，兩交三離之中也，震、巽兩三之初交，艮、兌兩三之末交，孰有離<small>離開</small>五者哉？或曰：羲易<small>伏羲易</small>固本河圖，而卦位自合洛書。乾南、兌東南，則老陽四、九之位；離東、震東北，則少陽三、八之位；巽西南、坎西，則少陰二、七之位；艮西北、坤北，則老陰一、六之位。是洛書也。後天亦合河圖，離當二、七之火，坎當一、六之水，子午兩卦各當一象，外此則兩卦共當一象矣。故震當三生木于東，巽當八成木于東南，兌當四生金于西，乾當九成金于西北。艮陽土之生，當天五于東北，坤陰土之成，當地十于西南，土寄皆在，故坤、艮獨當中宮五、十。是河圖也。總之，卦位既成，自然默合圖、書，乃天地之靈，而聖人則效<small>法</small>理所當然者也。潛老夫曰：八卦<small>八卦橫圖</small>相錯，妙于陰陽爻<small>爻</small>相錯也。半折<small>八卦橫圖折半相對</small>而爲圓圖爲用，即圍全在用半中之理。由橫圖一起右而左行至八，不順逆布之，則不交錯正對矣。人身上半下半，亦半折相對也。先生腎<small>腎配水</small>，腎生脾<small>脾配土</small>，脾生肝<small>肝配木</small>，肝生肺<small>肺配金</small>，肺生心<small>心配火</small>，以生其勝<small>克己者</small>；其次心生小腸<small>小腸配火</small>，小腸生大腸<small>大腸配金</small>，大腸生膽<small>膽配木</small>，膽生胃<small>胃配土</small>，胃生膀胱，膀胱生三焦<small>膀胱、三焦配水</small>，以生其己勝者。先從水而上，後從水而下，折半相對也，此子午平分也。三女本乾體隨父歸東南，三男本坤體隨母歸西北，此又以寅申平分也。故邵子又以坎離爲寅申，兌艮爲卯酉，震巽爲子午，乾坤爲己亥。羅盤<small>又叫羅經</small>

儀,是堪輿家用以風水探測的工具,常見的羅盤由内盤和外盤兩個部分構成,内盤呈圓形,外盤呈方形,置于内盤之外,是内盤的托盤。堪輿家察地相風水主要靠内盤,内盤由中央的指南磁針和圍繞在中央指南磁針的多層同心圓環組成,每層同心圓環上刻有一組古人理解宇宙的某類信息,由内至外,第一層一般是先天八卦,各卦占四十五度,二至三層一般皆均分爲二十四格,刻有二十四星盤或二十四山或二十四節氣,每格占十五度用兩層相差,天氣先十五度,即此理也。聞語曰:"自一至八,既列之後,人數之自右起耳。"適自右起,即至理也。陽必分陰以對用,共此陰陽兩儀,而陽中陰、陰中陽,即分太少。一有俱有,俱相對,俱相錯。橫列而生之,折半而圓之亦是。觀玩法,豈可執定先橫後圓哉? 然非此不能盡觀玩之變,即至理也。

後天八卦方位圖説原本正文無此標題,據《圖象目錄》而加

孔子曰:"歲三百六十日而天氣周,八卦用事各四十五日,方備歲焉。故艮漸正月,巽漸三月,坤漸七月,乾漸九月,各以卦之所占爲月也。乾者,天也,終而爲萬物始。北方,萬物所始也,故乾位十月。艮者,止物者也,故在四時之終,位十二月。巽者,陰始順陽者也,陽始壯于東南方,故位四月。坤者,地之道也,位六月。"引自《易緯·乾鑿度》。此以八卦各得洛書之數,以司十二月。而奇方當一,隅方當二,明四維之用也。《鑿度》又載:"孔子曰:'乾坤,陰陽之主也。陽始于亥,形于丑。乾位在西北,陽祖微據始也。陰始于巳,形于未,據正立

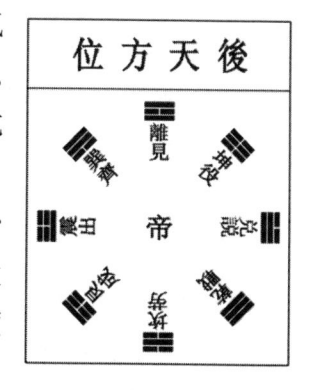

位,故坤位在西南。陽之正也,君道倡始,臣道正終。是以乾位在亥,坤位在未。所以明陰陽之職,定君臣之位也。'"《參同契》指《周易參同契》,東漢魏伯陽著曰:"坎離者,乾坤之用。"《周易參同契》作:"坎離者,乾坤二用。"天地之中氣也,孤而無偶,水火專王于一宮,兌金震水,皆以乾巽相之,天地之和氣指春分之陰陽和氣和秋分之陰陽和氣也。董子曰:"東和北之起,西和南之養,故用春秋。"《漢志》曰:"歷春秋者,天時也。列人事而因之以天時。《傳》指《左傳》曰:'民受天地之中以生,所謂命也。'禮以定命,故以陰陽之中制其禮。春爲陽中,萬物以生;秋爲陰中,萬物以成。月所以配分至也。"摘引自《漢書·律曆志》。啓、閉者,節也。分、至者,中也。節不必在其月,故時中必在正數之月。以事舉其中,禮取其和,歷數以閏正天地之中,以作事厚生,皆所以定命也。合三體而爲之原,故曰元。經元一以統始,太極之首也。春、秋二以目歲,兩儀之中也。于《春秋》每月書王,三統之極也。四時必書時月,四象之節也;分至、啓閉之分,八卦之位也。故《易》與《春秋》,天人之道也。無始有象,一也。《春秋》,二也。三統,三也。四時,四也。合而爲十成五體,以五乘十,大衍之數也,而道據其一。此數條語,最宜合玩。

邵子曰:"其得天地之用乎?乾坤交而爲泰,坎離交而爲既濟也。(此言先、後天皆神于交。)乾生子,坤生午,坎終寅,離終申,以應天之時也。置乾于西北,退坤于西南,長子用事而長女代母。坎離得位,兌震爲偶,以應地之方也。"引自《皇極經世書·觀物外篇》。括號內爲方氏之注。坤統三女居西南,乾統三男于西北。原本"乾統三男于西北"作"乾統三女于西北",而後天八卦方位中,爲乾統三男居于西北。《上經》起于三,《下經》終于四,皆交泰之義也。乾用九，坤用六，衍用四十九，而"潛龍勿用"也。大哉用乎，吾于此見聖人之心矣！《解》曰：陽以在上爲正，陰以在下爲正。震兑反其正，故邵子曰："交之始震兑交之始，當朝夕之位；坎離貫中相間，自上至下無不交者，故曰交之極，當子午之位；巽陰原在下，艮陽原在上，皆未嘗交，而以其雜，故當用中偏位；乾坤純而當不用之位。"引自《皇極經世書·觀物外篇》。西南半用，西北全不用，概曰不用，以坤配乾也。朱子曰："震東、兑西者，陽主進，故以長爲先而位乎左，陰主退，故以少爲貴而位乎右也；坎北者，進之中也，離南者，退之中也，男北而女南，互藏其宅也，四者皆四方之正位，而爲用事之卦，然震兑始而坎離終，震兑輕而坎離重也。乾西北、坤西南者，父母既老而退居不用之地也，然母親而父尊，故坤猶半用，而乾全不用也；艮東北、巽東南者，少男進之後，而長女退之先，故亦皆不用，然男未就傅，女將有行，故巽稍向用而艮全不用也，四者皆居四隅不正之位，然居東者未用，而居西者不復用也。"引自《易學啓蒙·原卦畫》。中日用者適用矣，未用者隨用矣，不用者乃所以大用也。

項平庵南宋項安世(1129—1208)，字平父，號平庵，南宋江陵(今湖北荆州市)人，著有《周易玩辭》十六卷、《項氏家説》、《平庵悔稿》等曰："後天播五行于四時，二木震巽主春，震東而巽次之。離火主夏，故正南方。二金兑乾主秋，故兑西而乾次之。坎水主東，故正北方。土寄旺而坤土居西南夏秋之交，艮土在東北冬春之交。木金土各一者，以形旺也。木火各一者，以氣旺也。坤陰土，故在陰地；艮陽土，故在陽地；震陽木，故正東；巽陰木，故近南而接乎陰；兑陰金，故正西；乾陽金，故近北而接乎陽也。"引自

《周易玩辭·第十五卷》。《集成》曰:先天乾下交坤,成坎,襲坤位,故天氣下降而乾位西北;坤上交乾,成離,襲乾位,故地氣上騰而坤位西南。先天離下交坎,成兑,襲坎位,故離居南爲夏,兑居西次夏爲秋;坎上交離,成震,襲離位,故居北爲冬,震居東次冬爲春。後天乾既居西北,當艮位,則艮進于東北而襲震位,艮亦震之反也。後天坤既位西南當巽位,則巽退于東南而襲兑位,巽亦兑之反也。

《歸藏説》曰:圓圖以流行爲用,《經》《易經》以反對爲義。乾純陽,順流于坎,上乎艮。坤純陰,逆流于離,入于巽。震之陽,則由下而升。兑之陰,則由上而降。

《象正》曰:"後天圖之妙非世所窺。河漢銀河首尾,垂于斗、井,爲兩濟之端,七緯之所出入。坤、艮兩土,終始其際,爲地道之綱紀。凡《易》所稱西南、東北,《易·坤》曰:"西南得朋,東北喪朋。"《易·蹇》曰:"蹇(艮下坎上),利西南,不利東北。"又《説卦傳》曰:"艮,東北之卦也。萬物之所成終而成始也,故曰:成言乎艮。"皆以坤、艮爲義;先甲、先庚,《易·蠱(巽下艮上)》曰:"先甲三日,后甲三日。"《易·巽》第五爻爻辭爲:"貞吉,悔亡,無不利;無初有終;先庚三日,后庚三日,吉。"皆以震、兑爲義,黄道周《易象正·凡例》之《本卦説象明義凡例十九條》曰:"巽之蠱。'巽:小亨,利有攸往,利見大人。''蠱:元亨,利涉大川;先甲三日,後甲三日。'其辭曰:'貞吉,悔亡,無不利;無初有終;先庚三日,後庚三日。'蠱之用六甲,巽之蠱用六庚,是非偶襲也。金木之府,仁義之用,則于是取焉。申命振育,非是庚甲,曷取乎?"文中,黄道周之所以將六甲、六庚引申爲金木與仁義,是因爲甲屬木而庚屬金,仁屬木而義屬金。而在後天八卦中,震木、兑金,故曰:"先甲、先庚,皆以震、兑爲義。"故以震始者歸之于坤,以兑始者歸之于艮。木生火而還生土,坤土遂生兑金,金生水而水又合土,水土合而生木。震爲青帝青帝居東方之府,萬物嘉生,兑爲文武世室，萬物嘉成，故震雖稱木而雷火出焉，兌雖稱金而水澤鍾集聚焉。體木以用火，故震能兼離，而離不爲獨火；體金以用水，故兌能兼坎，而坎不爲獨水。五行兼備，八卦乃行。故貌出于水而説通"悦"于兌，言出于火而聲于震，視出于巽而明于火，聽出于乾而辨于水，思之無所不之也。土行于水火之間，折衷于金木，故以恭從明聰，合發其睿。河漢所直，日月五星，所爲向背也。""窮理格物，則必自此始矣。"此處方氏未全部摘引，《易象正》全文爲："故後天圖者，道之至精者也，窮理格物，必自此始也。""出、齊、見、役、説、戰、勞、成《說卦傳》曰："帝出乎震，齊乎巽，相見乎離，致役乎坤，説言乎兌，戰乎乾，勞乎坎，成言乎艮。萬物出乎震，震東方也；齊乎巽，巽東南也；齊也者，言萬物之絜齊也。"邵子以爲這段話爲孔子說明後天八卦方位，孔聖以是治後天之體。敬、農、協、建、乂、明、念、嚮、威，箕子以是正《洪範》之用見本書第一卷《洪範九疇諸解》，立義不同，其本於齋戒誠敬以開物成務則一也。水土平而相協出，得坤者以爲坤，得艮者以爲艮，兌者以兌，震者以震，乾、巽、坎、離，則函夏宅土此方氏未全部摘引，《易象正》原文有依據三代之易（《連山》《歸藏》《周易》）來討論三代定都問題，故此處"夏宅土"指夏朝都城所居，土與《連山》首艮相關之所同用也。""今爲圖，内首震終艮，外首兌終坤，彼此分馳，令加三乘。""可悟《連山》首艮，《歸藏》首坤。後天首震與兌，又何疑焉？"以上之文皆摘引自《易象正·卷終上》之《後天卦次圖》。

　　黃《疏》黃端伯《易疏》曰："後天卦位，非定文王也。庖犧氏以木德王"木德王"源自"五德終始"之歷史循環論，該論乃戰國鄒衍所創，認爲歷史上的朝代以五行相克的原則更替，並以五行相克之次序循環不已。如火德之周克金德之商，金德之商克木德之夏，木德之夏克虞舜之土等等。周之後的朝代將繼續以五行相克的原則更替循環。文中方氏言"庖犧氏以木德王"

出自《春秋内事》，正人統而建寅。《月令》《小戴禮記》篇目曰：'春三月，其帝太昊，德在木'。帝出乎震，其昉于庖犧乎？帝舜以二月東巡，然後五月南巡，八月西巡，十一月北巡，所以大法天而象《易》也。"引自《易疏·卷一》。潛老夫曰：天地之理本自如此。先後並用，聖人隨時發明，其制度行事，自然符合，非可執何者爲何聖人之《易》也。文王發明後天之用，故以歸之耳。舊謂先天主乾稱君，所重在正南；後天主震稱帝，所重在正東。吾謂舉上下以立體，而用則木之生氣主之；明君尊臣卑之體，正所以爲統禦安分之用；立仁與義之用，正所以享其陰陽、剛柔之體。以統臨則謂之君，以主宰則謂之帝，可執分乎？先天即横圖也，惟震巽之相連于中，先天八卦，折而司對起焉。故先天乾連兑，而後天兑終乾始，乾即繼兑。先天坤連艮，而後天坤衝艮爲歲限，即先天之震衝巽也，故後天出震、齊巽，巽即繼震。其補横圖之中用，兼方圖六十四卦方圖之中起乎！坎、離之中，先後皆宗，一東西，一南北，其機一也，其極一也。

先天一三縱横説原本正文無此標題，據《圖象目錄》而加

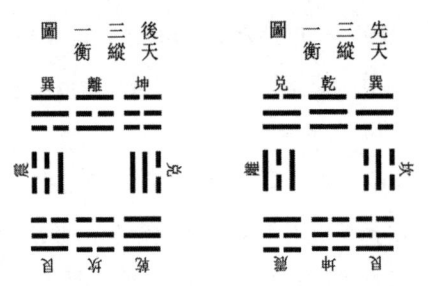

先天一三縱横圖　　後天一三縱衝圖

《旁注》指《周易旁注》，明朱升撰曰："卦畫之對，乾三陽與坤三陰一對也，坎中陽與離中陰一對也，震初陽與兑末陰一對

也，艮末陽與巽初陰一對也，先天、後天所同也。先天八卦，乾坤坎離以純氣、中氣居四正，外其四隅卦，必兩縱相對，不特陰陽對，亦且長少對長女巽對少男艮，長男震對少女兌，然後二卦合而爲純氣、中氣，而造化進退、升降自然，交互之法象著焉。若以交午射角取對兌與艮，巽與震，則陰陽對而長少不對，可合爲純氣，不可合爲中氣。若以六子橫對，則長少對而陰陽不對，可合爲中氣，不可合爲純氣也。"引自《周易旁注前圖·先後天合一圖》。潛老夫曰：先天定體，後天交用，邵子縱橫舉概耳，俱不相礙也。

中天四坎四離變衍原本正文無此標題，據《圖象目錄》而加

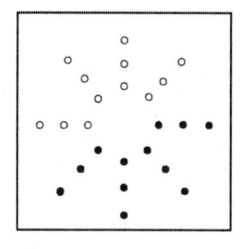

始爲四陽四陰。四陽南，正居其盛滿而用起于東。陰北，正居其盛滿而用起于西，以寅申卯酉分儀。

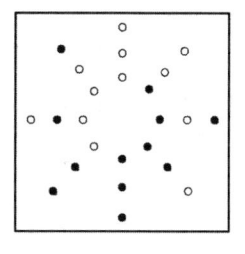

純陰陽當子午爲乾坤，而東西爲日月、水火離日坎月，坎水離火，隅爲金木兌金震木，旁交六子即先天八卦。

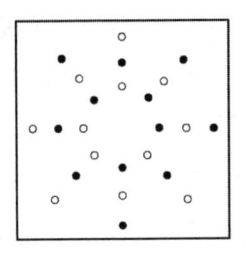

東西坎離，變交南北四隅，爲四水四火，是曰"中天"。

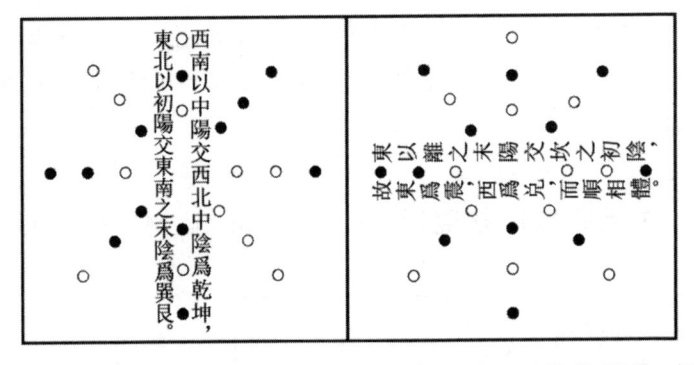

西南以中陽交西北中陰爲乾坤，東北以初陽交東之末陰爲巽艮。

故東以末陽交坎之初陰，離之末陽交兑之初陰，而順相體也；東爲震，西爲兑。

蜀山李老人曰：中天者，明天地之用中，而萬物緣坎、離以爲用也。日月、水火，運行不息，何非是乎？乾坤自交子午爲坎離，西南巽之末陽交西北艮之初陰而爲坎離，東北震之末陰交東南兑之初陽而爲坎離。"乾坤自交"至此所言卦位爲先天方位。東西本位出入門戶，故先天坎離不變，而三縱見上文《先天三縱一橫圖》，指乾坤、巽艮、震兑並化皆水火矣。卯酉水火，直爲子午坎離先天方位爲卯酉，後天方位爲子午；而東以末陽交西初陰，爲震春、兑秋，則二分和平之候也；西南以中陽交西北之中陰，爲乾坤；東北以初陽交東南之末陰，爲巽艮，則後天也。陰陽生化，始于子午。衍者研幾，因此指出。潛老夫曰：邵子以交泰泰爲乾坤之交、既濟既濟爲坎離之交歟先、後天也。微哉交者，變化之幾也！

四正四偏先後之變與統三男三女先後之變[①]

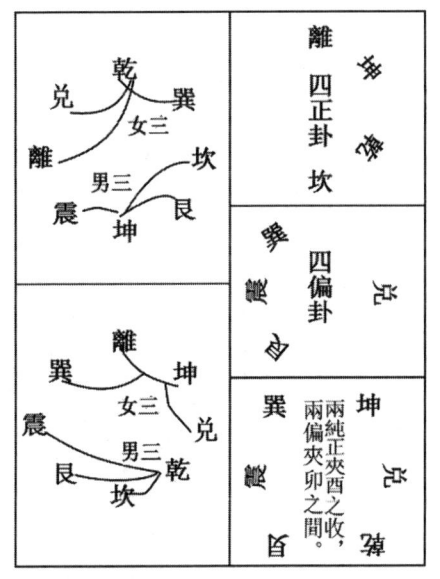

上圖中，右側三圖內容爲《四正四偏先後之變圖》，左側二圖爲《統三男三女先後之變圖》。

潛老夫曰：先天四正居四方，四偏居四隅，而以純正主南北，以正之用中者主東西焉。後天以二正之用中者主南北，以二偏者主東西，而震兌乃六子之初終也。八卦本六卦，以乾坤坎離四正不易，而四偏顛倒，止二卦耳。故以巽艮二偏夾卯震之開，而以乾坤二純原本"純"作"統"正者夾酉兌之收，艮巽艮巽後

---

① 原本正文無此標題，據《圖象目録》而加。此標題在《圖象目録》中分爲《四正四偏先後之變》和《統三男三女先後之變》兩個獨立標題。由于這兩標題在原本正文所對應的圖，尤其是圖的文字說明都混在一起，故校注者將兩標題合二爲一。

天方位即震兌_{震兌先天方位}之位，乾坤_{乾坤後天方位}即艮巽_{艮巽先天方位之位}，四偏合爲二全而主正以用偏焉，重此出入之門也。先天：乾合三女于南，而以中者_{指離}主東，坤合三男于北，而以中者_{指坎}主西，其介_{通"界"}在乎寅申，而坎離以東西平分。後天：乾統三男于西北，坤合三女于西南，其介在乎巳亥，而震兌以東西平分，重此出入之門也。智曰：四面之坐，禮表法焉。嚴凝始于西南，而盛于西北，尊嚴氣也，義也；溫厚始于東北，盛于東南，盛德氣也，仁也。是以仁義介僎_{zhuàn 介僎指古代行鄉飲酒禮時的輔佐者。輔賓者稱介，輔主人者稱僎}爲春秋也。大寒、大暑，歲不數日，餘皆可以謂之春秋，以其平和也。《周髀》_{指《周髀算經》}推北極之下半年無光，而中衡左右五穀一歲再熟，此天道用腰輪之驗也。人聲旋韻環配四時，惟春秋之真文、庚青_{"真文"與"庚青"皆爲音韻學術語，元代周德清《中原音韻》中，將韻分爲十九韻部，真文和庚青皆爲十九韻部之一，真文之韻字爲"真文魂痕諄欣臻清侵登蒸"，共322個韻段，庚青之韻字爲"庚耕清青蒸登冬"，共352個韻段}。春之韻爲真文，秋之韻爲庚青，和平之氣，聲狀備焉，他則迮_{zé 同"仄"}，除平聲之外，上聲、去聲、入聲總稱爲"仄"矣。董子_{董仲舒}以二至爲中，二分爲和_{董子之論詳見本書第二卷《大圓圖》}，豈非中在和之中乎？《漢志》發明《春秋》之二即太極之一_{《漢書·律曆志》}曰："《經》元一以統始，《易》太極之首也。《春秋》二以目歲，《易》兩儀之中也。于春每月書王，《易》三極之統也。于四時雖亡事必書時月，《易》四象之節也。時月以建分、至、啓、閉之分，《易》八卦之位也。象事成敗，《易》吉凶之效也。朝聘會盟，《易》大業之本也。故《易》與《春秋》，天人之道也。"，貴前用也。

唐堯朔易圖

右圖中"平秩東作""平秩南訛""平秩西成""平在朔易"皆出自《尚書·堯典》，爲羲和氏奉堯帝之命，根據氣候生物和日月星辰變化的節符關係來推定天地運作的規律，並按這些規律來確立人當遵循的次序和法則。

邵子曰："朔易以陽氣自北方而生，至北方而盡，謂變易循環也。"引自《皇極經世書·觀物外篇》。隱老朱隱老曰："平在朔易，此見先天之學，始于羲伏羲成于堯也。"潛老夫曰：《堯典》欽天授時，表法皆在日用。東、南、西曰"平秩"，而北獨曰"平在"，豈漫然乎？孔子曰："北方，萬物所始也。"引自《易緯·乾鑿度》。北方曰朔，月初曰朔。《禮運》曰："室堂、牖戶、醴酪、麻絲，以養生送死，事鬼神上帝，皆從其朔。"朔易者，明天一之無始，而其幾始于北一也。箕子九用，而北曰初一，洪範九疇之第一疇"五行"與洛書北方一點對應。論五行之終始，智信襲乎水土。天一生水，地六成之，故水爲五行之始；天五生土，地十成之，故土爲五行之終。而五常中，智屬水而信屬土。故圖書之小一，皆在北方。北極者，天之樞；艮背者，人之樞，背即北也。邵子標堯之朔易，朱子指坤復之間，知其循環，《朱子語類》卷六十五曰："問：邵先生說'無極之前'。無極如何說前？曰：自姤至坤，是陰含陽；自復至乾，是陽分陰。復坤之間乃無極，自坤反姤是無極之前。"則時時朔易矣。

天門據始圖說

潛老夫曰：環中無非大始，而環十二宮必始于子，子之前則亥矣。兩艮夾坎，天門迎洛書之順數。孔子曰："乾祖微而據始。"引自《易緯‧乾鑿度》。鄭玄注曰："陽炁始于亥，生于子，形于丑。"又後天乾當亥。深幾其神乎？自亥至辰之六位，猶子月復農曆十一月辟卦爲復至四月乾農曆四月辟卦爲乾之六陽；自巳至戌之六位，猶午月姤農曆五月辟卦爲姤至十月坤農曆十月辟卦爲坤之六陰也。後天之乾，先天艮位，其辟則坤十月辟卦爲坤。故曰：三代之《易》，夏《連山》尚艮，商《歸藏》尚坤，《周易》尚乾。在此天門。智曰：孔子曰："乾坤之義，夏時之等，吾以是觀之。"引自《孔子家語‧問禮》。孔子徵、監二于《易》乎！《論語‧八佾》中，孔子曰："夏禮，吾能言之，杞不足徵也；殷禮，吾能言之，宋不足徵也。文獻不足故也。足，則吾能徵之矣。"又曰："周監于二代，鬱鬱乎文哉！吾從周。"帝出乎震先天震當寅，三統用于人統三代之正朔，夏正建寅（正月）爲人統，商正建丑（農曆十二月）爲地統，周正建子（農曆十一月）爲天統，元爲四德元亨利貞之一，而元統四德，是萬古之《周易》用夏時也。河圖四布，洛書維成，人用于地，分坤艮後天艮當寅，坤當申之二土，以司寅申矩曲，節歲中與歲限，爲天門之左右翼，而地戶方藏，轉風制權焉，是萬古之《周易》用《連山》《歸藏》也。木氣震屬木生氣也，邵子曰："五行之木，萬物之類也。"引自《皇極經世書‧觀物外篇》。土生四行，受木克而貫

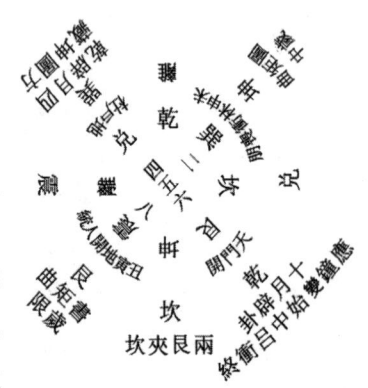

木；人身寸口寸口穴，脈會寅時詳見本書第六卷之《人身呼吸合天地卦氣說》。地上用九，方圖六十四卦方圖開泰泰居方圖寅位，艮後天艮當寅位，夏首《連山》，即夏時也。太陰艮四坤六，洛書坤以六奉乾，而河圖乾以九合四。乾金艮石，金石同體，石出火而生水，靜而托物，物産于山。故隱老曰："五行用金，而石可隱矣。"此明徵也。乾合兌金而剛，領四陽于西北，亥衝爲巳，而巽起四陰于東南。立夏居巳位，當農曆四月辟乾辟卦爲乾，方圖坤藏坤居方圖巳位。戰地辟坤戰地指農曆十月，即亥月，辟卦爲坤。亥方位爲西北，爲後天乾所據，《說卦傳》曰："乾，西北之卦也，言陰陽相薄也。"故將亥月稱作戰地，號爲陽月。應鐘亥月之律爲陽九黃鐘律管九寸，爲子月之律之始變，中呂巳月之律終六間十二律按律管由長到短的次序排列，六呂夾在六律之間，故又稱"六間"而續變，以衝居亥藏疇極爲黃鐘之忽，此繼變之籥也，明徵也。丑寅地開人統，未申林衝喪朋，《漢志》言之矣。《漢書·律曆志》曰："林鐘，未之衝丑，爲地正；太族，寅，爲人正。三正正始，是以地正適其始紐于陽東北丑位。《易》曰'東北喪朋，乃終有慶'，答應之道也。"《皇極數》《四庫提要》言該書"不著撰人名氏，其說以八卦之數推人禍福吉凶。占子孫一條有云，此祖宗後代之數，先天不傳之秘，司馬溫公（司馬光）得之于康節，康節子伯溫又得之于司馬公，從而流傳，今得之者幾希，予不得已而傳之云云。牽及邵子，猶數學之慣技。牽及司馬光，妄益甚矣"用甲己子午九，乙庚丑未八，丙辛寅申七，丁壬卯酉六，戊癸辰戌五，天干已盡，而地支獨餘巳亥，故巳亥爲四，此巳亥之不同也。形家堪輿家貴亥，亦一徵也。十二支究于亥，天數究于九，八維究于艮，艮符洛八，蓋艮本陽畫之究也。後後天艮之在歲前，猶先先天艮之在冬至前也。元公指黃端伯于先天易震巽，後天易乾艮，引《鑿度》《元包》《京傳》以相徵，總明雷風之合，乾艮之合，重隨維之義也。見《易疏》。維皆坤也，坤藏乾也，震藏艮也，建寅之用亥子，猶平旦之用夜氣也。故曰："坤乾之義，夏時之等。"造化深幾，隨處可玩。

後天分金説附_{原本正文無此標題，據《圖象目録》而加}

元公_{指黃端伯}曰："考《乾坤鑿度》及《陰符遁甲》，立坎離震兌爲四正，乾坤艮巽爲四隅，則河圖卦位原與洛書相符，非文王始定也。但兌爲少陰，與震之初陽相對，似與先天卦位不齊。今以震兌豎觀之，則乾坤、坎離、震巽，左右相對，與文王卦序、京氏卦變參同，然後知洛書之妙也。兌爲西方天下山川之祖，乾爲太陽金，坤爲太陰金，夾而輔之，故形家有分金_{堪輿家用以確定陰宅或陽宅坐向的方法}之説焉。孔子曰：'兌爲日月出入之門，天地之和氣。'信矣。今不稱水火木金土而稱金木水火土，其先兌之義乎？"_{引自《易疏·分金圖衍》}。智按：孫文介_{孫慎行（1565—1636），字聞斯，號淇澳，謚號文介，明武進（今江蘇常州）人，著作有《困思抄》《慎獨義》等傳世}衍金精鼇極，亦縱金木云。

三輪拱架幾表説_{原本正文無此標題，據《圖象目録》而加}

凡設三輪，水而臬 niè _{确立準則}之，則知地平；針而丙之，則知子午；繩而垂之，則知上下。輪皆有先後天，八卦、十二宮周期之度，是爲六合，是爲八觚。此大舜璿璣_{北斗前四星，《尚書·堯典》載曰："（舜）在璿璣玉衡，以齊七政。""在"爲觀察義}之始，圖約法也。

于是出入地平，可定二極_{南北極}。腰旋黃、赤_{黃道、赤道}，形如雙環。日月交分，經緯皆可矩度。四破取一，是爲象限，欲求一星，立地可得。今以有徵無中之理，借此彌綸。以世言圓皆畫毬如鏡之扁圓也，非圓圓也。

潛老夫曰：邵子曰："乾坤定上下之位，坎離列日月之門。"引自《皇極經世書·觀物外篇》。則先天圓圖八卦，當拱架而樹觀之，非但平庳 bì 低洼而論南北也。學者觀之而得，雙旋向北之象焉。自乾、兌、離、震而旋左，是向北也；自巽、坎、艮、坤而旋右，亦向北也。故邵子以坤震十六卦爲不用，言四分用三也。後天圖，則日月之腰輪也，以人身水火言，則坎離亦樹圓矣。故曰：綫繞而折圍之，枝根而經絡之，無非圓者。一在二中，無非輪，無非交。則何不可縱午平直觀之耶？

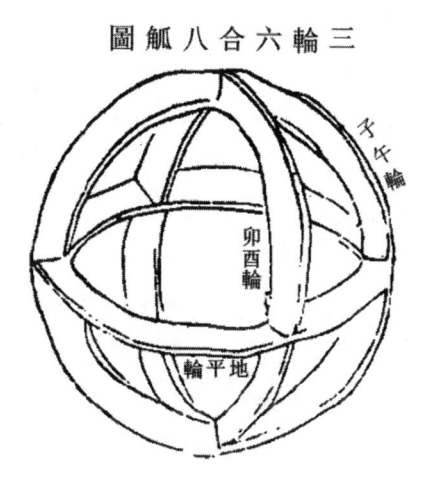

圖觚八合六輪三

子午輪
卯酉輪
地平輪

《見》曰：河圖下水上火，《繫詞》指《繫辭傳》天一、地二，畫則一下二上。伏羲顛倒河圖，文王還舊耳。天地交爲坎離，而委蛻退處矣。震兌居坎離之舊位，男重長，女重少也。震兌之舊位，合以艮巽居之。潛老夫曰：《禮運》曰："轉而爲陰陽。"《禮運》曰："是故夫禮，必本于大一，分而爲天地，轉而爲陰陽，變而爲四時，列而爲鬼神。"神哉！轉乎！邵子曰："人陽在上而陰在下，既交既濟相交之簡稱，實際上指心腎相交。五臟心藏神屬火，腎藏精屬水，道教和中醫認爲，人處在腎水上升、心火下降的心腎相交狀態，則人身心協調，心腎不交則人產生心思狂躁散亂、身體不適等異常症狀。將心腎交不交取諸卦象，則爲既濟、未濟二卦。既濟坎上離下，水性潤下，火性炎上，故既濟水火相交，爲心腎相交之象，即方氏所言的"既交"；未濟離上坎下，反于既濟，爲心腎不交之象則陽下而陰上。"引自《皇極經世書·觀物外篇》。請暢疏通之：三陽脈在首，三陰脈在足。人體十二經脈中，手太陽小腸經、手少陽三焦經、手陽明大腸經三陽經皆經過頭部而不經過足部，足太陰脾經、足厥陰肝經、足少陰腎經三陰經皆經過足部而不經過頭部。其他六經或同時不經過頭和足，或同時經過二者。首上足下，正也。然腎陽在下，心陰在上腎藏精屬陰，腎中有氣爲腎之真陽，即是"腎陽"；心藏神屬火，心中有血爲心之真陰，即是"心陰"。腎陽使腎水上升，而心陰使心火下降，如此就有心腎水火之相交。由于人體心位于腎之上，故曰"腎陽在下，心陰在上"，既曰"負陰抱陽"，又曰"背陽腹陰"。兩間混闢，費隱皆然。天陽本無，而轉以可見之，有爲陽實；地陰本有，而轉以不可見之，無爲陰虛。體本無而入用立體，反有定位。用本有而正用之時，反無形拘。所可決定者，無在有中。無在非極而有北極之居所，不落陰陽而有"一陰一陽之謂道"耳。

十六卦環中交用圖説

《説卦傳》曰："乾，健也。坤，順也。震，動也。巽，入也。坎，陷也。離，麗也。艮，止也。兑，説也。"又《繫辭傳上》曰："乾知大始，坤作成物。乾以易知，坤以簡能。"又《周易・坎》曰："習坎，有孚維心，亨。行有尚。"《大象傳・離》曰："明兩作，離。大人以繼明照于四方。"據此可知，上圖可分爲内外兩層，内層爲先天八卦，外層爲後天八卦。

塞乎兩間，止同"只"此健、順之理，健中有動、陷、止之理，順中有入、麗、悅之理。合而言之，習明自易簡也。以習明爲易簡，自不任其苟且而托言荒忽模糊不清貌。本易簡而習明，自不惑于詖僻而滯于紛紜。萬幾萬變，約以先後天之八德，交用而畢矣。譬之鏡焉，兩鏡相照，彼中有此，此中有彼，彼此復有彼此，窮極幻眇，不可殫見，況八鏡前後因重乎？然雖以無萬數之鏡，光光相攝，同時不相礙也。一在二中，錯綜格踐，交用交泯，其象如此。聖人隨卦舉之而皆得也。《易》前民用《繫辭傳上》曰："夫《易》開物成務，冒天下之道……是以明于天之道，而察于民之故，是興神物以前民用。"，惟在中其時宜之節，發即未發之中，適當無過不及之中。一陰一陽之道，繼善成性而已矣。

先後天因重說原本正文無此標題，據《圖象目錄》而加

下圖中，"先天因內而後天重之"指內層按先天方位環布八卦，而外層按後天方位環布八卦。"後天因內而先天重之"指內層按後天方位環布八卦，而外層按先天方位環布八卦。"先內"指內層按先天方位環布八卦，外層後天八卦環布次序不變而方位依圖次序變化。"後內"指內層按後天方位環布八卦，外層先天八卦環布次序不變而方位依圖次序變化。

潛老夫曰：先天內而因後天，得有大有、孚中孚、豐、頤、升、困、遯、比，立其體也。後天內而因先天，得同同人、過大過、噬噬嗑、小小過、觀、節、畜大畜、師，流其用也。邵子以乾、坤、坎、離不用也《皇極經世書·觀物外篇》曰："體有三百八十四，而用止于三百六十，何也？以乾、坤、坎、離之不用也。乾、坤、坎、離之不用，所以成三百六十之用也。故物變易，而四者不變也。夫唯不變，是以能變也。"，其始也，乾金用之，而坎離半用之，以兌、巽、艮、震半用也；其究也，全用之，何也？乾坤者，日月之所急；坎離者，日月之所緩也。十二辟十二辟卦之爲宮也，乾占其四，兌震占其二，陽氣上行而離不與

焉。坤占其四，巽艮占其二，陰氣下行而坎不與焉。後天于是乎取離居天，取坎居地，運其緩以調其急。故曰：六十子半而二老不用也。除中男女指坎離，積卦四十有八，而以否泰掌其職，故四十八者陰陽之中氣，而六十四者兩儀之完氣也。三十六者，天太陽乾也；三分之倍其實，得二十四者，天少陰兌也；三分之四其實，得三十二者，天少陽離也；三分之倍其實，得二十一分二釐奇者，天太陰震也。二十四者，地太陽巽也；三分之倍其實，得十六者，地少陰坎也；三分之四其實，得二十一分二釐奇者，地少陽艮也；三分之倍其實，得一十四分一釐二毫者，地太陰坤也。四正數異據上文乾坤二者之數異，坎離二者依然，則不相交，四隅數同震巽二者皆爲二十一分二釐奇，艮兌二者皆爲二十四，則頤上艮下震、孚上巽下兌、兩過大過上兌下巽,小過上震下艮遍行其交頤、中孚、大小過四卦卦象顛倒而不變爲他卦也。故曰:兌、巽、艮、震半用,而坎離不用也。奇偶之爻,各一百九十二,而太、少之數共一百八十八分五釐有畸者原本作"而太、少之數共一百九十九分五釐有畸者",但據上文計算,太、少之數共一百八十八分五釐有畸,卦各餘一分而縮也。故十二卦經之(復、姤、夬、剝各六,壯、觀、臨、遯各十五,否、泰各二十),則一百二十四卦緯之。八卦經之(乾、坤、坎、離、頤、孚、兩過),則五十六卦緯之。極于三千八百四十,包于四千九十六,而先後天一周焉,于是歷旋而推之。

卦變原本正文無此標題,據《圖象目錄》而加

《啓蒙》卦變圖此標題爲校注者重加

一卦可變六十四卦爲四千九十六卦,朱子以此表之。

來氏、沈氏《象傳》卦變說原本正文無此標題，據《圖象目錄》而加

訟 本節所列附有卦名的卦象，皆為來知德所言的綜卦舊說自遯變。舊說，指始自三國虞翻的卦變思想，虞翻之卦變說與卦氣說相輔相成，以為乾坤相推而生十二辟卦，十二辟卦又生其餘五十二卦。依這種卦變，訟卦乃是由遯卦卦變而來。朱熹、李挺之諸易家從之。與舊說相對的是來知德提出

的"錯綜説"。來知德曰:"錯者,陰與陽相對也。父與母錯,長男與長女錯,中男與中女錯,少男與少女錯。八卦相錯,六十四卦不外此錯也。"(《周易集注・易經字義・錯》)可見,所謂錯,指兩卦之間各爻陰陽皆相對,同位之爻一卦爲陽,另一卦則爲陰。又曰:"綜字之義,即織布帛之綜,或上或下,顛之倒之者也。如乾坤坎離四正之卦,則或上或下;巽兑艮震四隅之卦,則巽即爲兑,艮即爲震;其卦名則不同,如屯蒙相綜,在屯則爲雷,在蒙則爲山是也。"(《周易集注・易經字義・錯》)可見,所謂綜,指將一卦之卦象旋轉一百八十度(即顛倒)後得到的一個卦象,而這兩卦象互爲綜。不過,旋轉之後,乾、坤、坎、離、頤、大過、中孚、小過八卦卦象保持不變,不會有新卦象產生,這八卦外的其他卦則皆有新卦象產生,變爲他卦。來 來知德曰:"以需九五來由上到下爲來居九二,故曰:'剛來得中'。"《彖傳・訟》曰:"訟,上剛下險,險而健,訟。'訟有孚窒惕,中吉',剛來而得中也。"來知德《周易集注・訟》:"'剛來得中'者,需訟相綜,需上卦之坎來居訟之下卦九二得中也。"下文中,綜卦後釋綜卦之文以卦名在右的卦爲先,然後才附加地釋卦名在左的卦。引來知德之語皆出自《周易集注》。于此説明二者,後文不再加注。沈 沈壽昌曰:"坎中剛居乾下曰'來'。"

自漸 舊説否自漸變之省語,原本"自漸"二字誤刻在下文"蠱隨"二綜卦卦象之前。後文中,"自某卦"若置于一對綜卦之前,表示舊説中,卦名在前的一卦自某卦變;若置于一對綜卦之後,則表示卦名在後的一卦自某卦變。

☷☰☰☷自歸妹。沈曰:"純陽純陰,故曰:"大小"。《易經》中,泰卦卦辭曰:"小往大來,吉,亨。"否卦之卦辭曰:"否之匪人,不利君子貞,大往小來。"二卦之卦辭皆有"大小""往來"之辭。上卦曰往,内卦曰來,如蠱、咸、恒皆此類,在乾坤曰'大小',在六子則曰'剛柔'。"《彖傳》解蠱、咸、恒等卦,皆用"剛柔",而不用"大小"。"

自賁、井、未濟☶☰☵自困、噬。來曰:"隨以蠱上剛來居初,故曰:'剛來下柔。'"《彖傳》釋隨卦語。後文釋綜卦之文,于"故曰"與"曰"後所引之文皆出自《彖傳》,且爲《彖傳》解釋文中相應的卦,故不再加注。

蠱以隨初剛居上，上柔居初，故曰：'剛上柔下。'"沈曰："隨兌柔上而震剛下來，蠱艮陽上而巽陰下。"

自損、既䷢自益。來曰："噬以賁上剛來居初爲剛分于下，以賁二柔往由下到上爲往居五爲柔分于上，曰：'剛柔分。'賁以噬五柔來居二爲柔來交剛，初剛往上爲分剛上而交柔。"沈曰："離柔本中，特上下殊耳，同同人、有大有以乾上下。旅以離艮，曰：'順剛。'噬以離居震上，曰：'柔得中而上行。'賁以交言艮剛上，離柔下也。分者，即節與噬之剛柔分也。"

自需大䷢自訟。來曰："以畜大畜上外來居初，故曰：'剛自外來爲主于內。'大畜以無妄初剛居上，六二進居六五，故曰：'剛上而尚賢。'"沈曰："無妄之主在初，自外乾來，大畜之主在上剛，以篤艮而賢也。"

自豐䷢自旅。來來知德以初柔居上爲兌，四剛居三爲艮，故《咸》《象傳·咸》曰："柔上剛下。"恒亦如是，故曰："剛上柔下。"沈以震艮剛、巽兌柔言上下。

䷢自觀。來曰："夷二柔進上行至五，曰：'柔進而上行。'"沈曰："離陰坤純陰曰'柔'而已，離進坤上曰'上行'。"

䷢自離、孚。來曰："家二柔進五而九二應之，曰：'柔進而上行，得中應剛。'《象傳》釋睽卦語。"沈曰："就離柔居五言之。"

自升䷢自小過。沈曰："九坎坎之陽爻得中，在上曰'往'，故蹇'往得中'《象傳》釋蹇卦語。解之二陽解卦中的兩個陽爻震在上，陽居四八于坤體，曰：'往得衆。'《象傳》釋解卦語。坎在下陽居二爲解主，曰'來得中。'蓋坎在蹇則謂之'往'，在解謂之'來'。"

萃☷☴升自解。來曰："以萃內三爻之柔升居上三爻,故曰:'柔以時升。'"

革☲☱鼎自巽。來曰:"革二進五下應九二,故曰:'柔進上行,得中應剛。'"沈就離柔居五言。

漸☴☶歸妹自渙、旅。來曰:"歸三柔進居四,曰'進得位。'"沈曰:"漸進四得位也。凡震初、離二、艮三、巽四、坎五、兌上曰:'得位',故小畜之四得位。"

節☵☱渙自漸。來曰:"節五剛來居二而得中,三柔居四而得位,四柔居三而上同,故曰:'剛來而不窮,柔得位乎外而上同。'"沈曰:"坎陽在下曰'來',以居二曰'不窮',極也。巽陰在上曰'外',居四曰'得位'。"

夬☰☱損損六五、益六二,皆"十朋"。《易·損》第五爻爻辭曰:"六五,或益之十朋之龜,弗克違,元吉。"而《易·益》第二爻爻辭曰:"六二,或益之十朋之龜,弗克違。永貞吉。王用享于帝,吉。"若以綜卦論,翻轉損之卦象,則變爲益,損卦第五爻翻轉後與益卦第二爻對應,且此二爻爻辭皆有"十朋"之辭。姤☴☰夬夬四、姤三,皆"臀無膚"。《易·夬》第四爻爻辭曰:"九四,臀無膚,其行次且。牽羊悔亡,聞言不信。"而《易·姤》卦第三爻爻辭曰:"九三,臀無膚,其行次且,厲,無大咎。"二爻于綜卦屬相對應之爻,且二爻爻辭皆有"臀無膚"之辭。未☲☵既既三、未四皆曰:"伐"既濟第三爻爻辭,未濟第四爻爻辭皆有"伐"字,二爻于綜卦屬相對應之爻,可徵顛對互取。

潛老夫曰:化裁之變,推行之通,趣時者也。朱子自貞趣悔謂之往,從悔趨貞謂之來,則上下進退,概可識矣。來梁山來知德取反對爲變,而不知《本義》指《周易本義》,朱熹撰與反對未嘗舛也。因而廣之,大橫伏羲六十四卦次序圖、圓、方伏羲六十四卦方圖與圓圖莫不瞭然。自乾之坤,往也、退也、下也。自坤之乾,來也、進也、上也。又自復之乾,陽進陽也。自姤之坤,陰進陰也。有卦即有變，即有諸變。自《彖》舉之，而可以引觸矣。況軌革卦影軌革卦影爲流行于宋代的一種占卜方式，今已失傳，至于其起源，則衆説紛紜。關于方氏對軌革卦影的看法，方以智《通雅》卷三中有論述，其曰："軌革易占也，卦影圖占也。"又"京（京房）、管（管輅）以來遂行軌革之説，孟喜以分野猶軌革之分，爻通考《火珠林》即京氏法，軌革之道又有卦影，《東坡志林》曰：'費孝先言得之眉山老人，壞一竹牀，書定年月當壞，遂師之老人授以易軌革卦影。'"之無所不用，而蓍策應幾如神乎？

智曰：沈全昌沈壽昌、何玄子何楷盡廢糾葛即事物之間的複雜關係而以本卦取義，謂之一説可也。後學苟簡，遂欲廢卦變矣。推變也，顛變也，往來變也，互變也，伏變也，六虛豈有先後哉？不離陰陽，即不離此無窮之變矣，聖人視之無所不可執，如沈言，則否何不曰"剛上而柔下"，隨何不曰"柔上而剛下"耶？謂近觀貞悔爲捷則可，謂虛轉陰陽爲更捷可耳！

八宮游、歸卦變圖此標題爲校注者重加

上方八宮各八變，自下而上五變，而上世不變，乃下變游魂、歸魂。凡三變後乾、坤、震、巽、艮互變，老從老，少從少，不混也。六變後六變後爲八宮卦之游魂卦，乾火、離天、坤水、坎地、震澤、兌雷、艮風、巽山，正錯、正偏、錯偏，不雜也。

下方爻以六成，當十二時。圖書中五，故位貴五。上爲不遷宗廟，是五十六卦所出也。五爲大宗大宗爲周代禮制術語，與"小宗"相對。周代嫡長子繼承制確立嫡長子繼承貴族家族内的權力、財產等，大宗就是貴族家庭的嫡系，而小宗則是庶系，上承祖考，五服古代禮制根據服喪者與死者關係的親疏遠近而制定的五種服期長短、布料粗細等不同的喪服，依次分別爲斬衰 cuī、齊衰 zī cuī、大功、小功、總麻教親，五世遺澤，皆

八宮游歸卦變圖　下圖以六爻衍

兌澤	艮山	巽風	震雷	離火	坎水	坤地	乾天
水澤困	火山賁	天風小畜	地雷豫	山火旅	澤水節	雷地復	風天姤
地澤萃	天山大畜	火風家人	水雷解	火風鼎	水澤屯	地澤臨	山天遯
山澤咸	山澤損	雷風恒	風雷益	水火未濟	水火既濟	地天泰	地天否
山水蹇	澤火睽	地風升	天雷无妄	山水蒙	澤火革	雷天大壯	風地觀
山地謙	天澤履	水風井	火雷噬嗑	風水渙	雷火豐	澤天夬	山地剝
山雷小過	風山漸	山風蠱	澤雷隨	天水訟	地火明夷	水天需	火地晉
澤雷歸妹				天火同人	地水師	水地比	火天大有
兌謙蹇咸困	艮履睽中孚漸損大畜賁	巽噬嗑無妄頤蠱益家人小畜	震井大過隨升恒解豫	離渙訟蒙觀未濟鼎旅	坎豐革明夷師既濟屯節	坤夬需比臨復 亥戌酉申未午 辰卯寅丑子	乾大有大壯泰 遯否觀剝晉

是義也。四以繼別爲宗者也，是一表法。鄭氏曰：乾進一得姤爲乾一世，姤進二得遯爲二世，遯進四得否爲三世，否進八得觀爲四世，觀進十六得剝爲五世。上爻不變，故三十二數不用。彼三十二陰陽，皆六十四卦上爻耳。游魂、歸魂亦以八與十六爲法，游自剝退八得晉，歸自乾進十六得大有。坤亦然，按此橫圖言之，以方圓數正隅皆合。孔子曰："易始于一，分于三，盛于五，終于上。"又曰："易變而爲一，一變而爲七，七變而

九。九者,氣變之究也,乃後變而爲一。"前二引文皆出自《易緯·乾鑿度》。又曰:"有四易,一世、二世爲地易,三世、四世爲人易,五世、六世爲天易,游、歸爲鬼易"鬼易"原本作"思易",《京氏易傳》作"鬼易"。八卦以鬼爲系爻,財爲制爻,天地爲義爻,福德爲寶爻,同氣爲專爻。"引自《京氏易傳》,此引文前有"孔子曰"。此雖見於《京》指《京氏易傳》列,《元包》宗之,《火珠林》以京房易學爲依據的占卜之書,傳爲唐末麻衣道士作用之,然實《易》本然之理。內卦一世、二世、三世,亦參變也。外卦四世、五世,亦伍變也。內、外卦,法兩儀也。內、外卦各得四卦,法四象也。五世,法五行也。游魂、歸魂,法鬼神也。

元公指黃端伯曰:八純卦爲命宮,變卦之祖也,子孫禪也,五行化也。儒言一氣之傳傳統儒家學者認爲一氣可殊化爲不同的事物,釋演佛教多身之變佛教認爲佛、菩薩一身皆能現無量身,道家九還之丹,皆表之矣。六游、八歸則神反于內,而天命還元矣。元命包,其祖《京》乎?橫對四,縱對四,即四正四隅也,而飛于賓卦者伏于上卦,有明有暗,有消有息,造化玄機,咸洩于陰符內矣。且五變之中,三世爲平衡之位。而一變與五變對,二變與四變對。往順來逆,神機鬼藏。子曰:"知幽明之故,死生之説,鬼神情狀。"《繫辭傳上》曰:"《易》與天地准,故能彌綸天地之道。仰以觀于天文,俯以察于地理,是故知幽明之故;原始反終,故知死生之説;精氣爲物,游魂爲變,是故知鬼神之情狀。"不昭昭乎?七變之中,艮與巽交,震與兌交,乾與坤交,坎與離交。而艮、巽與震、兌互爲飛伏,乾、坤,坎、離,互爲飛伏。乾與坤相互飛伏,坎與離相互飛伏,震與巽相互飛伏,兌與艮相互飛伏。乃信離爲天體,地氣生之;坎爲地體,天氣生之。我之敵體,即我之寄體。《莊子》云:"萬物皆種陰陽二氣,相禪 shàn 更替若環循環變化。"《莊子·寓言篇》曰:"萬物皆種也,以不同形相禪,始卒若環。"然哉! 七變之中,有生有克,有比和、順往、逆來,敵成、親害。而一卦之中,貞體四卦,敵體四卦,佐體六卦,又藏正對爲奇,反對爲偶之義。斯聖神心傳也。上爻不動,千變不失,吾宗神旅,形而常住明矣。《象·旅》曰:"'旅小亨',柔得中乎外,而順乎剛,止而麗乎明,是以'小亨旅貞吉'也。旅之時義大矣哉!"《鑿度》指《乾鑿度》以上爲宗廟,禮之不遷主也,禮爲之明,易爲之幽。

潛老夫曰:孟孟喜、焦焦延壽所明,儒或外之,然而參伍卦策皆符,尚占取焉。納甲之取于朔望也,歸游之取閏餘也,子父之取于生克也,卦氣之取于二十四氣、七十二候也,皆屈伸情僞之所必資也。一宮縱七橫七說明《八宮游、歸卦變圖》各宮的構成文字的特征。各宮中,除宮卦外,一世卦到歸魂卦七卦爲縱七,說明縱七各卦構成之象如乾宮之"大風""天山"到"火天"爲橫七,其用廣矣。陽宮陽宮卦乾、震、坎、艮五而參以陰宮陰宮卦坤、巽、離、兌三,陰宮五而參以陽宮三八宮中,若宮卦爲陽卦,則該宮八卦上卦有五個陽卦和三個陰卦,下卦有五個陰卦和三個陽卦。若宮卦爲陰卦,則該宮八卦上卦有五個陰卦和三個陽卦,下卦有五個陽卦和三個陰卦。這個規律表現在《八宮游、歸卦變圖》中,則是用以說明各宮八卦構成的取象欄左右兩列中,一列爲五陽三陰,一列爲五陰三陽,如乾宮卦中,右列之天(乾)、天、天、風(巽)、山(艮)、火(離)、火中,四天一山爲五陽,一"風"二"火"爲三陰,左列之天、風、山(艮)、地、地、地、地、天中,一天一山一天爲三陽,一風四地爲五陰,盡脫本宮。收其相錯而縱橫之中三不入焉,乾宮無雷、水、澤,坤宮無風、火、山,震宮無天、火、山,巽宮無地、水、澤,坎宮無天、風、火,離宮無地、雷、澤,艮宮無坎、雷、水,兌宮無天、風、山。其不備者,取諸四互互指互體,是古代易家根據《春秋左傳》中記載的解卦之辭而引申來的一種觀象方法。《春秋左傳·莊公二十二年》載:"周史有以《周易》見陳侯者,陳侯使筮之,遇觀之否。曰:是謂'利用賓于王。'觀國之光,代陳有國乎。不在此,其在異國;非此其身,在其子孫。光,遠而自他有耀者也。坤,土也。巽,風也。乾,天也。風爲天于土上,山也。有山之材而照之以天光,于是乎居土上,故曰:'觀國之光,利用賓于王。'""遇觀之否"乃是變觀卦六四爻而成否卦,從兩卦卦象構成上看,觀爲上巽下坤,即風地觀,否爲上乾下坤,即天地否,但周史對"觀之否"的解讀中出現了不包含在天、地、風三者之內的"山(艮之象)",西晉杜預注認爲,觀卦的上體爲巽,巽變爲乾,此即"風爲乾"而之否卦,又否卦二三四爻構成艮卦,也就是"風爲天于土上",互體即由此引申而來。唐孔穎達曰:"二至四、三至五,兩體互交,各成一卦,先儒謂之互體。"(《春秋左傳正義·莊公二十二年》)是講《周易》六爻卦之二三四爻構成一個三爻卦,三四五爻構成一個三爻卦,兩三爻卦之間互交而存,稱爲互體。而方氏在文中所言的"四互"指包含第四爻的兩個互體卦,亦即由二三四爻構成的三爻卦或三四五爻構成的三爻卦而包焉。乾金而有老土,坤土而有老金,震木而有老土,巽木而有老木,坎水而有老水,離火而有老火,艮土而有老木,兌金而有老土。宗廟既立,萬化乃生,先天貴初,後天貴上。虛其六指第六爻而世其八一宫八卦,典其一指宫卦而世其七自一世卦至歸魂七卦,四變而三交,七變而四游,五變而對宫往,七變藏九變由游魂變歸魂,游魂卦下體三爻變,故爲九變而本宫歸,歸也者,歸于二五之中也。游其悔也,歸其貞也。游于四者兩地也,故再變而用其半。歸于三者參天也,故三變而用其全。一游一歸,總于一交,而雜物撰德備矣。

歸游相綜之圖

《圖解》曰:一變八,八皆一矣。除本世及游、歸,中變則五也。乾與坤對,坎與離對,震與兌對,艮與巽對,即先天四正、隅之義也。游、歸二變,乾之晉即坎之明夷晉爲乾宫游魂卦,明夷

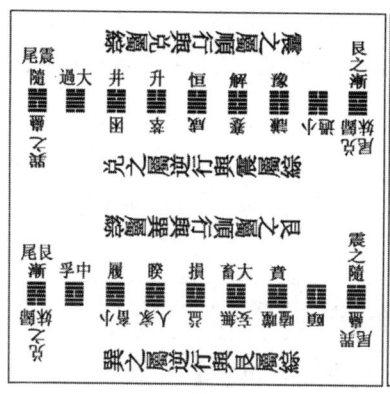

爲坎宮游魂卦，晉與明夷爲綜卦，乾之大有即離之同人大有爲乾坤歸魂卦，同人爲離宮歸魂卦，同人與大有爲綜卦，坤之需即離之訟需爲坤宮游魂卦，訟爲離宮游魂卦，需訟互綜，坤之比即坎之師比爲坤宮歸魂卦，師爲坎宮歸魂卦，比師互綜，乾坤既爲坎離綜，坎離亦與乾坤綜焉。震之大過，艮之中孚，巽之頤，兌之小過，無可綜也。震尾之隨即巽尾之蠱，艮尾之漸即兌尾之歸妹，震艮與兌巽綜，兌巽亦與震艮綜。爲四正與四正相綜，四隅與四隅相綜。然四正則乾坤之中皆有坎離，坎離之中皆有乾坤，變中無不綜之卦。四隅則震惟一巽，巽惟一震；艮惟一兌，兌惟一艮，而無綜者，各一純雜之體，偏全之用不同也。乾坤至純，無可反，無可互也；坎離得中，雖可互，無可反也，故四正本卦俱無反對，一變則本體全藏，漸變漸遠，故卦卦可綜。四隅卦偏陰偏陽，一反則上下成兩卦，必變而偏體漸消，五變而偏體盡，六變而偏者正，無可綜矣。震之大過，艮之中孚，巽之頤，兌之小過是也。頤與大過，坎離之似；中孚、小過，坎離之複也，惟效法坎離故無綜焉。文王以坎離終上下篇，又以似坎離者以先坎離之體，以複坎離者先坎離之交。《易經》之《上經》共三十卦，以坎離爲最後兩卦，坎離之前的兩卦爲頤、大過。《下經》共三十四卦,以既濟、未濟爲最後兩卦,既、未濟皆爲坎離之交,故《下經》亦以坎離爲終,坎離之前兩卦爲中孚、小過。坎離之用大哉!

元公黃氏衍京變_{原本正文無此標題,據《圖象目錄》而加}

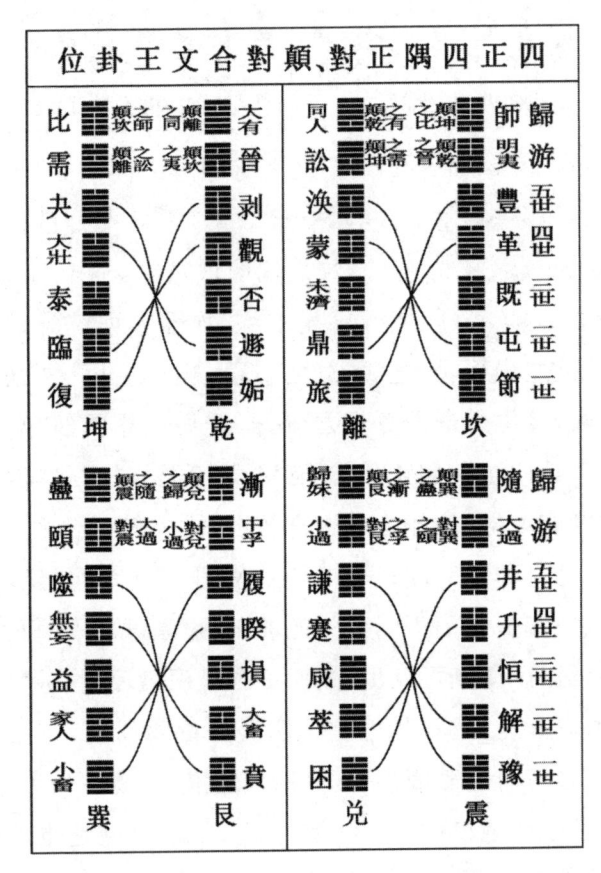

四正、四隅對、顛對合文王卦位						
比	之顛坎師	之顛離大有	同人	顛者乾訟	之顛坤師	歸游
需	顛訟離	顛夬坎	訟	顛需坤	顛晉乾	豐 蠱
夬		剝	渙		革	四世
大壯		觀	蒙		既	三世
泰		否	未濟		屯	二世
臨		遯	鼎		節	一世
復		姤	旅			
坤			乾	離			坎
蠱	之顛震隨	之顛巽蠱	歸妹	顛者艮漸	之顛巽蠱	隨 歸
頤	對大過震	小對過兌	漸	小過對艮	對顛艮頤	大過 游
噬		中孚	謙		井	四世
無妄		履	蹇		升	三世
益		睽	咸		恆	二世
家人		損	萃		解	一世
小畜		大畜	困		豫	
巽			艮	兌			震

上圖取自黃端伯《易疏》中的《文王卦位與京傳卦變同原圖》,不過,兩書之圖相較,有多處繪圖格式上的不同,主要爲:一是上圖中的"顛對"在《易疏》中稱爲"反對";二是《易疏》將上圖分爲兩個,即《四正卦正對、反對圖》和《四隅

卦正對、反對圖》，與《四正卦正對、反對圖》對應的是上圖坎離震兌四宮卦，與《四隅卦正對、反對圖》對應的是乾坤艮巽四宮卦；三是《易疏》之圖中各卦只有卦名，沒有卦象。上圖中"正對"指兩卦同位各爻陰陽爻相反，"顛對"指兩卦相互顛轉。坎宮師卦左側的"顛坤之比"意爲師卦顛對坤宮的比卦，明夷卦左側的"顛乾之晉"意爲明夷卦顛對乾宮晉卦，其餘"顛某之某"倣此。震宮大過卦左側"對巽之頤"意爲大過卦與巽宮頤卦互相正對，也就是兩卦同位之爻陰陽相反。

四正、四隅各自爲對，而歸、游之卦，則乾坤與坎離互交，震兌與艮巽互交。引自《易疏》。

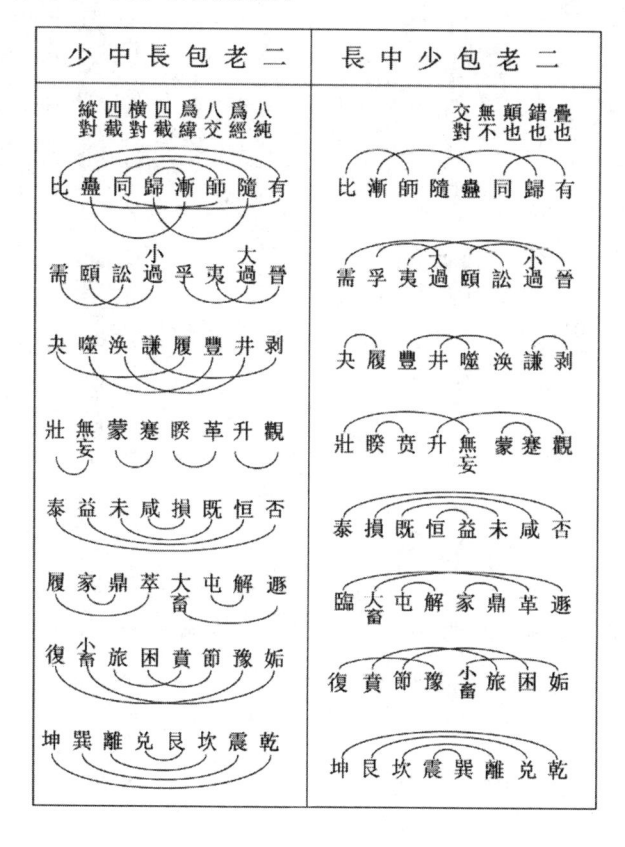

八不變卦顛盪圖原本正文無此標題，據《圖象目錄》而加

上圖中，原本"對宮八卦"所對應的"反視"側文字中"所謂小畜、巽、家人、漸、渙、益、觀皆自中孚而來"誤作"所謂小畜、家人、漸、臨、觀皆自中孚而來"；坎宮八卦所對應的"反視"側文字中"所謂需、井、既濟、蹇、節、屯、比皆自坎而來"誤作"所謂需、井、既濟、蹇、井、屯、比皆自坎而來"。

八盪雙頣圖 原本正文無此標題，據《圖象目錄》而加

後天八卦宮變圖			
坤宮 其不變 卦變乾	乾宮 其不變 卦變坤	離宮 其不變 卦變坎	坎宮 其不變 卦變離
乾 ䷀ 夬 ䷪ 大有 ䷍ 小畜 ䷈ 需 ䷄ 大畜 ䷙ 泰 ䷊	乾 ䷀ 履 ䷉ 同人 ䷌ 无妄 ䷘ 姤 ䷫ 訟 ䷅ 遯 ䷠ 否 ䷋	乾 ䷀ 同人 ䷌ 革 ䷰ 離 ䷝ 豐 ䷶ 家人 ䷤ 既濟 ䷾ 賁 ䷕	乾 ䷀ 訟 ䷅ 未濟 ䷿ 困 ䷮ 解 ䷧ 渙 ䷺ 坎 ䷜ 蒙 ䷃
巽宮 其不變 卦變大過	震宮 其不變 卦變頤	兌宮 其不變 卦變小過	艮宮 其不變 卦變中孚
乾 ䷀ 夬 ䷪ 大過 ䷛ 鼎 ䷱ 巽 ䷸ 井 ䷯ 蠱 ䷑ 升 ䷭	乾 ䷀ 无妄 ䷘ 頤 ䷚ 噬嗑 ䷔ 益 ䷩ 屯 ䷂ 隨 ䷐ 復 ䷗	乾 ䷀ 履 ䷉ 小過 ䷽ 恆 ䷟ 豐 ䷶ 歸妹 ䷵ 咸 ䷞ 謙 ䷎	乾 ䷀ 小畜 ䷈ 中孚 ䷼ 漸 ䷴ 家人 ䷤ 渙 ䷺ 損 ䷨ 觀 ䷓

邵子曰：天謂四正之卦陰陽之儀也。乾、中孚、離、頣、大過、坎、小過、坤也。地有四，謂圓圖之中大過、坎、頣、中孚。今顛倒之交无非此八卦為關會通。

此圖八互卦變八宮之卦，皆有乾、中孚、離、頣、大過、坎、

小過、坤在中，而一本乾一、兌二之序，可見《周易》後天八卦，寔本義伏羲《易》先天而設也。希夷曰："八正卦對體不變，乃死生、壽夭、造化之樞機。"引自《正心易法》，傳爲陳摶撰。邵子曰："乾坤坎離四正卦不變，故兌震巽艮四維卦半變。"是故正視下半爲兌，反視上半爲巽，則大過也。正視下半爲巽，反視上半爲兌，則中孚也。正視上半爲震，反視下半爲艮，則小過也。正視上半爲艮，反視下半爲震，則頤也。故在兌、震、巽、艮四宮，以頤、小過、中孚、大過與坤、坎、離並爲八卦。又曰：頤爲艮之震，大過爲兌之巽，中孚爲巽之兌，小過爲震之艮，以其變也。後天主變，故以變言。不變之四卦内，除本宮一卦不變外，其三卦上下互相爲變。如乾宮離之乾大有，變乾之離同人；坎之乾需，變乾之坎訟；坤之乾泰，變乾之坤否。其類是也。半變之四卦，亦除本宮一卦不變，其三卦上下互相爲變。如兌宮兌之兌兌，變巽之巽巽；震之兌歸妹，變巽之艮漸；艮之兌損，變巽之震益。其類是也，諸卦皆然，獨正體圖中所言的天四正，即乾、中孚、離、頤；地四正，即大過、坎、小過、坤一卦不變，是用大變。陽極變陰，陰極變陽。如乾之乾不變，一變而爲坤之坤；兌之巽中孚不變，一變而爲艮之震小過也。乾坤之交，夬與剝變，大壯與觀變，臨與遯變，復與姤變，而泰、否居中，不與諸卦同變。頤、大過巽宮與震宮之變，復與姤變，夬與剝變，屯與蒙、革與鼎三變屯與鼎變、蒙與革變，而隨、蠱居中，不與諸卦同變。坎離之交，渙與節、旅與豐交變，蒙與屯、鼎與革交變，而既、未濟居中，不與諸卦同變。中孚、小過之交，節與渙、豐與旅交變，臨與觀、壯與遯交變，而歸妹、漸居中，不與諸卦同變。乾、坤、坎、離八卦指天四正與地四正變而中不變，屯、蒙五十六卦指除天四正與地四正八卦外之五十六卦變而中不變其道也。乾坤，兩儀之正位也，故統始統終之變。坎離者，兩儀之中也，而中孚爲兌之中，頤爲震之中，交于乾、離者也。大過爲巽之中，小過爲艮之中，交于坤、坎者也。是故中孚、大過皆二陰四陽，自大壯、遯而來，近于離中而統于乾也。頤、小過皆四陰二陽，自臨、觀而來，近于坎中而統于坤也。八卦皆不自變，其極亦變，坎與離變，頤與大過變，中孚與小過變，一同乾坤之變。乾、坤、坎、離不自變者，體之體也。頤、大過、中孚、小過之不變，其用之體乎？自其以陽變陰、陰變陽言，復與姤變，臨與遯變，泰與否變，大壯與觀變，夬與剥變，乾與坤變也，錯變也。自其以陽變陽、陰變陰言，剥與復變，臨與觀變，泰與否變，大壯與遯變，夬與姤變，顛轉而變也。吕巾石吕懷，原本"巾"誤作"中"曰："乾坤之變，天地所以定位也。中孚、小過之變，山澤所以通氣也。頤、大過之變，雷風所以相薄也。坎離互變，水火所以不相悖也。"

依先天序顛錯三圖原本正文無此標題，據《圖象目録》而加

邵子曰："天有二正，地有二正，共二變以成八卦。天有四正，地有四正，共用二十八變以成六十四卦。小成之卦，正者四，變者二。大成之卦，正者八，變者二十八，共三十六。乾坤坎離三十六卦之祖也，兌震巽艮为二十八卦之祖也。爻止于六，卦成于八。策窮于三十六，而重卦極于六十四也。"引自《皇極經世書·觀物外篇》。吕巾石曰："正體不變，互體半變，宮變爲源（以先天同盪，八卦爲宮），卦變爲委（以内外三爻顛轉互換爲卦變），爻變爲流（以每卦爻變所之名爲爻變）。"

巾石吕氏中交百二十八卦圖原本正文無此標題，據《圖象目錄》而加

（重乾自互乾，重坎互震艮，中孚互震艮，大過互乾；重坤自互坤，重離互巽兌，小過互巽兌，頤互坤。此處所言的"互"，爲六爻卦之二、三、四爻構成的三爻卦與三四五爻構成的三爻卦，如中孚卦二三四爻構成震卦，三四五爻構成艮卦，故曰"中孚互震艮"。）

正之互者四	正之正者四
震交艮，小過，中二陽上下二陰。 / 陰，地少陽艮。 中一陰而上陽，巽交兑，中孚，中二陽上下二陰。 / 陽，天少陰兑。 巽交而上陰下 / 陰，地少陽坎。 中一陰而上陽皆 / 陽，天少陰坤。 中二陰而上陽，上下皆 / 陰，地少陰坤。 中二陰而上陽皆 / 陽，天太陽乾。 中二陽而上下皆	
艮交震，頤，中四陽，上下各二陰。 / 陽，天太陰震。 中一陽而上陰下 / 陰，地少陽巽。 兑交巽，大過，中四陽，上下各二陰。 / 陰，地少陽離。 中一陽而上陰下 / 陽，天少陽離。 中一陽而上陰皆 / 陰，地少陽離。 一陰二陽，上下皆 / 陰，地太陰坤。 中二陰而上下皆	

天太陽乾之乾爲重乾；夬、姤，乾大過交；有、同，乾離交；壯、遯，乾小過交；小畜、履，乾中孚交；需、訟，乾坎交；大畜、無妄，乾頤交；泰、否，乾坤交。

地太陰坤之坤爲重坤；否、泰，坤乾交；萃、升，坤大過交；晉、明夷，坤離交；豫、謙，坤小過交；觀、臨，坤孚交；比、師，坤坎交；剝、復，坤頤交。

天少陰兑、地少陽巽爲中孚；履、小畜，孚乾交；兑、巽，孚大過交；睽、家人，孚離交；歸妹、漸，孚小過交；節、渙，孚坎交；損、益，孚頤交；臨、觀，孚坤交。

地少陽艮、天太陰震爲小過；遯、壯，小小過，本段後文"小"皆指"小過"乾交；咸、恒，小大過交；旅、豐，小離交；漸、歸妹，小孚交；蹇、解，小坎交；艮、震，小頤交；謙、豫，小坤交。

天少陽離之離爲重離；同、有，離乾交；革、鼎，離大過交原本作"革鼎，離小過交"，然革（上兑下離）、鼎（上離下巽）當爲離大過交，故有誤，據此而改"小過"爲"大過"；豐、旅，離小過交；家人、睽，離孚交；既、未濟，離坎交；賁、噬嗑，離頤交；明夷、晉，離坤交原本作"明夷晉，離坎交"，然明夷（坤上離下）、晉（離上坤下）當爲離坤交，故有誤，據此而改"坎"爲"坤"。

地少陰坎之坎爲重坎；訟、需，坎乾交；困、井，坎大過交；未、既濟，坎離交；解、蹇，坎小過交；渙、節，坎孚交；屯、蒙，坎頤交；師比，坎坤交。

天太陰震、地太陽艮爲頤；無妄、大畜，頤乾交；隨、蠱，頤大過交；噬嗑、賁，頤離交；震、艮，頤小過交；益、損，頤孚交；屯、蒙，頤坎交；復、剥，頤坤交。

地太陽巽、天少陰兑爲大過；姤、夬，大大過之省稱，本段後文"大"皆指"大過"乾交；鼎、革，大離交；恒、咸，大小過交；巽、兑，大孚交；井、困，大坎交；蠱、隨，大頤交；升、萃，大坤交。

陰本卦八爲百十二卦，連本卦八爲百二十卦，八卦自變爲百二十八卦，重倍貞悔爲百四十四卦。

序卦互見圖

全賜曰：夬、剥、復、姤，肖 xiào 相似乎乾、坤；中孚、小過，肖乎坎、離。陰陽三、五見乎上，二、四根于下，所謂一疑"一"當爲"二"與四同功，三與五同功而異位之象，皆可知矣。二必合四，四必合八。八歸于内，其數愈約。本體十六，分爲兩儀，臣輔乾坤，次締坎離，此太極之所以有四象，二篇之所以有首末《周易》之《上經》始于乾、坤、屯、蒙，終于頤、大過、坎、離，《下經》始于咸、恒，終于中孚、小過、既濟、未濟也。

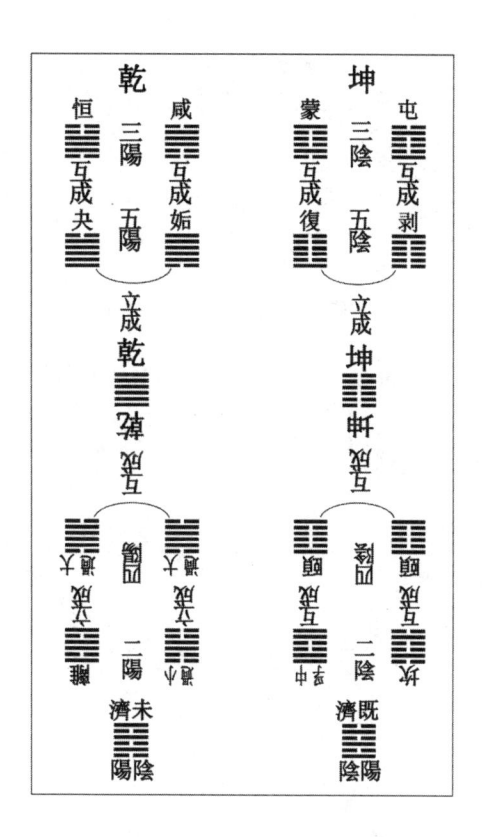

京變圓圖與應朔望圖①

後天用《易》之法，年、月、日、時，無處不得卦爻、《彖》、《象》之用。前圖指《京變圓圖》，爲本節第一圖依卦變而衍，以乾、兌、離、震一變之卦—世卦屬午，爲姤，爲豫、旅、困；以巽、坎、艮、坤一變之卦屬子，爲節、賁、小畜，爲復；又以八卦二變之卦分屬丑未，

---

① 原本正文無此標題，據《圖象目錄》而加。此標題在《圖象目錄》中分爲《京變圓圖》和《應朔望圖》兩個獨立標題，由于兩標題所對應的圖的文字説明混在一起，故校注者將兩標題合二爲一。

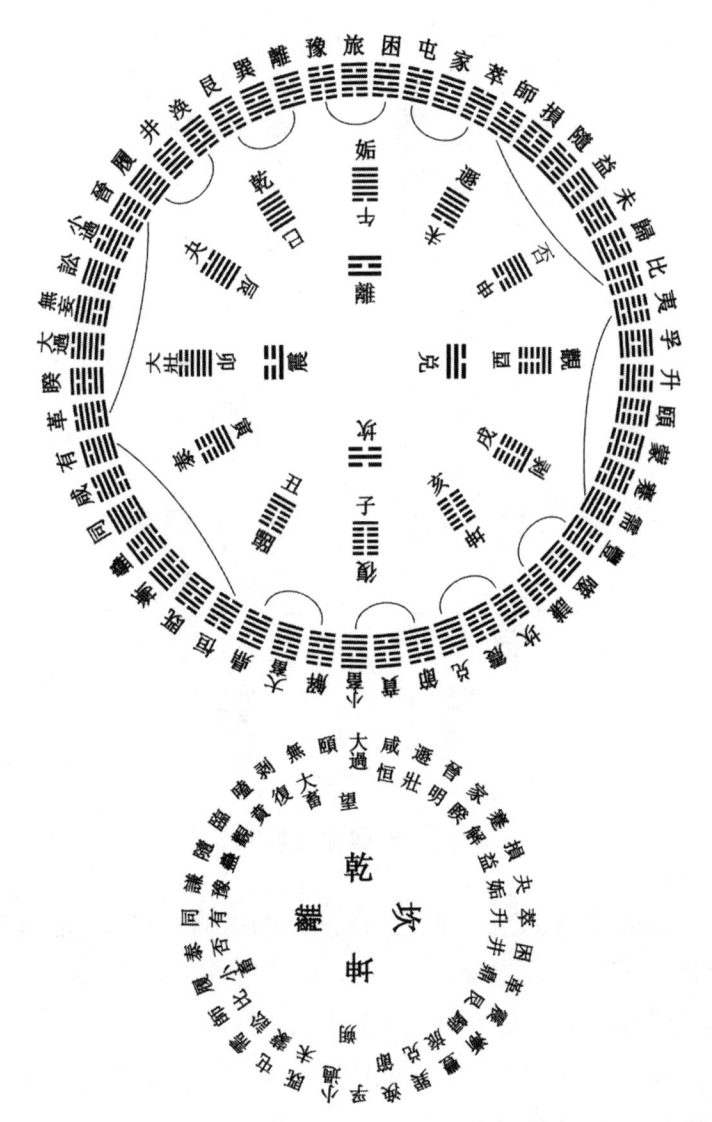

又以八卦三變之卦分屬寅申,而歸魂之卦各附之;又以八卦四變之卦分屬卯酉,而以游魂之卦各附之;又以八卦五變之卦分屬辰戌,又以八卦本位分屬巳亥,而從乾坤相對待焉。是十二

辟卦各司一月,而一月得一卦之用。每月三卦分主三十日,而一旬一旬十日得一卦之用矣。寅申卯酉,人之所有事也,故八卦之用皆備也。后圖指《應朔望圖》,爲本節第二圖依卦序而衍天地覆載、日月運行。中孚、小過爲朔,頤、大過爲望,實有至理,非臆説也。二十八卦分主二十八日,而一日得一卦之用。反對爲五十六卦,朔望正對者四卦,而一日得一卦之用,一時得一爻之用矣。觀象玩詞者,其法與日月爲易,此其理歟！

朱子卦變圓圖 原本正文無此標題,據《圖象目錄》而加

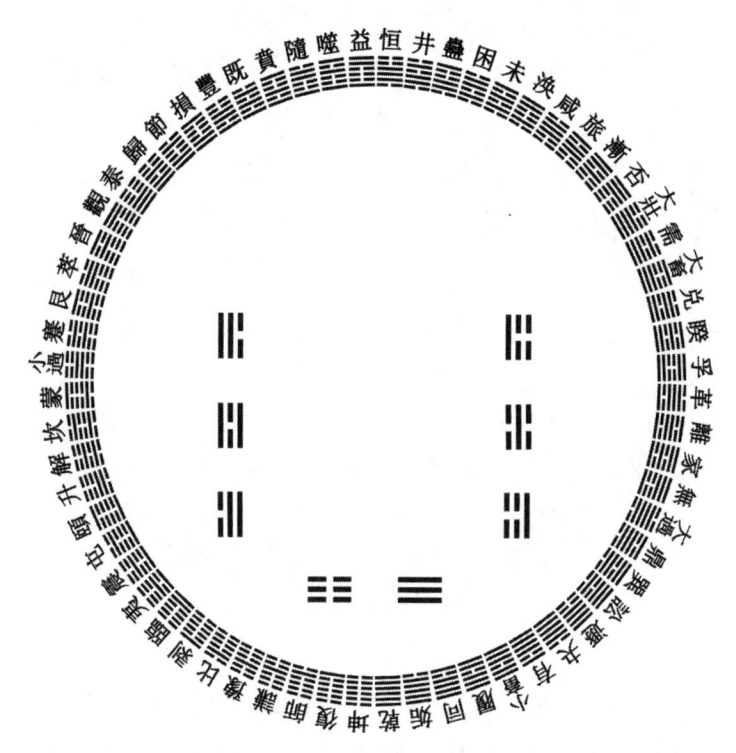

右圖指上圖如乾自姤至恒,坤自復至益爲三十二卦之前。

乾自益至坤,坤自恆至乾,爲三十二卦之後。餘放通"倣"此。益一爻、二爻變必在前,則占本卦爻辭。四爻、五爻、六爻變必在後,則占之卦爻辭。獨三爻變者,凡二十卦,前十卦主貞象,後十卦主悔象。必以三十二卦爲限者,取其中也。

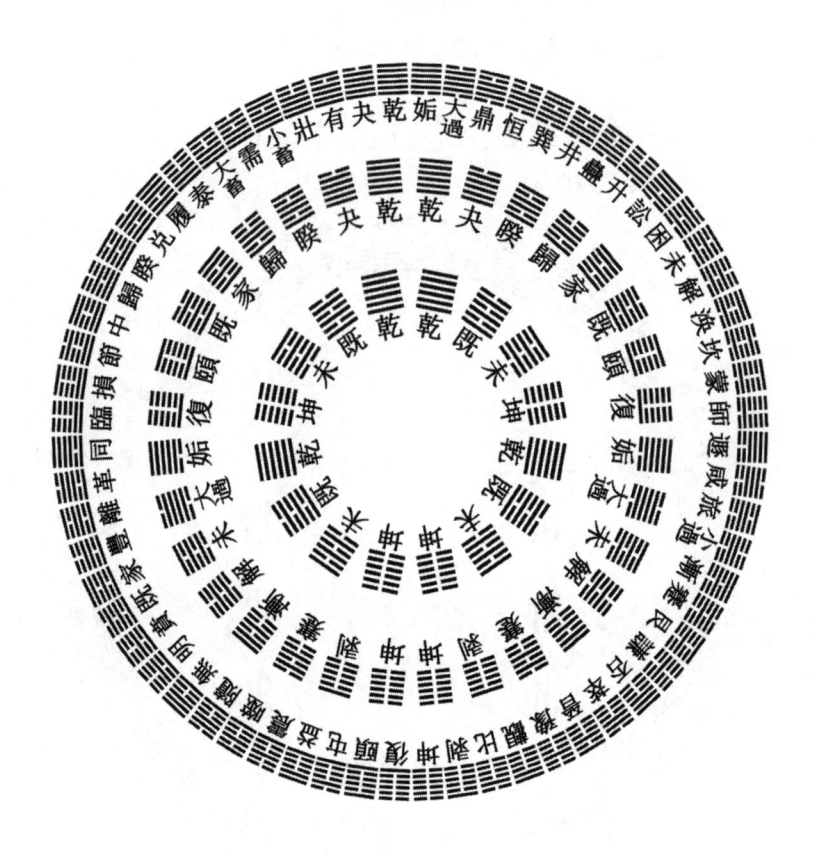

三互圖說

朱子曰:"弼王弼破互互體,朱子發朱震用互。自二至五互兩卦,兩卦又伏兩卦。林黃中南宋林栗,字黃中,宋福州福清

（今屬福建省福州市）人，紹興十二年（1142）進士，有《周易經傳解集》三十六卷傳世推成四卦，四卦又伏四卦。"引自《朱子語類·易三》。王弼注《睽》六三原本作"睽六二"，然睽之第二爻爲陽爻，不可稱之爲"睽六二"，又雖王弼《周易注》無後面引文，但睽第三爻爲陰爻，而且王弼之注文與後面引文相近，據此而改"六二"爲"六三"曰："始雖受困，終獲。"則自初至五爲困，此亦互也。《周易·睽（離上兌下）》曰："六三：見輿曳，其牛掣。其人天且劓，無初有終。"王弼注曰："凡物近而不相得，則凶。處睽之時，履非其位，以陰居陽，以柔乘剛，志在于上，而不和于四，二應于五，則近而不相比，故'見輿曳'。'輿曳'者，履非其位，失所載也。'其牛掣'者，滯隔所在，不獲進也。'其人天且劓'者，四從上取，二從下取，而應在上九，執志不回。初雖受困，終獲剛助。"鍾會（225—264），字士季，漢潁川長社（今河南長葛東）人，三國後期魏國重要的策臣與謀士，玄學家排互《三國志·鍾會傳》曰："會（鍾會）嘗論《易》無互體。"又《隋書·經籍志》曰："《周易無互體論》三卷，鍾會撰，亡。"而荀顗 yǐ（？—274），字景倩，三國魏潁川潁陰（今屬河南許昌）人，西晉開國功臣之一難之。《晉書·荀顗傳》曰："（荀顗）難鍾會《易》無互體。"洪邁，吳澄，皆言互易。以天然象數徵理，何處不可取耶？《全》楊時喬《周易古今文全書》曰："'雜物撰德，辨是與非，則非中爻不備。'引自《繫辭傳下》。中爻者，即中四爻，自二至四，自三至五，《春秋傳》指《春秋左氏傳》所謂互體也詳見本卷《游歸相綜之圖》一節中的"互"字之注。今觀所互之十六卦，則以乾一、坤八之序而兩比之，上體則以乾一、坤八之序而四周之，左右適均也。復以所互之卦而再互之，皆縮四而得一，只成乾、坤、既濟、未濟，其下體則乾、離、坎、坤爲序，上體則乾、坎、離、坤爲序，《周易》所以首乾、坤而終既濟、未濟也。"

夬也，姤也，大過也，互皆二乾；剝也，復也，頤也，互皆二坤。二乾之卦皆南,二坤之卦皆北,此乾坤獨異于六子也。潛老夫曰:此以徵乾、坤、二濟所以用坎離也。孔易大過以下八卦,正取中層。

卷之三終

圖象幾表卷之四

皖桐方孔炤潛夫授編
侄立竹西、兆及、蛟峰參訂
孫 中德、中通、中履、中泰編錄

蓍策_{原本正文無此標題,據《圖象目錄》而加}

《啓蒙》蓍衍

三微成著_{原本正文無此標題,據《圖象目錄》而加}

變 初 之	叁 象	兩 象
○○○○	○ ○ ○ ○ ○	○ ○ ○ ○
偶 一	奇 三	

　　上圖所示,爲大衍筮法初變可能形成掛扐策數的類型,有○的四小格各代表一類。每一○象一策;每格中,左側○象左手扐策數,右側○象右手扐策數,中間一○象掛策。

朱子曰："奇者三，偶者一。言初變之奇，有三狀，偶止一狀也。左三則右一，左一則右三；左二則右二，左四則右四，去掛一計之，則五者爲四而奇，九者爲八而偶。"引自朱熹《周易本義·筮儀》。《易學啓蒙·明蓍策》曰："五除掛一即四，以四約之爲一，故爲奇，即兩儀之陽數也。"又"九除掛一即八，以四約之爲二，故爲偶，即兩儀之陰數也。"潛老夫曰：此《三統》《大衍》指漢劉歆《三統曆》和唐僧一行《大衍曆》所謂《易》三微而成著"也。

```
│ 偶之變 三 二 │ 奇之變 三 二 │
│  ○○○  ○○  │   ○○    ○○  │
│  ○○○  ○○  │   ○○    ○○  │
│  ○○○  ○○  │                │
```

再變、三變，左二則右一，左一則右二原本"右二"誤作"右一"，因爲大衍筮法二變、三變不可能産生左右手扐數皆爲一策之情形，左三則右四，左四則右三，合掛一計之，則三者爲四而成奇，七者爲八而成偶，初掛則除，而再三合掛也，寓損益、盈虛。

三著成象 原本正文無此標題，據《圖象目錄》而加

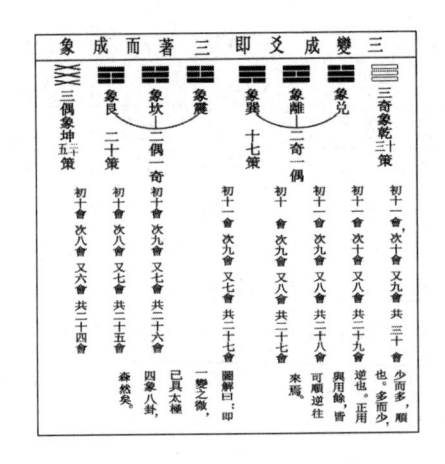

```
      三變成爻即三著而成象
 ☰    ☱    ☲    ☳    ☴    ☵    ☶    ☷
三奇  象  象  象  象  象  二偶
象乾  兌  離  巽  震  坎  艮  象坤
三十  二  三  七  二奇  二  二  三十
策   十  奇  策  一偶  偶  十  策
     九  一       十一  一  五
     策  偶       策    奇  策
          十一                初十
     初十 初十    初十  初十  會
     會  會      會    會   次八會
     次九 次九    次九  次八  又六會
     會  會      會    會   共二十四會
     共三 共二八  共二七 共二六  森然矣
     十   會     會    會       已具太極
     會  可用迭   興用飲  又七會
     少而多  往來  窨     共二十五會
     順也  馬     圖解曰：
     多而少  變之     即
     逆也  微       象
     正用       四象八卦
```

上圖中，"三奇象乾""二奇一偶象兌、象離、象巽"等與三變成爻時掛扐策數相關。每變掛扐策數或五、或九、或四、或八，五、九去掛策則變爲四、八。以揲四之四爲整體，四爲一四則爲奇，而八爲二四則爲偶，對應于掛扐策數，則四、五爲奇，而八、九爲偶，奇爲陽，偶爲陰。故根據掛扐策數可將每變做出陰陽區分，三變掛扐策數皆爲奇，則爲三陽，故該三變成爻之象爲乾；三變掛扐策數爲奇奇偶之象爲兌。其餘與此相類，皆爲方氏援引三爻八卦之爻象來說明三變成爻的特徵與規律。又圖中"初十一會，次十會，又九會"是講各變所揲四數，老陽初變揲四策數爲四十四，揲四數則爲十一，第二變揲四策數爲四時，揲四數爲十，第三變揲四策數爲三十六，揲四數則爲九，其餘與此相類，不再贅述。

奇用全，偶用半之法：策數以四、五爲奇，八、九爲偶。初變有五有九，而五去掛，仍四也；九去掛，仍八也。奇用其全，故四即一爲體，以三爲用。偶用其半，故八僅存四，以二爲體，以二爲用。郭雍曰：一行僧一行以三少爲奇，三多爲偶，最明。

四約過揲原本正文無此標題，據《圖象目錄》而加

　　老陽十二過揲三十六：老陽十二指若三變得爻爲老陽，則第三變歸奇數爲二十。過揲指左右手揲四所得總策數，老陽過揲爲三十六。

○○　　○○　　○○
○○　　○○　　○○

　　四約三分爲一者三，本十三策，去初掛一，止得十二以三分之爲四者三。凡四爲奇，謂爲奇者三也。

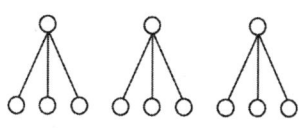

　　三一各復有三，爲九之母。于四策中而置一于上爲體，列三于下爲用，三其一即三其三也。

○○○○　○○○○　○○○○
○○○○　○○○○　○○○○
○○○○　○○○○　○○○○

四約得九爲九之子,四其九而九其四爲三十六,故此過揲者九之子也。以三十六爲母,則三百二十四爲子,極于千萬皆子也。

少陰十六過揲三十二:

○○　○○○○　○○
○○　○○○○　○○

四約三分爲一者二,爲二者一。言爲奇者二,爲偶者一也。本十七策,去初掛一得十六。

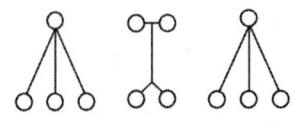

二一各有三,一二復有二爲八之母。二一同前,一二謂于八策中去四不用,于四策中置二于上爲體,以領二用也。

○○○○　○○○○　○○○○
○○○○　○○○○　○○○○

四約得八爲八之子,四其八而八其四爲三十二,故此過揲者八之子也,以三十二爲母,則二百五十六爲子。

少陽二十過揲二十八:

○○○○　○○　○○○○
○○○○　○○　○○○○

四約三分爲二者二,爲一者一。言爲偶者二,爲奇者一也。本二十一策,去初掛得二十。

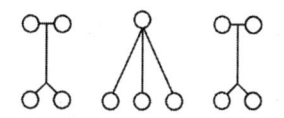

二二各有二，一一復有三，爲七之母。二二者，而四、八也，逢八去四，于四策中，置二爲體，以二領用。

四約得七爲七之子，四其七而七其四爲二十八，故此過揲者七之子也，以二十八爲母，則百九十六爲子。

老陰廿四過揲廿四：

四約三分爲二者三，三其原本缺"其"字八也，爲偶者三也。本二十五策，去初掛得二十四。

三二各復有二爲六之母，逢八去半于用半中，以二爲體，領二爲用。

四約得六爲六之母，四其六而六其四爲二十四，故此過揲者六之子也。以二十四爲母，則百四十四爲子。

十八變策六十四狀圖

朱子曰：六十四者，卦扐全數也，皆四十九蓍爲之也。每三變各合八卦。止菴楊時喬分合圖之詳矣。茲概其六十四狀，以符八卦之數云。

二十陽老	四陰老	十二陽少	八十二陰少

（表格內容略，為著衍符號圖）

三變皆奇為老陽，成小三畫乾，卦凡十二狀。
三變皆偶為老陰，成四狀。
爻畫由下而上，三變奇偶合成震坎艮十二狀凡少陽共二十狀。
狀偶偶奇成坎四
狀偶奇偶成艮四
奇偶奇成離十
二狀。
奇奇偶成兌十
二狀。
合巽離兌爲少陰共二十八狀。

上圖中，每小格（除第一行和最後一行爲文字說明格外）內符號文字是用來表示三變成爻，每一變由一個〇和〇上兩數字這樣的符號表示，〇表示掛一之策，〇上左側數字表示左手歸奇策數，右側數字表示右手歸奇之數。每小格自下而上，第一個〇和其上二數字表示初變，第二個〇和其上二數字表示第二變，最上〇和其上二數字表示第三變。圖中最後一行文字說明格中說明文字有乾、坤等八卦，是方氏援引三爻八卦之爻象來說明三變成爻的特征與規律。詳見上文《三爻成變即三微成著圖》後注文。

上圖中，原本表示著衍的格列自右向左數，第五列最下格與第六列最下格內文字符號相同，自下而上皆爲"二〇二；四〇三；三〇四"，參考《易學啓蒙·

明蓍策》，則有一處當爲"一〇三；四〇三；三〇四"。爲保證圖中列蓍衍規律的統一，改第五列倒數第一格爲"一〇三；四〇三；三〇四"。又格列自右向左數，第八列自下而上數第三格爲"四〇四，三〇四，三〇四"，據《易學啓蒙·明蓍策》，當爲"四〇四，一〇二，三〇四"，改之。

乾、兌、離、震各得十二狀，巽、坎、艮、坤各得四狀。蓋減陰儀之四，以益陽儀之四，陽饒而陰乏之義也。取六十四，四分之，每分各得一十六。乾十二合坤四爲十六，長男震十二合長女巽四爲十六，中男坎四合中女離十二爲十六，少男艮四合少女兌十二爲十六，皆造化自然之巧，不可思議。潛老夫曰：陰陽之數，盈縮互用，幾在初之用掛而已。用掛者，四十九爲之也。初奇則知十二狀矣，初偶則知止四狀矣。

邵子十二會策_{原本正文無此標題，據《圖象目錄》而加}

邵子曰："蓍之用數，掛一以象三，其餘四十八，則一卦之策也。"引自《皇極經世書·觀物外篇》。（八卦之爻亦然。）四其十二也。去其三、四、五、六之數以成九、八、七、六之策也見下四圖。朱子以寡禦衆，夏淳安謂老陰則均，然皆互通，今以十二會圖之。

此十二去三用九也，去三會十二，用九會三十六，爲老陽

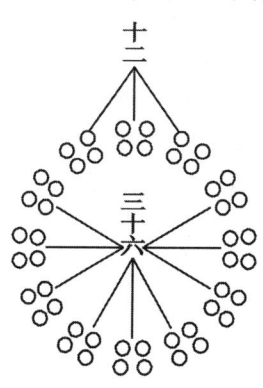

策。百用六十四，過餘此數指三十六，蓋老陽十二老陽歸奇之策爲十二，老陰廿四，亦爲三十六，故曰三十六宮包陰陽也。

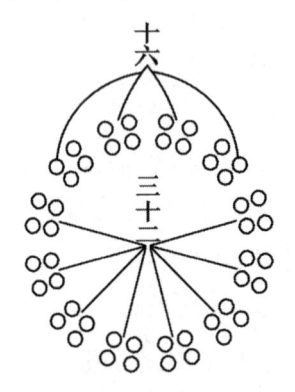

此十二去四用八也，去四會十六，用八會三十二，爲少陽策。

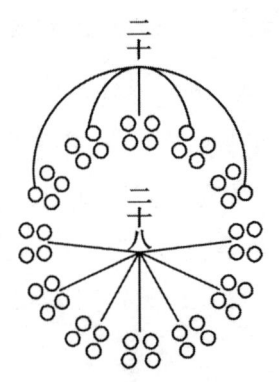

此十二去五用七也，去五會二十，用七會二十八，爲少陽策。

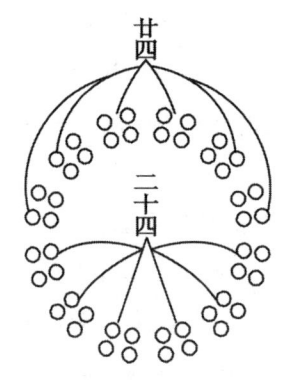

此十二去六用六也，去六會二十四，用六會二十四，爲老陰策，惟老陰所揲與過揲均，故以六爻立體，而會參兩之始，藏七、八、九之用焉。

　　潛老夫曰：乾稱大生《繫辭傳上》曰："夫乾，其靜也專，其動也直，是以大生焉。"，圖稱大衍。大者，萬物之盈數也。衍貴用也，聖人之裁成即生成也。奇者，倚之而得實；偶者，倚之而得虛；進者，倚之而得長；退者，倚之而得消。倚也者，損益而已矣。其法不外于參天兩地，參猶鼎立也，兩猶權平也。鼎載物用其全，權稱物用其半，蓍之爲道全也，而半限焉。太陽十二象，少陰二十八象，少陽二十象，老陰四象，是六十四也見《十八變策六十四狀圖》；掛扐之數太陽十二，少陰十六，少陽二十，太陰二十四，是七十二也；過揲之數，太陽三十六，少陰三十二，少陽二十八，太陰二十四，皆視太陽以遞減，而得一百二十者也。象宮變共得二百五十六六十四狀、七十二掛扐數、一百二十過揲數之和，以三乘之，得七百六十八，此《大衍曆》所由本也。圍全用半，貴以方用圓也。太陽純全，故十二者老陽策掛扐數去初變之掛一爲十二，凡十二見，用其三，不用其一，則懸其三奇之一，而得九也，九生三十六矣；太陰純半，故二十四者，凡四見，八存其四，四用其二，則懸其三偶之二，而得六也，六生二十四矣；少陰兩奇一偶，爲十六者，凡二十八見，則懸其兩奇之一，一偶之二，而得八也，八生三十二矣；少陽兩偶一奇，爲二十者，凡二十見，則懸其兩偶之二，一奇之一，而得七也，七生二十八矣。此所謂奇寔偶虛也。自陰而進陰也，二十四進爲二十八，再進爲三十二，極進爲三十六，是坤之乾，掛扐減，過揲增也。自陽而退陰也，十二退爲十六，再退爲二十，極退爲二十四，是乾之坤，掛扐增，過揲減也，此所謂進長退消也。《皇極》曰："天有四時，一時四月原本作"二時四月"，《皇極經世書·觀物外篇》作"一時四月"，據此而改，一月四十日，四分去一用三，是以一時三月，一月三十日也。"引自《皇極經世書·觀物外篇》。一不用，立極也；二不用，偶半也；十不用，歸九也。數至四其九而止，不至十也。約爲十二其四，總歸二六，故用六、八。老陰之倚于老陽，前增而後減；少陽之倚于老陰，前減而後增。二老相距，十有二焉；二少則陽進四，陰退四，相距于二老亦十有二焉。此應十二月、十二時之數也。智曰：陰陽正用十二，三四相乘。三五損三，而二五益二也，本于參兩之會六，而兼之。九不會而會于二九，即三六也，即十八變與十二會之三分損益也。蓍策皆因陽之十二以爲進退，而過揲歸于老陰，乃均分二十四焉，豈非三四之會于二六，而五併參兩必以六會參兩哉？六十四狀，合爲十六者四，六十四卦之藏四也，除十六分之一而用十五也。大衍之虛一置掛也，除二十五分之一而用二十四也，用四即用五也，用六即用九也。

大衍蓍原析圖原本正文無此標題，據《圖象目錄》而加

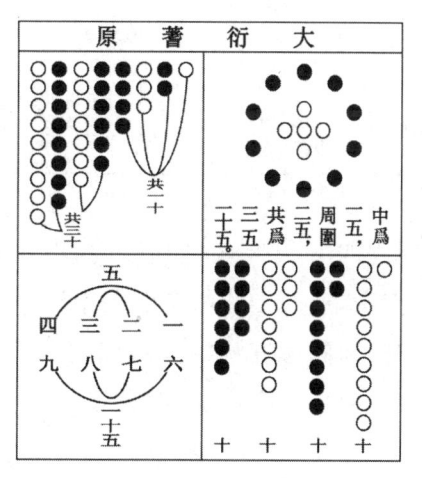

老老陽一、九，老陰四、六在外，少少陽三、七、少陰二、八在內，猶之橫圖四象也。四周老少合爲三五者二，四周生數合爲五者二。

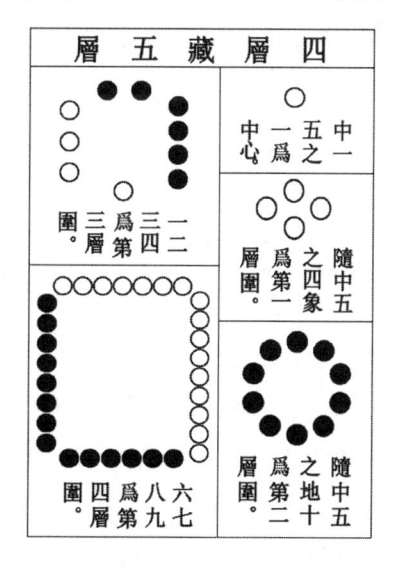

四層連中心之一，即五層，猶之四方即五方也。洛書止用二層而藏三層。

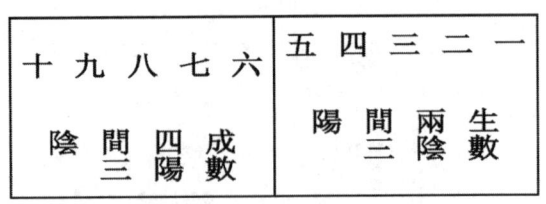

十 九 八 七 六	五 四 三 二 一
陰 間 四 成 三 陽 數	陽 間 兩 生 三 陰 數

上圖左側"成數四陽"當爲"成數二陽"。

衍曰：四周之四十，中十五之所用也；中之十，又五之所用也。故以五用五十，而五十之中又以一用四十九。約言之，五與十相乘而得矣，河圖虛五藏中也，大衍虛一藏大一也。虛初掛一藏萬物之初一也，三變成爻，而太陽一、九，而太陰四、六，少陽三、七，少陰二、八。合之縮于策八者，藏卦之初也。故曰：圖者，造化之蓍；蓍者，聖人之所造化其圖也。

大衍千二百乘起圖 原本正文無此標題，據《圖象目錄》而加

成數 六 七 八 九 十	互相乘	生數 一 二 三 四 五

約以十五，以四十相乘，各六百。故《大衍序》《大衍曆序》曰："天地中積，千有二百。"圖中十五生數，十、五，六與九爲十五，七與八爲十五，共六十，倍爲百二十，而十之，此千二百之本，本于六十應六甲也。故老陽、老陰策 過揲策 爲六十，少陽、

少陰策亦爲六十。以九合三七爲三十,以六合三八亦三十,而六甲之數包焉。

易東丁氏倚九十九圖 原本正文無此標題,據《圖象目錄》而加

```
十 九 八 七 六 五 四 三 二 一
 Ⅴ Ⅴ Ⅴ Ⅴ Ⅴ Ⅴ Ⅴ Ⅴ Ⅴ
 倚 倚 倚 倚 倚 倚 倚 倚 倚
 十 十 十 十 十 九 七 五 三
 九 七 五 三 一
```

丁易東字漢臣,號石壇,宋末元初學者,宋武陵郡龍陽(今湖南常德)人,著有《梅花詩百餘律》、《周易象義》十六卷、《大衍索隱》三卷等曰:共九十九,藏五十則用四十九矣。上圖下行數字之和爲九十九,去掉左邊五個十位數的十位,則所餘數之和爲四十九。一居中者,掛一之象;左右同者,分二之象;各四位者,揲象。除中,則左右各二十四。京山郝敬曰:純奇之合也,一居中則五退,位以百計之,自然虛一。然此一端也。京山曾知數之所合,一切生成乎?則先天圖何以議焉!智按:河圖十一其五,此十一共九也。一時之中皆有十一時,餘一用一之表也,用五藏六,用六藏五之表也。乘除損益,無所非倚,此曰並倚,倚至百爲九千九百九十九,亦虛一也。

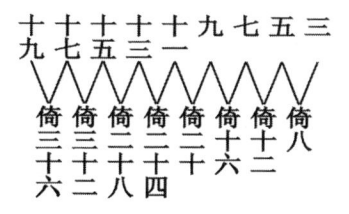

```
      十 十 十 十 十 九 七 五 三
      九 七 五 三 一
       Ⅴ Ⅴ Ⅴ Ⅴ Ⅴ Ⅴ Ⅴ Ⅴ
       倚 倚 倚 倚 倚 倚 倚
       三 三 二 二 二 十 十 八
       十 十 十 十 十 六 二
       六 二 八 四
```

智爲引伸之,始于八卦而揲策、過揲之數皆具矣。始奇偶並列,中倚純奇,三層而藏奇于偶。始十,次九,次八,即虛一

去掛之象也，此下再倚皆偶矣，故表此三層爲端，餘詳《極數》本書第八卷《極數概》。

河洛合爲一百而方矣，用半即大衍也。圖四布連中爲五，藏中則爲四，此四五爲奇之象也。書八布連中爲九，藏中爲八，此八、九爲偶之象也。圖書皆重五，而圖十一其五，藏五兼六之用也。書九其五，專示初掛之奇偶也。盈五、虛五，即盈虛之表也，故就蓍策，表其用餘之用。

圖書合數原本正文無此標題，據《圖象目錄》而加

用五原本正文無此標題，據《圖象目錄》而加

原本中，右圖自右向左第四列黑白點下文字爲"四與九"，此與上圖點數及河圖之數不符，當爲"四與七"。

《正》曰："五行之數，去十則用九，存十則用十一，蓋百加一十，得兩河圖，爲萬物終，九十御二十，八十御三十，七十御四十，六十御五十，各兩河圖。始九十者，兩洛書也。"引自黃道周《易象正·卷之終上·先天通期曆年圖》。

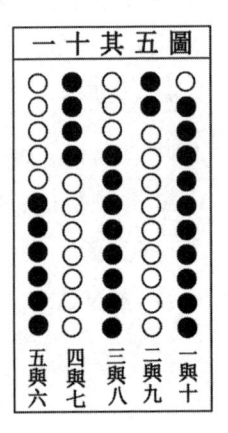

老陽一連九用老陽之數爲一與九,用則爲九,後倣此,而一與六合爲七;老陰四連六用,而四與九合爲十三;少陰二連八用,而二與七合爲九,少陽三連七用原本作"少陰三連七用",但與"少陰"一詞相連之數三、七爲少陽,故有誤,據此改"少陰"爲"少陽",而三與八和爲十一。

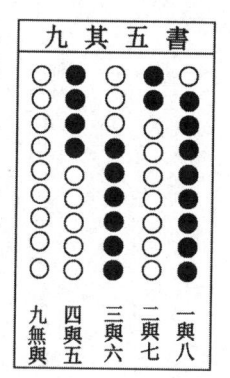

二微 原本正文無此標題,據《圖象目錄》而加

黎氏以此證一行之二微,五乘八爲四十也。

生數八百二十五生數之和十五乘河圖數五十五,成數二千二百成數之和四十乘河圖數五十五,即圖河圖數五十五自乘爲三千二十五也,虛天數爲三千。天五、地六互乘爲三十,而大衍之爲一十五百,即百其三五也,又兩之爲三千。蓋十五與三十相乘,各得七百五十,是古曆所謂"天地出符,千五百也"。

餘數 原本正文無此標題,據《圖象目錄》而加

一與八,二與七,三與六,四與五,則四象無九而無非九也,故陽九爲究用。老陽三十六策,爲百中六十四之餘焉。五十五益陽九則六十四也,四十五損陽九則三十六也。天數二十五益陽九則三十六也,損陽九則十六也。

百中,老陽餘六十四,老陰餘七十六,共百四十;少陰餘六十八,少陽餘七十二,共百四十。以此老少餘數之和二百八十減五百五十爲通期之四分三,以此減天地之中積九百六十。

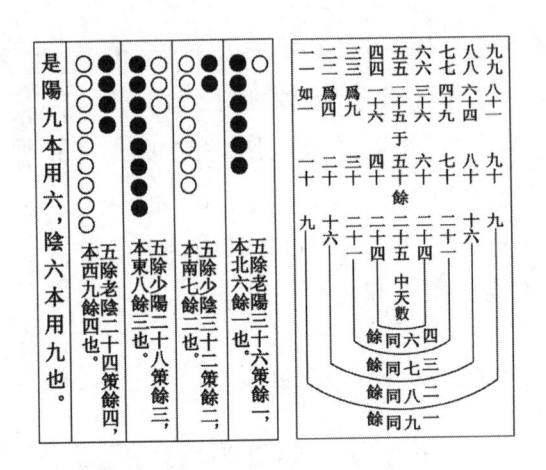

```
九 八 七 六 五 四 三 二    ○●○●○  ○●●●○  ○●●○○  ○○○○○  是
八 十 十 十 十 十 十 十    ●○●○●  ●○○●●  ●○○●●  ●●●●●  陽
十 一 二 三 四 五 六 七    ○●○●○  ○●●●○  ○●●○○  ○○○○○  九
一 爲 爲 爲 爲 爲 爲 爲    ●○●○●  ●○○●●  ●○○●●  ●●●●●  本
 于 四 九 六 三 八 五 十   ○●○●○              用
一 餘 餘 餘 餘 餘 餘 餘     五 本 五 本 五 本 五 本  六
十 一 二 三 四 五 六 七    除 西 除 東 除 南 除 北  陰
九 八 十 十 十 十 十 十     老 九 少 八 少 七 老 六  六
  十 七 六 五 四 三 二     陰 餘 陽 餘 陰 餘 陽 餘  本
  六 一 二 三 四 五 六     二 四 二 三 三 二 三 一  用
  餘 餘 餘 餘 餘 餘 餘     十 也 十 也 十 也 十 也  九
  同 同 同 同 中 四 三 二   四   八   二   六   也
  九 八 七 六 天     策 策 策 策  。
   一 二 三 六 數    餘 餘 餘 餘
                  四 三 二 一
                  也 也 也 也
                  。 。 。 。
```

《關子明易傳》約 原本正文無此標題，據《圖象目録》而加

　　《關子明易傳》指《關氏易傳》，北魏關朗作，唐天水趙蕤作注曰："兆于一，生于二，成于三，此天地人所以立也。衍于五，成于六，偶于十，此五行、六爻、十日（支統于干）括號内文爲方氏之注，下做此所以錯綜也。天一，數之兆也，雖平其兆，未可用也。地二，數之生也，有生則滋，乃可推也。天三，數之極也，極乎中則反乎始，兼兩之義，三極三才之道也。"兼兩之義，三極之道也"一語《關氏易傳》作："兼兩之義，子曰：'兼三才而兩之。'又曰：'六爻之動，三極之道也。'"關氏所引孔子語，前一句出自《繫辭傳下》，原文爲："有天道焉，有地道焉，有人道焉。兼三才而兩之，故六。六者非它也，三才之道也。"後一句出自《繫辭傳上》。獨陽不生，獨陰不成，故生必待成。五行皆然，其體雖五而成必六。六者，天地生成之謂也；五者，參天兩地之謂也。地二、天三，合而爲五，其一不用者，六來則一去也。既成則無生也，有生于無，終必有始。（五者，生數之終；六者，成數之始。）既有則無去矣，故大衍五十，用四十九者，入有去無之謂也。"（智按：天地未分之無，即在天地已分之有中。陰陽

相轉寔不可離,即二是一者也。)"天生于陽,成于陰,陰成則陽去。趙蕤注曰:"若一氣生于十一月,成于四月,爲正陽之月,然既成則無生,故必五月陰有,則陽無去之也。"生于陰,成于陽,陽成則陰去。趙蕤注曰:"若一氣生于五月,成于十月,爲純陰之月,然十一月陽既有矣,而陰無去之也。"六爻初上無位者,陰陽相去者也。天數以三兼二,地數以二兼三。奇偶雖分,錯綜各等,五位皆十衍之極也。趙蕤注曰:"五行互爲頭輪之,皆至十極,爲五十也。"問:一將不用乎?《關氏易傳》作:"然則其用,何謂四十有九其一不用乎?"曰:物有兩大,必曰盈虛。日往月來趙蕤注曰:"日行遲,月行速,當望則相盈,過望則相虛,雖日月同其右轉,然相望之際,則見日往西月往東。",晝極則夜進,盈于此則虛于彼,盈于小必虛于大趙蕤注曰:"若月大盡則三十一日,小盡則二十九日,一歲本剩六日,而減出六日爲閏月。",此用所以不窮也。""蓍以五行運于中焉,大偶而言則五十也,小奇而言則五也。凡天地之數五十有五,奇偶小大,具言之耳。若舉大而去小,盈奇而虛偶,則小奇之五,大偶之一,皆盈而不用也。(共去其六,故每歲減去六日。)"問策曰:"三天兩地,舉生成而六之也,三六而又二之(二者倍也,即六六也),故三十六策爲乾,二六而又二之,故二十四策爲坤。三其二十四與二其三十六,皆得七十二焉。三其七十二,乾策也;二其七十二,坤策也。《繫辭傳上》曰:"乾之策二百一十有六,坤之策百四十有四,凡三百六十,當期之日。"陰陽三五(陽三陰二,相參成五也),每一五而變七十二候,二五而變三十六旬,三五而變二十四氣,凡三百六十五。周而復始,日月軌度,積于餘分(謂分度之一也。)六十出六趙蕤注曰:"三年一閏多六日。",以六五行趙蕤注曰:"每一六以五行成月也,兩六五行故五歲再閏。",所以成閏三百六十六者,歲功之用也。奇六者(出六者,氣盈。奇六者,朔虛),虛一之義也。夫生于一,成于六。一六相虛,三五爲用,自然之道也。聖人立策數,必舉其三,兩于六,行于五趙蕤注曰:"五行步于六爻,初上必虛其一。",合于十原本爲"合于一",而《關氏易傳》作"合于十",趙蕤注"合于十"曰:"兩其五行。"故當爲"十",推萬而變無出于此。爻所以著象,策所以推數。象以數五,參天兩地,先三十而六之趙蕤注曰"三天也",得一百八十,又二而六之趙蕤注曰"兩地也",得一十有二,合百九十二。陽每爻三十六策,六爻二百十六。先三十其六,凡百八十爻,得六千四百八十,又二其六,凡十二爻,得四百三十二,共六千九百一十二。六十四卦中,陽爻共一百九十二爻,每爻策數三十六,凡六千九百一十二策。陰每爻二十四策,六爻百四十四。先三之三十其六,凡一百八十爻,得四千三百二十,又二之二其六,凡十二爻,得二百八十八,共四千六百八。六十四卦中,陰爻共一百九十二爻,每爻策數二十四,凡四千六百零八策。合萬一千五百二十,蓋舉盈數而溢之也。萬溢千,千溢百,百溢十,十溢一。溢過算也,謂過虛也。凡過盈爲溢,不及爲虛。""問:何爲盈虛? 曰:當期之數,過者,謂之氣盈;不及者,謂之朔虛。趙蕤注曰:"六個三十一日是過,六個二十九日是不及。"故七十二爲經七十二候,五之爲期五其七十二爲一年,五行六氣行天之六氣推而連也。七百二十爲起法,七千二百爲統法,七十二萬爲通法,氣朔之下收分必全盡,爲率。七千二百萬爲大率,謂之元紀。歲、月、日、時皆甲子,日月五行在子位之宿,當盈縮先後之中焉。"該節引文皆出自《關氏易傳》。

七其六説

　　智按：子明關朗曰："象以數五，參天兩地。先三十而六之，得一百八十，又二而六之，得一十有二，合百九十二。"引自《關氏易傳》。蓋三十者，五其六也；十二者，二其六也，共四十二，用七其六。于四十八策中，餘六焉。百九十二者，三十二其六也。全爻六十四卦之爻數和六十四其六也，九則四十二其九，則仍餘六也，益知六爲參兩之會。玄洞虛疇，不若此之適矣。觀此七六與八六之盈虛，三十益以六爲老陽，二六益二六爲老陰，半六爲三，倍半爲九，何適而不藏乎？邵子取諸年、月、日、時，以爲元會運世，何謂不同符耶？隱老朱隱老曰："蓍法六居五後七前，爲升降進退之交也。"

|用互二十與十三|
|○○○○○|
|○○○○○|
|○○○○○|
|六其五者十三|
|○○○○○|
|○○○○○|
|六其二者二十|
|六餘八十四|

大衍蓍原三五錯綜説[①]

　　子夏曰："一不用者，太極也。"引自《子夏易傳·繫辭上》。鄭玄曰："五行減五，大衍又減一。"馬融(79—166)，字季長，東漢古文經學

[①] 原本正文中，至下一節"七七説"，只有《大衍蓍原三五錯綜説》這一個主題。據《周易時論合編·圖象目錄》，由此至下一主題《七七説》，其中包括的主題有《三五錯綜説》《〈漢志·三統〉本易説約》《〈唐志·大衍曆〉議約》，由于方氏行文中將三者糅合于一體，明確的區分反而影響文義理解，故不加其餘兩個標題。

家,扶風茂陵(今陝西興平東北)人,著作皆佚散曰:"北辰不動也。"姚信字德佑,三國魏晉時期人物,吳興(今湖州市)人,著有《周易注》三卷,已佚、董遇字季直,漢末三國時期學者曰:"五十五,虛其六象六畫也。"邵子曰:"五十,蓍數。六十,卦數。五者,蓍之小衍,故五十爲大衍。八者,卦之小成,故六十四爲大成。蓍德圓,七七況天。卦德方,八八況地。"蓍德圓"至此,《皇極經世書‧觀物》作:"蓍德圓,以況天之數,故七七四十九也。五十者,存一而言之也,卦德方,以況地之數也,故八八六十四也。六十者,去四而言之也。"蓍,用數也,卦,體數也。用以體爲基原本作"用以體爲期",而《皇極經世書‧觀物外篇》作"用以體爲基",後者意義更符合文義,故改"期"爲"基",故存一。體以用爲本,故去四。圓者本一,方者本四。"劉敞(1019—1068),字原父,北宋臨江(今屬江西樟樹)人,經史學家,著有《公是集》五十四卷曰:"一者乾坤所不用,積三爲九,爲老陽。積二爲六,爲老陰。少陽七,益一于老陰。少陰八,損一于老陽。"引自《公是集‧易本論》。朱子曰:"河圖中五乘地十而得之。"引自《周易本義‧繫辭傳上》。潛老夫曰:此取《漢志》之說,其理至矣。曰藏五,曰藏一,曰藏六,曰合圖書而半其百,曰衍九十九而藏五十,皆適符之數也。《漢志》下引文出自《漢書‧律曆志》曰:"九六之變,登降六體。三微而成著,三著而成象,十有八變而成卦,四營而成易,爲七十二,參三統、兩四時相乘數也,言九、八也。參三其七十二得乾策,兩二其七十二得坤策。以陽九之九其七十二,爲六百四十八,以陰六之六其七十二,爲四百三十二,凡一千八十,(三其通期亦然。)各卦之微算策也《律曆志》作:"陰陽各一卦之微算策也"。八之八其一千八十,爲八千六百四十,而八卦小成。引而伸之,又八爲六萬九千一百二十(即六乘具策也)。倍"倍"《律曆志》作:"天地再之"爲十三萬八千二百四十，爲大成，五星會"五星"又稱作五緯，指水、金、火、木、土五行星，五行星同時持續出現在同一天區的現象稱爲"五星會"終。觸類而長之，以成章歲，爲二百六十二萬六千五百六十，而與日月會。三會爲七百八十七萬九千六百八十，而與三統會。三統二千三百六十三萬九千四十，而復于太極上元。九章歲而六之以爲法，（按：九章百七十二而六之爲千〇二十六。）太極上元爲寔，寔如法得一陰一陽，各萬一千五百二十，當萬物氣體之數，天下能事畢矣。"又曰："蓍以爲數，以象兩；兩之，又以象三；三之，又以象四；四之，又以歸奇，象閏十九，及所據一加之，因以再扐兩之，是爲月法之寔。"劉攽 bān（1023—1089），字貢夫，號非公，北宋史學家，今江西樟樹市人，一生潛心于史，助司馬光纂修《資治通鑑》，充任副主編，負責漢史部分，著有《東漢刊誤》等曰："兩其四十九，得九十八，而三之得二百九十四，又四之得一千一百七十六，象閏以所據一，共二十，而加之爲一千一百九十六，兩之爲二千三百九十二。"智按：此三統指三統曆日法，得二十九日四十三分也。

《唐志·曆本議》《曆本議》本爲《大衍曆》的一部分，歐陽修將之采錄于《新唐書·曆志》而存至今。《新唐書·曆志》論述《大衍曆》之各組成篇章曰："《略例》，所以明述作本旨也；《曆議》（即《曆本議》），所以考古今得失也。"曰："天地中積，千有二百。以五十約之，則四象周六爻也，二十四約之，則太極包四十九用也。（二十四其五十。）""數象微於三、四，而章於七、八。卦有三微，策有四象，故二微之合，在始中之際焉。蓍以七備，卦以八周，故二章之合，而在中終之際焉。中極居五六間，由闢闔之交，而在章微之際者，人神之極也。（妙論。）千二百揲四，爲爻率三百，以十位乘而二章之積三千。以五材乘八象，爲二微之積四十。兼章微之積，則氣朔之分母也。以三極參之，倍六位除之，凡七百六十，是爲辰法，齊于代軌。以十位乘之，倍大衍除之，凡三百有四，是爲刻法，齊于德運。半氣朔之母，千五百二十，得天地出符之數，三之爲四千五百六十，當七精還初之會也。"智按：此河圖生數一、二、三、四、五，與成數六、七、八、九、十相乘起耳。《新唐書·曆本議》曰："成數乘生數，其算六百，爲天中之積；生數乘成數，其算亦六百，爲地中之積，合千有二百。"又復載《曆本議》之文曰："一策之分十九，而章法生；一揲之分七十六，而蔀四章爲一蔀，爲七十六年法生。一蔀之日，二萬七千七百五十七，而氣朔定，以通數約之，凡二十九日餘四百九十九，而日月相及，此六爻之紀也。以卦當歲，以爻當月，以策當日，凡三十二歲而小終，二百八十八而大終。"又曰："策以紀日，象以紀月，乾坤之策三百六十，爲日度之準。乾坤之用，四十九象，爲月弦之簡《曆本議》"簡"作"檢"。日之一度，不盈全策，月之一弦，不盈全用。故策餘萬五千九百四十三，則十有二中指十二中氣所盈也。用差萬七千一百二十四，則十有二朔所虛也。綜盈虛之數，五歲而再閏。中節相距，皆當三五。弦望相距，皆當二七。升降之應，發斂之候，皆紀之以策而從日者也。"是皆本《易》曆天，而因曆明著之故者也。然猶一端也，如此而合，如彼亦合，惟在研極明其理，得其幾耳。《易》無不統，而陰陽象數爲幾，彼徒數者不知也。然又非畏數逃玄者所能知也，聖人隨處表法，隨處深幾，掛扐象閏，豈附會之文乎？以蓍爲占卦之用，就蓍言蓍，而會通藏用可也。竟以蓍止占卦，是日用而不知者也。

《漢志》引《易》參五錯綜，而以三辰指日、月、辰五星五行星，三統五行，三德五事，合舉言之，《大衍曆》言中積，皆起中之十五，故朱子取五十相乘，以爲大衍是也。五十以學《易》《論語·述而》中，孔子曰："加我數年，五十以學《易》，可以無大過矣。"，豈漫然乎？夫四象、八卦，因重八八，皆四周之數河圖四周之數所爲，此中五與十者，天地之中終也。十統于五，大一之樞也，無實無虛之至用也。合爲十五乃三五也，生數也。近周圍一、二、三、四乃二五也，而統于中之一五。外周圍六、七、八、九乃六五也，合統于中之三五，此三五之本論也。天以地立方體，而以圓用之，故舉二即藏參矣，布四即藏五矣。約而稱之，六、七、八、九皆一、二、三、四得五而成者也，言一言五而二四在中，參兩在中矣。故曰："參五以變，錯綜其數。"前儒紛紜，詳《繫傳》指《周易·繫辭傳》注。即以蓍言，分二象三，三也。合分二與象三，即五也，四揲藏一，即五也。凡極數以參兩而以五紀之，十乃五之節也。老陽策數三十六以五除而餘一，少陰以五除而餘二，少陽以五除而餘三，老陰以五除而餘四。天地中數，五除餘一，鐘律沖穴黃鐘律長八十一分，亦餘一也。時指十二時辰以五除餘二，全候半調七十二候，亦餘二也；損掛之四十八，以五除而餘三，變十八十有八變而成卦而以五除，亦餘三也，衍用之四十九，以五除而餘四，全卦、全爻三百八十四爻與章歲十九年，亦以五除而餘四也。總之，本于河圖六餘一，七餘二，八餘三，九餘四，則一、二、三、四之餘，正與一、三、九、七之參，二、四、八、六之兩，同爲億、兆之幾者也。

七七說原本正文無此標題，據《圖象目錄》而加

蓍用七七，有說乎？曰：《素問》男以八八歲齓 chèn 指乳齒

脱落長出恆齒，以至八八六十四歲。女以七如之《素問・上古天真論》曰：「丈夫八歲，腎氣實，髮長齒更。」又曰：「八八則齒髮去。」又曰：「女子七歲，腎氣盛，齒更髮長。」，是七數，陰也。大衍以奇爲陽，則七陽也，此陰陽互根也。除十而九，五爲正中，三爲前中，七爲後中，用七即用三也。術家指擅長天文曆算的學者令人枚數，三之、五之、七之，言其餘而知其數矣。蓋三、五、七相會，而損一者，即當其數積而百，則損五，則衍用藏一之幾也。三農曆三月與七農曆七月爲春秋之平衡，七河圖南之七屬火克三木河圖之東三屬木，十干指十天干三生七克。洛書一而三而九而七，七居九之後，二四而八而六，六居八之後。故八卦用六爻，而爻連太極，則爲七。故周而復始，著七日焉。《周易・復》曰：「反復其道，七日來復。」九以老變用，七以始變用，八定維四之體，六會參兩之體。著用也，虛一，用之體也；去掛一，用之用也，曰四曰六曰八曰十，皆二倍所律也。九即三法，以三三即九也。五爲中紀，而七則非三所律，必兩三而一二，然後得焉。必合三分益一，四分損一，而後得焉。何以藏一？曰：無非大一也，是大藏也，且徵中節之小藏一焉。惟七至變，圓而神矣。卦以八用，極八至八十爲滿節，而九九益一，故鐘律、玄疇用之。著以七用，極七七四十九，而極五十之滿節，則損一焉。百數內之自乘，無此損一益一比者。就七言之，二七爲十四，于三五損一，三七爲二十一，于四五損一。七五三十五，于老陽損一；九七六十三，于卦損一。諸數無與七比者，惟差一之追倚，必滿自乘。餘則皆參兩也，可半會，可觚會矣，引觸偶及一端。

筮　占

《啓蒙》曰："六爻不變，占本卦彖辭。""一爻變，占本卦變爻。"（九爲重，六爲交，以老變也。七爲單，八爲折，不變。）"二爻變，占本卦二變爻，而以上爻爲主。"（王太古王野翁（1240—1300），字太古，宋元之際易學家以初變爻爲貞，次變爻爲悔。韓苑洛明韓邦奇從之占下，《易遡》指王宣所撰的《風姬易遡》從朱子主上。）"三爻變，占本卦及變卦彖詞《易學啓蒙・明蓍策》"彖詞"作"彖辭"，乃以本卦爲貞，變卦爲悔。前十卦主貞，後十卦主悔。"（捷法以初變爲前十卦，無初爻變者爲後十卦。王太古曰："先變爻爲貞，後兩變爻爲悔。"韓苑洛占本卦動爻之上，楊止庵楊時喬欲用不動之上，《易遡》定前十卦占本卦動之上一爻，後十卦占之卦不動之下一爻。）"四爻動，占之卦不動之下爻。"（苑洛從上用悔。）"五爻動《易學啓蒙》"動"作"變"，本段之後引文倣此，占之卦之一不動爻。"（止庵欲互用。）"六爻俱動，占之卦之彖。"引文出自《易學啓蒙・考變卦》，括號内内容爲方氏之注。（季彭山季本（1485—1563），字明德，號彭山，明會稽（今浙江紹興）人，著有《易學四同》八卷、《易學四同別錄》四卷、《詩説解頤》《蓍法別傳》等、漳浦黄道周，擊揚四聖指成《周易》四聖。關于《周易》的成書，古代的一種觀點認爲是伏羲畫八卦，文王重卦並作卦辭，周公繫爻辭，孔子傳《易》，歷此四聖，而有今本《周易》作《蓍法別傳》，執定四十八策，以爲簡徑，是豈知聖人用初掛、藏初掛之深幾乎？竟欲改經文之四十有九爲八字季本在其《易學四同・繫辭上傳》認爲，《周易・繫辭傳上》中的"大衍之數五十，其用四十有九"中的"四十有九"當爲"四十有八"。其曰："九當作八，蓋于五十之中虚二以爲陰陽之母，而用其四十八策以揲也。"，妄矣！但取奇偶鷄骨折草可耳，又何用此四十八乎？寧以裁笛有聲而廢黃鐘侖容損益之表法哉？）

　　章俊卿章汝愚，字俊卿，號山堂，南宋婺州金華（今屬浙江金華）人曰：非必揲蓍，然後有"貞悔"二名也。箕子發之《尚書·洪範》中，箕子言："擇建立卜筮人，乃命卜筮。曰雨，曰霽，曰蒙，曰驛，曰克，曰貞，曰悔。"該句中箕子發明"貞悔"，尚在周初，發明義易而《周易》亦同之。朱子曰："貞始悔終，貞主悔客，貞近悔遠，貞則事在我，悔則事在人。蓋貞悔猶之正變也，可以内卦貞，外卦悔，秦伯伐晉得蠱，曰貞風悔山是也見《左傳·僖公十五年》。可以本卦貞，之卦悔，重耳蓍得國，"貞屯悔豫"是也見《國語·晉語》。則屯蒙顛對屯卦與蒙卦的卦象相互顛倒，互爲貞悔。屯鼎望對屯卦與鼎卦相對應的爻相反，一者爲陽，則一者爲陰，亦互爲貞悔明矣。

　　陸魯望陸龜蒙（？—881），字魯望，號天隨子，唐代農學家，道士，唐長洲（今屬蘇州）人，後人輯有《唐甫里先生文集》曰："季札姬姓，壽氏，名札，春秋時吳國公子以樂卜《左傳》載，魯襄公二十九年，季札聘于魯，觀周樂而知樂之德，趙孟即趙鞅，亦稱趙簡子，春秋末年晉國大夫，後來趙國的奠基者之一以詩卜，襄仲春秋時魯國公室，亦稱公子遂，魯大夫、歸父襄仲之子以言卜，子游、子夏皆爲孔子的學生以威儀卜，沈尹氏春秋時楚國公族以政卜，孔成子春秋時衛國大夫以禮卜，其應如響，故占者精誠而已。"引文出自陸龜蒙的《雜説五首》，該文收錄于北宋姚鉉編的《唐文粹》。君平東漢嚴遵，字君平，又字子陵，漢會稽余姚（今屬浙江余姚市）人，善占筮卜筮蜀市，以爲卜筮賤業，而可以惠衆人，與人子言，依于孝，與人弟言，依于順，與人臣言，依于忠。關子明之占，必先人事而後語卦，歸于典禮，用之以道，其善占者乎！聞語曰："聖人因二濟民，以爲得失之報。"語出《繫辭》，"二"指吉凶二者。嚮威之用,莫逃乎理。師保_{古時司職輔弼帝王和教導王室子弟的官}家諭_{父母}_{或家中長者之言},猶有屑者,不若蓍龜之洋溢,致人之誠,而成天下之亹亹也。其要無咎而已,士君子觀玩何所非占,然以卜筮者尚其占,豈忽此三兆《周禮·春官·大卜》_{中所載的三種由大卜掌握的}_{卜法,其云}:"大卜掌三兆之法:一曰玉兆、二曰瓦兆、三曰原兆。"、八筮《周禮·春官·占人》_曰:"占人掌占龜,以八筮占八頌,以八卦占筮之八故,以眂吉凶。"就占言占之典哉?故表其法使後世遵之,而深幾神明,即卦策爲至深矣,至誠如神,不礙感觸。

序卦說[1]

景元蕭氏考約_{原本正文無此標題,據《圖象目錄》而加}

下兩圖實爲一圖,第一圖主要分析《周易·上經》卦序,第二圖主要分析《周易·下經》卦序。圖中,蕭漢中,字景元,元泰和(今屬江西)人,其在元泰定(1293—1328)年間撰成《讀易考原》(即圖中所言的《考原》)。鄧潛谷指鄧元錫(1529—1593),字汝極,號潛谷,明新城(今江西黎川縣)人,著作存有《五經繹》(包括《書繹》、《詩繹》、《三禮繹》、《春秋通》、《易繹》)。沈全昌指沈壽昌,何玄子指何楷。

全昌_{沈壽昌}纂《景元說》曰:六十四卦,以乾坤爲體,坎離爲

---

[1] 此標題《圖象目錄》作《卦序》。序卦始自《序卦傳》,主要探討通行本《周易》六十四卦的排列原理。另外,原本此標題在《文王卦序橫圖》之後,因《文王卦序橫圖》內容隸屬於此標題,故將之置于該標題之後。

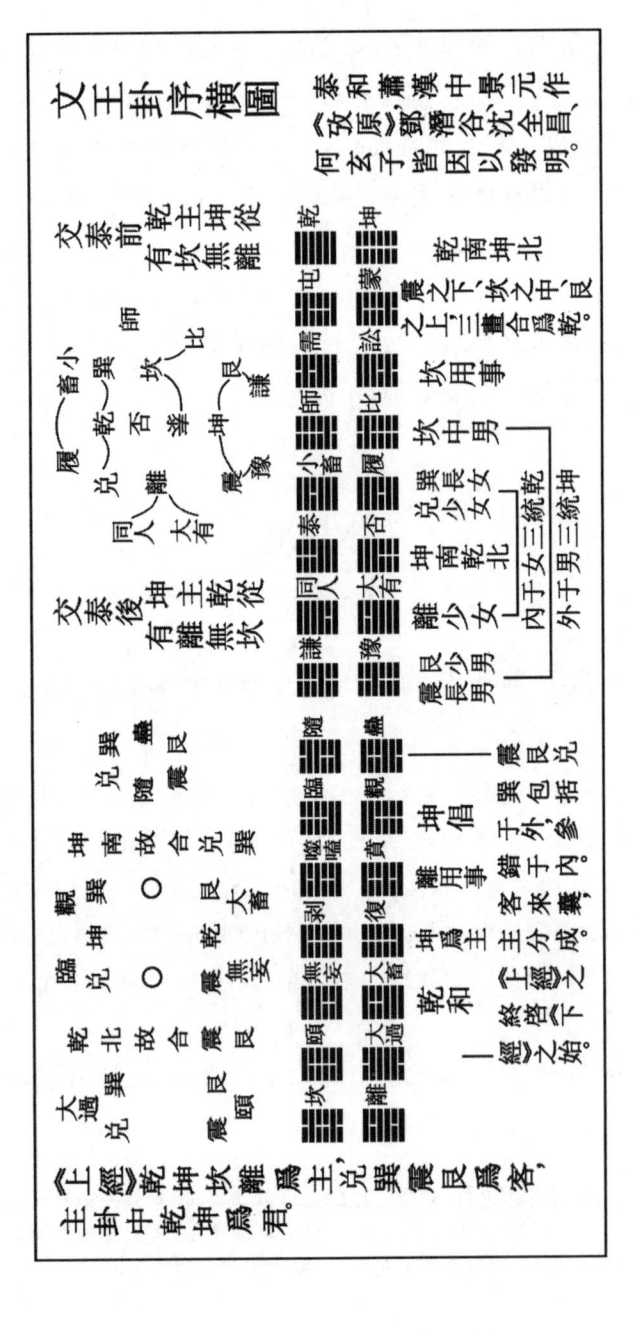

文王卦序橫圖

作元景中漢蕭鄧原玄何
全昌谷沈潛歸曾子發
明。因以酒因皆之發
　
乾南　乾之震三畫合為乾。
坤北　坤之巽三畫合為坤。
震　坎之中　艮

乾統三男　内子女
坤統三女　外子男

乾主坤從　坤主乾從
無離　無坎
有坎　有離
前　後
交泰　交泰

乾 ䷀　坤 ䷁　屯 ䷂　蒙 ䷃　需 ䷄　訟 ䷅　師 ䷆　比 ䷇　小畜 ䷈　履 ䷉　泰 ䷊　否 ䷋　同人 ䷌　大有 ䷍　謙 ䷎　豫 ䷏　隨 ䷐　蠱 ䷑　臨 ䷒　觀 ䷓　噬嗑 ䷔　賁 ䷕　剝 ䷖　復 ䷗　无妄 ䷘　大畜 ䷙　頤 ䷚　大過 ䷛　坎 ䷜　離 ䷝

上經　中　乾坤坎離為主，
　　　　　震艮巽兑為客，
　　　　　乾坤為君。

經上終，啓經下之始。

離用事　錯綜于内
坤為主　包參括囊。
乾和　主客分成
　
乾北　故合震艮
坤南　故合巽兑
　
大過 兑巽　乾無妄
頤 震艮　坤大畜
　
臨 兑　隨 震
觀 巽　蠱 艮

卷之四　227

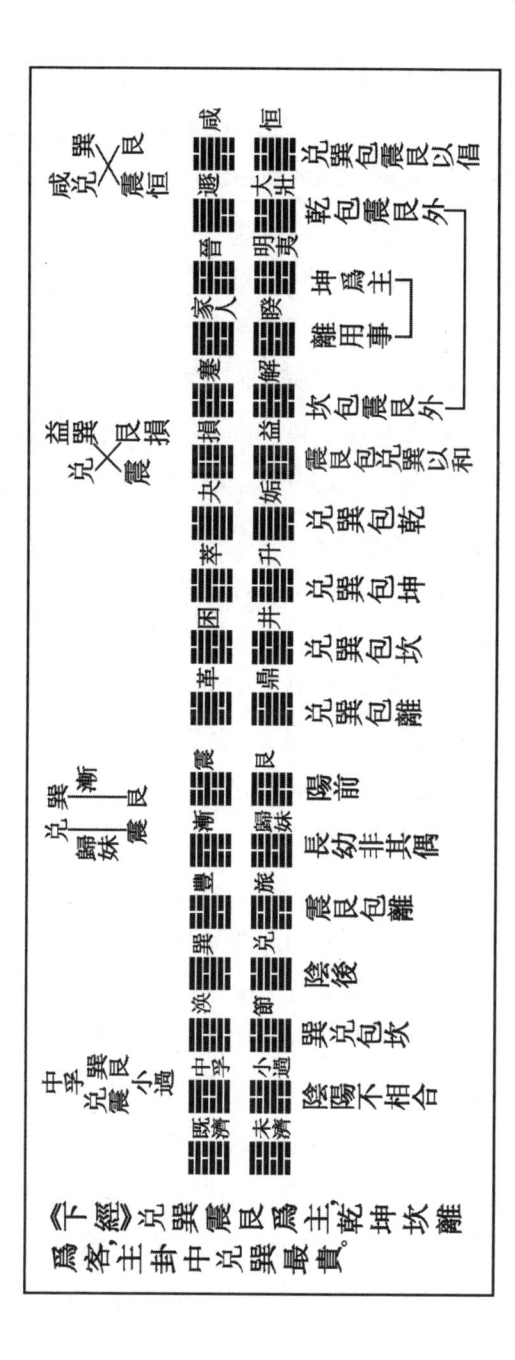

用。乾坤居《上經》之首，而交于《上經》之用泰、否二卦爲乾坤之交，居《上經》，其體全，其用中也。坎離居《上經》之終，而交于《下經》之終既濟、未濟二卦爲坎離之交，居《下經》之終，其體中，其用全也。震、兑、艮、巽偏體也，宜下不宜上，即《下經》亦不以之始終者，偏故也。偏必合偏，而陰陽始全，故四子交卦先，而本卦後也。《上經》陽，《下經》陰，至《下經》之終，陰之陰也。玄工寂若時，非坎、離一交，則乾坤息矣。若艮、兑、震、巽，非不各見于上下二篇之末，《上篇》先艮震之頤，而後巽兑之大過，先陽也。《下篇》先巽兑之中孚，而後震艮之小過，先陰也。皆陰陽各自爲體，不及坎離之功用也。然則《下經》胡不以乾坤之交終也？夫乾坤交則乾體入坤，坤體入乾，只成坎、離耳。坎、離至中而不偏，故《上》《上經》、《下》《下經》皆用之爲終。既濟一交，則坎之中體入離，離之中體入坎，依然又一乾坤矣，此《下經》之復轉而爲《上經》也。《上經》陽升而上，故屯以震陽之下，達于坎陽之中；蒙以坎陽之中，達于艮陽之上，先屯後蒙也。《下經》陰降而下，故家人以上體之巽陰，入于離陰之中，睽以離陰之中，入于下體之兑陰，先家人後睽也。

《八卦分體説》曰：邵子曰："用者三，不用者一。"朱子曰："陰陽之體數適均，用數則陽三而陰一。"朱子雖爲揲蓍發，而其義則無不同。適均者，均以四計也，四其四爲十六。陽三者，用其三，而不用者一也。○乾體十六，用者三，所以十二體居《上經》，不用者一，餘四體居《下經》，乾不自用而用陰也。○坤體十六，《上經》十二，分《下經》四。蓋陰數用者一，故以四分下，坤所用也。以十二分《上經》，坤不自用，爲陽所用也。○坎體十六，《上經》八，《下經》八。蓋坎體之陽在中，故分卦亦中。他卦偏多偏少，皆不中也。諸卦視坎、離爲贏縮，而離又視坎爲進退。聖人于八卦，獨稱"習坎"《易經·坎》坎之卦辭曰："習坎，有孚維心，亨。行有尚。"《易經》各卦卦辭之始一般皆稱該卦卦名，如"乾，元，亨，利，貞""謙，亨，君子有終"等。八純卦之卦辭中，其餘七卦卦辭之始皆只引稱該卦卦名，獨坎爲"習坎"，微哉！○震體十六，《上經》七，《下經》九。夫震長男也，《上篇》視坎減一，《下篇》視坎多一，蓋震雖長，其體偏。坎猶嫡也，故用于陽則震減于坎，用于陰則坎減于震也。○艮體十六，《上經》七，《下經》九。震、艮俱陽卦也，俱偏體也，《上經》以坎爲主，震、艮爲客，故《上篇》震、艮減于坎，《下篇》坎減于震、艮，客不敵主也。增減各以一者，陽數奇也，此震、艮視坎爲贏縮也。○離體十六，《上經》六，《下經》十。離、坎俱主卦，俱中體。在《上》俱爲主，而離減二，在《下經》俱爲客，而離增二，蓋離雖中陰也，陰必效法于陽。故視坎爲進退減二于上者，以陰體退居坎下也。增二于下者，以陰體進居坎上也。增減各以二者，陰偶數也。《上經》陽，故坎多離少，坎先離後。《下經》陰，故離多坎少，離先坎後，一定之進退也。○巽體十六，《上經》四，《下經》十二。○兌體十六，《上經》四，《下經》十二。兌、巽皆陰卦，偏體也。視離之中，已不相及，況《上經》以正卦爲主，偏卦爲客。故巽、兌視離減二。《下經》則以偏卦爲主，偏卦又以陰爲主，故巽、兌皆得十二，與《上》之乾、坤並焉。

乾坤坎離，四正卦也先天方位，故以居四正者，居《上經》而爲《上經》之主。乾坤又爲主于坎離，而乾更爲坤主也。兌巽震艮，四偏卦也，故以居四隅者，居《下經》而爲《下經》之主。兌巽又爲主于震艮，而兌更爲巽主也。故在《上經》，則乾坤十二，遞減而坎之八，震艮之七，兌巽之六，合之共六十體，而乾坤最尊也。在《下經》則兌巽十二，遞減而離之十，震艮之九，坎之八，乾坤之四，合之共六十八體，而兌巽最貴也。

或曰：乾爲坤主是矣，兌胡以爲巽主也？曰：此自先天圖得之，兌與乾同爲太陽，位相聯於東南。後天同爲金，位相聯于西北，與乾敵體，烏得不爲巽主乎？故《上經》客卦中，兌居隨兌上震下之先，《下經》主卦中，兌爲咸兌上艮下之首也。

乾坤坎離之體正，兌巽震艮之體偏。正則全，偏則不全。惟其偏也，故所用之卦，止居《下篇》，不居《上篇》。居其下，失其上，偏也。就《下篇》言之，止居始，不居終。居其始而失其終，亦偏也。乾坤坎離所用之卦，則貫上下，該始終，而包其全矣，正故也。

《上經》首乾坤，天地定位也。《下經》首咸，山澤通氣也，次恒，雷風相薄也，終既、未，水火不相射也。

《上經》父母交，六子不交，至《下經》始交六子交指長男震交長女巽爲恒（震上巽下）益（巽上震下），中男坎交中女離爲既濟（坎上離下）未濟（離上坎下），少男艮交少女兌爲咸（兌上艮下）損（艮上兌下）。且恒、益、既濟、未濟、咸、損六卦皆居《下經》。然乾坤之交，居《上經》之中，而六子之交，則居《下經》之前後，猶父母居中堂，而六子夫婦，對列乎堂下之左右也。以一歲論，《上經》之初，坎、震用事《上經》第三卦屯爲震下坎上，春也。《上經》之末，離火用事，夏也。《下經》之初，兌澤用事《下經》第一卦咸爲艮下兌上，秋也。《下經》之末，坎水用事，冬也。然未濟坎之下體，聖人已屬意于屯之上體矣，《上》《下經》循環一氣也。

乾上經十二體
此以下八卦
言卦合體

乾 泰 否 需 訟 同人 大有 無妄 履 小畜 大畜

以二體成本卦乾，二體合坤成泰、否，二體合坎成需、訟，二體合離成同人、大有。于主卦各以二體合，兼上下也。餘四體以一合巽成小畜，以一合兌成履，以一合震成無妄，以一合艮成大畜。于客卦，則各以一體合。震、兌，陽在下，故合于下；艮、巽陽在上，故合于上，貴陽也。

經下體與四主卦合
夬 姤 大壯 遯

一合兌成夬，一合巽成姤，一合震成大壯，一合艮成遯。震、兌陰在上，故合于上；艮、巽陰在下，故合于下。貴陰也，陽不自用爲陰所用也。

坤上經十二圖

坤 泰 否 師 比 豫 復 謙 剝 觀 臨

以二體成本卦坤，二體合乾成泰、否，二體合坎成師、比，二體合震成豫、復，二體合艮成謙、剝。于陽卦各以二體合，兼上下也。餘二體，以一合巽成觀，以一合兌成臨。于陰卦則各以一體合，巽陽在上，故合于上，兌陽在下，故合于下，貴陽也，亦以陽包陰也。離陰在陽中，故不合離，此坤十二之體，不自用爲陽用也。

經下體與四陰俱三卦合
晉 明夷 升 萃

二體合離成晉、明夷，一合巽成升，一合兌成萃，以巽、離、兌三女即坤之三畫也，坤自用之四體也。獨不合陽卦者，貴陰不貴陽也。按：坤《上篇》不合離而《下篇》再合者，《下篇》陰爲主，故再合之，而非巽、兌敢望。亦猶《上篇》陽爲主，故乾再合坎，而非震、艮敢望也。離雖客卦而坤視爲主。

坎經卦八上　　蒙 屯 比 師 訟 需 坎

二體合本卦，二體合乾成需、訟，二體合坤成師、比。于主卦獨不合離者，以離爲之配也。餘二體，以一合震成屯，以一合艮成蒙。艮陽在上，震陽在下，故合亦因之，爲上下也。于客卦獨不合巽、兌者，合陽不合陰也，其不合之故，則以乾坤交泰，父母之象也。六子不交，依然男女耳。至《下篇》始交爲夫婦，故咸、恒、損、益、既濟、未濟俱在《下經》也。

坎之體居上諸卦之最後《上經》中，六爻坎卦居上圖諸卦之後，而坎之用居上諸卦之最先《上經》中，屯、蒙、需、訟、師諸卦皆居六爻坎卦之前。

屯、蒙二卦，震長男，坎中男，艮少男，《上經》諸卦，惟此一對，具乾之三男，無陰體之雜。陽自震之下，達于坎之中，又自坎之中，達于艮之上，陽升而上之序也，合成乾三畫之純陽，此屯、蒙所以繼乾、坤而用事也乾、坤二卦居《易經》之始，屯、蒙二卦繼之。

下經亦體八　　蹇 解 未濟 既濟 渙 井 困 節

二體合兌成節、困原本無"困"字，而《下經》中，坎合兌而有節、困二卦，故原本缺"困"字，二體合巽成井、渙，二體合離成既、未濟。

《下經》重陰，于主卦中，固各以二體巽、兑矣。離雖陰，客卦也，亦以二體合者，以離爲坎之配也。六子交也。餘二體，以一合震成解，以一合艮成蹇。震陰在上，艮陰在下，而合亦從而上下者，貴陰也。

離《經》體 離 同人 大有 噬嗑 賁
上六

二體成本卦離，二體合乾成同人、大有，一體合震成噬嗑，一體合艮成賁。夫主不合坤，客不合兑、巽，而合震于下，合艮于上，合乾上下兼之，合陽不合陰也。

下《經》體 十 晉 明夷 鼎 家人 睽 革 既濟 未濟 豐 旅

原本上圖無未濟卦，據文義補之。

二體合坤成晉、明夷，離在《上經》則合乾，在《下經》則合坤也。二體合巽成鼎、家人，二體合兑成睽、革，二體合坎成既、未濟，以巽、兑俱《下經》之陰，坎爲離配，故以二體合之。餘二體，以一合震于上而成豐，以一合艮于下而成旅，貴陰不貴陽也。

乾坤體全而用也中，坎離體中而用也全。故乾坤居《上經》之始，爲否泰乾坤之交居《上經》之中。坎、離居上下之中，交而爲既、未坎離之交居《下經》之終。

震《經》體 復 豫 無妄 屯 噬嗑 頤 隨
上七

二體合坤成復、豫，一體合乾成無妄，一體合坎成屯，一體合離成噬嗑，一體合艮成頤，一體合兑成隨。震在《上經》爲客,故無本卦。《上經》六子不交,故不合巽,以巽爲之配也,下卦艮卦倣此。

按《上經》震與坎、艮,俱再合坤,親母也,得坤體多也。二卦不敢如坎再合乾者,遜嫡也。

豐 解 大壯 小過 歸妹 益 恆 震　　下經九體

二體成本卦震,二體合巽成恆、益。《下經》六子交,除本卦外,獨以二體合巽。餘五體,以一合兌成歸妹,以一合艮成小過,以一合乾成大壯,以一合坎成解,以一合離成豐,然俱以震爲上卦,以《下經》貴陰,震之陰畫在上,故合于上也。獨不合坤者,坤在《下經》只四體,俱合陰卦,坤不合震,故震亦不合坤也。

蠱 頤 賁 蒙 大畜 剝 謙　　艮上經七體

二體合坤成謙、剝。餘五體,以一合乾成大畜,以一合坎成蒙,以一合離成賁,以一合震成頤,以一合巽成蠱,而艮皆居上卦,以艮陽在上,故從上也。

遯 蹇 旅 小過 漸 咸 損 艮　　下經九體

二體成本卦艮,二體合兌成損、咸。除本卦配卦外,餘俱以一體合之。一合巽成漸,一合震成小過,一合離成旅,一合坎成蹇,一合乾成遯,艮皆居下卦,以艮陰在下也。《上經》再合坤,《下經》不合坤,皆與震同義。

巽上　經　體
經　四

小畜　觀　蠱　大過

一體合乾成小畜，一體合坤成觀，一體合艮成蠱，一體合兌成大過。合主卦則乾、坤爲尊，合客卦則惟艮、兌，以《上經》不合震也。合主卦則居上上卦，合客卦則居下下卦，以合巽之陰陽也。

巽下　經　體
經　十二

巽　益　恒　中孚　漸　渙　井　姤　升　家人　鼎

二體合成本卦巽卦，二體合震成益、恒，一體合兌成中孚，一體合艮成漸，爲其配，故合以二，非其偶，故合以一也。二體合坎成渙、井原本無"井"字，而《下經》中，巽合坎而有渙、井二卦，故加"井"字，二體合離成家人、鼎。《下經》坎離各以二體合巽，故亦以二體合之。一體合乾成姤，一體合坤成升。《下經》乾、坤只四體，各以一合巽，故巽亦以一合乾、坤也。然上于主而下于客者，亦以合巽之陰陽也。

兌上　經　體
經　四

履　臨　隨　大過

一體合乾成履，一體合坤成臨，一體合震成隨，一體合巽成大過。巽合兌，故兌亦合巽。兌不合艮，與巽不合震同義。

兌下　經　體
經　十二

兌　咸　損　中孚　歸妹　革　睽　困　節　夬　萃

二體成本卦兌，二合艮成咸、損，一體合巽成中孚，一體合震成歸妹，二體合離成革、睽，二體合坎成困、節，一體合乾成夬，一體合坤成萃。除本卦兌及兌與巽易，兌與艮交外，餘俱與巽同義，足見《下經》之重陰也。

《上篇》爲陽，《下篇》爲陰。然則坤何以與乾同居《上篇》？不知《易》之陽皆乾之陽，《易》之陰皆坤之陰，必乾上坤下，偏陰偏陽，豈成造化？從乾居《上經》者，坤不自用，而爲乾所用，坤亦陽也。故坤在《下經》之四體惟合兌、離、巽之陰卦，而巽之下，離之中，兌之上，即坤純陰之三畫也。坤之陰體，固隱然見于《下經》矣。

問：《下經》之坤，自合兌、離、巽外，純乎三陰，一無所雜，《上經》之乾，既合陽卦外，何以又合三陰卦耶？曰：陽得兼陰，陰不得兼陽也。如乾之畫奇而三，坤之畫偶而六，合三六成九。乾用九者，陽得兼陰也。坤用六者，陰不得兼陽也。故乾在《上經》于主卦則各以二體合，于客卦原本"客卦"爲"各卦"，但在《上經》中，乾並非與各卦合一體，與主卦合兩體，而與客卦僅合一體，據此改"各卦"爲"客卦"則各以一體合。其所合之上下，皆從陽而不從陰。在《下經》，又各以一體合《下經》之主卦，其所合之上下，皆從陰而不從陽，陽之兼陰，又未始無分辨也。

乾坤即陰陽，陰陽總乾坤，固矣。六子之陰陽，豈無分屬？坎，陽也，宜居《上經》，何以離亦居《上》？巽兌，陰也，宜居《下經》，何以震、艮亦居《下》？曰：文王分卦，亦本先天圖。圖以乾坤坎離居四正。乾與坤對，而乾則尊于坤，坎與離對，而坎則右于離，貴陽也。以震巽艮兌居四隅。震與巽對，而巽上于震，艮與兌對，而兌上于艮，貴陰也。故以四正居上，上陽也。以四隅居下，下陰也。四正在上，乾仍與坤對，坎仍與離對，不相異也。四隅在下，震不與巽對，而對艮，兌不與艮對，而對巽，陰陽各不相屬，而分析之，此又《下經》之不同于《上經》而爲陰體也。

黃氏卦序演

八純卦，正位也。各有所游之十二卦，則八卦之寄位也。八其十五而爲一百二十，與洛書縱橫之數洛書每行、每列與兩對角綫上之三數相加皆十五，共八其十五符。

黃《疏》黃端伯《易疏》曰："余以《鑿度》指《乾鑿度》參之《京房易傳》，始知文王卦序，固本于洛書也。陽遁陰中，陰遁陽中，逆順縱橫，變幻不測。兵家謂陰符爲詭道，仙家謂陰符爲玄門，信乎？文王微示其緘，而不告人以故，恐滋天下之變端也。噫！《易》之神變無方者，正以錯逆爲用者也。然至變之内，又有不變之元體者存，古人謂《易》爲盡性至命之書，有以也。

䷉ ䷈ ䷇ ䷆ ䷅ ䷄ ䷃ ䷂ ䷁ ䷀ 上篇
履 小畜 比 師 訟 需 蒙 屯 坤 乾
乾兌 巽乾 坎坤 坤坎 乾坎 坎乾 艮坎 坎震

《周易》首乾坤，六十四卦，皆從乾坤之變而成，乾坤即太極之元體也。乾坤之後，坎與乾坤相乘，即五行先水之義也。乃始以震、艮，終以巽、兌，而歸元于乾，主天而親水也。序位男先女，長先少，其有正名辨位之思乎！

䷓ ䷒ ䷑ ䷐ ䷏ ䷎ ䷍ ䷌ ䷋ ䷊
觀 臨 蠱 隨 豫 謙 大有 同人 否 泰
巽坤 兌坤 艮巽 兌震 震坤 艮坤 離乾 乾離 乾坤 坤乾

天地有交氣,泰、否氣交之中也。泰否之後,離與乾、坤相乘,即五行次火之義。而艮在震先,兌居巽後,所以明長少之交也。且隨、蠱二卦,震、艮與巽、兌互交,則洛書之飛伏也。隨、蠱位在歸魂,與師、比相對,文王其祖洛書之變而爲之者乎?乃先之以離,緯之以艮、震、兌、巽,而歸元于坤,主地而親火也。

離	坎	大過	頤	大畜	無妄	復	剝	賁	噬嗑
		兌巽	艮震	艮乾	乾震	坤震	艮坤	艮離	離震

噬嗑者,何以首也?所以寄明文武火也。乾坤爲萬象之大宗,其子爲火,其孫爲水,故圖、書之位,離居上而王南,圖七數書九數,明火之爲陽氣也。故天水爲訟,天火爲同人。其緯之以震、艮,何也?木爲火母,土爲火子也。震、離爲武火。震,陽木。陽木,火之胎也。火生于木,禍發必克,有用獄之象焉噬嗑之卦辭爲"噬嗑,亨。利用獄"。艮、離爲文火。艮,陽土。陽土,火之相也。轉生子氣,還以洩藏,賁所以小利有攸往也。火候有得有失,剝、復乘焉。且艮土爲火之休氣,震木爲火之生氣,所以艮剝而震復也。震艮交于頤,巽交于大過,長先而少後,男先而女後,有兄弟唱隨之義焉。坎離,性命之宮,天地之玄牝也。此處本道教內丹學。內丹學中,性指神,命指氣與精。並認爲性命皆是生命活動的根本,因此,內丹學主張性命雙修,分稱爲"性功"與"命功"。在具體的修持方法上,性命二者與人身體部位的陰陽水火升降有關,故曰:"坎離,性命之宮"。而"玄牝"在內丹學中具有多名,如玄關,玄關一竅,神氣穴等等,指內丹修煉立丹基,開始神、氣(性命)轉化發源處,故張伯端曰:"要須知夫身中一竅,名曰玄牝……能知此一竅,則冬至在此矣,結丹在此矣,脫體亦在此矣。夫此一竅,亦無邊旁,更無內外,乃神氣之根,虛無之谷。"(《金丹四百字

序》)此玄牝一開,則修煉者陰陽升降就會合乎天地之道,水火升降于中宮,氣結神凝,謂之坎離交媾。故《上經》以乾坤始,以坎離終。《易》首乾坤。乾坤,《易》之縕也。乾坤之交,繼之以坎,而以乾與巽、兌終之。泰、否,乾坤之交體也。繼之以離,而以坤與巽、兌終之,陰陽迭爲用也。屯蒙之先艮震,何也?震、艮,乾坤之繼體也,乾坤十卦《周易》前十卦之中,震艮一見;泰否十卦泰否及其後八卦之中,震艮二見;噬賁十卦噬嗑、賁及其後八卦之中,震艮三見。有積微至著之義焉。自是而咸、恆、損、益十二卦,皆先震艮矣。于是乾坤化訖,而父母之事終。震艮之首十四卦也,所以明人子繼父母之道也。

　　　　　解　蹇　睽　家人　明夷　晉　大壯　遯　恆　咸　　下篇
　　　　　震坎　坎艮　離兌　巽離　坤離　離坤　震乾　乾艮　震巽　兌艮

《上篇》首乾坤,天地定位也。《下篇》首咸恆,山澤通氣,雷風相薄也。俱以坎離終,水火不相射也。後天之序,其昉fǎng源出于先天乎!洛書卦位,乾坤與坎離爲飛伏,震兌與艮巽爲飛伏。《下篇》咸恆爲先,損益爲繼,法洛書也。屯與蒙對,坎離之再變也。遯與大壯對,乾坤之再變也,《二篇》列之。第二對中,需與訟對,乾合坎也,而爲坤、離之游魂。晉與明夷對,坤合離也,而爲乾、坎之游魂。文王次需訟于屯蒙之後,次晉明夷于遯、大壯之後,其以寄明飛遁反生之變乎!咸恆之後,即次以乾坤,乾坤化始也。歷兌巽而坎離,歸藏于坎,而以艮震統其始終,陽爲政也。

　　　　　鼎　革　井　困　升　萃　姤　夬　益　損
　　　　　離巽　兌離　坎巽　兌坎　坤巽　兌坤　乾巽　兌乾　巽震　艮兌

損益何以次咸恆也？洛書震、兌居正，艮、巽居隅。咸、恆，震、兌三變之卦_{三世卦}。損、益，艮、巽三變之卦也。遯、壯_{指大壯}則乾與艮、震交，夬、姤則乾與兌、巽交。晉、明夷、萃、升則皆坤也_{爲交坤而成}，家人、睽則離與巽、兌交，困、井則坎與巽、兌交，蹇、解主坎而以艮、震緯之，革、鼎主離而以巽、兌緯之。何卦位之相配也，歷艮、震而次坎，歸藏于離，而以兌、巽統其始終？陰爲政也。故夬、姤之際，聖人憂之。夬、姤、剝、復，乾坤之飛體也，然皆在泰、否、咸、恆十二卦之後_{按《周易》卦序，泰至剝，否至復，咸至夬，恆至姤，皆歷十二卦}，日歷十二時而氣變，歲歷十二月而運變，故曰天地之交十之三，自噬嗑至革鼎，凡三十卦。乾坤各居二焉，父母之事既終，六子所以乘權而用事也。

未濟	既濟	小過	中孚	節	渙	兌	巽	旅	豐	歸妹	漸	艮	震
離坎	坎離	震艮	巽兌	坎兌	巽坎			離艮	震離	震兌	巽艮		

《上篇》首乾坤，《下篇》不首震艮而首咸恆，何也？子不敢與父母敵也。故退列十四卦之上，若爲父母繼志述事者然，孝子之道也。《中庸》曰："夫孝者，善繼人之志，善述人之事也。"巽對震，艮對兌，文王先震艮，而後兌巽，明妻不敢敵夫也。且反對爲偶，又示人以陰陽升降之機焉。震、艮六卦，震、艮爲經而以離緯之，然未嘗無巽、兌也。巽、兌六卦，巽、兌爲經而以坎緯之，然未嘗無震、艮也，陰陽互根之機也。《上篇》需、訟、頤、大過，《下篇》晉、明夷、小過、中孚，皆八卦游魂之位也，或繼乾坤、咸恆之後，或開坎離、既未濟之先，而始乾、坤以坎、離之伏氣，終以震、兌、艮、巽之伏焉，文王之觀變精矣。乾坤、坎離包二篇之終始，乾坤純氣，坎離中氣也。洛書卦位：乾連坎而飛離，坤連離而飛坎，其卦序所自昉乎？震艮巽兌錯列于四卦之中，

震、巽初氣，艮、兌少氣也。洛書卦位：震對兌而飛巽，兌對震而飛艮，四卦所以互爲伏現也。且咸、恒、損、益皆以四卦錯成，未嘗不與乾坤同化，特不敢專成耳。凡首乾坤者，終巽兌。若乾、坤之受以小畜、履、泰、否之受以臨、觀是也。首震艮者，終坎離，若噬嗑之受以坎、離，震、艮之受以既、未濟是也。咸、恒、損、益則震、兌、巽、艮雜，然咸、恒則受以蹇、解之坎，損、益則受以革、鼎之離，又未始不以坎離爲化樞也。咸、恒先艮而後震，陽卦也，則以坎終之。損、益先兌而後巽，陰卦也，則以離終之。皆先少而後長，化氣必由稚而壯也。

《上篇》首乾坤，次坎離，分而對也。《下篇》首咸恒，終既、未濟，合而交也。《上篇》陽先陰後，男先女後，正其位也。《下篇》陰先陽後，少先長後，通其志也。《上篇》頤、大過二陰二陽俱在外，其氣分也。《下篇》中孚、小過二陰二陽俱在內，其氣合也。易陰陽而至中位，則爲坎、離矣。故以坎離、既未濟終之。"黃《疏》曰"至此之圖文皆引自《易疏·卷一·上下篇卦序衍》。

三十六貞悔圓圖、方圖_{原本正文無此標題，據《圖象目錄》而加}

智曰：《周易》序上、下經各十八卦見下《三十六貞悔圓圖》，方以智將一對綜卦視爲一卦，如此《周易》共三十六卦，上、下經各十八卦，何也？天用三三之九，而九不能齊參兩，故倍九而參兩，九六齊矣，此十八卦之符十八變也。兩之爲三十六宮，猶三畫卦兼三才而兩之，爲六爻也。蓋老陽策爲四營之九，而陰六之自乘也。微哉！

曰：以兩爲節言之，爲二卦者十八節；以三爲節言之，爲三卦者十二節；以六爲節言之，爲六卦者六節；以九爲節言之，爲

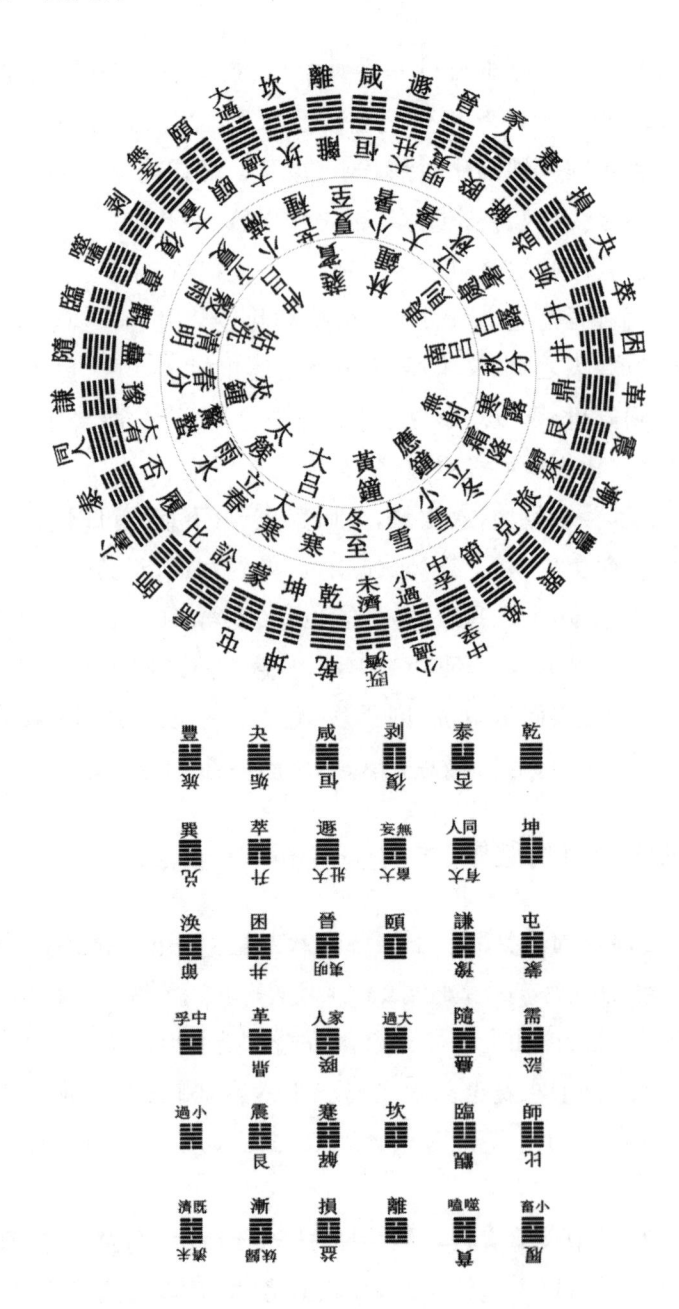

圖象幾表

（圓圖：六十四卦配二十四節氣、十二律、十二辰）

豐	夬	咸	剝	泰	乾
巽	萃	遯	無妄	同人	坤
渙	困	晉	頤	謙	屯
中孚	革	家人	大過	隨	需
小過	震艮	蹇解	坎	臨觀	師比
既濟	漸歸妹	損益	離	噬嗑	小畜

九卦者四節；以十二爲節言之，爲十二卦者三節。是爲大三周焉。圓此七十二以應天時，方此六六以應地理，何處不可彌綸？間以二十籌圖之，則五四之符也。

《圖解》曰：合乾坤六子，共得三十六畫，此三十六卦，乃三十六畫所生，邵子所謂三十六宮也。元公黄端伯曰："反對圖乃陰陽升降之理，《參同契》指《周易參同契》，東漢魏伯陽著所喻丹書也。"潛老夫曰：丹書其一端耳，《易》之大用，在以陽策三十六，統一切用，而八卦陰陽各十二畫，以奇一偶二論之，即三十六也。横圖之數，自一至八，亦三十六也。大横圖乾本蘯之積數，亦三十六也。七十二候則倍之，百八者三之，坤策四之，乾策六之，具策爲三百二十者三十六。一元爲三百六十年者三十六，人一日之呼吸爲三百七十五者三十六，何非三十六宮乎？乾坤坎離四卦不變，純氣、中氣，造化之元也。上終以頤、大過，下終以小過、中孚，二長、二少交體以肖坎、離，亦不變者。始分而終亦分，始合而終亦合。《上經》主正卦，故正對六，顛對十二。《下經》主偏卦，故正對二，顛對十六。其二篇各十八者，三其六而二其九，天數、地數，屈伸妙哉！合三十六而陰應六六，陽應四九矣。乾坤至畜履六，泰否至噬賁六，剥復至坎離六，而乾坤之中氣周矣。咸恒至損益六，夬姤至漸歸六，豐旅至既未六，而乾坤之化事大周矣。虛舟王宣以六貞悔爲乾六爻者，此也，用六之序也。乾坤至謙豫九，隨蠱至坎離九，乾坤之中終也。咸恒至困井九，革鼎至二濟九，乾坤之交終也。此用九之序也，又分大三限焉。乾、坤至噬賁一限，剥復至損益二限，夬姤至二濟三限，限各十二卦，七十二爻，其應十二月，七十二候乎！八顛不變之卦，令以乾乾坤坤環之，而七十二卦七十二卦指黃道周在文王六十四卦的基礎上，將卦推演爲七十二卦，詳見本書第二卷《納音圖》有關七十二卦的注釋，四百三十二爻，十之則時法也。二濟、二老，其冬中而開春乎！謙、豫、隨、蠱，其春分而開夏乎！坎、離、咸、恒，其夏中藏秋乎！困、井、革、鼎，其正秋歸冬乎！石齋黃道周反復用此曆年。序卦深幾，黤yǎn黑暗淺自信不及。

《野同録》序卦原本正文無此標題，據《圖象目録》而加

《野同録》方大鎮撰，今佚。後文是方大鎮以《大象傳》爲主要根據來説明通行本《周易》序卦之理曰：開天地乾、坤，作君師，首習六險《象·坎》曰："'習坎'，重險也。"故險爲坎之用。而屯（震下坎上）、蒙（坎下艮上）、需（乾下坎上）、訟（坎下乾上）、師（坎下坤上）、比（坤下坎上）六卦或上卦爲坎，或下卦爲坎，是爲六險。至于畜《大象·小畜》曰"君子以懿文德"、履《大象·履》曰"君子以辨上下，定民志"而類辨《大象·同人》曰"君子以類族辨物"揚遏《大象·大有》曰"君子之所以遏惡揚善，順天休命"，乃所以明泰《大象·泰》曰"后以財成天地之道，輔相天地之宜，以左右民"、否《大象·否》曰"君子以儉德辟難，不可榮以禄"也。既明矣，恐以苛察火馳，即處以平施《大象·謙》曰"君子以裒（póu）多益寡，稱物平施"而和樂《大象·豫》曰"先王以作樂崇德"焉。隨維消《大象·隨》曰"君子以嚮晦入宴息"，蠱教思《大象·蠱》曰"君子以振民育德"觀生觀生教。《大象·觀》曰"先王以省方觀民設教"，乃以明法《大象·噬嗑》曰"先王以明罰勑法"，乃以文止《大象·賁》曰"君子以明庶政，無敢折獄"。總須過剥《大象·剥》曰"上以厚下安宅"、復《大象·復》曰"先王以至日閉關，商旅不行，后不省方"之關，而畜《大象·大畜》曰"君子以多識前言往行，以畜其德"無妄《大象·無妄》曰"先王以茂對時育萬物"以學問也。養生送死《象·頤》曰"天地養萬物，聖人

養賢以及萬民,頤之時大矣哉!",惟在競競慎節《大象·頤》曰"君子以慎言語,節飲食",即不懼無悶《大象·大過》曰"君子以獨立不懼,遯世無悶",而明常繼《大象·離》曰"大人以繼明照于四方"矣。此《上篇》之經綸教養也。造端所以察至《象·咸》曰:"天地感而萬物化生,聖人感人心而天下和平。觀其所感,而天地萬物之情可見矣。",而虛受《大象·咸》曰"君子以虛受人"立方《大象·恒》曰"君子以立不易方",爲出處明晦之權《大象·明夷》曰"君子以莅衆用晦而明",言行《大象·家人》"君子以言有物而行有恒"同異《大象·睽》曰"君子以同而異",惟禮辨之,反修《大象·蹇》曰"君子以反身修德"赦宥《大象·解》曰"君子以赦過宥罪",泯于禮而化矣。然不以德成,而薄視懲窒《大象·損》曰"君子以懲忿窒欲"遷改《大象·益》曰"君子以見善則遷,有過則改"也。從此施禄《大象·夬》曰"君子以施禄及下,居德則忌"施命《大象·姤》曰"后以施命誥四方",用戒《大象·萃》曰"君子以除戎器,戒不虞"用積《大象·升》曰"君子以順德,積小以高大",入困能通《大象·困》曰"君子以致命遂志",時革《大象·革》曰"君子以治曆明時"即鼎《大象·鼎》曰"君子以正位凝命",不以行高而謝事《大象·艮》曰"君子以思不出其位",不以遘gòu閔遘,遇也。閔,憂也。遘閔即遭遇憂患而隕心《大象·震》曰"君子以恐懼修省",動靜既一,而視曆命之微。《彖·艮》曰:"艮,止也。時止則止,時行則行,動靜不失其時,其道光明。"常變之難,猶《雞鳴》《風雨》皆出自《詩經》也。善俗《大象·漸》曰"君子以居賢德善俗"知敝《大象·歸妹》曰"君子以永終知敝",古今自無疑獄《大象·豐》曰"君子以折獄致刑"留滯《大象·旅》曰"君子以明慎用刑,而不留獄"矣。惟有行事《大象·巽》"君子以申命行事"講習《大象·兌》曰"君子以朋友講習",爲斯世收散中節之門庭,乃處豐如旅、過而不留之大道也。立廟敦本《大象·渙》曰"先王以享于帝,立廟",度數皆德行《大象·節》曰"君子以制數度,議德行"矣。禮樂之節,應四時焉。《彖·節》曰:"說以行險,當位以節,中正以通。天地節而四時成。節以制度,不傷財,不害民。"**中孚緩死**《大象·中孚》曰"君子以議獄緩死",**二過終哀**《大象·小過》曰"君子以行過乎恭,喪過乎哀,用過乎儉",**續中二濟,伐鬼、化狐**皆引自二濟經傳,總是頤生顛死,習明知險,而思患《大象·既濟》曰"君子以思患而豫防之"**慎辨**《大象·未濟》曰"君子以慎辨物居方",以終始其健厚不息之心行已矣。

卷之四終

圖象幾表卷之五

皖桐方孔炤潛夫授編
孫　中德、中履、中通、中泰編録

旁徵原本正文無此標題，據《圖象目録》而加

三易考約

《周禮》：太卜掌三《易》，經卦皆八，別皆六十四。《山海經》曰："伏羲氏得河圖，夏后因之曰《連山》。黄帝氏得河圖，商人因之曰《歸藏》。列山氏得河圖，周人因之曰《周易》。"姚信三國易學家云："夏因神農，商因黄帝，周因虙戲伏羲。"杜子春（約前30—約58），漢古文經學家蓋謂伏羲、黄帝造名，夏、殷因而用之，列山即連山，古聲轉耳。皇甫謐（215—282），幼名静，字士安，自號玄晏先生。三國魏晉時期學者，醫家，安定郡朝那縣（今甘肅省靈臺縣）人，著有《帝王世紀》《針灸甲乙經》《高士傳》《逸士傳》《列女傳》《元晏先生集》等書言，三統夏、商、周三統是也。《子華子》子華子，春秋末期人，今有《子華

子》兩卷謂：："出一立兩成三，《連山》呈形，《歸藏》御氣，《大易》立數。"引自《子華子·執中》。究可分乎？柴霖傅謂之《三墳》，曰：《山》《山墳》《氣》《氣墳》《形》《形墳》，元豐宋神宗的第二個年號（1078—1086）毛漸（1036—1094），字正仲，北宋學者，于元豐中得《三墳》三卷得之唐州北陽民家，偽也。桓譚（約前23—約56），字君山，漢沛國相（今江蘇淮北市）人《新論》："《連山》八萬言，《歸藏》四千三百言。"引自《新論·正經》。《唐志》："《連山》；《歸藏》司馬膺注。"《新唐書·藝文志》曰："《連山》十卷；司馬膺注《歸藏》十三卷。"（《世紀》指晉皇甫謐所撰的《帝王世紀》引《連山》曰："禹娶塗山攸女，生啟禹之子。原本"生啟"作"生余"，而《帝王世紀》作"生子啟"，據此改"余"爲"啟"。"《水經注》北魏酈道元撰引《連山》曰："有崇伯鯀伏于羽山。"《周禮疏》指《周禮注疏》，漢鄭玄注，唐賈公彥疏曰："《歸藏》開筮，堯降女于舜，又見《節卦》云：殷王上國，常毋谷。"宋《中興目》："晉薛正注。今存《初經》《芥毋》《本著》三篇，文多缺亂。"《中興館閣書目》釋《歸藏》條。《書正義》指《尚書正義》，漢孔安國注，唐孔穎達疏引《歸藏》曰："羿畢三日。"《爾雅注》晉郭璞注引"兩壺兩羭"《爾雅注》釋"羊"字而引《歸藏》語，疏宋邢昺疏《爾雅注》曰："成湯作也邢昺以爲《歸藏》爲成湯所作。"《選注》指《文選注》，南梁蕭統編，唐李善注引《歸藏》曰："君子戒車，小人戒徒。"又引"夏啟爲璿瑩"。《莊注》指陸德明《經典釋文》注《莊子》引《歸藏》曰："穆王子筮卦于禺強。"《御覽》指北宋李昉等撰的《太平御覽》引《歸藏》曰："白雲自蒼梧，入大梁。""女媧筮，張雲幕，枚占之曰：'吉，黃神將戰，筮于巫咸。'"《明夷》《太平御覽》引《歸藏·明夷》曰："夏啟乘龍，以登天。皋陶占之曰：'吉。'"凡此皆托詞，或古語而後人附之。劉炫（約546—613），字光伯，隋經學家，河間景城（今河北獻縣東北）人曾作《連山》。）《通志》南宋鄭樵撰：《連山》用三十六策，《歸藏》四十五策，《周易》四十九策。朱震曰："《歸藏》初經，乾、奭，(坤古作奭，此訛也。)艮、兌、犖(坎)、離、釐(震)、巽，此二老而少、中、長也。"引自《漢上易傳·卦圖》。薛正晉代學者曰："《連山》乾始于子，坤始于午，艮、震、巽、離、坤、兌、乾、坎，《連山》序也。《周易》兼用之。"《圖解》曰："《連山》以艮、離、坎、坤、震、巽、乾、兌爲次，《歸藏》以坤、巽、離、兌、艮、坎、震、乾爲次。"余青震曰：六十配甲六十甲子與六十四卦相配，自比卦乾宮之終第一卦行至乾宮庚戌，是純艮相連也。自五子自比卦，相應亦自甲子、丙子、戊子、庚子、壬子此五子而五亥行至終處則需經歷乙亥、丁亥、己亥、辛亥、癸亥此五亥，至觀卦終焉，其曰《歸藏》，即辟公、侯卦氣也。《易考》則取除四正者，《連山》；除坎、離、震、兌者，《歸藏》。潛老夫曰：《易》自具三統而代分尚之，不獨夏、商、周也。先天坤子艮亥，而乾午主用。後天之艮終丑始寅，坤主五行之中，乾統天門之位。子曰："夏指夏朝時之義，坤乾之等，吾以是觀之，是者《周易》也。"引自《禮運》。

《京氏傳》約 原本正文無此標題，據《圖象目錄》而加。"約"爲"概約"義。《〈京氏傳〉約》亦即對《京氏傳》的概述

《京傳》指《京氏易傳》，京房君明撰(商瞿子木指孔子弟子商瞿，字子木，春秋末年魯國人受《易》孔子，五傳至漢田何子裝漢初今文易學家，姓名田何，字子裝，又三傳爲孟喜，而焦贛焦延壽云從孟氏問《易》，頓丘西漢縣名，今屬河南清豐縣京房君明師之，房授殷嘉、姚平、乘弘，遂爲京氏學。此言京氏易學師承關係)："孔子曰：'一世、二世爲地易，三世、四世爲人易，五世、六世爲天易，游魂、歸魂爲鬼易。'鬼爲繫爻(今作克我爲鬼)，財爲制爻(我克)，天地爲義爻

（即生我父母天地爲父母），福德爲寶爻（子孫福德爲子孫），同氣爲專爻（兄弟）。龍德十一月子，在坎，左行；虎刑五月午，在離，右行。"引自《京氏易傳》。五行生死（即今生旺墓例），"陽入陰，陰入陽，交互相盪，積算隨卦起宮，天地之内無不通也。"（乾起巳，坤起亥，震起寅，巽起午，坎起子，離起丑，艮起未，兑起甲。）"初爻三日，二爻三日，三爻三日，各九日。餘一日閏餘，三旬成月，積月成年，成萬一千五百二十策。"（此言每爻三十策《大衍曆》用之。）"分三十爲中，六十爲上，三十爲下，總一百二十（倍六十卦）。新新不停，生生相續，故淡泊不失其所。《易》所以斷理定倫也。"晁景迂北宋晁説之（1059—1129），字以道、伯以，號景迂，北宋鉅野（今山東巨野縣）人，其于經史著作甚豐，但大多毁于靖康之難。今存有《儒言》一卷，《景迂生集》二十卷，《晁氏客語》一卷曰下引文出自晁説之《記京房易傳後》："《京傳》文字舛訛，余三十四年，乃能以象數辨正之。蓋辨三《易》，謹氣候，以觀盈虚也。進退以幾，而爲卦主者，世也。據一起二，而爲主之相者，應也。世所位而陰陽轉者，飛也。肇乎所配不脱乎本，以飛何宫之卦，乃伏何宫之位者，伏也。起世而周内外、參本數，以紀月者，建也。終始無窮，以紀日者，積也。會于中，以四爲用，備四卦者，互也。"蓋辨三《易》"至此，《記京房易傳後》作："大抵辨三《易》，運五行，正四時，謹二十四氣，志七十二候，而位五星，降二十八宿，其進退以幾。而爲一卦之主者，謂之世。奇偶相與，據一以起二，而爲主之相者，謂之應。世之所位，而陰陽之肆者，謂之飛。陰陽肇乎所配，而終不脱乎本。以隱顯佐神明者，謂之伏。起乎世而周乎内外，參乎本數以紀月者，謂之建。終之始之，極乎數而不可窮以紀日者，謂之積。會于中，而以四爲用，一卦備四卦者，謂之互。"乾建甲子于下，坤建甲午于上，八卦之上乃生一世之初，初一世之五位，乃分而爲五世之位。其五世之上，乃爲游魂之世，五世之初，乃爲歸魂之世。而歸魂之初，乃生後卦之初，其建剛日則節氣，柔日則中氣，虛則二十八，盈則三十六。至于世應、飛伏，死于位，生于時。生于時，死于位，則意遺乎言者也。"至于世應"至此，《記京房易傳後》作："若世與外，或不論內外之象，而論其內外之位，或三相參而論內外與飛。若伏，或相參而論內外世應建伏，或不論內外，而論世建與飛伏，或兼論世應飛伏，或專論世應，或論世之所忌，或論世之所生，于其所起，見其所滅，于其所刑，見其所生。故曰：死于位，生于時；死于時，生于位。"焦小黃指焦延壽，其曾在梁國任小黃令，故後人以此稱之變四千九十六《焦氏易林》占卦法中，每卦變六十四，合爲四千九十六卦，管輅（209—256)字公明，平原（今山東平原縣）人，三國時期曹魏術士，善占驗、相術定乾之軌，七百六卦，入坤之軌，六百七十二卦，知之者，將以語康節三易矣。"潛老夫曰：陰陽交幾，其端有例，知其消息，何非道耶！而矜言占驗，則流爲術數耳。七變藏九，不變主變，游魂、歸魂，原始反終，誰知之乎？今之術《火珠林》古代占卜之數，傳爲唐末宋初的麻衣道士所作者，未有能讀《京傳》者也。余亦十年而後通其解。乾統氣，故虛五而起積。每卦五變，合上爲六，而游歸之變，亦虛五而行。四陽卦當二十四，則所餘二十六候也。震、坎、艮首虛一位，而自乾巳己，至艮庚子，則餘二十八也。四陰卦亦然，剛干起月首，故六月得二十六候，柔干中氣，則六月止得二十八候，宿則兩周而交南方七宿加參焉，五星以生爲序，故訂而譜之。

智按下圖按語：此以納甲分卦，以爻支應二十四氣。乾內卦起甲子，外卦起壬午，子午與震同。坤內卦起乙未，外卦起癸丑，丑未與巽同。此八卦爲六卦，卦初爻與四爻當兩氣首，每爻一候，六卦則十二氣也，再一周則二十四氣也。內不及坤者，乾、震同初子四午，故內用震，外用乾。坤、巽雖同丑未，而

圖象幾表

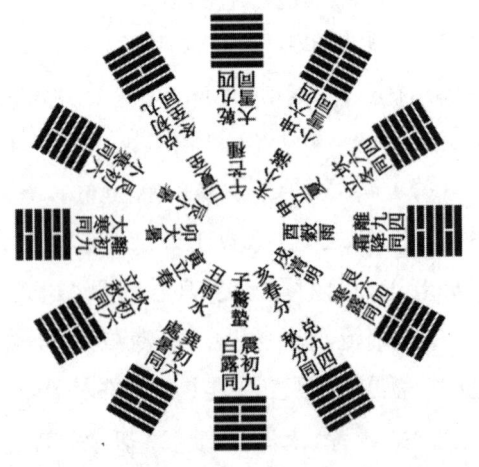

立春坎初戊寅	立秋坎初戊	寒露艮初丙	清明艮初丙	芒種乾初壬午	大雪乾初壬子	驚蟄震初庚	白露震初庚申	立夏巽初戊	立冬巽初戊	小寒艮初丙辰	大暑艮初丙

（八卦方位圖）

巽初丑，坤四亦丑，故復用巽也。輪建月日，則乾統十二，示無非乾君也。此明本卦、爻支應氣，示無非坤所藏也。

六十四卦甲子積算 _{原本正文無此標題，據《圖象目錄》而加}

卷之五　253

乾　壬壬壬甲甲　統七十二候 　　戌申午辰寅子 建始甲子至己巳，兼己巳至 甲戌，積算起己巳至戊辰。 五星從位起填星，參宿 伏　位起壬戌	姤　壬　辛　分氣候 　　戌　酉亥丑　五十六 起坤宮庚午芒種，至乙亥小 雪，積乙亥至甲戌。 太白 井入辛丑　　飛巽	遯　丙丙丙　分氣候 　　申午辰　庚　廿八 辛未大暑至丙子大雪，丙 子至乙亥。 太陰辰星 鬼降丙午　　飛艮	否　乙乙乙 　　卯巳未　三十六 壬申立秋至丁丑大寒，丁 丑至丙子。 歲星 柳降乙卯　　飛坤
觀　辛　　乙　廿八 　　卯巳未 癸酉秋分至戊寅立春，戊 寅至丁丑。 熒惑 星宿　降辛未　　飛巽	剝　丙丙丙　三十六 　　寅子戌 甲戌寒露至己卯春分，己 卯至戊寅。 填星 張降丙子　　飛艮	晉　己巳辰酉　廿八 己卯春分至甲申立秋，甲 申至癸未。 太白 翼降己酉　　飛離伏艮	大有　甲 　　辰寅子　三十六 戊寅立春至癸未大暑，癸 未至壬午。 太陰辰星 軫降甲辰　　與坤飛伏
震　戌甲　庚　三十六 　　辰寅子 建丙子大雪至辛巳小滿，積 算辛巳至庚辰。 歲星 角　降庚戌　　與巽飛伏	豫　戌甲　庚子　乙未　廿八 丁丑大寒至壬午芒種，壬 午至辛巳。 熒惑 亢　乙未　　飛坤	解　戊　壬 　　辰寅　未　三十六 戊寅立春至癸未大暑，癸 未至壬午。 填星 氐　戌辰　　飛坎	恒　庚 　　辰寅子　廿八 己卯春分至甲申立秋，甲 申至癸未。 太白 房　辛酉　　與坤飛伏
升　酉亥丑酉亥　辛癸丑　三十六 庚辰清明至乙酉秋分，乙 酉至甲申。 太陰水星 心　癸丑　　飛坤	井　辛　戌戌　三十八 辛巳小滿至丙戌寒露，丙 戌至乙酉。 歲星 尾　戊戌　　飛坎	大過　丙　三十六 丙戌寒露至辛卯春分，辛 卯至戊寅。 熒惑 箕　丁亥　　飛兌伏坎	隨　庚 　　辰寅子　廿八 乙酉秋分至庚寅立春，庚 寅至己丑。 填 太白　辛酉 計都此南斗也　庚辰

坤䷁癸癸癸乙乙 酉亥丑卯巳未　分氣候 建甲午芒種至己亥至戊戌周而復始，五星從位起太陰木星。乾飛伏。星宿從位降癸酉。	復䷗庚子分氣候 乙未起坤，大雪至庚子大雪，積庚子至己亥。熒惑歲宿降庚子　飛震	臨䷒丁丁 酉亥丑卯巳　丁三十六 丙申立秋至辛丑大寒，積辛丑至庚子。熒惑翼在丁卯　飛兌	泰䷊癸癸 丑辰寅子　甲廿八 丁酉秋分至壬寅立春，壬寅至辛丑。填星軫降甲辰　飛乾
大壯䷡庚 午子　甲三十六 戊戌寒露至癸卯春分，癸卯至壬辰。太白角降庚午　飛震	夬䷪丁 未酉　甲廿八 己亥小雪至甲辰清明，甲辰至癸卯。辰星亢降丁酉　飛兌	需䷄戊 申戌　甲三十六 甲辰清明至己酉秋分，己酉至戊申。歲星氐降戊申　飛坎伏兌	比䷇乙 卯巳未　乙廿八 癸卯春分至戊申立秋，戊申至丁未。熒惑房降乙卯　與乾飛伏
巽䷸辛 卯巳未酉亥丑　辛 辛丑大寒至丙午芒種，丙午至乙巳。太白心火辛卯　與震飛伏	小畜䷈辛 未　甲子 壬寅立春至丁未大暑，丁未降甲子。太白尾降甲子　飛乾	家人䷤己 亥丑卯　己 癸卯春分至戊申立秋，戊申至丁未。歲星箕降己丑　飛離	益䷩辛 卯巳未辰寅子　乙 甲辰清明至己酉秋分，己酉至戊申。歲星計都降庚辰此斗也　飛震
無妄䷘ 戌　壬午 乙巳小滿至庚戌寒露，庚戌至己酉。熒惑牛降壬午　飛乾	噬嗑䷔己 巳未酉　 丙午芒種至辛亥小雪，辛亥至庚戌。填星女降己未　飛離	頤䷚ 辰　丙戌 辛亥小雪至丙辰清明，丙辰至乙卯。太白虛降丙戌　飛艮伏震	蠱䷑ 辰　辛酉 庚戌寒露至乙卯春分，乙卯至甲寅。辰星危降辛酉　與震飛伏

坎䷜戊子戊申壬辰庚寅廿八建癸未大暑至戊子大雪，積丑至戊戌。 太白 降戊子 牛	革䷰丁亥丁亥小雪至壬辰清明，壬辰至辛卯。 填星 丁亥 室 與離飛伏	艮䷳丙寅子戊申辰丙三十六建庚寅立春至乙未大暑，積乙未至甲午。 熒惑 丙寅 胃 與兌飛伏	睽䷥己酉甲午芒種至己亥小雪，己亥至戊戌。 歲 己酉 參 飛離
節䷺丁巳太陰 丁巳 女甲申立秋至己丑大寒，己丑至戊子。 飛兌	豐䷶庚申太白 庚申 壁戊子大雪至癸巳小滿，癸巳至壬辰。 飛震	賁䷕己卯填星 己卯 昴辛卯春分至丙申立秋，丙申至乙未。 飛離	履䷉壬午熒惑 壬午 井乙未大暑至庚子大雪，庚子至己亥。 飛乾
屯䷂庚寅歲 庚寅 虛乙酉秋分至庚寅立春，庚寅至己丑。 飛震	明夷䷣癸丑太白 癸丑 辰奎癸巳小滿至戊戌寒露，戊戌至丁酉。 飛坤伏震	大畜䷙甲寅太白 甲寅 畢壬辰清明至丁酉秋分，丁酉至丙申。 飛乾	中孚䷼辛未填星 辛未 鬼庚子大雪至乙巳小滿，乙巳至甲辰。 飛巽伏乾
既濟䷾己亥熒惑 己亥 危丙戌寒露至辛卯春分，辛卯至庚寅。 飛離	師䷆戊午歲 戊午 婁壬辰清明丁酉秋分，丁酉至丙申。	損䷨丁丑辰星 丁丑 紫癸巳小滿至戊戌寒露，戊戌至丁酉。 飛兌	漸䷴丙辰太白 丙辰 柳己亥小雪至甲辰清明，甲辰至癸卯。

卷之五 255

離 己未酉 己卯三十六 戊申立秋至癸丑大寒，癸丑至壬子。 歲室 己巳 與坎飛伏	**蒙** 寅子戌 丁 壬子大雪至丁巳小滿，丁巳至丙辰。 胃辰 丙戌 飛艮	**兌** 未酉亥丑巳 丁 乙卯春分至庚申立秋，庚申至己未。 太白參 丁未 與艮飛伏	**蹇** 申戌 甲 己未大暑至甲子大雪，甲子至癸亥。 填星 戊申 飛坎
旅 甲辰 己酉秋分至甲寅立春，甲寅至癸丑。 熒壁 飛艮	**渙** 卯巳未 辛巳 癸丑大寒至戊午芒種，戊午至丁巳。 歲昂 飛巽	**困** 辰戌寅 丙辰清明至辛酉秋分，辛酉至庚申。 井星 飛坎	**謙** 庚申立秋至乙丑大寒，乙丑至甲子。 太白張 癸亥 飛坤
鼎 酉亥丑 辛 庚戌寒露至乙卯春分，乙卯至甲寅。 填奎 辛亥 飛巽	**訟** 午 壬 戊戌芒種至癸亥小雪，癸亥至壬戌。 熒畢 壬午 飛乾伏巽	**萃** 卯巳未 乙 丁巳小滿至壬戌寒露，壬戌至辛酉。 熒鬼 乙巳 飛坤	**小過** 午 庚 乙丑大寒至庚午芒種，庚午至己巳。 翼辰 庚午 飛震伏坤
未濟 戊 辛亥小雪至丙辰清明，丙辰至乙卯。 婁太白 戊午 飛坎	**同人** 戌申午亥丑卯 己 丁巳小滿至壬戌寒露，壬戌至辛酉。 填觜 己亥 飛坎	**咸** 未酉亥申午辰 丙 戊午芒種至癸亥小雪，癸亥至壬戌。 熒柳 丙申 飛艮	**歸妹** 甲子大雪至己巳小滿，己巳至戊辰。 軫歲 丁丑 飛艮

卷之五　257

卦氣直日圖

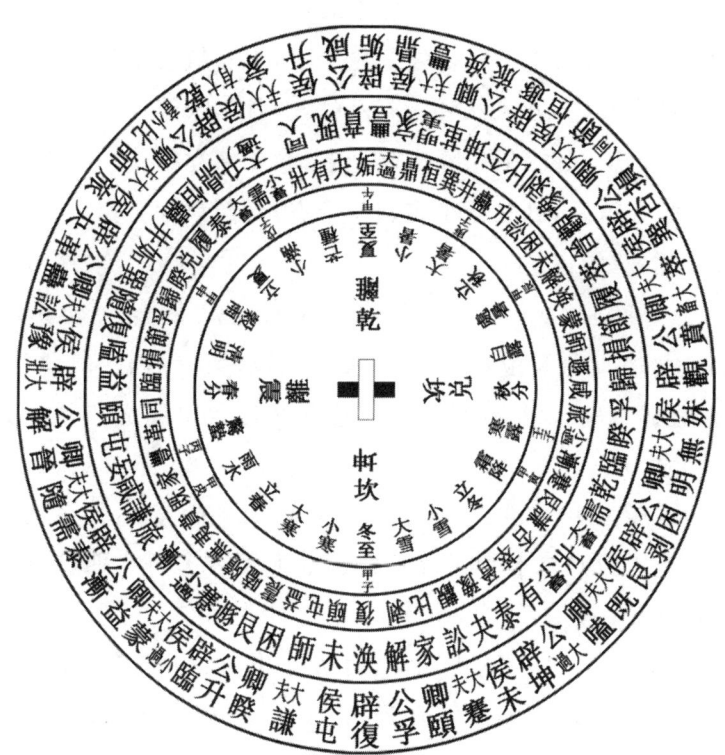

外層京以辟<small>辟爲君統</small>公、侯、卿、大夫卦，次層後天八卦順加，除坎離震兌，內層邵子除乾坤坎離，四卦每爻一氣，辟卦每爻一候。

坎中後十五爻，初氣冬至。坎六艮九，二氣小寒。

艮十五，三氣大寒。艮十五，四氣立春。

艮九震六，五氣雨水。震十五，六氣驚蟄。

震十五，七氣春分。震六巽九，八氣清明。

巽十五，九氣穀雨。巽十五，十氣立夏。

巽九離六，十一氣小滿。離十五，十二氣芒種。
離十五，十三氣夏至。離六坤九，十四氣小暑。
坤十五，十五氣大暑。坤十五，十六氣立秋。
坤九兌六，十七氣處暑。兌十五，十八氣白露。
兌十五，十九氣秋分。兌六乾九，廿氣寒露。
乾十五，廿一氣霜降。乾十五，廿二氣立冬。
乾九坎六，廿三氣小雪。坎十五，廿四氣大雪。
此載《緯占》。

《鑿度》_{乾鑿度}、《是類謀》_{原本作《類是謀》，而根據行文，當指《易緯・是類謀》}、《稽覽圖》_{三文皆出《易緯》}俱言卦氣，《唐志》曰："月卦出《孟喜章句》，以爲《易》本于氣，而後以人事明之。"_{引自《新唐書・曆志》}。

孟康_{三國魏人，字公休，安平廣宗（今河北廣宗縣）人}曰：分至之首，皆得八十分日之七十三，頤、晉、井、大畜皆五日十四分，餘皆六日七分。

邵子曰："三百八十四爻，真天文也。""用止三百六十，以乾坤坎離之不用也。不用所以用也，故萬物變而四者不變也。"_{皆引自《皇極經世書・觀物外篇》}。蓋自京氏，亦除四卦以三百六十五度四分度之一，爻直一日，而五度奇，則每度八十分，五日四分度一，當得四百二十分。六十卦分之，卦各七分，是所謂六日七分也。止菴_{楊時喬}謂此最盡天體。智按：此京_{京房}減三統日法之一耳。依邵子法，五度四一，當爲一千八百九十分，則十卦，卦得三十一分六秒。每兩卦相對，寓六十四藏一之象焉。《緯占》曰：每六氣後餘一日三時五十八分有奇，二十四氣共五日三時，歸于氣終。此四分曆以九百四十分爲日法也。後天坎離震兌四正卦，其用十二；乾坤艮巽四隅卦，其用四十八，數盡則交。六九、七八合之皆十五，四正用六，四隅用九，以七八居中，六九前後相交焉。此京氏本法，至今卦影用之。其以辟統公、侯、卿大夫，則《太玄》取之環配者也。四維之用，所以維四正，故皆主九，貴其用也。大抵先天立體，後天主用。《全》楊時喬《周易古今文全書》以具爻納虛相應，源自妙協。謹衍于後。

具爻應廿四氣納虛圖

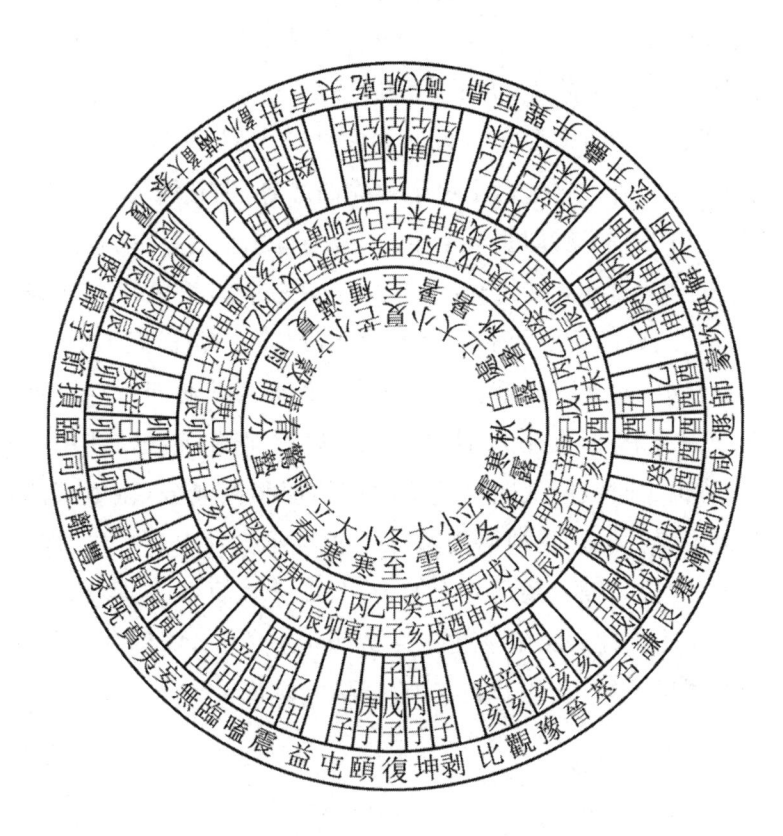

邵子曰："干，幹也；支，枝也。《觀物外篇》作："干者，幹之義，陽也；支者，枝之義，陰也。"干十而支十二，則陽數中有陰，陰數中有陽也。"此言二五則陽而陰，三四則陰而陽也。潛老夫曰：具爻六十四卦所有爻數配通期，多二十四爻，今以一氣虛一爻，則二十四氣虛二十四爻。虛者合二爲一，則十二也，故當氣盈朔虛之象焉。四而爲一，則二十四而六也。智曰：凡四肢之節，以虛能轉，故納虛之法，納于氣、節之間。今曆每氣皆十五日二時五刻，原有餘贏，故贏爻應之。舉一章七閏，閏年四大月，三小月，爲三百八十四日。權法十六兩一斤，斤亦三百八十四銖古代重量單位，一斤十六兩，一兩二十四銖。列其恒法，而盈虛在中矣。甲壬陽孤，乙癸陰虛，五子、五丑六十甲子中包含五子、五丑之類，納一于孤虛之間，則七十二也。納虛爻二十四，而以二爲一，亦七十二也。六十律、六十甲子與除四之卦，則其體矣。然歲有四千三百二十時，即貞悔七十二卦黃道周變衍六十四卦爲七十二卦，詳見本書第二卷《納音圖》有關七十二卦的注釋之十周爻也，今以通期爻、具爻、貞悔爻三等而與甲子輪之，聽其不齊，而五千七百六十自齊矣，此半其具策。十五閏年，而十六其通期，八卦各兩其三百六十，而九十六周甲子也。別詳全譜，年也、月也、日也、時也、分秒也，爻與甲子環輪相續而積閏氣分，盈縮其間，自何礙焉？《易》真神明之牖。○九年前二月十五日辰，即今年正月初一日辰，爲月九十七，爲日二千八百八十，而四十八周甲子也。此曆家約法也。今五千七百六十，則兩其九年四十八周甲子耳，凡四其九年，合《易》之具策。

《太玄》約_{原本正文無此標題，據《圖象目錄》而加}

　　《太玄》（朱諱玄作"元"，揚雄子云_{揚雄，字子云}擬。焦弱侯_{明焦竑（1540—1620），字弱侯，號漪園、澹園，明江寧（今南京）人，萬曆十七年（1589）狀元，著作頗豐，有《澹園集》四十九卷，《焦氏筆乘》、《焦氏類林》、《國史經籍志》、《老子翼》、《莊子翼》等}曰：雄_{揚雄}孝平_{漢平帝（前1—5在位）}時卒。胡正甫、簡紹芳_{皆爲焦竑同時學者}辨之明矣。張平子_{漢張衡，字平子}、韓退之_{韓愈，字退之}、司馬君實_{司馬光，字君實}、曾子固_{曾鞏，字子固}皆重之。）

	元人			元地			元天	
成_既	減_損	廓_豐	睟_乾	更_革	從_隨	羨_{小過大過}	中_{中孚}	
閵_噬	唫_否	文_渙	盛_有	斷_夬	進_晉	差_{大過}	周_復	
失_{大過}	守_否	禮_履	居_家	毅_夬	釋_解	童_蒙	礥_屯	
劇_{大過}	禽_異	逃_遯	法_井	裝_旅	格_{大壯}	增_益	閑_屯	
馴_坤	聚_萃	唐_遯	應_咸	衆_師	夷_{大壯}	銳_漸	少_謙	
將_未	積_{大畜}	常_恒	迎_咸	密_比	樂_豫	達_泰	戾_睽	
難_蹇	餝_賁	度_節	遇_姤	親_比	爭_訟	交_泰	上_升	
勤_蹇	疑_賁	永_節	竃_鼎	斂_{小畜}	務_鼎	疘_需	干_升	
養_{頤贏踦}	視_觀	昆_豐	大_豐	彊_乾	事_乾	傒_需	狩_臨	

　　上圖中，"中"、"周"至"養"等大號八十一字爲《太玄》八十一首，其下小字爲易卦。卦氣説以卦配一年之氣候，若將八十一首與一年之氣候相配，則玄首與易卦之間存在者對應關係。上圖就是配氣候後的玄首與易卦的對應關係。

《玄》三方、九州、二十七部、八十一家曰首，猶卦也。"《玄》三方"至此，是以《周易》卦爻體系爲參照，介紹《太玄》的象徵符號體系。司馬光在《太玄集注·説玄》述之甚詳："《易》與《太玄》大抵道同而法異，《易》畫有二，曰陰曰陽；《玄》畫有三，曰一曰二曰三。易六位，玄四重。最上曰方，次曰州，次曰部，次曰家。《易》以八卦重爲六十四卦，《玄》以一、二、三錯于方、州、部、家爲八十一首。"圜之應天，圜《太玄》各首以配天象、氣候，《太玄集注》曰："《易》以八卦重爲六十四卦，因爻象而定名，分坎離震兑直二十四氣，其餘六十卦，每卦直六日七分。《玄》以一、二、三錯布于方州部家而成八十一首，每首直四日有半，氣與冬至，終于大雪。"中首《太玄》第一首冬至，日在牽牛初原本"在牽"二字所在位置字體難辨，《漢書·律曆志》曰："賈逵論《太初曆》，冬至，日在牽牛初者，牽牛中星也。"據後文"乃漢曆"之言定爲"在牽"，乃漢曆也。王薦以卦氣著論曰：求其故，千歲日至，可坐定也。一動一静之間，復見天地之心。數往知來，數起于此，是《易》理也，即曆法也。雄立踦贏，原非牽湊，世無知者乃多議之。邵子曰："雄揚雄知曆理。"伯温邵伯温（1055—1134），字子文，洛陽人，邵雍之子，著有《易學辨惑》《聞見前録》《皇極經世序》《觀物内外篇解》等曰："子云知《易》之本。"

晁説之謂："羨不當準臨，夷不當準大壯。"晁説之認爲，若以卦和玄首配氣，羨首和臨卦所配之氣應當不同，夷首和大壯卦所配之氣也應當不同。李氏曰："《玄》固京京房法也。"止庵楊時喬曰："雄以六日七分爲曆則是，房京房以之爲'七日來復'"七日來復"是《周易》復卦卦辭，卦氣説將"七日來復"用于卦爻值日理論，京房認爲，從坤初爻歷六爻至復初爻，共七爻，故曰：七日來復則非。"潛老夫曰：《是類謀》原本作《類是謀》，而根據行文，當指《易緯·是類謀》、《稽覽圖》二文皆出自《易緯》言之。《緯》指《易緯》非聖撰，然陰陽家言，原有所自，《三統曆》以八十一爲日法，京房藏一，豈無謂耶？子云蓋知《易》合參兩，而兩顯參幽，卦蓍皆立恒法，其密率則在盈虚損益追差之中，故《玄》特以三法衍之，明圖之用書也。每首九贊贊zàn，同"贊"，《太玄》每首的解説分九條，從初一、次二到次八和上九，全書凡七百二十九贊，爲兩通期數，直四日半，九十贊爲四十五日。八其洛書爲通期，益一首爲四日半，益踦之半日爲五日，又益嬴爲半日之半，則四分度一也。方圍四則齊，圓圍三則踦嬴矣。世非任數失理者，即談虚冒之理而遺數者，誰研極而通變乎？子瞻蘇軾喜淺爽，以《玄》艱深而遷怒耳。朱子以爲拙可，若病其"三"朱子曰："如《太玄》就三數起，便不是。《易》中只有陰陽奇耦，便有四象……揚子云見一、二、四都被聖人説了，卻杜撰，就三上起數。"（《朱子語類》卷一百三十七），彼不服也。以除四之六十卦《太玄》之首配《易》卦，除去震、離、兑、坎四正卦，而重二十一卦配之，中具虚一之旨即具四分用三之旨。方虚谷謂何故子中至辰中爲天，辰中至申中爲地，申中至子中爲人，夫豈知三四爲十二，何異四三爲十二乎？知其故而仍藏參于兩，寓其盈虚者，邵子也。石齋黃道周更欲密率推之，可謂攻苦研極。後人因前人之攻苦研極而引解會通，何爲不善。

《玄》蓍三十六策，虚三，挂一左小指中，分餘，以三搜之，並餘于芳，數其餘七爲一，八爲二，九爲三，六算也。（智按：此六除而數之也，范叔明晉范望，字叔明，撰《太玄經解》十卷曰："十取出一，名以爲芳。"蓋虚者三，挂者三，寔用三十策也。解《玄》者宋衷三國南陽章陵人，撰《太玄經注》十卷、陸績（188—219），字公紀，三國吳人，撰《太玄經注》十卷、范望、王涯（764—835），字廣津，唐太原人，注《太玄》六卷、宋惟幹北宋時期人，宋真宗（997—1022在位）時尚在世，撰《太玄解》十卷、徐庸北宋時期人，撰《太玄經解》十卷、章詧chá字隱之，北宋隱士，撰《太玄經注》十四卷、《太玄經疏》三十卷、陳漸字鴻漸，北宋閬州閬中人，撰有《演玄》十卷、張揆字貫之，呈其所撰的《太玄集解》于宋仁宗（1022—1064在位），又有《太玄淵旨》一卷、郭元亨北宋太宗淳化（990—994）末年始撰《太玄經疏》于蜀，共十八卷、吳秘字君謨，宋景祐元年（1034）進士，撰有《揚子箋》，司馬溫公司馬光卒贈溫國公，故學者以溫公稱之合爲《集注》《太玄集注》。許翰字崧老，北宋元祐三年（1088）進士作《玄曆》，晁説之作《易玄星紀圖》。）

《洞極》約原本正文無此標題，據《圖象目録》而加

　　《洞極》又稱《洞極真經》，原本已佚，今有元代胡一桂所撰《周易啓蒙翼傳外篇》、明代季本所撰《易學四同别録》等書中收録有《洞極真經》，另有清代馬國翰的《玉函山房輯佚書》之道家類中輯有《洞極真經》，馬氏所輯與胡氏所載相差無幾。胡氏所載《洞極》中有關朗作的序文，該序稱《洞極》爲其家傳之書，關朗祖父告訴關朗，關朗六世祖稱《洞極》爲"聖人之書"，因此，關朗勤勉攻讀此書，然難通達。其後關朗師于崆峒山秫先生，向秫先生請教《洞極》之理，秫先生作《翼》爲關朗指點《洞極》之大端，關朗讀《翼》而通《洞極》之義，于是"因先生之《翼》則附于經，又編其遺言爲《洞極論》凡十一篇，復作傳以釋其蘊"云云。（唐趙甤 ruí 一作趙蕤，天水人，注《關氏易傳》注。李邯鄲李淑（1002—1059），字獻臣，號邯鄲，徐州豐（今江蘇豐縣）人，北宋官員，著名藏書家，著述多佚散，所存甚少曰："《洞極經》，關朗家藏，親受説于林崆峒"林崆峒"在《周易啓蒙翼傳外篇》收録的《洞極真經》中作"秫崆峒"者。"晁氏晁公武曰："魏太和北魏孝文帝477—499年使用的年號中，王虬 qiú 北魏孝文帝時並州刺史言于魏孝文，召之召關朗，著成《筮論》。"趙蕤注《關氏易傳》曰："虬與子明著成《疑筮論》數十篇。"（趙蕤注：即今《易傳》是也。）已采具《蓍衍篇下》指本書第四卷中的《關子明易傳約》。）

　　"河圖之文，七前六後，八左九右，聖人以畫八卦《洞極》作

　　　　　　　　　七一　　　　　
　　　　　　八二　天四　　　　　
　　三　　　地五　生䷲　　　　
　　九六　育䷶　　　　　
　　人　　　　分後　　　　　

　　　　資䷁

　　　　　　　　　煥育乘
　　　　　　達育乘　其一
　　　　萌育乘　其二　實育乘
　　平育乘　　抑生乘　其一　序育乘　興育乘
　　三　　靜資乘　其一　資二　二　其三
　　　　三　其一　息資乘　華生乘　和資乘　煥資乘
　　通育乘　用二　資二　其二　　　　其一
　　育二　生二　作生乘　安生乘　　　　茂育乘
　　　　幾生乘　其三　其三　　　　其二
　　　　育二　冥育乘　悖資乘　　　　
　　　　　　　其一　其一　　　　
　　　　　　　塞育乘　止資乘　　　　
　　　　　　　其二　其二　　　　

"聖人觀之以畫八卦"，全七之三以爲離，奇以爲巽。（兼三才而兩之，故以三爲《易》之用，言三猶言一也，奇餘也。）全八之三以爲震，奇以爲艮。全六之三以爲坎，奇以爲乾。全九之三以爲兌，奇以爲坤。皆爲河圖數對應後天八卦方位。正者後天四正卦全其位，偶者後天四隅卦盡其畫四隅卦畫數各加三，與相應的河圖數相等。（此猶未見先天圖也。）稽洛書爲三象《洞極眞經》中，"稽洛書爲三象"之前有介紹"洛書之文"之文句，其曰："洛書之文，九前一後，三左七右，四前左二前右，八後左六後右，後聖稽之，以爲三象。"，一，生之一也；四，生之二也；七，生之三也。二，育之一也；五，育之二也；八，育之三也。三，資之一也；六，資之二也；九，資之三也。天地人三極，各九變，爲二十七。（有本、有變、有序，此其變也。）"引自《洞極眞經·敘本論》，括號內爲方氏注文。《極數篇》《洞極眞經》之篇名曰："天有十二，地有十五，人有十八。（即洛書數也。天一，地二，人三；天四，地五，人六；天七，地八，人九。故合一四七爲天十二,合二五八爲地十五,合三六九爲人十八。)三十有九則一(除天地人六數外,有三十九,歸之于天,蓋爲三者十三也),四十有二則二(除人三數外,有四十二,歸之于地,蓋爲三者十四也),四十有五則三(洛書全數歸之于人,蓋爲三者十五),生之策百一十七(凡三畫三其三十九也),育之策百二十六(三其四十二也),資之策百三十五(三其四十五也,按方氏按語:百之爲一日之息),遺其餘當期之日。(遺其七六五也,共十八而三除爲六,正應氣朔。猶三百八十四爻,以廿四爻納虛,折半以應氣朔。邵子四分用三,通期用二百七十,而陰陽相侵,或六,或十八,亦此故也。此書不必關子明,而理自得《易》中一端之精處。惜不知先天八卦,以二四八六立體,則亦何以明洛之維正耶?《子明易傳》曰:"一不可用,二生可推,三極中而兼兩,六來則一去,以三十與十二。"《明蓍》開百原之端,故知《洞極》非子明手。季氏明季本以其八卦九宮遂寔宋咸字貫之,建陽(今屬福建南平)童游里人,北宋天聖二年(1024)進士。宋咸嘗言京房、關朗輩假《易》以行壬遁卜祝陰陽衍數之學,去聖人之旨遠之言,以爲壬遁占驗語,"六壬"與"遁甲"的並稱。何嘗不在《易》中,特術者以占驗取資,而不知其故耳。季本在《易學四同別錄·關朗洞極》中,引宋咸之批評爲依據,認爲《太玄》、《洞極》皆是言壬遁太乙飛宮占驗之法的書。)方氏引文中,括號內文字或爲原文,或爲胡一桂之注。

《元包》約原本正文無此標題,據《圖象目錄》而加

《元包》(《崇文目》指《崇文總目》,王堯臣主編,爲北宋仁宗時期的官修目錄書:"唐衛元嵩作唐衛元嵩撰《元包》,蓋後周北周人。武功今陝西武功縣蘇源明字弱夫,唐玄宗天寶九年前後在世傳,李江唐人注。"張

行成字文饒，南宋臨邛（今四川邛崍）人，其學以《易》爲主，以邵雍之説爲歸宿，故學者稱其爲觀物先生。其著作以象數之學爲主，有《述衍》十八卷、《翼玄》十二卷、《元包數總義》三卷、《潛虛衍義》十六卷、《皇極經世索隱》二卷、《觀物外篇衍義》九卷、《周易通變》四十卷曰："蘇蘇源明、李李江未達數也，理生數而論理遺數，譬作樂而棄音律也，僕古時男子謙稱自己之詞學康節邵雍，因旁通此。"）

本以坤、乾、少、仲、孟爲序，此復列也。《元包》按太陰坤、太陽乾、少陰兌、少陽艮、仲陰離、仲陽坎、孟陰巽、孟陽震爲編排次序，而右圖爲宋張行成所撰的《元包數總義·元包卦》中所重列之序，按坤、兌、乾、艮、離、巽、坎、震之序。八卦上爲不變之世，七變而歸魂，十四變而復本卦。"八卦上"至此爲轉述《元包數總義·元包卦變》之論，該論本漢京房易八宮卦變。由八宮卦（坤、兌、乾、艮、離、巽、坎、震）構成八個本卦，各本卦上爻爲上世爻，保持不變，第一

震	坎	巽	離	艮	乾	兌	坤
四四	六六	五五	三三	七七	一一	二二	八八
豫	節	小畜	旅	賁	姤	困	復
八四	二六	一五	七三	三七	五一	六二	四八
解	屯	家人	鼎	大畜	遯	萃	臨
六四	四六	三五	五三	二七	七一	八二	二八
恒	既濟	益	未濟	損	否	咸	泰
五四	三六	四五	六三	二七	八一	七二	一八
升	革	无妄	蒙	睽	觀	蹇	大壯
五八	二二	四一	六七	二三	八五	七六	一四
井	豐	噬嗑	渙	履	剝	謙	夬
五六	三四	四三	六五	二一	八七	六八	一二
大過	明夷	頤	訟	中孚	晉	小過	需
五二	三八	四七	六一	二五	八三	六七	一六
隨	師	蠱	同人	漸	有	歸妹	比
四二	六八	五七	三一	二五	七五	一三	一六
各共七十六	各七十六	各六十八	各六十八	各六十八	各六十八	各七十六	各七十六

爻遇陽變陰或遇陰變陽，產生一世卦，一世卦的第二爻遇陽變陰或遇陰變陽則產生二世卦，依此變三至五爻，產生三世至五世卦，五世卦的第四爻遇陽變陰或遇陰變陽，其他爻保持不變，而演化成游魂卦，游魂卦上卦不變，下卦完全恢復本宮下卦卦象，即產生歸魂卦，由一世卦演至歸魂卦凡七變。依照本卦變爲游魂卦的次序，由歸魂卦變爲本卦亦七變，故曰："十四變而復本卦。"百二十八者，八之十六也。甲子百二十者，八之十五也。《元包數總義·元包卦變》曰："先天卦自乾變坤得一百九十二陰而成六十四卦，自坤變乾得一百九十二陽亦成六十四卦，總百二十八卦。地卦縱橫各六十四亦總百二十八卦。《元包》八卦之變七變而歸魂，八卦成六十四卦，自歸魂之卦又七變而復本卦，亦成六十四卦共百二十八卦也。卦有六十四，天地陰陽幽顯互用皆成一百

二十八,故甲子六十而百二十,所以人皆有百二十年之壽,得其半者爲下壽也。"十五爲運行之數,十六爲生物之數。六爻皆變者,氣之用也。上爻不變者,形之用也,是謂歸藏。《包》卦六十四,《包》蓍三十六共百,坤數也。

三十六蓍《元包》筮法用三十六蓍:"六用成一卦,合乾策。六十四卦,計萬三千八百二十四蓍,得先天生物數十之一。"引自《元包數總義·元包蓍數》。智按:此先天數,以具策乘十二,即三統曆五星會終數。

存本數:"一揲成一爻,每揲先存二十四蓍,一卦計百四十四蓍,通六十四卦,計九千二百十六蓍。每卦于乾策二百一十六中,存坤策數百四十四,蓋三分用一也。""先天存四卦,數原本無"數"字,據《元包數總義·存本數》而加九千二百十六,而開物數九萬二千一百六十者,六十四卦皆爲用也。《包》存數六十四卦存數,亦九千二百十六,而用策二千八百八十者,止用乾坤二卦也。"引自《元包數總義·存本數》。智按:四千六百之半,爲二千三百有四,以六十卦乘之,爲十二乘具策之數,是除四卦也。開物九萬二千一百六十者,即十三萬八千二百四十,除四萬六千八十也。

歸奇數:"三畫卦,老陽九,三女十二,三男十五,老陰十八,六畫卦以此交而重之。"六十四卦,總一千七百二十八,爲六者二百八十八,用策十之,爲二千八百八十,通四千六百有八。析而十之,得四萬六千八十,則易軌所用,四會萬物之數也。"引自《元包數總義·歸奇數》。泰積之要,始于十八策,終五十四。《包》歸奇起十八,而用數終五十四。

卦策數:"三畫老陰十八,三男二十一,三女二十四,老陽二十七,六畫以此重之,六十四卦,總二千八百八十,則坤策偶之,而又十析之者也。"引自《元包數總義·卦策數》。智按:陰陽爻,各百九十二,以九乘爲千七百二十八,以六乘爲千一百五十二,亦合二千八百八十。倍之則五千七百六十,爲通期具爻甲子之會數也。四萬六千八十者,四其具策也。

《潛虛》約 原本正文無此標題,據《圖象目錄》而加

《潛虛》(司馬君實光 司馬光,字君實,卒贈溫國公作,張敦寔 南宋婺源人,高宗紹興五年(1135)進士 釋《虛》《潛虛》曰:"溫公三十年,集注《太玄》,又爲《潛虛》,其心學也。"朱子曰:"溫公未竟 未完成《潛虛》而卒,今以范仲彪 字炳文,南宋人,與朱熹交好 家藏本補成之。")司馬光述《潛虛》之大旨曰:"萬物皆祖于虛,生于氣,氣以成體,體以受性,性以辨名,名以立行,行以俟命。故虛者,物之府也;氣者,生之戶也;體者,質之具也;性者,神之賦也;名者,事之分也;行者,人之務也;命者,時之遇也。"依據這種虛、氣、體、性、名、行、命爲次序的體系,司馬光在《潛虛》中依次作氣圖、體圖、性圖、名圖、行圖、命圖來說明。

始十純,不改。其次,降一、降二、降三、降四。最後五行生成,各自爲配,五行各五爲二十五,存十純爲四十五,兩之九十,合純爲百,生成相乘,各六百,天地自乘,各七百五十,生成積數,三千二十五。釋右圖。右圖爲《潛虛》中的《性圖》。

一原,六委,二熒,七焱 yàn,三本,八末,四丱 guàn,九刃,五基,十冢。出自

《潛虛》。謂之《性圖》者，大性在此《性圖》中，況之以齊司馬光曰："齊,中也。"其將"齊"置于潛虛《名圖》之中央，爲萬物運行最根本的原則，無其位也。

泯、造、降、散、餘、元、哀、póu、柔、剛、雍、眛（十一），在北（水）。容、言、慮、聆、覥、dí、繇、憜、jī、得、罹、耽、耇（十一），在東（木）原本"在東（木）"作"在西（金）"，依《潛虛》之《名圖》，當爲"東（木）"。蠢、訒、宜、忱、喆、憂、特、偶、曘、續、考（十一），在南（火）。徒、丑、隸、林、裡、準、資、賓、戒、斁、乂（十一），在西（金）。昭一土，處報德之維，王丑。卻庸妥三，處當陽之維，王辰。范一土，處背陽之維，王未。續育聲興痛五土，處蹠通之維，王戍。齊處其中焉。"泯、造"至此爲述《潛虛》中的《名圖》，方氏未載名圖入《圖象幾表》。（按：虛有五十五名即上文所載的"泯""造"至"斁""乂"五十五名，齊有名而無位。冬至起元，轉而周天，以餘終之。除齊元，餘無變。所用自哀至散，五十二名，每名七變，猶七爻也，共三百六十四變。以元餘當一變，四分度之一，蓍則虛五。潛老夫曰：溫公以坤艮丑未後天坤艮方位，土之本位也，故各分其一。辰爲角起，以三予巽，合西南與東南即四也。戍以步歲，人用起寅終戍，交于天門，故以五奉乾，合東北與西北即六也。七變法律，正以明蓍之用七也。五十二兩之爲百四，七七兩之爲九十八，盈四縮二寓之矣。溫公常云：圓徑七而圍三三指三七加一，故以餘象之，五五二十五，又五之爲百二十五，每變百分，是適一度，與四分度之一也。京房之百，即一度四分度之二也。通期之外，以四爲大餘，以一與四分之一爲小餘，不亦當乎？先儒多有執自有反無爲玄虛者，猶未知六十四卦即大潛大虛也。苟明寂歷同時，萬法源委，則雜而不越，旁行不流，作述又何分乎？如寔未明萬法源委，而但昌言知本無知，依然執一，是不知而作也。

邵約 原本正文無此標題，據《圖象目錄》而加

經世概 原本正文無此標題，據《圖象目錄》而加

潛老夫曰：邵子悟知一在二中，其可言者，皆方體適值者也。故一切物，且以四破言之，其寔三之皆可三也，五之皆可五也，六之皆可六也。研幾必知適值之象數，乃可通推彌綸。但顢頇曰皆有皆無，此何待説？

太陽日目暑元性皇；少剛石色雷歲木易；

太陰月耳寒會情帝；少柔土聲露月草書；

少陽星鼻晝運形王；太剛火氣風日飛詩；

少陰辰口夜世體霸；太柔水味雨辰走春秋。

日爲元，月爲會，星爲運，辰爲世，統十二會，三百六十運，

四千三百二十世。一世三十年,則十二萬九千六百年。一元在大化,猶一年也。元之元而窮變生,生本不窮也。《經世》但著一元之數,舉一隅而已。

自子至巳爲息,午至亥爲消,開物于月寅星己七十六,猶驚蟄也。開物于月戌星戊三百十五,猶立冬也。月巳終爲陽極,陰陽之餘空各六。月亥終爲陰極,陰陽之餘空各六,凡二十四,以當具爻,除乾坤坎離四正卦二十四爻,則所存通期也,但舉恆法而消息盈虛在中矣。堯起月巳星癸一百八十,辰二千百五十七,堯得天地之中數,故孔子贊則天無名之蕩巍焉,揚雄謂法始乎羲而成乎堯,曆數天時人事,若合符節,盛哉!蔡西山南宋蔡元定曰:"一元之歲,一會之月,一運之日,一世之辰,一歲之分,一月之釐,一日之毫,一辰之絲,皆自然不假智營力索也。"

邵子曰:"圓數一,方數二,奇偶也。六即一也,十二即二也。(六則徑一圍三而兩之,十二則徑一圍四而參之。)圓數起一積六,方數起一積八,變之則起四而積十二也。六者以六變,八者以八變,十二亦以八變。(兩言八變,地數偶也。)八者天地之體也(天體數四,地體數四),六者天之用也(天用數三,地用數三),十二者地之道也。(六者三積,故爲天用。十二者四積,故爲地用。一言體,兩言用,本奇用偶也。)天變方爲圓(變十六爲十二,變十二爲九),而常存其一,地分一爲四(分四爲八,分八爲十六,以至八八),而常執其方。(毀方則無以爲體。)天變其體而不變其用,地變其用而不變其體也。六者併一則七也,十二併四則十六也。陽主進,故天併一而爲七,陰主退,故地去四而止於十二也。是陽常存而陰常晦一也,故天地之體止於八,而天之用極于七（陽常存一,有餘分也）,地之用止于十二也。（其一可晦,其方不毀。）圓者裁方以爲用,故一變四,四去其一則三也,三變九,九去其三則六也。方者展圓以爲體,故一變三,並之四也,四變十二,並之十六也。故用數成于三而極于六,體數成于四而極于十六。"又曰:"一役二以生三,三去一則二原本作"三"也。三生九,九去一則八也,去三則六也,故二役三,三復役二也,三役九,九復役八與六也。""四以一爲本,三爲用。十二以三爲本,九爲用。十六以四爲本,十二爲用。""體數具爻,用數通期,有體數之用二百七十（去四正爲通期,去二交十五卦,是通期四分去一）,用數之用二百五十二（去乾坎離十八爻之數）,二百七十,其百五十六爲陽,百十四爲陰,實用之數,百五十二陽,百十二陰（又去六爻數,得二百六十四,合陽餘六,爲氣盈朔虛）。"潛老夫曰:所言皆大二也,即大一也。故邵子曰:"一非數也。"無體之一,即不落有無,不離有無者也。然非物則道不顯,故以象數、聲數徵其幾焉。元會運世,以年月日時徵之,故知恆法不易,而消息變化藏矣。生死幽明,猶費隱形影也。秩序寂歷同時之理,萬古不壞矣。切事者不知理數彌綸之幾,言道者但執顢頇渾淪之冒,厭嫌惡,排斥差別而以苟簡爲本,依然日用不知耳,安能開物成務,見天下之賾當爲"賾"動,如數一二乎？

　　智曰:邵子言:"圓一生六,去一則五也。"《漢書》曰:"十一而道畢。"言五六天地中數也,二其六而五其六,關子明已言十二與三十之用矣。陽盈六,陰虛六,皆六不足,五有餘,乃十一之折半相盈縮也。周每餘七,中時虛五,共二六也。十二而常虛一,亦五六之間也。天以星度、日紀、月量,三不齊而齊者也,圓不齊而方齊,氣不齊而歲寔可齊,分抄當作"秒"不齊而甲子直爻可齊,歲差而差亦有周,因差追齊。因交知幾密法不逃恒法,而人心之幾應焉,適值之數,即至神也。六爻用五,其旨微哉！具爻也,通期也,貞悔爻也,三不齊也。五十也,四十九也,四十八也,三不齊也。三十也,二十四也,三十六也,三不齊也。洛書一四七也,二五八也,三六九也,此其本也。聲叶xié,通"協",和洽、和諧義,用于音韻時常寫作"叶"而數亦叶,足徵氣幾理定而天不違,神明不容思議,互幾互差,互爲交輪,不外參兩九六而已矣。要非濁識點慧,所可語此。

元會數

時三十分〇三百六十秒〇一萬零八百絲日十二時〇三百六十分〇四千三百二十秒月三十日〇三百六十時〇一萬零八百分〇十二萬九千六百秒年十二月〇三百六十日〇四千三百二十時〇十二萬九千六百分〇百五十五萬五千二百秒世三十年〇三百六十月〇一萬零八百日〇十二萬九千六百時〇三百八十八萬八千分〇四千六百六十五萬六千秒運十二世〇三百六十年〇四千三百二十月〇十二萬九千六百日〇一百五十五萬五千二百時〇四千六百六十五萬六千分〇五億五千九百八十七萬二千秒會三十運〇三百六十世〇一萬零八百年〇一十二萬九千六百月〇三百八十八萬八千日〇四千六百六十五萬六千時〇一十三億九千九百六十八萬分〇一百六十七億九千六百一十六萬秒元十二會〇三百六十運〇四

卷之五　275

千三百二十世〇一十二萬九千六百年〇一百五十五萬五千二百月〇四千六百六十五萬六千日〇五億五千九百八十七萬二千時〇一百六十七億九千六百一十六萬分〇二千零一十五億五千三百原本"三百"誤作"百"九十二萬秒 大時 三十元〇三百六十會〇一萬零八百運〇一十二萬九千六百世〇三百八十八萬八千年〇四千六百六十五萬六千月〇一十三億九千九百六十八萬日〇一百六十七億九千六百一十六萬時〇五千零三十八億八千四百八十萬分〇六兆零四百六十六億一千七百六十萬秒 大日 十二大時〇三百六十元〇四千三百二十會〇一十二萬九千六百運〇一百五十五萬五千二百世〇四千六百六十五萬六千年〇五億五千九百八十七萬二千月〇一百六十七億九千六百一十六萬日〇二千零一十五億五千三百九十二萬時〇六兆零四百六十六億一千七百六十萬分〇七十二兆五千五百九十四億一千一百二十萬秒 大月 三十大日〇三百六十大時〇一萬零八百元〇一十二萬九千六百會〇三百八十八萬八千運〇四千六百六十五萬六千世〇一十三億九千九百六十八萬年〇一百六十七億九千六百一十六萬月〇五千零三十八億八千四百八十萬日〇六兆零四百六十六億一千七百六十萬時〇一百八十一兆三千九百八十五億二千八百萬分〇二千一百七十六兆七千八百二十三億三千六百萬秒 大年 十二大月〇三百六十大日〇四千三百二十大時〇一十二萬九千六百元〇一百五十五萬五千二百會〇四千六百六十五萬六千運〇五億五千九百八十七萬二千世〇一百六十七億九千六百一十六萬年〇二千零一十五億五千三百九十二萬月〇六兆零四百六十六

億一千七百六十萬日〇七十二兆五千五百九十四億一千一百二十萬時〇二千一百七十六兆七千八百二十三億三千六百萬分〇二京六千一百二十一兆三千八百八十億零三千二百萬秒〇|大世|三十大年〇三百六十大月〇一萬零八百大日〇一十二萬九千六百大時〇三百八十八萬八千元〇四千六百六十五萬六千會〇一十三億九千九百六十八萬運〇一百六十七億九千六百一十六萬世〇五千零三十八億八千四百八十萬年〇六兆零四百六十六億一千七百六十萬月〇一百八十一兆三千九百八十五億二千八百萬日〇二千一百七十六兆七千八百二十三億三千六百萬時〇六京五千三百零三兆四千七百億零八千萬分〇七十八京三千六百四十一兆六千四百零九億六千萬秒〇|大運|十二大世〇三百六十大年〇四千三百二十大月〇一十二萬九千六百大日〇一百五十五萬五千二百大時〇四千六百六十五萬六千元〇五億五千九百八十七萬二千會〇一百六十七億九千六百一十六萬運〇二千零一十五億五千三百九十二萬世〇六兆零四百六十六億一千七百六十萬年〇七十二兆五千五百九十四億一千一百二十萬月〇二千一百七十六兆七千八百二十三億三千六百萬日〇二京六千一百二十一兆三千八百億零三千二百萬時〇七十八京三千六百四十一兆六千四百零九億六千萬分〇九百四十京三千六百九十九兆六千九百一十五億二千萬秒〇|大會|三十大運〇三百六十大世〇一萬零八百大年〇一十二萬九千六百大月〇三百八十八萬八千大日〇四千六百六十五萬六千大時〇一十三億九千九百六十八萬元〇一百六十七億九千六百一十六萬會〇五千零三十八

億八千四百八十萬運〇六兆零四百六十六億一千七百六十萬世〇一百八十一兆三千九百八十五億二千八百萬年〇二千一百七十六兆七千八百二十三億三千六百萬月〇六京五千三百零三兆四千七百億零八千萬日〇七十八京三千六百四十一兆六千四百零九億六千萬時〇二千三百五十京零九千二百四十九兆二千二百八十八億分〇二畡八千二百一十一京零九百九十兆零七千四百五十六億秒 十六層積 至 大元 十二大會〇三百六十大運〇四千三百二十大世〇一十二萬九千六百大年〇一百五十五萬五千二百大月〇四千六百六十五萬六千大日〇五億五千九百八十七萬二千大時〇一百六十七億九千六百一十六萬元〇二千零一十五億五千三百九十二萬會〇六兆零四百六十六億一千七百六十萬運〇七十二兆五千五百九十四億一千一百二十萬世〇二千一百七十六兆七千八百二十三億三千六百萬年〇二京六千一百二十一兆三千八百八十億零三千二百萬月〇七十八京三千六百四十一兆六千四百零九億六千萬日〇九百四十京零三千六百九十九兆六千九百一十五億二千萬時〇二畡八千二百一十一京零九百九十兆零七千四百五十六億分〇三十三畡八千五百三十三京一千八百八十八兆九千四百七十二億秒。

天根月窟圖 原本正文無此標題，據《圖象目錄》而加

　　《全》楊時喬《周易古今文全書》曰："邵子所謂一動一靜之間也。坤震之間，陰極而微陽生天根也。乾巽之間，陽極而微陰生月窟也。

凡草木之甲坼必先根而後萌,坤震在下,象地下乎!天包地外,地下有天,凡根愈深,則萌愈暢,故名天根。月之魄,即日之光,其無光處,月之體也。乾巽在上,象天上乎!月望而午,盈極而虧,而月之本體無光者,始微出于北,故名月窟。"引自楊時喬《周易古今文全書·易學啓蒙·原卦畫》。三十六宮指八卦之畫也陽爻一畫,陰爻兩畫,則三爻八卦畫數之和爲三十六畫,手探足躡,全體在人,舞蹈無非此理。《濯舊》指明汪俊所撰的《濯舊稿》曰:"春夏动,秋冬静,此化运不已也。天地之心所以主乎是者,不可以動静言。邵子動静之間,于復姤言之。蓋謂于此可見,非以姤復爲天地之心也,所謂天心無改移也。程門所論未發之中,即一日之間萬起萬滅,而其心自若。孔子之慟 tòng 極悲貌,《論語·先進》曰"顏回死,子哭之慟",孟子之喜《據孟子·告子下》中記載,樂正子爲好善之人,孟子聽説魯欲使樂正子爲政而喜而不寐,中何嘗不自若乎?"引自《濯舊稿·性説》。智曰:邵子弄丸往來邵雍在《伊川擊壤集·自作真贊》中自贊曰:"借爾面貌,假爾形骸,弄丸餘暇,閑往閑來",自號"無名公",月窟、天根原非兩橛。

十月	九月	八月	七月	六月	五月	四月	三月	二月	正月	十二月	十一月
坤亥	剥戌	觀酉	否申	遯未	姤午	乾巳	夬辰	大壯卯	泰寅	臨丑	復子

上圖中,黑色格象陰,白色格象陽,全圖所示爲一年之内陰陽二氣之升降。

邵子以一歲之月,一日之辰,配一元之會,一運之世,皆十二也。十二月三十六旬，分之則七十二候，十二卦三十六陽，分之則七十二畫。縱而數之，陽與陽皆自一而六；橫而數之，陽六其六，又陽一而陰二，三十六陽，貫乎三十六陰之中。天地間無非一陽氣之運而已，息于復，盈于乾，消于姤，虛于坤，天行也。

洪範蔡疇原本正文無此標題，據《圖象目錄》而加

《洪範皇極》（九峰蔡沈著。）

右圖爲《洪範皇極內篇》所載的《數總名圖》，該圖從兩組"一至九"的數組中各取一數，組成八十一個兩個數的數組，即從一一到一九（九組數），二一到二九（九組數），直到九一到九九（九組數）而成八十一組。蔡氏根據每組數第一個數和第二個數之間的變衍關係來推天道、明人事。"數總名"就是根據每組數的特征，對之配以相應的名。右圖中文字就是數之名，而每個文字上的符號爲一組數，比如"原"上爲"一一"，"厲"上爲"一九"，"終"上爲"九九"。右圖數的排列體例：總體上按自上而下、自右到左的順序，也就是說，右側第一列自上而下爲一一至一九，第二列自上而下爲二二至二九，直至最自右到左第九列爲九一到九九。

原（一一，冬至）；沖（二二，立春）；從（三三，春分）；公（四四，立夏）；中（五五，夏至）；用（六六，立秋）；分（七七，秋

分）；戎（八八，立冬）；終（九九，冬至）。原、冲、從等爲《洪範皇極》八十一名中的九個，括號内的數是名相對應的數。蔡沈將八十一數自一一至一九，然後二一至二九，直至九一到九九環象排列，與一年氣候相配，一一與冬至相應，二二與立春相應，如此等等，正因此，上文括號中，將數名與節氣對應在一起。

方爲地，圓應天，一也。每數當直四日半有奇，亦《太玄》之卦氣，而不以餘分爲跨贏。潛老夫曰：每疇之九，則候常虚，故九其八爲七十二候，是以適符。嘗以爲一一與一二之間，則九而適八，猶六爻而適五爻也。重數協八際，而九九、一一，合爲冬至，猶之任督人體的任脈和督脈之五十一任督二脈的穴俞數也，用則藏其一，而八十卦之四分用三，依然六十耳。

著五十，虚一，分二原本"分二"作"分一"，依《洪範皇極内篇》所言之筮法，當爲"分二"，據此而改。掛一，以三揲之。一揲初揲爲網，再再揲爲目，網一函三，（一當三，二當六。）以虚代目。目一爲一，以寔從網。（網二目三，則虚網一不用，而用網之一爲三數，又合目三爲六數，如網一則網不用。）再揲爲一會，八揲四會以當年月日時。（前二會爲大網目，視其"壯"字爲何疇？後二會爲小網目，視其"壯"字下之第幾局？）

石齋黄氏廣填卦三圖原本正文無此標題，據《圖象目録》而加

《象正》曰："一一一爲乾，一一二爲兑，自領九類；一二一爲離，一二二爲震，自領九類。"黄道周《易象正・卷之終上》將蔡沈《洪範皇極内篇》之數進行擴充，分别以一至九統蔡沈之八十一數，而成九圖。由"一"所統的八十一數稱爲《第一疇八十一象圖》，該圖構成是將蔡沈之八十一數按上圖排列（與上圖不同之處是如"二一""三一""三五"這樣的一組數則全部按自右向左的次序），並在各組數前加"一"以統之，如此構成"一一

一"，至"一九九"八十一象，而右側第一列自上而下始自"一一一"象乾，次"一一二"象兌，其後"一一三"象乾，"一一四"象兌，亦即由"一一一"至"一一九"對應的卦非乾即兌，非兌即乾，不出此二者，故曰：自領九類；右側第二列自上而下始自"一二一"至"一二九"對應的卦象非離即震，非震即離；右側第三列自上而下爲"一三一"至"一三九"非乾即兌，非兌即乾，如此等等。由"二"所統的八十一數稱爲《第二疇八十一象》，乃至由"九"所統的八十一數爲《第九疇八十一象圖》，有各自根據數的陰陽而又相應的卦象對應。依此序之，末歸乾統。（一疇、三疇、七疇、九疇以陽儀原本缺"儀"字主之，二疇、四疇、六疇、八疇以陰儀主之，黃道周之九個《八十一象圖》的第一、三、七、九疇圖由一、三、七、九這四個陽數分別統之，而第二、四、六、八疇圖由二、四、六、八這四個陰數分別統之。五疇第五疇兼用七百二十九卦九個疇圖合七百二十九卦，五五爲中。）其旨以一、三、五、七、九與二、四、六、八原本此處多出一個"十"字，陰陽六爻三五相御，各一百二十五，自乘爲萬五千六百二十五，積六十四卦則萬也。（智按：廿五、三十相乘，各七百五十，古曆所云天地出符之數，十二分之各百廿五。）圖體書用，去十而行之，極爲五十三萬一千四百四十一，其得萬五千六百二十五者，乾也。餘以陰陽自爲贏矣。

　　潛老夫曰：九峰蔡沈以《易》爲象，《範》《洪範》爲數，故漳浦黃道周爲漳浦人，以其故里而稱謂之因之，其寔《易》何非數而《範》何非象？詎以八八之卦，七七之衍，非數乎？《易》以範圍而藏天于地，即洛書亦環八環八個數而中五本藏也，圖書一也，貴中一之不可分也。天數自乘爲萬五千六百二十五二十五之三次方，當百萬之一卦，亦三分四分而餘一不可分者也，圖五十五而兩分二十有七，亦餘不可分者也，然而二十七候自可旋也，九九于八際可以虛一，可以虛九，可以虛二十一。故因漳浦合卦于疇之圖而備之，其曰："五爲綱紀，剛柔合用。自五五五以上四十象，得八卦者五，以下四十象，得八卦者五，而五五五中卦，寔兼乾坤，于是定日。"何疇非五疇耶？九列之外，別序配卦三變，以明八卦交中，互序爲統皆中統也。洛書建中五爲極，前用一二三四，後用六七八九，正用一三九七，維用二四八六，依然八卦也。知尊乾矣，先先天八卦方位乾正南，後後天八卦方位乾西北，乃入御也。所謂乾統乾坤之乾，其在中乎！太極無在無不在，而以中象之，此皇建所以正位通理，隮敘彝倫，徵五行于人事，而南明嚮威，四克自強也。平康正直，則四克可忘，四克爲偏黨而又之耳"隮敘"至此所用之辭大多出自《尚書·洪範》。今不遞入譜者，猶之等切定音，字隨填入，會通《易》《範》《洪範》，本自易簡。

一九	一八	一七	一六	一五	一四	一三	一二	一一
二九	二八	二七	二六	二五	二四	二三	二二	二一
三九	三八	三七	三六	三五	三四	三三	三二	三一
四九	四八	四七	四六	四五	四四	四三	四二	四一
五九	五八	五七	五六	五五	五四	五三	五二	五一
六九	六八	六七	六六	六五	六四	六三	六二	六一
七九	七八	七七	七六	七五	七四	七三	七二	七一
八九	八八	八七	八六	八五	八四	八三	八二	八一
九九	九八	九七	九六	九五	九四	九三	九二	九一

此九九八十一方也。第一疇各加一，二疇各加二，三、四、五、六、七、八、九疇各以其數加之。第五疇之五五五，則中也，共七百二十九。石齋黃氏衍爲九圖，此其約概。詳見黃道周擴充蔡沈八十一數的注文及《易象正·卷之終上》。

第一	第二	第三	四	中	第五	第六	第七	第八
乾乾	乾兌	乾離	乾震	乾中	乾巽	乾坎	乾艮	乾坤
兌乾	兌兌	兌離	兌震	兌中	兌巽	兌坎	兌艮	兌坤
離乾	離兌	離離	離震	離中	離巽	離坎	離艮	離坤
震乾	震兌	震離	震震	震中	震巽	震坎	震艮	震坤
中乾	中兌	中離	中震	中中	中巽	中坎	中艮	中坤
巽乾	巽兌	巽離	巽震	巽中	巽巽	巽坎	巽艮	巽坤
坎乾	坎兌	坎離	坎震	坎中	坎巽	坎坎	坎艮	坎坤
艮乾	艮兌	艮離	艮震	艮中	艮巽	艮坎	艮艮	艮坤
坤乾	坤兌	坤離	坤震	坤中	坤巽	坤坎	坤艮	坤坤

此以橫序加卦,第一疇爲乾之乾乾,以至九疇皆然,潛老謹衍此配卦三式。

一北	二南	三東	四西	五中	六北	七南	八東	九西
乾乾	乾離	乾巽	乾兌	乾中	乾坤	乾坎	乾震	乾兌
離乾	離離	離巽	離兌	離中	離坤	離坎	離震	離兌
巽乾	巽離	巽巽	巽兌	巽中	巽坤	巽坎	巽震	巽兌
艮乾	艮離	艮巽	艮震	艮中	艮坤	艮坎	艮震	艮兌
中乾	中離	中巽	中艮	中中	中坤	中坎	中震	中兌
坤乾	坤離	坤巽	坤艮	坤中	坤坤	坤坎	坤震	坤兌
坎乾	坎離	坎巽	坎艮	坎中	坎坤	坎坎	坎震	坎兌
震乾	震離	震巽	震艮	震中	震坤	震坎	震震	震兌
兌乾	兌離	兌巽	兌艮	兌中	兌坤	兌坎	兌震	兌兌

此河圖四象也,九疇依序統之。

一北	二西南	三東	四東南	中五	六西北	七西	八西北	九南
坎坎	坎坤	坎震	坎巽	坎中	坎乾	坎兌	坎艮	坎離
坤坎	坤坤	坤震	坤巽	坤中	坤乾	坤兌	坤艮	坤離
震坎	震坤	震震	震巽	震中	震乾	震兌	震艮	震離
巽坎	巽坤	巽震	巽巽	巽中	巽乾	巽兌	巽艮	巽離
中坎	中坤	中震	中巽	中中	中乾	中兌	中艮	中離
乾坎	乾坤	乾震	乾巽	乾中	乾乾	乾兌	乾艮	乾離
兌坎	兌坤	兌震	兌巽	兌中	兌乾	兌兌	兌艮	兌離
艮坎	艮坤	艮震	艮巽	艮中	艮乾	艮兌	艮艮	艮離
離坎	離坤	離震	離巽	離中	離乾	離兌	離艮	離離

此洛書後天位數也,九疇依序統之。

五行雜變附

朱子曰："一落五行,即被氣質拘定,各爲一物,亦各爲一性。而太極無不在也。"引自《朱子語類》卷九十四。潛老夫曰:知其無不在,則因之以爲用矣,兩間有逃于五行者乎？精理致用,不得不詳,詳則有憚畏懼蹟動者,有狗順從蹟動者,術數末也。然至理之秘,或存于支離差錯之中,而彼亦不知其故也。談道之士,畫守常習通昌之理,而又不屑此細差別也,于是汩陳錯亂陳列五行,迷亂五紀者,反無以折中而服之。其寔止此易之陰陽,蘊爲萬變,或位之所適,數之所適,互相錯綜,而統御生克交焉。通者曰:此位數適配耳。不知其適配即至理也。明者以圖書卦策爲準,則萬法齊矣。圖書卦策,安往而非位數之互相錯綜者乎？

《漢·藝文志》："陰陽流二十一家,出于羲和之官上古的天文官。及拘者爲之,則牽禁忌,泥小數,舍人事,任鬼神。"引自《漢書·藝文志》。五行五十一家,五常之形氣也。《書》後面内容出自《尚書·洪範篇》初一曰五行,次二曰羞用五事,言進用五事,以順五行也。五德始終,極無不至,而小數家因以吉凶行世,寢以相亂,故嚴君平汉代嚴遵、關子明之占,皆先言盡人事,而明卦數。

潛老夫曰：生亦克，克亦生也。震木，離火，乾金，兩天先後天不變，震居離位，離居乾位，乾在天門，以用東南。故震離合明法之卦，震離合噬嗑和豐二卦。《大象傳》曰："雷電，噬嗑；先王以明罰敕法。"又曰："雷電皆至，豐；君子以折獄致刑。"而乾合二卦震離，爲無妄上乾下震、大壯上震下乾、同人上乾下離、大有上離下乾矣。

圖之八行，有因四象數位，而適有差幾。書之八行，因于後天八卦，而水火獨尊，二土合節，姑言其概。

土蘊沖氣	木生氣		地水火風──四大亦	火燥氣
		氣形光聲──一行言		水濕氣
	金殺氣	氣土水火──泰西言	藏金木	

智方以智謂俱是氣，俱是所以爲氣，但分凝形、蘊光、發聲之氣，與未形、未光、未聲之氣。蓋氣自分爲三者，自以一分，共爲四也。

火

木　　水　　金

土

有以四木、四火、四金、四土而八水者。《乾鑿度》以土居水位，五常以信居北，以智統之，《易緯·乾鑿度》曰："八卦之序成立，則五氣變形。故人生而應八卦之體，得五氣以爲五常，仁、義、禮、智、信也。夫萬物始出于震，震，東方之卦也，陽氣始生，受形之道也，故東方爲仁；成于離，離，南方之卦也，陽得正于上，陰得正于下，尊卑之象定，禮之序也，故南方爲禮；入于兌，兌，西方之卦也，陰用事而萬物得其宜，義之理也，故西方爲義。漸于坎，坎，北方之卦也，陰氣形盛，陰陽氣含閉，信之類也，故北方爲信。"乾元亨利貞，以貞司北，蓋水土一五相環也。

〔圓圖：中央坎子，外圍十二支卦位〕

中五四列，倍四為八卦，加四為十二宮，三其四而二其六也。或易乾艮，故丑寅屬金，戌亥屬土。

〔圓圖：五音角徵宮商羽配十二支〕

五音配之，故子又屬土，寅丑屬金，酉又屬水。〇二其八為十六，而三其八則二十四向古人將方位析為二十四向，詳如上圖中外圈二十四向矣，即兩其十二也。三合本于洛書，而生于前四，旺于中四，衰于後四，旋理盡此。其以三八分者，亦然。東一卦，西一卦，南北共一卦，亦三八也。

〔圓圖：納音六十甲子配十二支〕

每小五之中，各為五行，此世所略也。五六衍干支為六十，以應藏四之八八卦指六十四卦，蓋五其十二也。各加虛即七十二，故八八全列，而納虛應天，自然適合者也。律呂也，卦氣也，納音六十甲子納五行，詳見本書第二卷《納音圖》也，皆本諸此。

五運以對數化土金水木火相生也，六氣有二火六氣巳亥厥陰風木、子午少陰君火、寅申少陽相火、丑未太陰濕土、卯酉陽明燥金、辰戌太陽寒水中，有"君火""相火"二火。

七音宮、商、角、徵、羽、變宮、變徵有變宮、變徵。納甲有三說。

貴人陽起子，陰起申，別有圖說。

貴人無對，對者曰天空。

太乙以十六起，六壬以十二起，奇門以八起。

净陰净陽五行

乾、坤、坎、離四正，得一、三、七、九，皆奇數，故屬陽。艮、巽、震、兌四隅，得二、四、六、八，皆偶數，故屬陰。乾甲、坤乙、離壬、坎癸爲陽，而寅戌合離，申辰合坎，皆陽也。艮丙、巽辛、震庚、兌丁爲陰，而巳丑合兌，亥未合震，皆陰也。形家堪輿家以四正無化氣，四隅上下二爻，皆陰陽相配，乃合冲和，有化生之機，故爲四龍天星。

天卦五行

寅、甲、卯、乙、辰、巽、巳、丙屬木，爲東一卦。申、庚、酉、辛、戌、乾、亥、壬屬金，爲西一卦。子、癸、丑、艮屬水，午、丁、未、坤屬火，水北火南，共一卦。（又曰三卦五行，蓋三其八也。東卦、西卦兩相錯，而南北爲極以綜之，合觀十二將，子癸同宮，曰玄枵，亥壬同宮，曰娵訾，以至一百二十分金俱以子癸同宮分布，此重干也。故曰天卦。）

地卦五行

一曰三合五行。

乾、甲、丁、亥、卯、未。（屬木）

坤、壬、乙、申、子、辰。（屬水）

艮、丙、辛、寅、午、戌。（屬火）

巽、庚、癸、巳、酉、丑。（屬金）（陽生陰死，陰生陽死。從此三合順逆，共四十八局。）

雙山五行

乾亥、甲卯、丁未。（木）

巽巳、庚酉、癸丑。（金）

艮寅、丙午、辛戌。（火）

坤申、壬子、乙辰。（水）（即三合而以兩位陰陽雙行也，無土者，無非土也。）

四經五行

（以子、午、卯、酉爲四正，寅、申、巳、亥爲四生，辰、戌、丑、未爲四墓，乾、坤、艮、巽爲四維，而甲、庚、丙、壬、乙、辛、丁、癸八干，以次隸之。）

子、寅、辰、乾、丙、乙。（屬金爲父）

午、申、戌、坤、辛、壬。（屬木爲母）

丑、卯、巳、艮、庚、丁。（屬水爲子）

未、酉、亥、巽、甲、癸。（屬火爲孫）（總以中運四方，而四行藏土，謂之四經。乾西北者，北子之維也，而用東南；坤西南者，南午之維也，而用西北；艮東北者，東卯之維也，而用西南；巽東南者，西酉之維也，而用東北。乾維子、寅、辰，乃陽支間一順數也，水、木、土此爲子、寅、辰各自的五行屬性，北東也；乾維干丙丙屬火，乙乙屬木，則南火、東木與乾金三合也。故乾維五位，謂之金。坤維午、申、戌，乃陽支後半間一順數也，火、金、土，南西也；坤維干辛、壬，則自坤而西金、北水，亦順數也。五行以木爲生氣而坤土受克，即以生之，乾金加克，即以生之，故坤維五位，謂之木。艮維丑、卯、巳，亦陰支間一順數也，土、木、火，東南也；艮維干庚、丁，則西金、南火與艮三合也，以其終北而合金火，以始東用，故艮維五位，謂之水。巽維未、酉、亥，亦陰支後半順數也，土、金、水，西北也；巽維干甲、癸，則自巽而東木、北水，亦順數也。巽領南西，以終西酉秋成，故巽維五位，謂之火。是乾艮二陽卦維北，坤巽二陰卦維南，故兩半相次也。）

玄空五行

丙、丁、乙、酉。（火）

乾、坤、卯、午。（金）

亥、癸、艮、甲。（木）

戌、庚、丑、未。（土）

子、寅、辰、巽、申、巳、辛、壬。（水）（丙、丁、乙、酉屬火者，五行惟火勢最炎。丙丁隸于南離，上下兩陽自旺，故不變也。乙爲柔木，生丙火，則氣泄于丙，不能自立，而從子化也。酉之頑金，非火煆 xiā 不成器，故制于火，從官化也。乾、坤、卯、午金者，乾爲金體純陽至剛，有君父之道，宜不變也。坤爲地母，生金順從子化。卯則長男，聽父命而從官也。午則離鍊父金，而從財也。亥、癸、艮、甲木者，木居東爲五氣發生之始，而甲爲十干之首，故甲不變也。亥癸陰柔，不能自立，乃生甲木，從子化也。艮爲兄制，從官也。戌、庚、丑、未土者，二四寄而丑近艮，未近坤，戌火庫，乃土母，俱有本氣旺相而不變也。庚之變土，則以金爲世用，隨地變易，故近于坤，隨母化也。子、寅、辰、巽、申、巳、辛、壬水者,壬、子近乾,得乾金,天一所生,居于旺地,故不變也。寅乃木之初氣,受水之生,巳乃火之初氣,受水之克,皆弱從人之生克而已。申爲水之長生,辛爲水之次母,故從子也。辰爲水之墓庫,近巽克制而從官也。巽陰木,居水庫,是水多木弱,依于母也。)

洪範五行

子、午、卯、酉四正卦不變。(寅、申、辰、戌化水,巳化木,亥化金,乙、未仍土。)

乾坤不變。(艮化木,巽化水。)

納甲論干。(甲、辛化水,乙、丙、壬化火,丁化金,庚、癸化土。)

乾納甲,乾與坤交,以坤上下二爻,換乾上下二爻成坎,故甲隨坎化而屬水。坤納乙,坤與乾代,以乾上下二爻,換坤上下二爻,成離,故乙受離化而屬火。艮納丙,艮與兌對,以兌下爻,換艮下爻成離,故丙存本性爲火。兌納丁,兌與艮對,以艮上爻,換兌上爻成乾,丁受乾化而屬金。震納庚,震與巽對,以巽下爻,換震下爻成坤,庚受坤化而屬土。巽納辛,巽與震對,以震上爻,換巽上爻成坎,辛受坎化而屬水。離納壬,離與坎對,以坎中爻,換離中爻成乾,壬受乾化,當屬金。原因納離,火熔金銷,不能自立,故退離原宮而屬火也。坎納癸,坎與離對,以離中爻,換坎中爻成坤,癸受坤化而屬土也。乾坤不變者,以金土爲陰陽之宗祖,衆卦之父母,退身休明,若亢而變,寔不變也。坎離震兌四正不變者,以子午卯酉專旺四時也。艮巽用變者,艮土易位于震坎東北之界,處身于衰丑病寅之間,思欲更相代立,自然成山而化木也。巽木易位于震離東南之界，處身于衰辰病巳之間，不能自立而隨水庫化也。亥本屬水，因金以生，乘金之病，代金之位，故屬金。寅木屬木，因水以生，乘水之病，代水之位，故屬水。巳本屬火，因木以生，乘木之病，代木之位，故屬木。申本屬金，而爲水土長生之鄉，水遭土克，則金必生水，而助之，故申屬水也。辰戌丑未四季，甄陶造化，爲厚載之質，其氣運行以生萬卉，即爲水。水動土静，辰戌陽之動也，故屬水，丑未陰之静也，故屬土。潛老夫曰：八干納卦之變，乾坤用上、下爻交坎離，坎離用上、下爻交乾坤者，取象否、泰，天地定位也。震艮用上爻交巽兑，巽兑用下爻交震艮者，取象咸、恒、損、益，雷風相搏，山澤通氣也。坎離用中爻交乾坤，乾坤用中爻交坎離者，取象二濟，水火不相射也。上古《天皇鰲極》等書，安知非《漢志》所載陰陽家《黄帝》諸目乎？《漢書·藝文志》陰陽家書目中，有《黄帝泰素》十二篇。要其理取化氣，用在交合，無不本乎三易、九疇者。坎變而離火不變，以成乾坤之用，故干無化木，以所用皆生氣而有艮主之。支無化火者，以嚮明而治四旺，有離主之。此智信仁義見于禮，五生五成極九藏十故歟！

金精鰲極五行

《皇極數·序》云：五子居庚，故鰲極四方，以金爲主，次木，次火，終土，中水，金正穿水火也。未言其甲，先言其庚，乾金至剛，祖微據始，故大地無非金也，金輪即地輪，即天輪也。道家曰金丹，言其陰凝陽氣也。故堪輿取之，孫淇澳孫慎行著論明之。

西七火	一中水	北五土
南三木		東九金
	身本	

八卦變曜五行

貪、巨、祿、文、兼、武、破、左輔、右弼 按次指北斗九星中的貪狼、巨門、祿存、文曲、廉貞、武曲、破軍、左輔、右弼 爲九星，輔、弼爲一，亦八也。起北斗加杓外二星蓬、任、衝、輔、英、芮、柱、心、禽 皆星名，亦此故也。

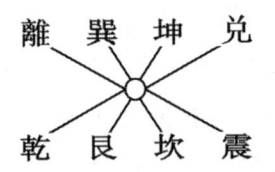

```
離    巽    坤    兌
  \   |    |   /
   \  |    |  /
    \ |    | /
     \|    |/
      O
     /|    |\
    / |    | \
   /  |    |  \
  /   |    |   \
乾    艮    坎    震
```

乾與兌對，離與震對，艮與坤對，巽與坎對，以乾一變末爻爲兌，兌二變中爻爲震，震三變初爻爲坤，坤四變中爻爲坎，坎五變末爻爲巽，巽六變中爻爲艮，艮七變初爻爲離，離八變中爻爲乾。潛老夫曰：此以一、二、三、四乾一、兌二、離三、震四居兩頭，而以五、六、七、八巽五、坎六、艮七、坤八居其中焉。四陽居下，四陰居上，四正與隅相間，非無故也。

《都利聿斯經》《都利聿斯經》二卷，《新唐書·藝文志》曰："貞元中，都利術士李彌幹傳自西天竺，有璩公者譯其文。"該書主要內容是用星象占人貴賤吉凶之術。十一曜命五行。（人生之時，加太陽所臨宮，順數遇卯安命，以帝出乎震也。蘇子由 北宋蘇轍，其字子由 有說，在《藏》佛教經、律、論三藏爲《宿曜經》唐代密宗高僧不空譯的一部印度佛經，全名《文殊師利菩薩及諸仙所說吉凶時日善惡宿曜經》，內容主要是古印度的占星術。）

（配位以日當午，月當未，以上律也。土當子丑，以下襲也。天道左旋，寅當春木，卯當夏火，辰當秋金，巳當冬水。地道右轉，亥木、戌火、酉金、申水當之。）

（壬子）寶瓶，（癸丑）磨羯，（艮寅）人馬，（甲卯）天蠍，（乙辰)天秤,(巽巳)雙女,(丙午)獅子,(丁未)巨蟹,(坤申)陰陽,(庚酉)金牛,(辛戌)白羊,(乾亥)雙水。(此因西域譯名。若玄枵之子,則以子癸分宮;娵訾之亥,則以亥壬分宮,故過宮女二與箕三不同。)四餘者,日月交道也。(赤黃相交處自內出入曰陽曆口,曰羅睺,亦曰龍頭,自外入內曰陰曆口,曰計都,亦曰龍尾。月所行極高極遠,則行遲體小,曰月孛,其曰紫炁者,或謂生于閏餘,或謂土木相會。王子晦曰:土木火諸星交孛,何不推之?○木炁廿九年周天,水孛九年周天,火羅土計,十八年周天。○其術論宮主,度主,喜恩忌難,然不可執一也。書當爲"晝"生視命度主,夜生視身度主,或以太陰爲身星。)

角(木蛟),亢(金龍),氐(土貉),房(日兔),心(月狐),尾(火虎),箕(水豹);斗(木獬),牛(金牛),女(土蝠,)虛(日鼠),危(月燕),室(火豬),壁(水貐);奎(木狼),婁(金狗),胃(土雉),昴(日雞),畢(月烏),觜(火猴),參(水猿);井(木犴),鬼(金羊),柳(土獐),星(日馬),張(月鹿),翼(火蛇),軫(水蚓)。括號內的內容是配給二十八宿的動物,傳這種配法始自袁天罡,後人常將星宿名與對應的動物名相連而作爲二十八宿全稱。○(謂之演禽,是氏以爲鮮鶚經,堪輿、星命皆用之,約以木、金、土、日、月、火、水,配四方七宿而已,非可執也。耶穌有一法,雄經曜行高行交者,爲近理云。)

珞琭三命五行 珞琭爲古代隱士,傳爲魏晉或稍早于魏晉的人物,以生辰八字論命理而著稱

(李虛中 字常容,唐命理學家,今有《李虛中命書》傳世 論之,呂才 (606—665)唐代學者,不信命理 稱起于司馬季主 西漢楚地修道者,而建祿、室凶、勾絞、驛馬 四者皆爲命理術語之類,才 呂才 已譏之。晁氏

晁公武曰："小運命理用語之法本于《說文》《說文解字》，空亡命理用語之說本于《史記》。"晁公武《郡齋讀書志·五行類》曰："且小運之法，本于《說文》'巳'字之訓；空亡之說，本于《史記》孤虛之術。"叢辰、日苑命理術語，蓋亦有自來矣。人溺禍福反不安命，聖賢雖在陰陽中，豈陰陽所得而制哉？俗糊口而已。）

子（癸），丑（巳、辛、癸），寅（甲、丙），卯（乙），辰（戊、乙、癸），巳（丙、戊、庚），午（丁、己），未（丁、乙、己），申（庚、壬、戊原本"戊"作"戍"，而據命理學地支藏天干之說，當爲"戊"，又後文解釋曰"土亦生申，而庫辰，故二戊屬之"，故當爲"戊"），酉（辛），戌（丁、辛、戊），亥（壬、甲原本"甲"作"申"，而據命理學地支藏干之說，當爲"甲"，又後文解釋曰"甲陽木生于亥"，故當爲"甲"）。《淵海子平·卷二》有《地支藏遁歌》一首，云："子宮癸水在其中，丑癸辛金己土同，寅宮甲木兼丙戊，卯宮乙木獨相逢，辰藏乙戊三分癸，巳中庚金丙戊叢，午宮丙火拼己土，未宮乙己丁共宗，申位庚金壬水戊，酉宮辛字獨豐隆，戌宮辛金及丁戊，亥藏壬甲是真蹤。"列此參考。（此八干合四孟、四仲，而戊巳分四季，又因夏生中央，而戊巳復隨丙丁也。子午卯酉四正，故乙丁己辛癸移寄四季，六壬所用是也。甲陽木生于亥，乙陰木生于未，即木庫也。○丙陽火，生于寅，丁陰火，生于戌，即火庫也。庚陽金，生于巳，辛陰金，生于丑，即金庫也。○壬陽水，生于申，癸陰水，生于卯辰，水庫也。土亦生申，而庫辰，故二戊屬之。）

玩易雜說

承乘比應

承、乘、比、應皆爲依據《周易》爻辭、《彖傳》、《象傳》等來說明一卦各爻象之間聯繫的用詞,此節主要通過四者來探究一卦爻象間的關係,進而判斷一卦之德與變化。

《全》楊時喬《周易古今文全書》曰:《周易》二卦之交,取闔闢往來,一卦六爻,取承、乘、比、應,皆兩卦之二體。一卦之二體,相交之象也。○乘者,自上乘下;承者,以下承上;承和乘指一卦之中兩爻之間的剛柔(陽爻剛陰爻柔)關係,上爻乘下爻,下爻承上爻。比者,近而相比比是相鄰兩爻之間的剛柔關係;應者,隔三畫而應也。應指應位,六十四卦皆由上下二卦構成,下卦之初爻與上卦之初爻、下卦之二爻與上卦之二爻、下卦之上爻與上卦之上爻爲應位,也就是別卦之初爻與四爻、二爻與與五爻、三爻與上爻爲應位。應位之爻有應與不應之別,凡應位之爻爲一陰一陽爲應,二陰或者二陽爲不應。○以全體言,有以一爻爲卦主,而上下五爻皆應者。大有乾下離上五爻皆應六五,《彖·大有》曰:"大有,柔(陰爻)得尊位大中,而上下應之,曰大有。"同人離下乾上五爻皆應六二,《彖·同人》曰:"同人,柔得位得中,而應乎乾,曰同人。"比坤下坎上五爻皆應五九五,《彖·比》曰:"'原筮,元永貞,無咎',以剛中也。'不寧方來',上下應也。"曰上下應。大畜乾下艮上皆應,指上九;小畜乾下巽上皆應,指六四。《彖》曰:"小畜,柔得位而上下應之,曰小畜。"此皆以一爻主卦,所謂順感之義,不與三爻正因應同也。○每卦以二五相應,三四相比,初上相承、乘爲多。而所謂相求者,大約以陽倡陰和爲得所求。謂乘者,則柔乘剛,剛承柔,多未善也。邵端簡曰:如無正應,則于乘、承有相取之道焉。賁之二六二乘初初九爲"賁其須",《周易·賁》曰:"六二,賁其須。"復之二六二乘初初九爲"下仁",此亦所謂相得者也。《周易·復》曰:"六二,休復,吉。"《小象》釋曰:"'休復之吉',以下仁也。"又曰:觀變動者存乎應,應遠者也。陽倡陰和,是爲相得,故遠而相求,如睽兌下離上之初初九四九四難而相待,屯震下坎上之二六二五九五變而相待,同人離下乾上之二六二五九五艮而相遇，皆是也。《象傳》以應爲有與，無應爲無與。○辨順逆者，存乎比。比，近也。而苟焉以求相得，可乎？故曰："近不必比，遠不必乖。"引自王弼《周易略例》。項氏曰：陽剛陰柔，近能相得，比之正，吉之大也。有和比者，謂之近比。又有舍其正應，而惟于近比者，凶害悔吝矣。○李衡曰：志同相應，然事多變動，在乎因時，故應與無應，各有得失。夬乾下兌上九三以應上上六凶，剝坤下艮上六三以應上上九無咎，時位使然，不可概論也。《彖》辭二五"剛中而應"者，凡五卦《彖傳》中有"剛中而應"的卦有師、臨、升、無妄、萃五卦。師、臨、升，二以剛中應五，無妄、萃，五以剛中應二也。○如謙、豫之初初爻上上爻，損、益之二二爻五五爻，既、未濟之三三爻四四爻，皆二卦闔闢往來，其辭皆同，而其象當取本卦爻之承、乘、比、應也。○八純卦不言正應，以上下二體剛柔爲應，謂同德相應者也。而獨艮稱敵應，以艮止故也。○陰陽相求，其中有爲間之爻，則兩求尤切。

《導應論》曰：爻莫重于應，然不可拘。訟坎下乾上有並剛亦以應者，二九二五九五是，非兩造不成訟也。睽有合不在應，而在無應者，二遇巷、三無初，有應者，合反難也，初自復，四交孚，《周易·睽(兌下離上)》曰："九二，遇主于巷，無咎。""六三，見輿曳，其牛掣，其人天且劓，無初有終。""初九，悔亡。喪馬勿逐自復。見惡人無咎。""九四，睽孤遇元夫，交孚，厲，無咎。"無應者，合反易也。咸六爻皆應其義無取，以虛受人也。《大象傳》曰："山上有澤，咸。君子以虛受人。"小畜初與四應，不受其畜，不入其黨，復自道也。師之眾，比之親，陰皆應陽，陰之分也。《彖》曰："師(坎下坤上)，眾也。貞，正也。能以眾正，可以王矣。剛中而應，行險而順，以此毒天下，而民從之，吉又何咎矣。"又曰："比(坤下坎上)，吉也；比，輔也，下順從也。'原筮，元永貞，無咎'，以剛中也。"又《大象傳》曰："地上有水，比。先王以建萬國，親諸侯。"同人之通，大有原本作"大"，根據行文與所述之卦，當爲"大有"之尊，陽皆應陰，陽之願也。《象傳·同人》曰："同人（離下乾上），柔得位得中，而應乎乾，曰同人。同人曰：'同人于野，亨。利涉大川'，乾行也。文明以健，中正而應，君子正也。唯君子爲能通天下之志。"又曰："大有（離下乾上），柔得尊位大中，而上下應之，曰大有。其德剛健而文明，應乎天而時行，是以元亨。"坤應取諸乾，乾，衣也，五曰黃裳《周易·坤》："六五，黃裳，元吉。"，即上亦應乾，亢戰類也，而龍同地道無成也。《周易·乾》曰："上九，亢龍，有悔。"《周易·坤》曰："上六，龍戰于野，其血玄黃。"《文言》曰："陰雖有美，含之以從王事，弗敢成也。地道也，妻道也，臣道也，地道無成而代有終也。"鼎巽下離上下體之應不利于上體，初趾也，四曰折足，故五別應上，金玉類也，而鉉同，鼎顚則悖也，往者上應之辭，求苟在下，不嫌言往。《周易·鼎》曰："初六，鼎顚趾，利出否。得妾以其子，無咎。"又曰："九四，鼎折足，覆公餗，其形渥，凶。"又曰："六五，鼎黃耳金鉉，利貞。"又曰："上九，鼎玉鉉，大吉，無不利。"後文倣此，皆是以卦辭、爻辭、《象傳》等以明卦爻之承、乘、比、應。屯震下坎上四從初，求以初也，來者下應之辭，主苟在上不嫌言來。需乾下坎上三之上，客于上也。升巽下坤上以見大人爲義，六五當之，應者用禴，承者用享，不必言升也。解坎下震上以去險爲義，六三當之，承者田，乘者解，應者射，三居險極也。遯以二陰成卦，初二不著小人，槪以遯世之事明之，共居遯之中也。大有上爻因五取義，履信思順而上同"尚"賢，居有極而乘五也，參五求之，其義見矣。

中四爻

《全》《周易古今文全書》曰："二二爻三三爻曰剛中柔中，寔貴剛。三四曰重剛重柔，寔貴柔。"〇二以柔中爲善，五以剛中爲善，而《易》于諸卦，乃因九五剛中而併取九二之剛中，因六二柔中而併取六五之柔中，蓋以二五之中也。三以重剛爲善，四當以重柔爲善，乃夫子于乾九四，而併以九三爲重剛不中，于小過艮下震上九四，而併以九三爲剛當位而不中，蓋因三四之不中也。然觀其重二五之剛中，未必深取于二，重二五之柔中，而未必深取于五。至于三以剛居下之上，四以剛居上之下，皆不中也。《蒙引》釋小過之辭曰："下體之剛不居二而居三，上體之剛不居五而居四，皆失位也。"引自《易經蒙引·小過》。〇凡二五兩爻，有一得正者，其未正者，亦以得正者之應爲正也。如乾九二中正，指五言，見二五相應之善也，九五以剛居陽而得中，故曰中正，曰位正當，九二以柔居陰而得中，則曰位中正，或以剛居之，亦曰剛中，重中也。

雲峰胡炳文曰：泰、益二三曰中行，蓋指五上之中，而行乎下，二下之中，而行于上，故曰中行。〇柔居陰位，剛居陽位，皆爲正。全體諸爻皆不正，此一爻獨正，乃爲正當，或曰當。大抵九五正當爲多，其不正當者，皆以此爻爲主。或他爻皆正，獨此一爻不正，則曰不正，或曰不當。卦爻每以三四爲上下二體交界之間，謂之介，其辭多悔吝，故曰："憂悔吝者存乎介。"引自《繫辭上》。

任間〇卦主

任謂當任也，在初、三、四、上四爻内取一爻爲言。若相應，位皆得主，不言當任。乾坤二卦不言當任，屯蒙下皆有任爻。〇間爻亦取于初、三、四、上四爻之内。〇凡言時義即當任，大抵承五與成卦之正。爲間者，不從五，亦不從卦主，惟三畫卦震巽主初爻，坎離主中爻，艮兌主上爻，六畫卦有二主爻，則用其尤重者，遇乾坤則不用，乾坤已退居也。○如離卦則以所麗二剛取一爻爲主，噬嗑主九四，豐主九三，賁主九三，旅主九四，睽主九四，家人主九三，鼎乘下體主九三，革承上體主九四，此其遇震艮兌巽爲然。若與坎遇，則于既濟主上體之四，未濟主下體之三，以坎爲主也。兩離相遇，則主二，遇乾坤則主三畫中之柔爻。○巽主則初與四，然初不善而四善。兌主則上與三，然三不善而上善。震最重初九、九四，雖主上體，亦以初爲成震主也。○六爻成質，六位成體，其異其同，皆由乎時，故曰："卦者，時也。"引自王弼《周易略例·明象》。時者，卦主爲之也。《文言》所謂時用、時義，指此也。陰陽之位時成不易，而剛柔之質往來居之，則有不同，是其剛柔之過不及者，當有以變化之，即二五得中，亦當于中正變化之，乃于諸爻之過不及者，相與而后相得，不然，則不相得也，此吉凶悔吝屬所由生也。

《野同録》方大鎮撰，已佚曰：諸家守舊説而不會通者，執一矣。其偏作通冒之語，而不論卦爻之情者，更執一矣。朱子曰："陰陽闔開，便是易。"天地陰陽之變，未嘗停息，如磨既行，齒都不齊。不齊，故生萬變。"物之不齊，物之情也。"引自《孟子·滕文公上》。邵子曰："泥空終是着，齊物到頭爭。"引自《伊川擊壤集·方言》。故《易》中只言反覆、往來、上下，是則朱子何嘗執耶？莊生强欲齊物，仍是不齊齊之耳？見《莊子·齊物論》。聖人善于因物之理，以理其物，非委之忽之而漫曰：不齊齊之也。

陳希夷曰："羲皇始畫八卦，重而爲六十四，不立文字，使人觀其象而已。"引自《正易心法》。其後觀象之學不傳，卦象難明，人以爲筆畫而已。然其學雖不傳而寓其意于筆畫之間，即畫而求其理，亦可推者。羲之象在圖爲太極，爲兩儀，爲四象，爲八卦。以圖示人而使觀之者，即觀此象也。文王更置卦位，而亦以象之著見者爲闔、爲闢、爲往、爲來，變通爲象而推究其象之所自闔而闢、闢而闔、往而來、來而往，所以爲闔闢往來者以示人，而使人觀之者即觀此象也。象本于理，以此理措乎日用，即制器也，是象之顯設也，制器尚象皆謂觀象之學。程子程頤曰："理見乎辭，則可由辭以觀象。"引自《河南程氏文集·卷九·答張閎中書》。後世能據其詞以明象，則易道可興，但不得其辭者衆，此易象之所以雖存而難知也。○辭者，所以言乎象，尚辭即象，玩辭即明乎象也。○文、周文王、周公象爻之辭，何有性與天道之說乎？而其取象之意，則假物與事之辭，以明乎性、天而已。故曰：尚乎辭而玩之者，正以其辭而得其所以爲辭。所以爲辭者，即性與天道也。

　　《全》楊時喬《周易古今文全書》曰：《説卦》曰：爻象動乎内，吉凶見乎外。此内外以二卦言，内爲正卦，則外爲反卦；内爲反卦，則外爲正卦。爻象變乎内，而所值之吉凶即在于外，甚矣，變之不常也！而每于動者觀之，人不動，何嘗有差，只是一吉而已，動可不慎乎？

　　先儒曰：變者必有不變者在，觀其變而得其不變，是知變者也。又曰：聖人以蓍法教人明理，理則不疑，所謂決疑也。先儒謂明得理，即法得事。○理一而已，順則吉，逆則凶。吉者得理，即心之安處；凶者理失，即心之不安處。悔吝在順逆間，于理有純疵，即心安、不安之界也。後世不知吉凶悔吝係于理，而以禍福之未來者當之，則以福爲吉，以禍爲凶。夫吉凶則致禍福，而不可以禍福即吉凶也。如其順理心安，則福固吉，禍亦吉；理不順心不安，則爲禍固凶，福亦凶也。蓋禍福不能自免，而理則至定，此心可以順之也。先知而順之，止焉者，聖神；次焉者，君子。孟子所謂順受其正，不立巖墻之下者，占之道得也。曰：先儒謂學易在知時，時即學易極處，即時中也。崔後渠崔銑(1478—1541)，字子鍾，又字仲鳧，號後渠，今河南安陽市人，著有《讀易餘言》五卷、《彰德府志》八卷等曰："一曲之見，難與共學。"引自《讀易餘言·大象説》。既主一見，又主先入之見，以此直談橫議，而不知時即拘一曲矣。

林栗南宋人，字黃中，有《周易經傳解集》三十六卷傳世《易説》嘗辨邵子認爲邵雍、朱熹所持的易分先後天之論非正傳，而朱子闢之，蓋包之、生之，同時具備。言生則有秩敘之機，言包則渾然矣。然合秩敘即是渾，非廢秩敘以爲渾也。《野同錄》方大鎮撰，已佚曰：太極所以然之理，即在各時各位之理中，所謂舍歷無寂者也。偏上喜言一太極，胞則包之説也，流爲荒一，誤世不小。栗林栗後敢于吠朱皆挾此見。

張理圖説以乾兑離震，坤艮坎巽序布，乾盪以乾爲首，兑盪則以乾居次位而以序周其本盪之八，餘者皆退一位而序之。其中方橫列者，以朱子卦變一陽一陰者居上下，二陽二陰者居次，三陽三陰居中，共爲五橫列焉。內變通則以乾坤反覆相推，陽以次而左升，陰以次而右降。其圖倍乘，則以乾起北，而兑離震從西而南，坤艮坎巽由北而東而南。其方因重則以方圖覆之，乾居東南，坤居西北，泰居東北，否居西南，即黃元公黃端伯之所取也。何燕泉《易約》，以外循環、內變通爲一圖，內方因重、外倍圓乘爲一圖。

圖象幾表卷之六

皖桐方孔炤潛夫授編
孫 中德、中通、中履、中泰編錄

五運六氣圖原本正文無此標題，據《圖象目錄》而加

艮爲鼻，艮其背，可悟自心生乩𠁁占卜問疑之籥通道，可悟止息生息之消息矣。咸、艮取人身，頤、噬取口，觀取目，鼎取耳目，亦隨處取義也。邵邵雍取別詳。

舊配說詳于後。

五運約圖

河圖十數配干，旋而相對，先從甲己化土，起而順生以化，即所云五種氣交亙于兩間。漢漢易交坤艮，是一徵也。謂三月建辰，以龍主化者泥。○岐伯《黃帝內經》中給黃帝傳講道與醫術的醫家曰："太過者，其數成，不及者，其數生，土常以生也。"出自《素問·六元正紀大論》。此本河圖以一二三四爲生數，六七八九十爲成數。王冰（約710—約805）號啓玄子，唐道士、醫家曰："土旺四季，不得正方，天有九宮，不可至十，故土止言五。"引自《素問·六氣玄珠密語·天元定化紀篇》，原文爲"土所以無成數者，謂土王四季，不得正方也。又數至十而倒行，即復歸五也。天有九宮，不可至十也，至九而回也"。今歷連或爲"運"，原本字體漫漶氣所紀是也，其曰災一宮、災三宮、災七宮、災五宮者，本洛書也。

五藏（肝、心、脾、肺、腎），陰也。六府通"腑"（膽、胃、三焦、膀膀胱、大小腸），陽也。首陽身陰，而水陽下，火陰上，負陰抱陽而背陽腹陰。（陽中陽，心也。陽中陰，肺也。陰中陰，腎也。陰中陽，肝也。陰中至陰，脾也。）形藏四（一頭，二耳目，三口齒，四胸），神藏五（心藏神，肺藏魄，肝藏魂，脾藏意，腎藏志。又曰：脾藏意與智，腎藏精與志，謂七神），是曰九藏。手陽，足陰，腰以上陽，以下陰。

三陰三陽圖原本正文無此標題，據《圖象目錄》而加

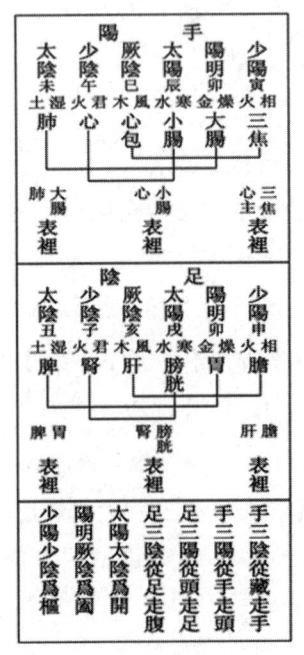

陽	手	
太陰未土濕肺 / 少陰午君火心 / 厥陰巳風木心包	太陽辰寒水小腸 / 陽明卯燥金大腸	少陽寅相火三焦
肺大腸表裡	心小腸表裡	心主三焦表裡

陰	足	
太陰丑土濕脾 / 少陰子君火腎 / 厥陰亥風木肝	太陽戌寒水膀胱 / 陽明卯燥金胃	少陽申相火膽
脾胃表裡	腎膀胱表裡	肝膽表裡

手三陰從藏走手 / 手三陽從手走頭 / 足三陰從足走腹 / 足三陽從頭走足 / 太陽太陰爲開 / 陽明厥陰爲闔 / 少陽少陰爲樞

手三陰指手太陰肺經、手厥陰心包絡經、手少陰心經從藏走手，手三陽指手太陽小腸經、手陽明大腸經、手少陽三焦經從手走頭，足三陽指足太陽膀胱經、足陽明胃經、足少陽膽經從頭走足，足三陰指足太陰脾經、足厥陰肝經、足少陰腎經從足走腹。太陽、太陰爲開，陽明、厥陰爲闔，少陽、少陰爲樞。

怒喜思憂恐	酸苦甘辛鹹	臊焦香腥腐	呼言歌哭呻	目舌口鼻耳	淚汗涎涕唾	爪色唇毛髮	筋脈肉皮骨	肝心脾肺腎	臭色形味聲	魂神意魄精	仁禮信義智	木火土金水
	志	味	臭	聲	竅	液	榮	合				

五運六氣

鬼臾區《黃帝內經》中與黃帝探討醫術的醫家曰："土主甲己，金主乙庚，水主丙辛，木主丁壬，火主戊癸。"

岐伯曰："臣覽太始天元冊文，丹赤色，火之氣天之氣經于牛、女戊分（牛、女在子癸，火氣自子癸至戊分，故火至戊癸）；黅 jīn 黃色，土之氣色天之氣，經于心、尾己分（心尾在甲，土氣自甲至己分，故土主甲己）；蒼青色，木之氣天之氣，經于危、室、柳、鬼（危、室在壬，柳、鬼在丁，故木主丁壬）；素白色，金之氣天之氣，經于亢、氐、昴、畢（亢、氐在乙，昴、畢在庚，故金主乙庚）；玄黑色，水之氣天之氣，經于張、翼、婁、胃（張、翼在丙，婁、胃在辛，故水主丙辛）。"上兩處引自《素問·五行運行大論》，括號內爲方氏之解釋。是曰五運。（主運甲爲干首，故先土運，其運行自首丁壬木。每年木、火、土、金、水各七十二日零五刻，運位相次，萬年不易也。客運如甲己年土運，土爲初運，金爲二運，水爲三運，木爲四運，火爲五運，以相生序。乙庚年金，則金初，水二，木三，火四，土五，各七十二日零五刻周流，每年一遷者也。○五陽干之年，太過也。五陰干之年，不及也。太過以大寒前十三日交，曰先天先天而至。不及于太即"大"寒後十三日交，曰後天後天而至。平氣之年正大寒日交，曰齊天。○天以六爲節，地以五爲制。周天氣者，六期爲一備；終地紀者，五歲爲一周。君火以明，原本"明"作"名"，然據後文之義及其出處《素問·天元紀大論篇》，當爲"明"。相火以位。五六相合，而七百二十氣爲一紀，凡三十歲，千四百四十氣，凡六十歲而爲一周。不及、太過，斯皆見矣。）

主歲者紀歲,在天三年一降,五年遷正司泉,泉而天亦然。問氣者紀步歲有六步,以六十日八十七刻半有奇爲一步也。如子年君火天金地,則地左間太陽水爲初氣,天右間厥陰木爲二氣,司天君火爲三氣,天左間太陰土爲四氣,地右間少陽相火爲五氣,司泉金爲六氣,左升而上,右行下旋,而復于中。六氣風初,熱二,暑三,濕四,燥五,寒六。此每氣六十度有奇者,萬年不易之主氣也。年支定司而左右紀步者,每年一遷之客氣也。

午子	未丑	申寅	酉卯	戌辰	亥巳
歲少陰君火司天	歲太陰濕土司天	歲少陽相火司天	歲陽明燥金司天	歲太陽寒水司天	歲厥陰風木司天
右太陽 左厥陰	右少陽 左厥陰	右陽明 左少陰	右太陽 左太陰	右厥陰 左少陽	右少陰 左太陽
大寒至驚蟄 初氣 風木	春分至立夏 二氣 君火	小滿至小暑 三氣 相火	大暑至白露 四氣 濕土	秋分至立冬 五氣 燥金	小雪至小寒 六氣 寒水

鬼臾區原本作"岐伯",據《素問》,當爲鬼臾區曰:"寒暑燥濕風火,天之陰陽也,地三陰三陽上奉之。木火土金水原本作"木火土金水火",據《素問》改,地之陰陽也,天《素問》無此"天"字生長化收藏下應之。"引自《素問·天元紀大論篇》。"地爲下乎?"曰:"地,人之下,太虛之中也。""馮乎?"曰:"大氣舉之也。風寒在下,燥熱在上,濕氣在中,火游行其間,寒暑交焉,故虛而生化。"引自《素問·五運行大論篇》,爲岐伯答黃帝之問。先天者太過,則制己所勝,而侮所不勝,命曰氣淫。後天者不及,己所不勝,則侮而乘之,己所勝,則輕而侮之,侮反受邪,命曰氣迫。

平氣：木曰敷和，火曰升明，土曰備化，金曰審平，水曰靜順。
太過：木曰發生，火曰赫曦，土曰敦阜，金曰堅成，水曰流衍。
不及：木曰委和，火曰伏明，土曰卑監，金曰從革，水曰涸流。"太過"和"不及"兩段文字中，原本皆省略了"木曰""火曰"等五行之一加"曰"字之語，今據《素問·五常政大論篇》加之。

化動		化蒼		化酸		化風		陰厥
化灼		運主不君		化苦		化熱		陰少
化柔	氣間	化黅	氣司	化甘	泉在	化濕	天司	陰太
化明		化丹		化苦		化火		陽少
化清		化素		化辛		化燥		明陽
化藏		化玄		化鹹		化寒		陽太

歲直（木運臨卯卯指卯陽明燥金之類，與歲會。）

天符（土運，上見太陰太陰指太陰濕土之會，與天會。）

太一天符又作太乙天符之會（戊午、乙酉、己未、己丑原本中作"戊午乙酉己己未己丑"，據《素問》中的運氣的推演，太一天符年只有"戊午、乙酉、己未、己丑"四者，故多"己"字，天會、歲會、運會，三合爲治。）

天符爲執法，歲直爲行令，太一天符爲貴人。○氣生運氣之五行與運之五行生克關係爲生曰順化。○氣克運曰天刑。○運生氣曰小逆，曰相得運氣相得則微。○運克氣曰不和，曰不相得則甚。運同四孟月四孟月指每季最初之月。農曆孟春正月建寅，屬木；孟夏四月建巳，屬火；孟秋七月建申，屬金；孟冬十月建亥，屬水。運同四孟月指運之五行與四孟月所配五行相同曰支德符。○太過運加司地之氣曰同天符。○不及運加司地之氣曰歲會。○各以氣運加臨爲勝負之差。○亢則害，承乃制（五運相克爲承）。地氣制己勝，天氣制勝己。天制色，地制刑。天氣不足，地氣隨之；地氣不足，天氣從之，運居其中而常先。惡所不勝，歸所同和，隨運歸從，而生其病。六氣之勝,乘其至也。感于邪而病,乘年之虛則邪甚,失時之和亦邪甚,遇月之空亦邪甚,重感于邪則病危。○時有常位,而氣無必也。初氣終三氣,天氣主之,勝之常也;四氣盡終氣,地氣主之,復之常也。有勝則復,無則否。復已而勝,勝至則復無常數,衰乃主耳。○復至則不以天地異名,皆以復氣爲法。

人體呼吸十二經卦氣圖原本正文無此標題,據《圖象目錄》而加

手太陰肺指手太陰肺經,是人體經脈之一。該段之後各段首括號外之

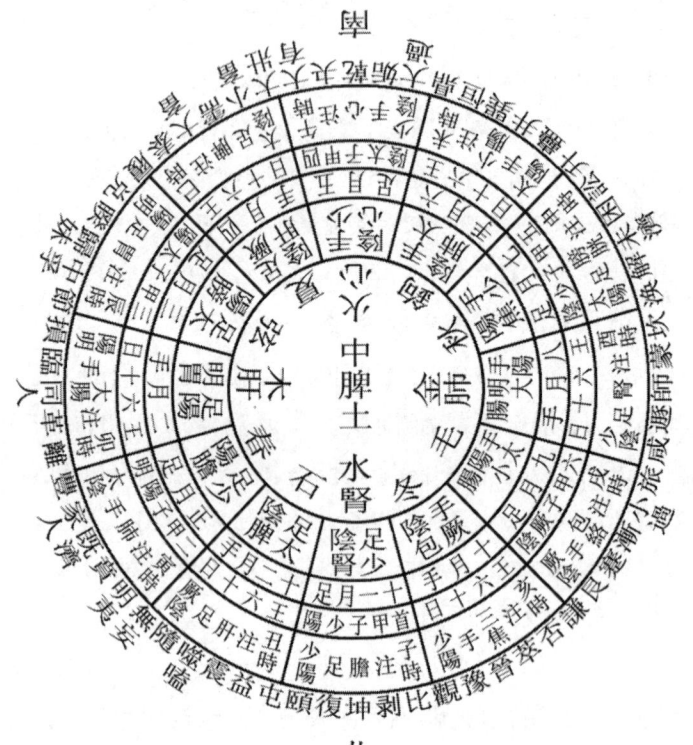

督陽二十七穴
任陰二十四穴
共五十一穴
則大衍合一口

詞，皆爲與該詞所指臟腑相應的經脈，文本中不再加注。(起于中焦中府穴穴位，下絡大腸；其支者從腕原本"腕"作"脘"，據《靈樞·經脈篇》，當爲"腕"後直出次指指食指內廉內側，出其端少商穴穴位，位大指端。卯時注大腸。)

手陽明大腸(起于次指指食指之端內側商陽穴，循指上廉上側邊緣；其支者從原本無"從"字，無則文義難通，據《靈樞·經脈篇》加之缺盆位于鎖骨上窩中央上頸貫頰，入下齒中，上挾鼻孔迎香穴。辰時注胃。)

足陽明胃(起于頭維穴鼻交頞中位于鼻骨最高處微上陷中，下循鼻外，入上齒中；其支者入大指指大趾間，出其端厲兌穴。巳時注脾。)

足太陰脾(起于大指指大趾端隱白穴，循指趾內廉側白肉際；其支者從胸，別上膈天包穴。午時注心。）

手少陰心（起于心中極泉穴，出屬心系，下脇下脇指肋骨盡頭絡小腸；其支上目系，直者出肺，上腋，下肘內，後小指端少衝穴。未時注小腸。）

手太陽小腸（起于少澤穴小指端，外側上腕；其支入耳中，別上頰，至目銳，絡于顴。申時注膀胱。）

足太陽膀胱（起于目內眥眼角睛明穴，上額交巔頭頂；其支者髆內，別上循京骨位于足外側小趾骨粗隆下方，至小指外側至陰穴。酉時注腎。）

足少陰腎（起于小指指小趾下，斜趣足心湧泉穴，上屬腎，絡膀胱，直者上貫肝，入肺中，循喉挾舌本；支者從肺出絡心，注胸中俞府穴。戌時注心包絡。）

手厥陰心包絡（起于胸中天池穴，出屬心包，下膈，絡三焦；支者出脇，下腋，循臑內，行太陰、少陰之間，入肘中，出中指端中衝穴；支者掌中，循小指次指指無名指出其端。亥時注三焦。）

手少陽三焦（起于小指次指指無名指之端開衝穴，循手表腕，至目兌眥又作目銳眥，指外眼角耳門穴。子時注膽。）

足少陽膽（起于目兌眥瞳子髎穴，入小指指小趾次指指次趾之端岐中竅陰穴位次小趾末端。丑時注肝。）

足厥陰肝（起于大指指大趾聚毛大敦穴，上踹足跗上廉，上入肺中期門穴。寅時注肺。）

人身呼吸合天地卦氣説

人身即天地，誰不云然？然非徒冒言其通理也，試質析之。行于骨節間者，氣血而已。氣爲衛，行脈外；血爲榮，行脈中。血實統于氣，而流行氣血于十二經十五絡者，皆脈也。八奇經，別脈也，冲氣統之，肺爲氣門。寸關尺中醫切脈部位，指寸口脈，其分寸脈、關脈、尺脈三部脈來切脈、浮中沉中醫的三部診脈之法之候，平旦也。寸口其大關鍵乎？《難經》古代醫書，全名《黄帝八十一難經》，傳爲戰國扁鵲作曰："寸口者，五臓六腑之所終始。"本清未詳曰："候脈者，必取平旦。"雖云"陰氣未動原本作"陰陽未動"，據《素問·脈要精微論篇》改，陽氣未散，飲食未進，經脈未盛，脈絡調均，血氣未亂。"引自《素問·脈要精微論篇》，該篇以爲平旦之時，人的氣血經脈如引文所描述，因此，平旦最合診脈。然此其梗概，而習矣莫之察也。其實脈行十二時中，寅則注肺，百脈會焉。寸口，肺經寸口穴屬手太陰肺經也。每日從寅至申屬陽，從申至寅屬陰。人目動則行陽，目合則行陰。寅乃陰之盡，陽之初，故百脈變見于寸口，診法取決于寅時。一歲十二月，一日十二時，經脈各有所注，陰陽升降與天地應。醫家誰究心乎？音出于丹田，而字滿于商五音之一，屬金，亦肺肺屬金所司也。噫！人生于寅，子興孟子的字謂"平旦之氣"《孟子·告子上》將存平旦之氣與人的修心養性聯係在一起，雞鳴而起，豈特可以察脈已哉？聽聲知病，聽聲知吉凶，猶有先此者。

　　經絡共長十六丈二尺。手三陽之脈，從手至頭長五尺（五合六三陽左右各一爲六，以下各脈，除任脈督脈外，皆爲左右各一爲三丈）；手三陰之脈，從手至胸中，長三尺五寸（三六一丈八尺，五六方三尺，合二丈一尺）；足三陽之脈，從足至頭八尺（六八四丈八尺）；足三陰之脈，從足至胸中長六尺五寸（六六三丈六尺，五六方三尺，合三丈九尺）；人兩足蹻脈陽蹻脈和陰蹻脈，從足至目長七尺五寸（合一丈五尺）；督、任各長四尺五寸（合九尺）；共長十六丈二尺也。人一呼一吸，行六寸，十息脈行六尺，百息行六丈，二百七十息，脈行十六丈二尺，氣血周身一度也，漏水計量時間的漏壺漏下的水下二刻一晝夜共一百刻，一刻約爲十四點四分鐘焉。至明日寅時，周身五十脈，行八百一十丈，共萬三千五百息，漏水下百刻焉，日行二十八舍也。往見石齋明黃道周先生，以《易》追息不得。智方以智自稱在天雷苗中清順治三年（1646），方以智隱居在天雷山苗峒中，豁然圖之用書。因知息數，洛書數也。洛書三其三五，是九其五也洛書數四十五。二刻而二百七十息，氣血一周，則三十其九，而六其洛書也。凡九十息，脈行五丈四尺，而又五分之則十八息，各爲丈八寸，此象限百八之小率也。一日夜周身五十五十經脈，而萬三千五百息，則爲九者千五百，而三百其洛書數也。六十四日爲八十六萬四千息，則與萬一千五百二十原本"萬一千五百二十"作"萬二千五百二十"，與此處演算以及《周易》六十四卦具策數"萬一千五百二十"不符之策會矣，此七十五其具策，而百五十其五千七百六十也。五千七百六十者，半其具策。而三百八十四爻、通期、甲子、聲數，皆會者也。以日法爲萬，二十七日而二十周，即會矣。其始從中焦注手太陰、陽明，而注足陽明、太陰，而注手少陰、太陽，而注足太陽、少陰，而注手厥陰、少陽，而注足少陽、厥陰，循環注手太陰。總屬陰陽，陽陰周而復始，氣主呴 xǔ 之，血主濡之，脈在其中，爲樞紐也。春、秋分晝夜兩停春分和秋分時，晝夜時長相等，脈行五十度，合乎正數也。冬至後晝四十刻，夜六十刻，陰多陽少。則氣血凝澀而脈道遲，止行四十度。夏至後晝六十刻，夜四十刻，陽多陰少，氣血滑利，而脈道疾，反行六十度。若夫氣暴熱,脈行亦疾,天氣暴寒,脈行亦遲。喜怒亦寒暑也,呼吸聲氣亦如之。心平氣和,發未發之中節,一天地矣。

呼爲陽而應天,呼呼出之氣出出自心與肺;吸爲陰而應地,吸吸入之氣入腎與肝,而任督應之,十二經十二經絡應之。蓋天五之氣五運之氣始自中,原播于諸脈,而任督猶爲陰陽之海,任在前二十四穴,督在背二十七穴,督陽三九,任陰四六。自任之會陰指會陰穴,爲二陰間,道家指道教內丹派秘之,以爲坎離門坎離門,內丹用語,指修煉時達到心腎既濟、神氣相交之門,門爲入口義。具體而言,坎爲水,離爲火,在人則腎屬水,心屬火。心之元神下降于下部正中,則陽入陰中而成坎,腎之元氣上升于上部正中,則陰入陽中而成離,關內丹用語,指修煉時必須通過的關口,此處之意當爲修煉時,氣沿著任脈下行和督脈上行而成周天的過程中,需打通的關鍵穴位之至也。督之齦交齦交穴,位于上唇內唇系帶與上齒齦相接處。原本作"斷交",根據文義,當指督脈"齦交穴",與任之承漿承漿穴,位于頦唇溝正中凹陷處相合,分之爲二,當合口呼吸則爲一,是則二十四、二十七,共五十一,而實五十也。會陰爲天地根,齦交原本誤作"斷交"、承漿爲天地門。內事言積氣七七日,上下唇動,非此理乎?口爲天地門,以出呼吸,而本于脾之丹田,故呼出心肺,吸出腎肝,而皆丹田所運轉也。扁鵲曰:"人受天地之中以生。"所謂沖氣也。聲音用此,一聲去而復來,即一小生死之輪也。

會稽今浙江紹興馬蒔 shì 字仲化,又字玄臺,明代中期醫家,著有《黃帝內經注證發微》始悟營指營氣。人通過進食而得到食物之精華,營氣乃按一定的次序行于人體的經絡臟腑中食物精華,但其不行于皮膚、分肉間衛指衛氣,《素問·痹論篇》曰:"衛者,水谷之悍氣也,其氣慓疾滑利,不能入于脈也,故循皮膚之中,分肉之間,熏于肓膜,散于胸腔。"各有行,而猶以宗氣詳見下文與營同。潛谷指鄧元錫(1529—1593),字汝極,號潛谷曰:宗氣自主呼吸，與營衛爲三隧也，人生氣海海爲江河流注匯聚之所，氣海即謂人之氣匯聚之所在胸，即八會之氣，會于膻中《靈樞·海論篇》曰："膻中者，爲氣之海，其輸上在柱骨之上下，前在于人迎。"也，謂之宗氣。飲食而宗氣克行于上焦，主呼吸而行脈道，此爲一隧，人所以爲命也。營氣乃宗氣陰精之氣，太極之分而爲陰也，由中焦而生，故曰：清者爲營。行于脈中，一日夜脈行八百十丈，此一隧也，營之言運也。衛氣乃宗氣陽精之氣，太極之分而爲陽也，由下焦而生，故曰：濁者爲衛。行各經分肉之間，此又一隧也，衛之言護也。營氣出于太陰肺指手太陰肺經，行陽脈二十五度，行陰脈二十五度，爲五十度，周于身，復會于手太陰，所謂太陰主內也。衛氣出足太陽膀胱指足太陽膀胱經，行于晝二十五度，行于夜二十五度，亦五十度，周于身，復會于足太陽，所謂太陽主外也。

按《內經》言平旦盡陰當爲"陰盡"，陽氣出于目上頭而下背足，別于目銳，以至上耳，入掌，入足心等云云，復合于目爲一周，此言腑也。其言腎注于心，心注于肺，肺注于肝，肝注于脾，脾復注于腎，而合于目，從五行相克而注，此言臟也。其寅會寸口者，十二經脈也。故或言榮衛即營衛而不言脈者，正以榮衛行陽，止行周于諸腑；行陰，止行周于諸臟。而身脈則出入臟腑，循環無已者也。身脈五十度，周身與榮衛俱始會于寅，辟如自鳴鐘之機輪，輪各自轉，百川之流，或合或分，或伏或見，而自不相亂也。大端不出于呼吸陰陽，夜半陰隴通"隆"，強盛義爲重陰，夜半後而陰衰，平旦陰盡而陽受氣矣，日中陽隴爲重陽，日西而陽衰，日入陽盡而陰受氣矣。目動則行陽，目合則行陰，即太極動而生陽，靜而生陰之理也。《參同契》指《周易參同契》，東漢魏伯陽著以乾坤坎離爲宗，而以六十四卦配日數，每日用二卦，一月而六十卦周，其言曰：「月節月以五日爲一節。原本作"月即"，據《周易參同契》改有五六，經緯奉日使，兼拜爲六十，剛柔爲表裏。朔旦屯直事，至暮蒙當受，晝夜各一卦，用之依次序，既未至晦爽，終則復更始。日辰爲期度，動靜有早晚。春夏處內體，從子到辰巳；秋冬當外用，自午訖戌亥。賞罰應春秋，昏明順寒暑，爻辭有仁義，隨時發喜怒，如是應四時，五行得其理。」麻衣子麻衣道人《卦畫圖》乃明陰陽升降之理，即《參同契》所喻丹書也。按京京房邵邵雍皆藏四卦以合通期，此適符之理也。以納虛旋具爻，此亦適符之理也。以貞悔卦旋三十六宮，此亦適符之理也。《參同》指《周易參同契》主月，以寓變化，總之不離陰陽，自然配合，周天周身，何往不協？

十二經循環，乃分陰陽，晝夜以相應，而四時周歲則肝心脾肺腎乃正分也。醫家一月肝，二月膽，三月包絡，四月三焦，五月脾，六月胃，七月肺，八月大腸，九月腎，十月膀胱，則十一月、十二月乃空之邪，此即四時、五行以一表一裏臟腑二者中，腑爲表，臟爲裏配之也。空心與小腸一表裏者，心爲君主無所不統，心不用而用小，心包絡司火而正火合。土居中，故人身之水火土，有時相制相合之妙。用則多言甲庚，故金木爲用。甲生于亥，庚生于巳，猶春秋即冬夏也。其不言十一月、十二月者，猶《周禮》六官六官指周代官制。該書分章按官類而總分爲天官冢宰、地官司徒、春官宗伯、夏官司馬、秋官司寇、冬官司空六官，冬爲司空而不與衆同職也。論四時之定局，當以五行均之，而以六氣旋五運，則三陰三陽配定矣。醫經配十二江河之水，乃借象耳。子足少陽，午手少陰，一圖專言水火手足陰陽之位，乃自子至巳爲足,自午至亥爲手也,愚者方以智故爲合圖以明表法。無處非心,而寓于此籥,豈獨呼吸聲氣云爾耶?

《道藏》道教經典總集的稱呼曰:三月先生右腎而爲男,陰包陽也。先生左腎則女,陽包陰也。其次腎生脾,脾生肝,肝生心,以生其勝己者。腎屬水,故五臟由是爲陰。心生小腸,小腸生大腸,大腸生膽,膽生胃,胃生膀胱,膀胱生三焦,以生其己勝者。小腸屬火,六腑由是爲陽。其次三焦生八脈奇經八脈的簡稱,八脈生十二經,十二經生十二絡,十二絡生一百八十絲絡,絲絡生一百八十纏絡,纏絡生三萬四千絲絡,絲絡生三百六十五骨節,骨節生三百六十五大穴,周天合焉。四月形像,五月筋骨成,六月毛髮,七月則游其魂,兒能動左手,八月游其魄,兒能動右手,九月三轉身,十月分解分娩。延月生者貴,不足日月生者貧薄。生後三十二日一變蒸變蒸是古代醫家提出的幼兒生長發育規律之説,生腎氣,六十四日二變蒸,生膀胱氣,屬水一也。九十六日三變蒸,生心氣,一百二十八日四變蒸,生小腸氣,屬火二也。一百六十日五變蒸,生肝氣,一百九十二日六變蒸,生膽氣,屬木三也。二百二十四日七變蒸,生肺氣,二百五十六日八變蒸,生大腸氣,屬金四也。二百八十八日九變蒸,生脾氣,三百二十日十變蒸,生胃氣,屬土五也。一期歲齒生髮長。齒者,腎之餘也。髮者,血之餘也。爪者,筋之餘也。神者,氣之餘也。智按:毛竅指毛孔八萬四千,乃七其十二百倍之秒數也。《藏》言九十九萬者,河洛百數併倚之表也。邵子曰:"神統于心,氣統于腎,形統于首,形氣交而神主乎中,三才之道也。四支各有脈,一脈三部,一部三候,應天數也。"此言手足各三陰陽,而三其經絡也。"天之神棲乎日,人之神發乎目,寤則棲心,寐則棲腎,所以象天,晝夜之道也。"皆引自《皇極經世書‧觀物外篇》。智按:息通寤寐,得用之全。瞬指眨眼通寤寐,得用之半。故神棲于腎,寄息于鼻,寐則目不用而耳猶用,熟寐則耳不用矣,鼻則何時而不息乎?口目橫而鼻耳縱,耳縱而居偏,鼻縱而居中,中者貴也。艮爲鼻,艮其背,可以悟矣。《内經》以息行脈度,與天符焉,自然而然,無所不協。所謂息者,自心生死之籥也,止息生息之消息也。方以智云:"息者,消息休息,自心生死之幾也。心息相依,以入深深。"(《物理小識‧人身類》)盡心養氣,孟子一之。陰平陽秘,黃帝尚之。復開隨息,震省艮時,利用安身,以崇德也。脈與氣血,各分魂魄陰陽,而統于任督,豈可離耶?雖曰"神統于心,氣統于脈",其寔神藏氣中。《禮》曰:"地載神氣。"引自《小戴禮記‧孔子閒居篇》。乾分坤以立體而成用,坤皆乾也。胎息道教用語,指不用口鼻,而用丹田呼吸。而口鼻屬天,丹田屬地煉形道教用語,指通過修煉,使人形轉化歸真,非無其故。蜣丸蟪白《關伊子‧四符篇》曰:"蜣螂轉丸,丸成而精思之,而有蟪白者存丸中,俄去殼而蟬。彼蜣不思,彼蟪奚白。",非無其候。聖人儒家聖人恐民廢事逃倫,偏重則惑,故罕言之。而時行物生,逆知順理,易象自無隱也。希夷陳摶、麻衣,適還天地之常,大人四合《文言傳》曰:"夫大人者,與天地合其德,與日月合其明,與四時合其序,與鬼神合其吉凶。",是謂自古以固存,月窟天根之環中,潛飛一也。息踵《莊子‧大宗師》曰:"真人之息以踵,衆人之息以喉。"者,無息之深幾也,豈矜飛舉爲世諦哉?

潛老夫曰:人生之貴也,三才奉焉,八卦周焉。《經世》指《皇極經世書》曰:"千千之人爲細人,一一之人爲巨人。"誠哉!巨矣!顧乃反而邪辟其範,戲豫亦作"戲渝",嬉戲安逸之義其靈,不亦大哀矣乎！先天之顯象而隱性也，無生者會之。後天之晦震息兌、居坎辨離也，長生者會之。《歸藏》順其腹，《連山》止其手，而大衍元其首，五官百體具從之矣。夫是元首也，明起則治之，叢脞細碎，雜亂則亂之，乾之尊也，何如哉？然不于其尊卑而必于其交也，《內經》表之矣。木火土金水，地制也，乃以五運天統之。風熱暑濕燥寒，天節也，乃以六氣地司之。天地交而人受之以中，則呼吸通焉。通乎晝夜之道也，萬三千五百息，一呼一吸，六爻環焉，凡三其九十而一周，凡五十而會寅，凡二十有五而陰度陽度交，蓋通身一易也。呼吸爲宗氣，四海《靈樞·海論篇》曰："人有髓海，有血海，有氣海，有水穀之海。""胃者，水穀之海。""沖脈者，爲十二經之海。""膻中者，爲氣之海。""腦爲髓之海。"之要會于膻中，上焦主內而不出，故吸清吐濁，真人之息以踵也。呼三吸一者，與人爲徒，吸三呼一者，與天爲徒也。清者爲營，爰于是有營氣，生于中焦，腐熱水穀，主內而亦出原本作"主亦內而亦出"，而此句乃是說明水穀在人體形成的營氣的運作，因此當爲"主內而亦出"，宗氣之陰精也。濁者爲衛，爰有衛氣，生于下焦，濟泌別汁據《靈樞·營衛生會篇》，衛氣于下焦成汁水，滲入膀胱而流出，主出而不內，宗氣之陽精也。衛宜陰而反陽，營宜陽而反陰者，氣交也。得陰陽之中者，宗氣也。曇氏指釋迦牟尼，釋迦爲佛陀的族姓，釋迦族本姓爲瞿曇氏，後分族而稱釋迦氏證空，志壹動氣；老流指道家者流凝逆，氣壹動志；聖人指儒家聖人洗于誠敬，既持志無暴氣，所謂威儀定命，宥密基命者乎。《詩·周頌·昊天有成命》曰："昊天有成命，二后受之。成王不敢康，夙夜基命宥密。"天運貴其化，化也者，紀歲也。地氣貴其間，間也者，紀步也。歲有六步，每步各主六十日八十七刻半。化有正對之分，間有左右之別。運氣皆用主迓yà迎接賓，借賓助主，以施調燮 xiè 協調焉。大過者，勿令其淫，制已勝也。不及者，勿令其迫，侮所不勝也。天制其色，地制其形。窺其勝復，察其微甚，理其升降，争其邪正，歸于亢則害，承乃制而已矣。男女盛衰，介乎七八；府藏幹營，聯乎五六；兩腧，循乎六十一。春規夏矩，秋衡冬權，脈絡流乎二十七，部候徹乎三九，如霧如漚，如瀆之竅節，布乎三百六十有五。喜怒哀樂之微，淑慝剛柔之著，無往而不與天地合焉。先天之數，曰首腹等，其象也，賢愚所同；其盡性至命，聖人所獨也。後天之教，曰八德《説卦傳》曰："乾，健也。坤，順也。震，動也。巽，入也。坎，陷也。離，麗也。艮，止也。兑，説也。"此即"八德"，所以脩道，而動與陷，非聖人不能造焉。故以震歸風木巳亥配爲厥陰風木，坎歸寒水辰戌配爲太陽寒水，尊君火子午配爲少陰君火于無爲，而置相火寅申配爲少陽相火于成終成始之際。夫如是者運不憑仰，氣不隨俯，負陰抱陽，保中致和，民無夭扎又作"夭札"，指遭疫病而早死，物無瘥癘 cuó lì 指疾患，非他也，三才之道待人而至矣。

智曰：六氣配八卦，醫經圖之，而不得其解，嘗一推之。八卦本六卦也，五行行于水火，而或六或四，要歸于一，用其兩已矣。六氣寔寒暑燥濕四者，而偏多以風熱之二，何耶？邵子曰："水火動而隨陽。"岐伯曰："水爲陰，火爲陽。"五行尊火，動靜歸風。人身以動物載静理，故以火爲生死。病人者，火也，所以生者即火也。庶徵五若出《尚書·洪範篇》，庶徵爲衆徵驗，五若指休徵和咎徵各五種，以風屬思，天地間以風火爲動，用之幾隨陽者，火也。水木之氣，悉從土而攝于火。火分南北，北用于南，故《經》指《黃帝内經》曰："火游行其間。"又曰："壯火食氣。""少火生氣。"道家藏丙火于腎壬，而用丁火己土，可知六氣以風熱乘權，而風爲首矣。六氣八卦，虛坎震者，陽使陰用，用即偏陰。四正惟夏秋爲用之最盛，以巳亥爲鍵軸，而自巳至亥，陰方也，主用也；自亥至巳，陽方也，主不用之用也。惟以一艮藏根于寅，而暗輸于坤申，此脾土爲心腎之養，而志能帥氣之風輪也，此亦陽一陰二之説也。

律吕聲音幾表

律應卦氣相生圖

律六律娶妻，吕六吕生子，以辟卦證之始明，後詳。見本節後文之《黄鐘空圍九分圖説》關于"律娶妻，吕生子"意義的界定。

《律吕新書》積實約 原本正文無此標題，據《圖象目録》而加

宮與商，商與角，徵與羽，相去指音節距離各一；角與徵，羽

與宮，相去各二，則音節不和。故角徵間收一律近徵，比徵少下，曰變徵。羽宮間收一律，少高于宮，曰變宮。自宮九寸古人定音律一般以律管，故而用尺度作爲音階和音高的量度，三分損一爲徵六寸，徵三分益一爲商八寸，而不可分，故止三統，乃析七十二分析商八寸爲七十二分，每寸九分，生羽四十八，至角六十四，則三分餘一，故止五音。乃析一爲九釐，爲五百七十六，三分損一得三百八十四，生變宮，三分益一得五百十二，生變徵，三分餘二，此變聲所以止二也，曰和，曰繆，故不爲調。約以寸法指以寸爲基礎度量單位。後文的分法、釐法、毫法、絲法皆是以相應的長度單位爲基礎的度量單位。在本節中，這些單位按尺、寸、分、釐、毫、絲的自大到小次序，相鄰兩個單位間的單位換算值爲九，則黃黃鐘、林林鐘、太太簇得全寸；約以分法，則南南呂、姑姑洗得全分；約以釐法，則應應鐘、蕤蕤賓得全釐；約以毫法，則大大呂、夷夷則得全毫；約以絲法，則夾夾鐘、無無射得全絲，至中呂之寔，十三萬一千七十二分，三餘二，律之終也。變則旋起，凡數始于一，成于三，此後則兩而一變。

　　黃鐘實九寸，子一分。（數起子，得一也，合計之，此一即當九寸。）黃鐘以九紀度法，（九絲爲毫，九毫爲釐，九釐爲分，九分爲寸。）以三分損、益爲生法，以三歷十二辰得一十七萬七千一百四十七自子至亥十二支，子爲一，此後之數皆在前數的基礎上乘三，即有子一、丑三、寅九、卯二十七、辰八十一、巳二百四十三、午七百二十九、未二千一百八十七、申六千五百六十一、酉一萬九千六百八十三、戌五萬九千四十九、亥十七萬七千一百四十七，爲黃鐘之實。其十二辰所得數，在子、寅、辰、午、申、戌六陽辰，爲黃鐘寸、分、釐、毫、絲之數。（子爲黃鐘之律，寅爲九寸，辰爲八十一分，午爲七百二十九釐，申爲六千五百六十一毫，戌爲五萬九千四十九絲。）在亥、酉、未、巳、卯、丑六陰辰，爲黃鐘寸、分、釐、毫、絲之法。（亥爲黃鐘之寔，酉之一萬九千六百八十三爲寸，未之二千一百八十七爲分，巳之二百四十三爲釐，卯之二十七爲毫，丑之三爲絲。）徑圍之分，以十紀法"紀法"指相鄰兩個度量單位之間由大單位轉化爲小單位的換算值，天地之全數也。相生之分，以九紀法，因三分損益而用天之奇數也。（孟康三國魏人，正始中爲弘農太守曰："黃鐘律長九寸，圍九分，以圍乘長，得積八十一，用十度指以十換算值爲八寸一分。"）

　　林鐘實六寸，丑三分二。（三其法，爲三分。兩其寔爲二也，此則一當三寸。）三分子之實，得三指三寸以爲法。黃鐘下生，倍其三法，得六寸，爲未之林鐘，取衝居丑。（子黃鐘之實一十七萬七千一百四十七析三分，每分五萬九千四十九，丑于三分得二，是十一萬八千九十八數原本作"一萬八千九十八"，而據文中演算改，爲林鐘六寸。以八十一而三分損一，爲二十七者三，取其二，爲五十四，生徵。《管子》三分益一爲百八一百零八，生徵，半之即五十四也。《管子·地員篇》所載的算法。鄭玄、杜佑(735-812)，字君卿，唐京兆萬年(今屬西安)人，著有《通典》云：下生。倍其寔，爲十八，三分十八爲三股，得一股，亦六寸也，十度爲五寸四分。）

　　太簇實八寸，寅九分八。（三其法，爲九分。四其寔爲八也，此則一爲一寸。）三分丑之寔，得二指二寸以爲法。林鐘上生，四其二法得八寸，爲太簇。（以子一分，析爲九分，每分一萬九千六百零八十三。寅于九分之中，得八，爲十五萬七千四百六十四，積八寸爲太簇。三分丑數十一萬八千九十八，每股三萬九千三百六十六，加此數于丑數，一十五萬七千四百六十四于二也。若析釐爲九毫，得四千六百零八毫，而三分之，益一股爲六千一百四十四毫，生大呂。鄭、杜云：上生。四其寔，得二千四十八爲法，而三其八十一，得二百四十三以分其法。乃用一千九百四十四，得二百四十三者八，爲八寸，餘一百四爲二百四十三分寸之一百四，十度爲七寸五分七釐。）

　　夷則寔五寸五分五釐一毫，申六千五百六十一分四千九十六。（七百二十九爲一寸，八十一爲一分，九爲一釐，一爲一毫。）三分未之寔，得二寸七分二釐五毫爲法。大呂下生，倍其法，得四寸十四分四釐十毫，（內收九分爲一寸，餘五分；又收九毫爲一釐，餘一毫。）合爲夷則。（三分未之原，數，每股二萬七千六百四十八，而以八萬二千九百四十四，益一股，爲一十一萬零五百九十二算。以六千一百四十四毫，而三分之，每股二千〇四十八毫，損一股，爲四千九十六毫，生夷則。鄭、杜云：下生。倍其寔，得四千九十六爲法，而三共二百四十三，得七百二十九原本作"九百二十九"，據文中演算改以分其法。乃用三千六百四十五，得七百二十九者，五，爲五寸，餘四百五十一，爲七百原本缺"百"字二十九分寸之四百五十一，十度爲五寸〇四釐原本作"四毫"，據文中演算改。

　　夾鐘寔七寸四分三釐七毫三絲，酉一萬九千六百八十三分八千一百九十二。（二千一百八十七爲一寸，二百四十三爲一分，二十七爲一釐，三爲一毫，一爲一絲。）三分申之寔，得一寸七分七釐六毫三絲爲法。夷則上生，四其法，得四寸二十八分二十八釐二十四毫十二絲。（內收二十七分爲三寸，餘一分；又收二十七釐爲三分，餘一釐；又收十八毫爲二釐，餘六毫；又收九絲爲一毫，餘三絲。）合爲卯之夾鐘，居酉。（三分申數,每股三萬六千八百六十四。酉損一得二股,爲七萬三千七百二十八,倍之爲十四萬七千四百五十六算。三分四千九十六毫,每股一千三百六十五,而餘一,乃析毫爲九絲得三萬六千八百六十四絲,分三股,得一萬二千二百八十八。酉當益一股,即得四萬九千一百五十二原本作"四萬九千五百五十二",據文中演算改,生夾鐘。鄭云:上生。四其寔,得一萬六千三百八十四爲法,而三其七百二十九,得二千一百八十七以分其法。乃用一萬五千三百九得二千一百八十七者,七,爲七寸,餘一千七十五,爲二千一百八十七分寸之一千七十五,十度爲六寸七分二釐。)

　　無射實四寸八分八釐四毫八絲,戌五萬九千四十九分三萬二千七百六十八。(六千五百六十一爲一寸,七百二十九爲一分,八十一爲一釐,九爲一毫,一爲一絲。)三分酉之寔,得二寸四分四釐二毫四絲爲法。夾鐘下生,倍其法,得四寸八分八釐四毫八絲,爲無射。(三分酉之原,數,每股二萬四千五百七十六,戌益一股,爲九萬八千三百零四算;三分四萬九千一百五十二絲原本作"四萬九千五百五十二",數爲引上段夾鐘之數,故改,每股一萬六千三百八十四,損一股,爲三萬二千七百六十八,生無射。鄭云:下生。倍其寔,得三萬二千七百六十八爲法,而三其二千一百八十七,得六千五百六十一以分其法。乃用二萬六千二百四十四,得六千五百六十一者,四,爲四寸,餘六千五百二十四,爲六千五百六十一分寸之六千五百二十四,十度爲四寸四分八釐。)

　　中呂實六寸五分八釐三毫四絲六忽,亥一十七萬七千一百四十七分六萬五千五百三十六。(萬九千六百八十三爲一寸,二千一百八十七爲一分,二百四十三爲一釐原本誤作"毫",二十七爲一毫,三爲一絲,一爲一忽。)三分戌之寔,得一寸五分八釐七毫五絲六忽爲法。無射上生,四其法,得四寸二十分三十二釐二十八毫二十絲二十四忽。(收十八分,爲二寸;又收二十七釐,爲三分;又收二十七毫,爲三釐;又收十八忽,爲二絲。)合爲巳之中呂,居亥。(三分戌數,每股三萬二千七百六十八,亥損一得二股,爲六萬五千五百三十六,倍之爲一十三萬一千零七十二算。三分三萬二千七百六十八絲,每股一萬零九百二十二,而餘乃析絲爲九忽,得二十九萬四千九百一十二忽,而三分之,每股九萬八千三百零四忽,亥益一股,即得三十九萬三千二百一十六忽,生中呂。若順而極之爲二十六萬二千一百四十四,爲黃鐘之變,此即十八變倍爻之數也。再三分餘一,故十二藏千三,而中呂爲極數。若纚析之,六十律可也。鄭云:上生。四其寔,得十三萬一千零七十二爲法,而三其六千五百六十一,得一萬九千六百八十三以分其法。乃用十一萬八千九十八,得酉參者,六,爲六寸,餘萬二千九百七十四,爲析寸之分。按鄭注指鄭玄所注的《禮記·月令篇》于午上生,四其寔,蓋四其一百二十八,爲五百十二矣;未又用上生,四其寔,爲二千四十八;申倍之,爲四千九十六;酉四之,爲一萬六千三百八十四;戌倍之爲三萬二千七百六十八;故亥復四之,爲十三萬一千七十二也;更從亥上生,四其寔,爲五十二萬四千二百八十八,爲法,而三其萬九千六百八十三,得五萬九千四十九以分其法。乃用四十七萬二千三百九十二原本作"四十七萬二千三百九十三",據文中演算改,得戌參者,八,爲八寸,餘五萬一千八百九十六,爲析寸之分,合生黃鐘之變。蔡南宋蔡元定以三分亥之羃得二寸一分八釐七毫一絲五忽爲法,中呂上生,黃鐘之變四其法,得八寸七分八釐一毫六絲二忽,蓋蔡本太史公法司馬遷之律學出自《史記·律書》,而以釐、毫、絲、忽約之者也。十度中呂爲五寸九分六釐。)

八十四調 原本正文無此標題,據《圖象目錄》而加

第一宮	第二宮	第三宮	第四宮	第五宮	第六宮	第七宮	第八宮	第九宮	第十宮	第十一宮	第十二宮
黃	太	林	南	姑	應	蕤	大	夷	夾	無	中
正	正	正	正	正	正	正	正	正	正	正	正
林	南	太	應	姑	大	蕤	夷	夾	無	中	黃
正	半正	正	半正	正	半正	半正	正	半正	正	正	半變
太	南	林	無	夾	大	蕤	應	姑	中	黃	林
正	正	半正	正	半正	半正	半正	正	半正	正	變	半變
南	姑	應	蕤	大	夷	夾	無	中	黃	林	太
正	半正	正	半正	半正	半正	半正	半正	正	變	半變	半變
姑	應	蕤	大	夷	夾	無	中	黃	林	太	南
半正	正	半正	半正	半正	半正	半正	正	變	半變	半變	變
應	蕤	大	夷	夾	無	中	黃	林	太	南	姑
正	半正	半正	半正	半正	半正	正	變	半變	半變	變	半變
蕤	大	夷	夾	無	中	黃	林	太	南	姑	應
正	正半	正	半正	正	半正	變	半變	變	半變	變	半變

朱子曰:"律呂有十二,用時用七。若更插一聲,便拗矣。""'旋相爲宮'以十二律輪流爲宮音,若到應鐘爲宮,則下四聲都當低去,所以有半聲,亦謂之'子聲',近時所謂'清聲'是也。"《朱子語類》卷九十二。舊曰四清聲,本立以避陵通"凌"慢,其羃理勢不得不如此。以七聲而爲一調,以五調而當一曲,凡十二曲,六十調,四百二十聲。其正者,以正律全聲應也;其半者,以正律半聲應也;變半者,以變律半聲應也;其變者,以變律全聲應

也。陽律爲宮,則商角皆陽,至變徵則變而爲羽。陰徵爲陰,至變宮,又變而爲陰也。韋昭(204—273)又名韋曜,字弘嗣,三國吳郡雲陽(今江蘇丹陽)人,史學家,撰有《國語注》《吳書》等注《國語》七音,就黃鐘一均指音高言也,餘律准此。《國語·周語下》曰:"故以七同其數,而以律和其聲,于是乎有七律。"韋昭注云:"七同其數謂七列七律也。律和其聲,律有陰陽正變之聲也。"《淮南》曰:"應鐘爲和,蕤賓爲繆。"摘引自《淮南子·天文訓》,原句爲:"徵生宮,宮生商,商生羽,羽生角,角生姑洗,姑洗生應鐘,比于正音,故爲和。應鐘生蕤賓,不比正音,故爲繆。"鄭玄注《禮運》旋宮,止以十二辰、五聲爲六十聲。原本"鄭玄"作"孔安國",但沒有孔安國注《禮運》的記載。《小戴禮記》和《孔子家語》皆載《禮運》,傳本分別爲鄭玄和王肅所注,而後文引述的注文爲鄭玄注《禮運》曰:"五聲六律十二管,還相爲宮也。""還"又作"旋",鄭玄注曰:"五聲,宮商角徵羽也。其管陽曰律,陰曰呂,布十二辰,始于黃鐘,管長九寸,下生者三分去一,上生者三分益一,終于南呂,更相爲宮,凡六十也。"王肅注曰:"五聲者,宮商角徵羽也。管十二月也,一月一管,陽律陰呂,其用事者爲宮也。"蔡氏蔡邕增二變二十四聲,合八十四。自唐以來,法皆如此,楊升菴明代楊慎以《安世詩·七始》出自《漢樂府》即此。《漢志》引《書》曰:"子欲聞六律、五聲、八音、七始詠,以出内五言,女聽。"出自《漢書·律曆志》。《隋志》鄭譯(540—591)字正義,滎陽郡開封(今河南開封市)人,撰有《樂府聲調》曰:"周有七音之律。"出自《隋書·志·音樂中》。鮑業據《新唐書》,東漢章帝時其爲太常丞曰:"旋宮以七聲爲均。"《譜》指唐協律郎徐景安所撰《歷代樂儀》(已佚)中的第十卷《樂章文譜》,後引文在宋王應麟《困學紀聞·卷五》中有載曰:"以變徵之聲,循環正徵;以變宮之律,廻huí通"回"演清宮。變徵以變字爲文,變宮以均字爲譜。唯清之一字,生自正宮,倍應聲同,終歸一律。雅樂成調,無出七聲,約曰宮、商、角、變變宮和變徵、徵、羽均,其清則合宮聲也。"史氏曰："正律，下之半聲，即正律之變聲，所謂變也。"○變律下之半聲，即變半之變聲，所謂變半也。

黃鐘空圍九分圖說《圖象目錄》作《黃鐘冪積算約》

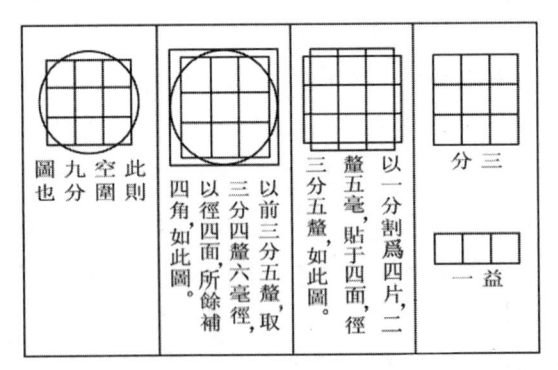

此則空圍九分圖也	以前三分四釐六毫徑，取徑四面所餘補四角如此圖。	以一分割爲四片，二釐五毫，貼于四面，徑三分五釐，如此圖。	三分 一益

依蔡氏蔡元定，多截管律管埋地中，俟驗冬至，有氣應者，取而計之，以此管爲九分之寸九分爲一寸，合八十一終，天之數，用以三分損益由此。又以此管作十分之寸，合天地五位終十之數。乃以十乘八十一，得八百一十分，配九十分管。知此管長九十分，空圍中容八百一十分；即十分管長，空圍中容九十分；一分管長，空圍中容九分。凡求度量衡由此，乃以此管面，空圍中容九分。以平方冪法推之，知一分有百釐，釐有百毫，毫有百秒，秒有百忽。即計一平方分，通有面冪相當于平方冪，亦是正方形之面積一萬萬忽；九平方分，通有面冪九萬萬忽。乃以此九萬萬忽，依《算經·少廣章》指《九章算術·少廣章》所載《少廣章》主要處理如何計算方圓的面積，宋祖冲之密率密率指祖冲之提出的圓周率的近似值，與約率相對。依祖冲之，圓周率的約率爲 22/7，密率爲 355/113 乘除，得圓周長的 dì，計十分六釐三毫六秒八忽萬萬忽之六千三百一十二；又以圓周求徑直徑，計三分三釐八毫四秒四忽萬萬

忽之五千六百四十五；又以半徑半周相乘，仍得九萬萬忽，內一忽弱，通得面冪九平方分也。黃鐘之廣與長，及空圍內，積寔皆可計矣。故面冪計有九方分，深一分，管則空圍內當有九立方分；深九十分，管計九寸，則空圍內當有八百一十立方分。此即黃鐘一管之實，其數與天地造化，無不相合。

黃帝使伶倫_{上古人物}取嶰 xiè 竹_{產于昆侖山嶰谷的竹子}，斷兩節吹之，制十二篇，以聽鳳鳴，雄雌各六_{六律爲陽、六呂爲陰}，文五聲_{指宮、商、角、徵、羽}，播八音_{八種材質製成的樂器：金、石、絲、竹、匏、土、革、木}，而樂和矣。葭灰_{葭指蘆葦，葭灰爲燒蘆葦膜所得之灰}緹素_{橘紅色的絹。葭灰緹素指古人測驗中氣的一種方式，古人燒葦膜成灰，置于律管中，然後將律管置于密室內，以占氣候。某一中氣到，對應的律管中葭灰即飛出衝開律管口的緹素，示該中氣已到}，以候十二月之中氣而時序矣，度量權衡皆以此準，《舜典》《尚書》篇章所謂恊也，同也。《舜典》曰：“帝曰：‘夔！命汝典樂，教胄子，直而溫，寬而栗，剛而無虐，簡而無傲。詩言志，歌永言，聲依永，律和聲。八音克諧，無相奪倫，神人以和。’夔曰：‘於！予擊石拊石，百獸率舞。’”故曰黃鐘爲萬事根本。伶州鳩_{《國語·周語》所載的周司樂官，周景王向其問樂}曰：“律六律和六呂所以立均_{指均鐘木，古代調音的工具出度也}。紀之以三_{天地人爲三}，平之以六_{六律}，成于十二_{十二律，即六律六呂}，六律六間_{六間指六呂}。”《漢志》曰：“天之中數五_{天數一、三、五、七、九，這五數之中爲五}，五爲聲。地之中數六_{地數二、四、六、八、十，這五數之中爲六}，六爲律。黃鐘天統，律九寸；林鐘地統，律六寸；太簇人統，律八寸，象八卦。子爲天正_{“黃鐘，子，爲天正”}，未衝丑爲地正_{“林鐘，未之衝丑，爲地正”}；寅爲人正_{“太簇，寅，爲人正”}。三統相通，律_{指黃鐘、林鐘、太簇三律}皆全寸。五聲_{五音}流于六虛矣，黃鐘爲宮，則太簇、姑洗、林鐘皆以正聲應，無有忽微，不復與它律爲役者，同心一統之義。黃鐘至尊，無與並也。

函三爲一，三統合于一元元，始義，故因元而九三之以爲法，十一三之以爲寔。夫律陰陽九六，爻象所從出也。五六者，天地之中合，而民所受以生也。故日有六甲，辰有五子，十一而天地之道畢。"出自《漢書·律曆志》。

潛老夫曰：《史記》云"子一分，丑三分二，寅九分八"者《史記·律書》曰："子一分，丑三分二，寅九分八，卯二十七分十六，辰八十一分六十四，巳二百四十三分一百二十八，午七百二十九分五百一十二，未二千一百八十七分一千二十四，申六千五百六十一分四千九十六，酉一萬九千六百八十三分八千一百九十二，戌五萬九千四十九分三萬二千七百六十八，亥十七萬七千一百四十七分六萬五千五百三十六"，上層奇數前《史記》引文中"分"之前的數，即三和九以三歷十二辰以地支計時辰，從子到亥，皆三倍加之，所謂律參也。其下層偶數前《史記》引文中"分"之後的數，即二和八等，所謂律兩也。《史記》云："下生者倍其寔，三其法。上生者四其寔，三其法。"不過陰位以倍，陽位以四而已。倍即三分損一也，損一即倍其寔也。四即三分益一也，益一即四其寔也。六陽辰當位自得，六陰辰則居其衝。其林鐘、南呂、應鐘，三呂之數在陰方，無所改。其大呂、夾鐘、中呂，三呂之數在陽方，則用倍數。方與十二月之氣相應，蓋陰從陽也。子寅辰午申戌，爲陽。丑卯巳未酉亥，爲陰。而子至巳，又爲陽方。午至亥，又爲陰方也。故《志》指《漢書·律曆志》以六陽六律爲陽下生，六陰六呂爲陰上生。而鄭鄭玄、蔡蔡元定之法，自蕤賓午生大呂丑，則目爲上生，正此故耳。知戌數爲黃鐘之絲，則知範疇之五十三萬一千四百四十一，乃黃鐘之忽數也。自八十一而參分損益至中呂生子，爲二十六萬二千一百四十四，既適符律兩之四，又適符倍爻十八變之數，豈偶然哉。《漢志》詳言九六之義精原本"精"字體模糊不清，方以智之子方中履在《古今釋疑》相同文句中作"精",據此而定矣,鄭康成與《史記》所說不同。西山蔡元定之號曰:"鄭氏之言分寸密度之正法也,太史司馬遷之言便于損益而假設之權制也。"李文利字乾遂,號兩山,明莆田(今福建莆田)人,成化庚子(1480)舉人,弘治中(約1497),著《大樂律呂元聲》(六卷),後附《大樂律呂考注》(四卷),《明史》言該書"獨宗《呂覽》黃鐘三寸九分之説"三寸九分之説,瞿九思字睿夫,明中末其理學家,黃梅(今湖北黃梅縣)人,著有《樂章》等更之,其疑氣升与日準,何驟加乎,此言是也!然三分損益,九九損十二,自天地間之一法也。)吾謂自然之理,自然之數,一合無所不合,既可如此取之,亦可如彼取之,權制即至理也。惟聲難定,而聲之所恊,數即符之,故因數以考其聲焉,而所中之數度,即爲開物成務之矩,即寓制器尚象之宜,非徒爲諸管設也。参天兩地,其能外乎?故邵子以聲定物數。學者當知聲數之理,極數知來,聽樂如德,亦無所能外于天地之自然也。

《律曆志》指《漢書·律曆志》言:"律娶妻,呂生子。"以《易》證之,隔八乃隔七也,既生之位,乃隔八耳,七日來復,正可互徵。凡爻極于六周而復起爲七,晝夜寒暑陰陽,盡以六位相旋至六則極,至七則變。故子月農曆十一月一陽生卦配復,四月六陽卦配乾而五月又一陰生卦配姤也,十二辟卦,配十二月。《律呂考》以乾坤十二爻配十二律《大樂律呂考注》未載"以乾坤十二爻配十二律"此類理論,而李文利的《大樂律呂元聲》之中有載,則知黃鐘之子與蕤賓之午,一陽交一陰而生二陰,是爲林鐘,二陰交二陽而生三陽,三陽交三陰而生四陰,以至生十二,皆如之。曰"律娶妻,呂生子"者,姑就其始言之也。

八十四調循環之宮,参兩相乘,損益之數,司馬遷、班固、

《呂覽》、《淮南》、京房、蔡邕、鄭玄、錢樂之南北朝時期南朝律曆學家，宋文帝元嘉(424—453)中奉詔更鑄張衡舊儀、何承天(370—447)南朝律曆學家，東海郯(今山東臨沂市蘭陵縣)人、沈約(441—513)字休文，吳興武康(今浙江湖州)人，南朝史學家、劉焯(544—610)字士元，信都昌亭(今河北冀縣)人，隋律曆學家、梁武梁武帝蕭衍說各紛紜。陳暘(1064—1128)字晉之，宋代律學家《樂書》共二百卷，其中輯有大量唐宋已佚樂律書籍，以孟堅班固之字爲精密。建陽蔡西山《新書》《律呂新書》，朱子賞其求聲氣之元，因律生尺尺指度量長度的工具及其度量標準。中國古代尺制有三個系統：一是考律管之長度而定尺，因尺而定衡，乃是因天道而定度量衡，這也是歷代官方定制度量衡的常法；二是魯班尺，即建築、木工等工匠所用之尺，主要依靠師承關係傳承，很少受官尺的影響；三是裁尺，即裁縫做衣所用之尺，多近代之所未講。朱熹之評價出自朱熹所作的《律呂新書序》。而楊薦猶謂律呂算例，熊朋來字與可，豫章(今江西南昌)人，南宋咸淳甲戌年(1274)進士，著作存《瑟譜》六卷謂正變倍半，算家命之耳。祖沖冪率，本自然也。黃帝斷竹兩節間聲出，三十九分，吹曰含少，合其無聲者四十二分，則全律八十一三十九加四十二爲八十一也。此子聲指黃鐘自中呂變律，四寸三分，音則律法九分爲寸，正度以十爲寸，則三寸九分也。班固謂天地氣合生風，風氣正而律定，緹室候氣，以木案加土埋律律管，其爲氣所動者，灰散。人及風動者，灰聚。存中沈括曰："冬至陽氣距地面九寸而止，惟黃鐘一管達之。正月，自太簇以上達也。"出自《夢溪筆談·卷七》。截管雖多，要有定尺，古取諸身，魏漢之取帝指指黃帝指令伶倫取竹得律管，豈其然乎？韓邦奇言車工尺車工尺指造車工造輪所用的專用尺具，爲魯班尺中的曲尺。後文中出現的"某某尺"，一般是指某種度量標準下的尺具去二寸，合矣。車工尺不同，則不利載，孰使之哉？溫公尺指司馬光所用長度量值見《家禮》指《朱子家禮》，朱熹撰者，亦誤以爲十寸。銅龠尺指蔡邕銅龠尺，晉前尺西晉泰始十年(275)荀勖依《周禮》所定之尺也，一尺一寸五分八釐《隋書·律曆志》曰："蔡邕銅龠尺，後周玉尺，實比晉前尺一尺一寸五分八釐。"，郭守敬則一尺三寸六分元度量衡乃承宋，郭守敬建登封天文臺時所用的天文尺值爲宋司天監影表尺，相當于晉前尺一尺六分三釐，《新書》指《律呂新書》亦誤以晉前一尺爲十寸耳。愚謂就今俗調低二試之，更考候氣尺可也，此有易簡之原數，亦有易簡之原也。

納音附原本正文無此標題，據《圖象目錄》而加

六律四鐘三呂，黃鐘其根本也，夾夾鐘、林林鐘、應應鐘、大大呂、中中呂、南南呂，鐘與呂相間相對十二律按律管由長到短的次序排列，則鐘呂相間相對。六律之間，復自有陰陽者。納音之法，申子辰，巳酉丑，爲陽紀；寅午戌，亥卯未，爲陰紀。亥卯未之位，上曰夾鐘、林鐘、應鐘陽中之陰也。黃鐘者，陽之所鐘也；夾、林、應，陰之所鐘也，故皆謂之鐘。巳酉丑之位，曰大呂、中呂、南呂，陰中之陽也。呂，助也，能時出而助陽也，故皆謂之呂。陰陽相生，自黃黃鐘始而左旋十二律與十二辰相配而形成圓圖，左旋爲律與辰的順次序，天道也。自子至巳爲陽律陽呂，自午至亥爲陰律陰呂。巳方之律，謂之中呂。伶州鳩曰："三間指中呂，按律管由長到短的次序排列，六呂相間于六律間，故稱六呂爲六間。中呂于六呂次序爲三，故稱三間中呂，宣中氣。"引自《國語·周語下》。言陰陽至此而中也(中呂當讀本字，作"仲"者非中呂常又作"仲呂"，通行《國語》皆作"仲呂"，方氏非之)。至午則謂之蕤賓，陽常爲主，陰常爲賓。蕤賓者，陽至此而爲賓也。納音之法，自黃鐘相生，至于中呂而中，謂之陽紀。自蕤賓相生，至于應鐘而終，謂之陰紀。蓋中

呂爲陽之中，子午爲陰陽之分也。

　　七音指五音及變宮和變徵二變，在先天爲乾坤艮巽之位，在後天爲坎離乾坤之位。本之孔子乾據始，坤正終之說《繫辭上》曰："乾知大始，坤作成物"，南方正用而坤以成之，北方正始而乾續終始之際。故乾對應乾之後天八卦方位。本段中，其後之卦皆爲後天八卦方位當應鐘變宮應鐘變宮爲音律之終始之際，以轉黃鐘之坎，而離當蕤賓變徵，以交林鐘之坤。兌爲金商，而列位配羽，以接乾坎變宮。土托亥子，以簇商太簇商、洗角姑洗角，同歸二火。離坤之用，豈非微至之幾乎？至其旋用不據本位，八卦亦旋用不據本位者也。

　　字母來、日曰二半。字母爲古代音韻學用語，指聲母的代表字。唐沙門守溫依中古漢語的聲類整理出三十字母，宋人益爲三十六個，稱三十六字母。來和日均爲三十六字母之中的字母，來爲次濁半舌音，日爲次濁半齒音，故曰："來日曰二半。"陳磵菴陳藎謨（約1589—約1678），字獻可，號磵菴，晚號澄真子，明嘉興府秀水縣（今屬浙江嘉興市市區）人，受學于明末大儒黃道周，著作有《磵庵槧》一卷、《象林》二卷、《皇級圖韻》一卷、《元音統韻》二十八卷等以日附宮，來附徵。智以十二律圖證之，有自然之符，來爲泥泥爲三十六字母之一，是次濁舌頭音餘，日爲孃同"娘"，爲三十六字母之一，是次濁舌上音餘，商徵之宮收也。

　　史愚甫曰："律呂之數，往而不返，黃鐘不爲諸律後，所用七聲，皆正律，無空積忽微。孟康曰："忽微者，若有若無，細于髮者也，謂正聲無有殘分也。"自林鐘而下，則有半聲，（大呂、太簇一半聲。夾鐘、姑洗二半聲。蕤賓、林鐘四半聲。夷則、南呂五半聲。無射、應鐘六半聲。中呂爲十二律之窮，三半聲。）自蕤賓而下，則有變律，（蕤賓一變律，大呂二變律，夷則三變律，夾鐘四變律，無射五變律，中呂六變律。）皆有空積忽微。故黃鐘獨爲聲氣之元，雖十二律八十四聲，皆黃鐘所生。然黃鐘一均，至純粹矣。八十四聲，正律六十三，變律二十一。六十三者，九七之數。二十一者，三七之數。"蔡元定《律呂新書》載有此引文，未言出處。

正變倍半之法：《通典》唐代杜佑撰曰："以子聲比正聲，則正聲爲倍；以正聲比子聲，則子聲爲半。如黃鐘管正聲九寸，子聲則四寸半也。"當上生而所生者短，則下取此以爲用。然以三分損益法計之，則亦適合下生之數，而自此律，又以正律下生，則復得其本法，而于半律，又合上生之數也。此惟杜氏言之，他書不及。蔡氏曰："今按蕤賓以下，中呂上生之所不及，故無變律，而惟黃、大、姑、林、南、應有之，計正變通十八律，各有半聲，爲三十六聲。其間又有八聲，雖有而無所用，寔計二十八聲而已。杜氏又言：變律上下相生，以至中呂，則是又當增十二聲，而合爲四十八聲也。今雅樂俗樂，皆有四清聲，其原蓋出于此。然少八聲，且無變律，則法又太疏矣。《漢志》言：'黃鐘不爲他役。'"該段文字在朱熹撰的《儀禮經傳通解·鐘呂篇》有載。謂他律爲宮，則黃鐘以變律應而不用正律也。日辰由天五地六而生，律呂由九寸損益而生，至數之成則日有六甲，辰有五子，爲六十日，與律呂之六十調，若合符節，所謂調成而陰陽備也。京氏漢京房之生六十律，豈無謂耶？以黃鐘用九，紀陽不紀陰言之，六律五聲，究干當爲"于"六十，亦三十六爲陽，二十四爲陰。五聲流于六虛，用六即用九也。七音五音加變宮變徵以奉五音，八音指金、石、絲、竹、匏、土、革、木八種材料所造之樂器以奏五音，用七八亦用九六也。宮商角三十六調，老陽也。徵羽二十四調，老陰也。以八十四聲言之，則老陽用奇，老陰用偶矣。一陽一陰之中，又自有陰陽焉。元氣、元聲，中和之宰，然亦不能不制數度以裁成中節，可漫言通冒云爾耶？

邵子聲音概論

邵子聲音之學_{邵雍的音韻理論}，主要在其著作《皇極經世書》中的《聲音唱和》，本受之天叟先生_{北宋圖書易學傳播者}，及至百源_{邵雍之號}，研極華山_{陳摶修行于華山，故以其修行地代稱之}秘傳，乃始豁然。藏一于四，藏六于五，用天于地，以十二與十六損益，三十六與二十四損益，而天地間之理畢矣，非世之專以掃二見一爲權奇比也。惟以聲音表法最屬微至，千古未有解者。伯溫_{邵伯溫，邵雍之子}、西山_{蔡元定}、隱老_{明朱隱老}皆曰："太陽、少陽、太剛、少剛之數四十，（陽數一衍之爲十。）太陰、少陰、太柔、少柔之數四十八，（陰數二衍之爲十二。）以四因四十得一百六十，（日月星辰相因爲十六，以十因十六亦然。）以四因四十八得一百九十二。（水火土石相因亦十六，以十二因十六亦然。）以一百六十，因一百九十二得三萬七百二十，是爲動_{動物}植_{植物}之全數，（細分屬動，以百九十二因百六十爲植。）于一百六十內，去陰柔太少之體數四十八，得一百一十二；于原本"于"誤作"千"一百九十二內，去陽剛太少之體數四十，得一百五十二，是謂動植之用數。以一百一十二唱一百五十二，得一萬七千二十四。以一萬七千二十四唱一萬七千二十四，得二萬八千九百八十一萬六千五百七十六，是謂動植之通數。物有聲色氣味，可考而見。以類推之，一感一應，惟聲爲甚。故知聲音之數，而萬物之數睹矣。知聲音之理，而萬物之理得矣。"智曰：天聲唱，地音和。邵子所謂的"聲"或者"天之聲"主要是指韻母或韻類，而其所謂的"音"或者"地之音"主要是指聲母或聲類。不外乎一在二中而已矣。十用七,十二用九,不外乎四分用三而已矣。地音于上去全用者,夏秋用時,舌齒滿也。所謂正癯在心,天之大癯在夏也。其曰多良千刁妻宮心開丁臣牛〇魚男"多"至"男"皆爲邵子在《聲音唱和圖》中所定之聲。邵子曰:"其無字而有聲音,聲〇音□",乃外轉也。禾光元毛衰龍〇回兄君〇龜烏〇"禾"至"〇",亦爲邵子所定之聲,乃內轉也。《切韻指掌圖・辨內外轉例》曰:"內轉者,取唇舌牙喉四音,更無第二等字,唯齒音方具足。外轉者,五音四等皆具足。"天皆韻也。古黑安夫卜東乃走思,□黃□父步兌內自寺,坤五母武普土老草□,□吾目文旁同鹿曹□"古黑"至"曹□"皆爲邵子在《聲音唱和圖》中所定之音,乃切母也。四因四十,去四十八;四因四十八,去四十,是爲天唱地之用音。地和天之用聲,蓋四用三之侵數也。一百五十二者,八其七、八其十二之合數也;一百一十二者,七其九、七其七之合數也。天有千六十四者,七其百五十二也;地平千八者,九其百十二也。地上去三百四十四者,十二其百十二也。地八五百六十者,人止五聲,五其百十二也。天韻無家、麻韻部爲家和麻之韻者,古家、麻與烏、阿合也。

燕樂論約原本正文無此標題,據《圖象目錄》而加

沈存中沈括曰:"十二律,並清宮清指高音,相對于濁,清宮指比宮高八度,黃鐘、大呂、太蔟、夾鐘四律有清宮,當有十六聲。今之燕樂,止有十五聲,蓋今原本"今"作"本",據《夢溪筆談》改樂高于古樂指唐樂二律以下宋樂律比唐樂高接近二律,故無正黃鐘聲,只以'合'傳統尺工記譜法所用計譜符號之一,該記譜法符號因時因地而不同,沈括所載爲:合、四、一、上、勾、尺、工、六、凡、五,現今通行的有:合、四、一、上、尺、工、凡、六、五、乙。在尺工記譜法中,每個符號爲其所在音階之音的總稱。下文"下

四"等皆爲尺工計譜符號字當大呂，猶差高，當在大呂、太簇之間。'下四'字近太簇，'高四'字近夾鐘。'下一'字近姑洗，'高一'字近中呂，'上'字近蕤賓，'勾'字近林鐘，'尺'字近夷則，'工'字近南呂，'高工'字近無射，'六'字近應鐘，'下凡'字爲黃鐘清，'高凡'字爲仲呂清，'下五'字爲太簇清，'高五'字爲夾鐘清。法雖如此，然諸原本"諸"作"此"，《夢溪筆談》作"諸"，依《夢溪筆談》，文義更爲暢通易解調殺聲殺聲指樂曲的結束音，不能盡歸本律，故有偏殺、側殺、元殺之類。雖與古法不同，推之亦皆有理，知聲者皆能言之。"引自《夢溪筆談·卷六》。蔡西山《燕樂書》已散佚，下文爲《宋史·樂志》所采錄曰："黃鐘用'合'字，大呂、大簇用'四'字，夾鐘、姑洗用'一'字，夷則、南呂用'工'字，無射、應鐘用'凡'字，各以上、下分爲清濁。其中呂、蕤賓、林鐘不可以上、下分，中呂用'上'字，蕤賓用'勾'字，林鐘用'尺'字。其黃鐘清用'六'字，大呂、太簇、夾鐘清各用'五'字，而以下、上、緊別之，緊'五'者，夾鐘清聲，俗樂以爲宮。此其取律寸、律數、用字紀聲之略也。一宮、二商、三角、四變爲宮，五徵、六羽、七閏爲角。五聲之號與雅樂同，惟變徵于十二律中陰陽易位，故謂之變；變宮以七聲所不及，取閏餘之義，故謂之閏。四變居宮聲之對，故爲宮，俗樂以閏爲正聲，以閏加變，故閏爲角而竟非正角。此其七聲高下之略也。聲由陽來，陽生于子，終于午。燕樂以夾鐘收四聲：曰宮、曰商、曰羽、曰閏。閏爲角，其正角聲、變聲、徵聲皆不收，而獨用夾鐘爲律本。此其夾鐘收四聲之略也。宮聲七調：曰正宮、曰高宮、曰中呂宮、曰道宮、曰南呂宮、曰仙呂宮、曰黃鐘宮，皆生于黃鐘。商聲七調，曰大石"石"字《宋史·樂志》作"食"，下文引《燕樂書》之文的"石"字《宋史》皆作"食"調、曰高大石調、曰雙調原本漏刻"雙調"，據《宋史・樂志》補之爲"曰雙調"、曰小石調、曰揭指調、曰商調、曰越調，皆生于太簇。羽聲七調：曰般涉調、曰高般涉調、曰中呂調、曰平正調《宋史・樂志》作"正平調"、曰南呂調、曰仙呂調、曰黃鐘調，皆生于南呂。角聲七調：曰大食調、曰高大食角、曰雙角、曰小石角、曰揭指角、曰商角、曰越角，皆生于應鐘。此其四聲二十八調之略也。"馬貴與馬端臨(1254—1323)，字貴與，號竹洲，宋饒州樂平(今江西樂平)人，爲宋元之際史家，著有《文獻通考》《大學集注》《多識錄》曰："燕樂律本出于夾鐘，十二指十二律兼四清，而夾夾鐘爲最清，所謂靡靡靡靡之聲也。二十八調，萬寶常(? —約595)隋代音樂家，江南人，撰《樂譜》六十四卷，已佚謂非治世之音，俗又于七角調各加一聲，流蕩忘返。而祖調亦不獲存矣。"馬貴與之語《宋史・樂志》亦有載。智曰：古今皆時爲之也。聲音之微，難以辭顯，鄭譯訪七音，以蘇祇蘇祇指蘇祇婆，西域龜茲(今屬新疆庫車一帶)人，北周和隋代著名的宫廷音樂家五旦而知之，據《隋書・音樂志》言，北周武帝時，蘇祇婆從突厥皇后入國(中土)，善胡琵琶。蘇氏持龜茲樂調"五旦七調"律理，授于鄭譯。鄭譯則以中土樂理轉述之，成爲唐宋"俗樂二十八調"的主要來源之一。《隋書・音樂志》載有"五旦七調"："一曰'娑陀力'，華言平聲，即宫聲也。二曰'雞識'，華言長聲，即商聲也。三曰'沙識'，華言質直聲，即角聲也。四曰'沙侯加濫'，華言應聲，即變徵聲也。五曰'沙臘'，華言應和聲，即徵聲也。六曰'般贍'，華言五聲，即羽聲也。七曰'俟利箑'，華言斛牛聲，即變宫聲也。"此即"七調"。又曰："有五旦之名，旦作七調。以华言译之，旦者则谓均也。"據此而知，"五旦"就是五種不同的調高，所謂"五旦七調"，就是在五種不同的旦上，各按七聲音階形成七種不同的調式。每旦七調，"五旦"凡三十五調。萬寶常譏其聲大高，非譏其七調之法也。寶常改絲移柱變爲八十四調，百四十四律，終于千八聲，試令爲之，應手成曲，其聲雅淡，不爲時好耳。豈爲七音四清可廢哉？今之簫笛皆存七調，所謂尺、上、乙、五、六、凡、工也。尺生六，六生上，上生凡，凡生乙，乙生工，工生五，五生尺。輕之重之，如十六之加清聲，此則可高可低，六字輕即合字，五字輕即四字。每一調則閉二字，閉凡、上二字則爲平調，閉尺、乙則謂正調，閉五、尺則爲梅花調，閉六、尺則爲弦，閉五、工則爲淒涼調，閉乙、工則爲背工調，閉六、上則爲子母調，是七正爲五用也。陳氏北宋陳暘(1064—1128)，字晉之，宋閩清縣(今屬福建福州)人，精于律呂，神宗至哲宗時，主編《樂書》以爲駢枝《樂書·卷一百〇七》中言："五聲者，樂之指拇也。二變者，五聲之駢枝也。"駢枝爲五指外長出的多餘手指，此處暗指多餘無用，何殊蘇夔字伯尼，隋京兆武功(今屬陝西武功縣)人，隋邳國公蘇威之子，善樂律，作《樂志》十五篇之駁耶《隋史·音樂志》載，蘇夔駁鄭譯轉述的龜茲七聲，認爲唯有五聲宫、商、角、徵、羽爲正？且如《周禮》圜鐘即夾鐘之樂無商，唐宋二十八調無徵，何耶？果如康成鄭玄祭尚柔商堅剛耶？果如存中沈括云商中聲不用耶？段安節唐末音律家，唐齊州臨淄(今山東淄博)人，宰相段文昌之孫，著有《樂府雜錄》。原本作"段安昌"，而後文所引爲段安節《樂府雜錄》中語，故應爲"段安節"雜二十八調，有上平聲調，則爲徵聲，又曰商角同用，宫逐羽聲采自《樂府雜錄·序上平聲調》，此可漫然耶？《樂典》明黄佐撰，三十六卷，今存，乃究天道而明樂律之作曰："合奏之羽比于角，徵流于商。宫、羽中聲爲清角，商、羽中聲爲流徵。移宫换羽，角必反宫。"豈不微哉？琴瑟設而不作，以不知節，誤解合止柷敔皆爲木製打擊樂器，遂守六聲，泥習説者，大氐然耳。徵以易準《繫辭傳上》曰："易與天地準，故能彌綸天地之道。"，八九相藏，七八相藏，六七相藏，五六相藏，四五相藏。總之，陰陽高下旋用而已。人自有中和聲，但不知節而奏之，故堂上尊長居住之所之歌以琴瑟爲和。均鐘以絲，絲可數也，緩急易調也。如謂無準，不妨截管候氣。

或問：琴徽表法可聞乎？曰：琴者，今音，審今心而任之者也，雖謂之禁可也。尚宮卦離陳暘《樂書·卷一百〇七》曰：「絲飾物而成聲，其卦則離，其方則南，其時則夏，其聲尚宮，其律蕤賓，其風景，其音哀，夏至之氣也。」，故大琴曰離。絲麗木陳暘《樂書·卷一百二十》曰：「古者造琴之法，削以嶧陽之桐，成以厪桑之絲，徽以麗水之金，軫以崑山之玉，雖成器在人，而音含太古矣。」，若薪火，因所生也。長cháng象期日也，上下音合七十二象候也。五分其身，以三爲下，參兩也。朱雀象翅，翅八寸，象八風也；腰四寸，象四時也；十三徽琴身上十三個由金屬鑲嵌的圓形標志，自琴頭起，依次稱"一徽""二徽"直至"十三徽"，用以定琴弦音位，月藏閏也。姜夔（1154—1221）字堯章，宋詩人，音樂家以一至四暉又作"徽"曰上準，四寸半，象黄鐘子律。四至七暉曰中準，九寸，象黄鐘正律。七至未似當爲"末"曰下準，一尺八寸，象倍律也。每一弦各具三十六聲，宋分濁聲、中聲、清聲，即此也。朱子以唐人紀琴，管色合字，定宮弦，乃下生徵，徵上生商，終于少商。下生者隔二弦，上生者隔一弦。其調也，散聲隔四而合二聲（宮與少宮，商與少商）；中暉隔四得四聲（按上散下得二聲，按下散上得二聲，其弦則同）；八暉隔三得六聲（宮與羽，商與少宮，角與少商。按上得三聲，按下得三聲）；九暉按上隔二得四聲（宮與徵，商與羽，角與少宮，徵與少商，爲四。○内角聲在九、十間四之一，少濁），按下隔一得五聲（少商與羽，少宮與徵，羽與角，徵與商，角與宮，爲五。○内角聲在九、八間四之一，少清）；十暉按上隔一得五聲（宮與角，商與徵，角與羽，徵與少宮，羽與少商，爲五。○内角聲在十一徽，少濁），按下隔二得四聲（少商與徵，少宮與角，羽與商，徵與宮，爲四。○内角聲在十一徽，少濁）。文中自"唐人紀琴"至"下隔二得四聲"摘自朱熹《晦庵先生朱文公文集·第六十六卷·琴律説》,括號内小字注文爲《琴律説》中朱熹所注。逐弦之五聲,自東而西,相爲次序。一與三第一弦與第五弦,下倣此,角與散角應也;二與四,徵與散徵也;四與六,宮與散少宮也;五與七,商與散少商也,皆十暉也。三與五,會于十一暉,羽與散羽應也。其三圖,一尺寸散聲之位,一按聲之律位,一泛聲之律位。"逐弦"至"律位"摘自《晦庵先生朱文公文集·第六十三卷·答吴士元》。文武者,言聲也。桓譚以爲文王釋知匠,以爲文王、武王加桓譚《新論·五弦》曰:"五弦,第一弦爲宮,其次商、角、徵、羽。文王、武王各加一弦,以爲少宮、少商。下征七弦,總會樞極,足以通萬物而考治亂也。"古人認爲琴初爲五弦,后益爲七弦,桓譚主張周文王和周武王各益一弦而成七弦,非矣。陳暘則謂人溺于二變七始之説,七弦有害古制,則有所不知矣。樂工指法,中暉一弦黄鐘,按上爲大吕;二弦太簇,按上爲夾鐘;三弦姑洗,按上爲仲吕;四弦蕤賓,單彈之;五弦林鐘,按上爲夷則;六弦南吕,按上爲無射;七弦爲應鐘,按上爲黄鐘清。歌聲應節,以此爲準。

崔遵度(954—1020)字堅白,北宋學者、古琴家,宋江陵(今屬湖北)人,著有《琴箋》泛弓弦,亦十三徽。《宋史·崔遵度傳》引《琴箋》曰:"至唐協律郎劉貺以樂器配諸節候,而謂琴爲夏至之音。至于泛聲,卒無述者,愚嘗病之。因張弓附案,泛其弦而十三徽聲具焉,況琴瑟之弦乎!是知非所謂象者,蓋天地自然之節耳,又豈止夏至之音而已。"因《琴箋》原本誤作"箋琴"曰:"《易》起于一而成三,重六。其應也,一必于四,二必于五,三必于六。六而三耳,琴應亦然。氣節相召,丈弦具之,尺弦亦具之,豈人力哉。"該段爲《宋史·崔遵度傳》引《琴箋》之簡録,詳盡之言爲:"聖人不能作《易》而能知自然之數,不能作琴而能知自然之節。何則?數本于一而成于三,因而重之,故《易》六畫而成卦。及其應也,一必于四,二必于五,三必于六焉。氣氣相召,其應也必矣。卦既畫矣,故畫琴焉。始以一弦泛桐，當其節則清然而號，不當其節則泯然無聲，豈人力也哉！且徽有十三，而居中者爲一。自中而左泛有三焉，又右泛有三焉，其聲殺而已，弦盡則聲減。及其應也，一必于四，二必于五，三必于六焉，節節相召，其應也必矣。""苟盡弦而考之，乃總有二十三徽焉，是一氣也。丈弦具之，尺弦亦具之。"劉貺 kuàng（約726年前後在世），字惠卿，唐徐州彭城（今江蘇徐州市）人，唐史家劉知幾長子，貺著有《六經外傳》、《太樂令壁記》三卷等謂爲夏至聲。智方以智自稱謂：樂貴堂上，以絲爲君。琴以中徽爲君，要以無聲爲大君。所貴其用者，聲宮音哀，立廉立志，聽思忠義，彼能斷續離合，以隨人聲，兼八音之音焉。蓋天地人之器，用黃鐘于蕤賓之夏，故君子不徹明也。

　　從臨岳又稱"岳山"，指琴額與琴頸間所鑲的架弦硬木至龍齦指琴尾所鑲的用以架弦的硬木，硬木上刻有淺槽，平分爲中，即第七徽，君徽也；從臨岳至中徽，平分之，爲第四徽；下半之十徽亦然，此四分也。臨岳至四徽，又平分之，即第一徽；下半之十三徽亦然，此八分之一也。首琴首尾琴首有不用之位，猶之八卦用六卦，四分而用三也。乃以此大四分一者，即臨岳至四徽也，約而三之，去一不用，自臨岳順一徽，下而盡之，爲二徽。別以大四分一者，分之爲五，去四不用，自四徽向上盡之，爲三徽。復以大四分一者，分之爲三，去二不用，自四徽比盡之，爲五徽。復以此分而五之，去一不用，自三徽比下盡之，爲六徽。定後六徽，猶前六徽也。可知全琴全中，而必以藏一用閏之徽爲中。君徽至臨岳，以中呂爲中，中呂至臨岳，以太簇爲中，其夾鐘、姑洗、蕤賓、林鐘四徽，用泛調取定。下半如之。自此之外，不復有聲。蓋四徽以上屬天，十徽以下屬地，中之二分屬人。以人用寬，猶之十二辰，人居地，用自寅至戌之九也。一徽以上，乃天之天；十三徽以下，乃地之地，此不用者也。總而言之，皆不用之用，用之不用也，聲非木與絲，皆木與絲也。以三百六十度爲琴身，合三百八十四全爻《易經》六十四卦凡三百八十四爻。測之，臨岳至一徽，得四十八爻，而度則四十五也；一徽至二徽，得十六爻，而度則十五也；二徽至三徽，得十三爻，而度則十二也；三徽至四徽，得十九爻，而度則十八也；四徽至五徽，得三十二爻，而度則三十也；五徽至六徽，得二十六爻，而度則二十四也；六徽至七徽，得三十八爻原本作"三十十八爻"，多一"十"字，而度則三十六也；八徽至十三，猶之七徽至一也。天統地統，各用四十八爻，共九十六。而人統專用一百九十二。以徽内言之，則正用四分之三矣。通期亦然，餘五度四之一，則九十度内加一度半而縮耳。以八分之一者，分爲三分，分得十五+五度，爲一至二徽之節。故損三分而爲三徽，益六分而爲四徽；又益十二爲三十，則五徽也；損六爲二十四，則六徽也；又益十二爲三十六，則中徽也。曰三十六，曰二十四，曰三十，曰十八，曰十二，曰十五，皆數中節合之至要者。琵琶三弦，皆用十三；簫笛皆用，十二之半，音與數適當其叶 xié，通"協"，和洽、和諧義，用于音韻時通常寫作"叶"，豈非自然之符耶？十二律損益，亦自然聲數中節也。但九寸自起，猶之丈弦、尺弦，皆十三徽七泛耳。愚者方以智自稱歎曰：氣有五音而不見，以弦按之而節表矣。口有經緯而不知，以字切之而節表矣。性有常而不覺，聖教以事物由之而中節矣。六十卦之節，以制數度，先于議德行也，微哉！天地節而四時成，先以此教德行，即以此泯德行矣。

問：八音、八風《易緯通卦驗》曰："八節之風謂之八風。立春條風至，春分明庶風至，立夏清明風至，夏至景風至，立秋涼風至，秋分閶闔風至，立冬不周風至,冬至廣莫風至。"配卦,有説乎？曰：五藏 cáng 于八之例也。金聲尚羽,聲舂容而音鏗,卦兌時秋,其風閶闔；石聲尚角,聲溫栗而音辨,立冬卦乾,其風不周；土聲尚宫,聲合弘而音濁,夏秋卦坤,其風涼；革聲一而隆大,其音謹,卦坎冬至,其風廣莫；絲聲尚宫,聲纖微而音哀,卦離時夏,其風景；匏尚議,聲崇聚而音啾愁,冬春卦艮,其風條；竹尚議,其聲越,其音溫而濫,春分卦震,其風明庶；木聲一而茂遂,其音直,春夏卦巽,其風清明。此陳暘本之伶州鳩語及傳注也。

音起于西,寔用坤之土氣,而發乾之金氣,故聲振始終之金,奏以金爲主。《禮》曰："内金,示和也。"語出《小戴禮記・禮器》。合外内之和也。石固土之近金,而藏木火者也,堅實不動,訕然而止,故貴之,與琴瑟在堂,戛擊鳴球《尚書・益稷》云："戛擊鳴球,搏拊琴瑟,以詠。"球指玉磬,玉爲石是也。土則埏埴而冲氣出焉,亦石類矣。土之冲氣寓磬而清者,奉乾金矣；寓鼓而濁者,伐坎,坎之北聲,此宫,君子位者也。革去故以爲器,而羣音首焉,鼓無當于五聲,五聲不得不和,其聲洪而不烈,謂之隱雷,其衆器之父歟？革與絲皆取動物之餘也,絲則火附木也,音能離合而不混,拊古代的一種奏樂方式合堂上,常御琴瑟,合坎離之道也。絲爲君,用南方也。匏爲母,象植物之生焉。竹節直而有制,心虚而通,此利制之音所由出也。匏竹之合清濁,即艮震之司冬春也。衆音皆兼曲折,惟簫、笙、琴、瑟能隨人聲委悉,而竹聲尤爲流利不斷,《國語》曰："匏竹尚議。"出《國語・周語下》。其此乎？古義、宜和我同聲《東西均・譯諸名》曰："以其理裁而宜之曰義。義者,我也；儀,戩也。古義、我、儀通聲。",《詩經》、漢碑可考也。蓋音惟此與人合宜得義制而合也。木屬枳敊一直之音，能讓衆樂，而能節衆樂。巽居中呂巳位，故常止于陰陽，常行之中也，風主之，節八風乎。此其概耳。用以合調，各輪五音，寧拘拘耶？三才言之，中虛無竅者，天也；中寔者，地也；有窮者，人也。天地之聲無多變，而人聲萬變，琴瑟則天地人之合也。金石皆地，故用爲始終，而柷敔爲樂中之節奏，以其地聲節天人也。古人但言琴瑟尚宮，金尚羽，石尚角者，舉三天而包地也，利制即商徵也，又宮用于角羽而商用于徵也。《樂典》所云"合奏之羽比于角，徵流于商也。宮羽中聲爲清角，商羽中聲爲流徵，移宮換羽，角必反宮"，豈不微哉？即以切言，喉爲天之天，腭爲地之地，唇爲天之人，三陽以動屬人也；齒爲地之人地，舌爲地之人天，二陰以最動屬天也。唇、舌、牙、齒、喉，有單舉唇宮、舌商者，以言語惟此，主用也。事也，物也，理也，自然輪配，自然流通，更翻變化，原不相礙，拘執者膠柱而鼓矣，不研極者以爲附會矣。

問：柷敔六聲，何言節奏？曰：誤三千年矣。木聲清直，不爲諸嘹繞鏗鏘所掩，故能按拍以節奏衆樂之緩急，猶今十番十番是行于江蘇、浙江、福建、廣東等地的一種民間音樂，以有節奏的打擊樂爲主之板魚指一種梆子，爲硬木打擊樂器也。州鳩曰："革木一聲。"又曰："革木以節之。"引自《国语·周語下》。非若今言鼓板乎？非能一衆聲者乎？荀子以柎柷椌楬爲似萬物《荀子·樂論》曰："鞀、柷、柎罍、椌、楬似萬物。"，而陳氏陳暘譏之。豈知"柎"節樂，此亦節樂者也？又一證矣。向以前因注膠合喻指拘泥不靈活，止只柷敔爲始合終止一般認爲，樂曲以擊柷始，以擊敔終耳，曾知合而止之，乃節奏之字法歟！板儭chèn同"襯"木魚中分細儭，故有春牘竹製打擊樂器柎相諸器。《春官》《周禮》篇名敎春牘、如柷。《周禮》中，春牘和柷皆有其對應的樂官司教。小春，謂之應，以應大春所倡之節。又云"牘以應柷"，則柷非三聲而畢，可知矣。牘以竹爲之，殺聲使小以節樂。敔背亦用竹，取其聲脆，此又一證也。房庶北宋音樂家，蜀人，仁宗朝進士辨李照北宋音樂家，亦爲仁宗朝臣、胡瑗（993—1059）字翼之，北宋著名學者，宋初三先生之一，理學先驅説曰："金石，鐘磬也，而變爲方響爲南梁時期產生的打擊樂器。絲竹，琴簫也，而變爲箏笛。木柷，敔也，貫之爲板。"由今之器，寄古之聲，皆可也，此又一明證矣。貴與馬端臨亦編九拍版，六版于柷敔之後，胡胡人以代抃 biàn，唐名樂句。馬端臨《文獻通考·樂考》曰："拍版長闊如手，重大者九版，小者六版，以韋編之，胡部以爲樂節，蓋以代抃也。（注曰：抃，擊其節也。情發于中，手抃足蹈，抃者，因其聲以節舞。龜茲部伎人彈指爲歌舞之節，亦抃之意也。）唐人或用之爲樂句。"胡部是唐代專司胡樂的機構。"宋以檀若桑木爲之，豈亦柷敔之變體歟？"《文獻通考·樂考》曰："宋朝教所用六版，長寸，上銳薄而下圓厚，以檀若桑木爲之，豈亦柷敔之變體歟？"是指馬端臨的觀點亦疑之矣。琴有入慢入慢爲琴曲高潮完結后，曲調轉緩，以便引入終曲的部分，正爲節促，轉拍，今不入樂，不知板也。獨操操爲演奏，獨操即獨奏之琴，猶清度也，板中長短，豈可聽乎？琴歌有歌詞的琴曲樂録，與箏歌同，桓伊字叔夏，晉譙國銍縣（今安徽濉溪）人。東晉名士、音樂家，善吹笛令串合是蓋指桓伊撫箏而歌，勸諫東晉孝武帝之事也。音樂之節，即四時之節，緯曜之節，卦策之節，皆出天然，而人適中之，寧容絲毫强耶？神明會通，皆表法也。樂不中節，不能成聲，人不中節，能成人乎？

等切旋韵約表①

《管子》謂五音出于五行見《管子·地員篇》,此初配位圖也。王宗道字興文,南宋豐化(今浙江奉化縣)人,嘉定元年(1208)進士,著有《切韻指玄論》,已佚以牙爲宮,溫公司馬光以四時序配橫圖,故以喉爲羽,《韻會》指元黃公紹所撰的《古今韻會》,該書已佚,今有元代熊忠删減該書的《古今韻會舉要》存依之,《古今韻會舉要》曰:"司馬文正公作《切

脾宮土　肺商金　脈羽水　心徵火　肝角木
　喉　　齒　　唇　　舌　　腭
日來喻影匣曉邪心從清精明並滂幫泥定透端疑群溪見
　　　禪審牀穿照微奉夫非孃澄徹知

---

① 該標題爲原本正文所載,從標題文字和標題在文中所處位置看,該標題與《圖象目録》中的《等切字母》和《旋韻圖説》兩標題(二者在《圖象目録》中皆是《律吕聲音幾表》的子標題)相對應。在這兩個子標題之後,《圖象目録卷之六》中還有《聲數諸説》《黄帝五位性情圖》和《八風圖》三個標題,《聲數諸説》是《律吕聲音幾表》的子標題,《黄帝五位性情圖》和《八風圖》是與《律吕聲音幾表》並列的同級標題。原本正文中,《等切旋韻約表》之後有標題《論古皆音和説》,以及不屬于《論古皆音和説》的兩圖——《旋韻十六擺》和《切母各狀》及兩圖的説明性文字(《圖象目録》中未列此三者)。從内容上看,《論古皆音和説》《旋韻十六擺》和《切母各狀》的内容皆爲音韻學中等切字母及其發聲問題,因此,討論的問題並没有超出聲音。若如此,這三處的内容當隸屬于《律吕聲音幾表》。但卷六結束于《切母各狀》及其解説内容,那麽《圖象目録》中所列的《黄帝五位性情圖》《八風圖》在正文何處呢?根據兩標題的名稱,其對應的正文内容應該有圖,但正文中没有與二標題直接相對應的圖。雖然卷六中存在與五位、性情、八風等相關的内容,但這些内容都不足以嚴格地與這兩個標題對應在一起。根據以上所列緣由,將《等切旋韻約表》及其後内容的標題列在《律吕聲音幾表》之下,且一切標題從原本正文,不再根據《圖象目録》多加。

韻》,始依七音韻,以牙、舌、脣、齒、喉、半舌、半齒定七音之聲,以《禮記·月令》四時定角、徵、宮、商、羽、半商、(半)徵、半徵、(半)商之次,又以三十六字母定每音清濁之等。"《切韻》當指傳爲司馬光所撰的《切韻指掌圖》。章道常明代章黼,字道常,明嘉定(今上海嘉定)人,自宣德七年(1432)至天順四年(1460)歷凡二十九年,撰成《韻學集成》十三卷又改其半。智按:《漢書》:"羽,聚也。""爲水,爲智。"皆引自《漢書·律曆志》。《樂書》曰:"聲出于腎,而齒開吻聚。"引自《樂書·卷十八》。此爲確證。今徽徽州,今安徽黃山市及江西婺源一帶傳朱子法,以河圖生序脣、舌、腭、齒、喉爲羽、徵、角、商、宮律生之待。黃鐘上旋,南呂回旋,自然符合,即鄭漁仲鄭樵所明《七音韵鑑》也。(宮如翁,齒如抵,羽如補。古讀底,底、提、匙通用可證。)究竟五音之用,全不拘此等切字頭,端幾系焉。初譯之時,取中土字填之東漢佛教傳入中國,學者以漢字音譯梵文,受梵文拼音字理的啓示,創反切法來注字音。孫炎字叔然,三國魏樂安(今山東博興)人,經學家,鄭玄再傳弟子反切孫炎的著作《爾雅音義》被認爲是首次用反切注音的著作,也就是説,孫炎爲反切法的創始人,與《婆羅門書》東漢時由西域傳入的一部音韻書籍之十四橫貫適相符通。《隋書·經籍志》曰:"《婆羅門書》一卷。"又曰:"自後漢佛法行于中國,又得西域胡書,能以十四字貫一切音,文省而義廣,謂之《婆羅門書》。"呂介孺呂維祺(1587—1641),字介孺,明末理學家,萬曆四十一年(1613)進士,有《明德堂文集》《孝經本義》等著作傳世曰:"舍利唐代僧人定三十字,守溫唐末興元(今陝西南鄭)僧人,著有《三十六字母圖》《清濁韻鈐》,皆不傳,今人于敦煌石窟發現其音韻學著作之殘卷加六反。"《同文鐸》曰:"大唐舍利創字母三十,後溫首座(守溫)益以'娘、床、邦、滂、微、奉'六母,是爲三十六母。"《紐序》,神珙西域僧人,音韻學家,撰有《反紐圖》撰,内言沈約南北朝南朝史學家。升庵明代楊慎云:珙在北魏亦有説法以其爲唐憲宗元和以後之人,何引約沈約耶?既無知者,相沿守訛。真空明代僧人《玉鑰指真空所撰《玉鑰匙歌訣》，見前人反切不合，增立門法，豈知各時之方言異乎？《洪武正韻》爲明太祖洪武八年(1375)，樂韶鳳、宋濂等十一人奉詔編成的一部官方韻書改沈約矣，而各字切響尚襲舊注。智因作例明之，詳見《聲原》指方以智所撰的《切韻聲原》，收錄于其著作《通雅》卷五十。

　　端、幫、精皆爲聲母三列皆兩層，而見、曉皆爲聲母二列止一層，故置兩頭，又從開激而至含口，如華嚴指華嚴字母，共四十二個，是中國古代僧侶爲學習梵語而用漢字標識的梵語字母表始佉，悉曇爲梵語 siddham 音譯，悉曇爲梵語的一種包含音聲的字母體統始迦，耶蘇始了也。了義初排，人未明其故耳。首腭終喉列一層，舌、唇、齒列二層者，舌齒相通，腭唇喉相通也。疑、泥、明、心皆喉，其猶土旺四季乎。天一生水、三生木、五生土，三陽同類，故腭唇喉相通；地二生火、四生金，二陰同類故，舌齒相通，此概也。聲無非喉，而唇爲總門，腭爲中堂，故宜其近齒爲中門。舌爲轉鍵，獨能出入靈動與齒相切。來聲母、日聲母二變，實符蕤應來，乃泥之餘，日乃禪聲母、孃聲母之餘。此徵、商之究宮也。徵、商會于知，而宮、角、羽會于疑聲母、影聲母。微唇司開閉，舌爲心苗，冲氣輪于丹田，而上竅于鼻宮。徵、羽爲三統，出角比羽而清，終夾鐘以折攝之，二用五以三統之，參用兩，實以一用六也。河圖變金火爲洛書，吾以悟金聲風火之橐籥矣。

愚者智記

見君公剛光孤于今
溪群空康匡枯看琴
疑云頤昂王吳庵唫
端頑　　知折珠真張
透定　　徹澄除嗔昌
泥能　　孃攝殊神商
幫並　　非
滂乎　　夫奉
明芒　　微萬物
精尊租　照專逐諱莊
清從粗　穿琳觸春窗
心邪蘇　審禪熟諄霜
影　喻翁依
曉匣烘稀舌上正齒相通，
◎唵恩遏縫純會官角羽。
來　　用非◎，則廿
兒如辱。四也，合知
日　　則廿也。共二十六母相通，

（◎爲喉根，而非、微乃外唇最微者，非夫皆送氣聲，以非最輕，標外唇之起耳，微用最少，惟萬、物、無、文、問、味等。中原人多讀深喉影母，吳人或切焚扶，又混夫矣。智按：萬物至微，故取此聲無與靡、設、莫、蔑轉，《漢書》規撫即模，可證也。）

（縫唇無初發聲，深淺喉無忍收聲，惟商用啌收而喤發不用，此一理也。今表◎爲折攝中輪，非爲外唇風始，故存二十六切，寔二十四，若通知、照，則二十一也。直法二十母以影、喻合疑，而以曉例字居夫微聲母之初。此如琴徽取其響者紀法也，琴徽空度有不得聲者，詎豈可廢度乎？平、上、去三十六韵而入，止得十八韵，然歸入，皆可重呼。今欲分知、照者，亦可重呼也！）

（議增母者爲迬，狀粗、細不同也。今分注其下，因決曰真、嗔、神、諄、春、純、張、昌、商、莊、窗、霜，則知母之粗細狀耳。商、徹之間是一中聲也。剛、康、昂、光、匡、王，角有二狀，何不二列乎？它韵更迬，如東之中專改知狀，蕭之超徹改穿狀也。）

（不聿 yù 又作"不律"謂筆古人別稱筆爲不聿，其後七句倣此，於菟 wūtú 謂虎，終葵爲椎，俠累爲傀，軒轅爲韓，奈何爲那，何莫爲盍 hé 同"盍"，合音古矣。然切叶之道，今日明備，聖人禮樂，甚精而叶，切用渾時也。後人詳之時也，詳而訛謬，不得不更詳定之時也。有開必先，聖人留象數、律曆、呼吸翕闢爲徵，亦已明矣。書、鏤、棗紙、搊 chōu 扇、絮木、棉飲、芥 kǎ 露詩，至長律書，至行草，皆闔闢緬志之源、江河、金魚、火鳥之補天漢也，何必定以古人掩後人乎？）

發、送、收三聲，腔 qiāng、䑄 tāng、上、去、入五聲，定論也，中土用二十母足矣。外域知七音，而不知腔、䑄、上、去、入。金尼金尼閣(1577—1629)，字四表，原名 Nicolas Trigault，法國耶穌會會士，明末入華傳教，其爲西方人方便學習漢語而作《西儒耳目資》，該書採用羅馬字母爲漢語注音，這種方法較傳統的反切注音更爲簡潔方便，引起士林關注亦言，入中土乃知之，即古韵亦平仄互通者也。

細別知以舌卷舐中腭而照，乃伸舌就上齒内而微縮焉，智謂若瓊例字、專例字之類也。孃則嘗、穰之間耳。疑、喻之分：謂疑用力疑，用力反，靳腭聲橫牙間；而喻影但喻，影但反，虛引喉，與腭無涉也。《儀禮》儒家十三經之一"疑立"即"凝立"，故儗、嶷从之，如真是以存影。然疑、凝則同泥泥爲古代聲母分類，屬舌頭音和半舌頭音矣，其以角收轉爲宫發乎！智考孫、陸，于安、恩、咢、昂等俱用五字烏字作切響，而今半作腭聲，果占未精，但趨近似耶。

吴音呼照如皂，呼牀如藏，則同精從矣。《度譜》曰：知字真吹切之，字舌不抵齒，枝字舌抵齒，而顫聲既已有此别音，即當存此音狀。徹、穿對較，當是折、徹、攝與穿、拴之别。

平、上、去、入，以一統三，則曰平仄，仄無餘聲，聲皆平也。平中自有陰陽，張世南字光叔，宋鄱陽(今屬江西上饒市)人，著有《游宦紀聞》以聲輕清爲陽，重濁爲陰；周德清(1277—1365)字日湛，号挺

卷之六　355

```
  ⌒    ⌒    ⌃    ⌄    ◡
  合    縱    轉    承    開
                  喉    喉
  入    去    上    平    平

       匹    聘    品    平    枰
```

齋,元代文學家,高安(今屬江西高安市)人,著有《中原音韻》以空喉清平爲陰,以堂喉濁平爲陽。智故以呛噔定例,便指論耳。○郝京山郝敬以四聲後轉一聲爲五,何如此乎?《西儒》指《西儒耳目資》謂之清、濁、上、去、入,故曰翁、叜 zōng、公、東、綳,五聲也;開、承、轉、縱、合,亦五聲也。陰陽、清濁、輕重留爲泛論,權以枰爲細聲,烹爲粗聲,兵爲發聲,怦爲送聲原本"怦"作"枰",如此則與前文"爲細聲"之"枰"重復,又《切韻聲原》作"怦",據此改之,闊則大人,尖則童子。○本以無聲爲陽,有聲爲陰,用則聲發爲陽;發則開陽闔陰,字頭陽而尾陰;宮、商、角陽而徵、羽陰,宮、角、羽陽而商、徵陰,又宮陽而餘皆陰。陰陽互根,則全陰全陽矣。

```
 心  從  精  明  滂  幫  泥  透  端  疑  溪  見
 邪  清          並      孃  定      喻影并解
 讀  讀  層          知、照第二        日  來  微  夫  曉  審  穿  知
 嘗  穰  互                                 非  匪  禪  林  微      照
 同  同  用                                                   澄
 審  日  孃
```

(吳幼清元代吳澄、陳晉翁南宋樂安(今江西樂安縣)人,精于字母等韻之學,曾增删《切韻指掌圖》、熊與可宋元之際熊朋來、趙凡夫明趙宧光(1559—1625),字凡夫,著有《説文長箋》等皆欲加母,以迮狀不明也。呂獨抱蓋指明代吕坤、吳敬甫明代吳元滿,字敬甫皆廢門法。張司業唐代張籍定二十字。李如真明李登,字士龍,号如真生,明上元(今屬南京)人,著有《書文音義便考私編》等存影括二十一,謂平有清濁,仄唱不用,故以清兼濁,此即指喉陰噔陽也,但未明前人何以訛耳。

蕭尺木取張説也。）

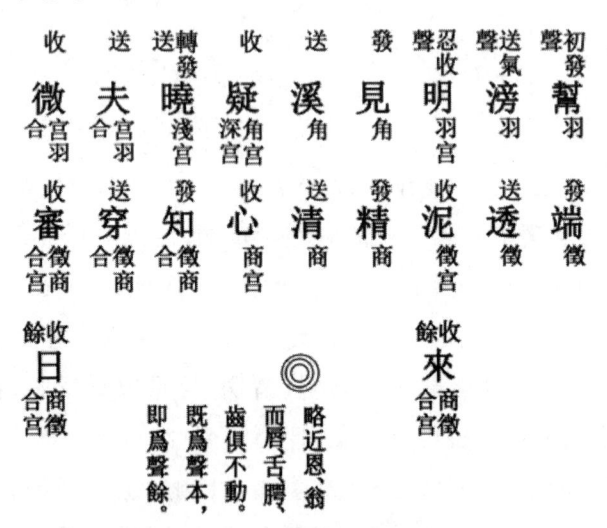

[圖：聲母分類表]

幫羽（初發）　端徵（發）
滂羽（聲初發氣送）　透徵（送）
明羽（聲忍收送）　泥徵宮（收）
見角（發）　精商（發）
溪角（送）　清商（送）
疑角深宮（收）　心商宮（收）
曉淺宮（轉發送）　知徵商（發）
夫合宮羽（送）　穿徵商（送）
微合宮羽（收）　審合徵宮（收）
　　　　　　　　日合商徵（餘收）
來合商宮（餘收）

◎

略近恩、翁，而脣舌腭，齒俱不動，既為聲本，即為聲餘。

智方以智初因邵邵雍入，又于波梵摩得發、送、收三聲。後見金尼金尼閣有甚、次、中三等，故定發、送、收，為橫三，哐、噇、上、去、入為直五。此天然妙叶，不容人力者也（是名優佗南是）。風觸七處，中土不用◎，而無不用，所調折攝鼻臍輪也。

論古皆音和説

切響期同母（切上一字），行韻期叶而已（切下一字）。今母必粗細審其狀焉，（粗奔，細兵，粗登，細丁，狀則公于于見烏恩于影也）。韻審哐噇合撮、開閉焉（合如翁、烏，撮如春、全，開如哇、當，閉如侵、監，又有侷、阿如鍾、光，舌、抵如支、珠之類。舊以德紅切東，則紅噇矣，宜德翁切，端翁、當公皆可）。《指南》指元代劉鑑撰的《經史正音切韻指南》，一卷于切母一定者，反通其所不必通，于行韻切之第二字可通者，反限定于一格，且自矛盾，不晝一也。詳考《經傳》《史》《漢》注疏、《説文》、沈沈約、孫孫愐，唐音韻學家，唐陳州（今河南淮陽縣）人，玄宗天寶年間官居朝議郎，天寶十年(751)，據隋陸法言《切韻》撰成《唐韻》五卷以至《藏釋》指佛教經典，皆屬音和。但于粗細不審，而舌齒常借，唇縫常混耳。此各填其方言，或各代之口吻然也。（吳越今江浙一帶子、紙、專、氈不分，南康今屬江西贛江市匡、腔反用，麻城今屬湖北黃岡市以荒爲方，建昌今屬江西撫州市勸、鎴爲一，江北都、兜不分，齊今屬山東秦今陝甘一帶率、帥不分，山西分、風反稱，廣中頭、桃、留、樓、元、完不分，閩中今福建一帶尤、鼽然尤、鼽不分。古已有之，如砥、柱音止，孟子作"周道如底"，字家分底、厎，鑿説也。提音題，而"好人提提"出自《詩經·葛屨》與"朱提縣"漢武帝時所設縣名，在今雲南昭通縣境內音，時方旁無模之相轉，則以諧聲譯語知之。《灌夫傳》出自《史記·魏其武安侯列傳》"首鼠兩端"，《西羌傳》《鄧訓傳》皆出自《後漢書》皆用"首施兩端"，注猶首鼠也，則今之吳語也。《詩》指《詩經》混夷兌矣，即"昆夷"而又作"串夷"，鄭玄《毛詩傳箋》曰："串夷即混夷，西戎國名也。"如此之類甚多。）存舊法考古今可也，豈守其混與？借以立法哉！日、月、燈與字彙同"彙"四法，仍爲前惑者也。二十門纏繞無論，且以類隔門言之，謂以端母切知，知原本作"○"，《切韻聲原》作"知"，據此而改母切端（如都江切"椿"字，丁恭切"中"字，濁甘切"談"字，陟經切"丁"字。）此不過因孫愐"椿"字一切也，然四切已違其三矣。（《唐韵》："椿"都江切，而"中"則陟亏切，"談"則徒甘切，"丁"則當經切。）都江切"椿"，非古讀，都如諸則訛耳。（者古音渚，故諸、翥等諧聲，如休、屠音除。蓋中國以所習字譯之，譯時不作休、除而作屠，以當時讀屠如除也。曹子建三國曹植有《都蔗詩》，《六帖》唐白居易所撰的《白氏六帖》云："張恊西晉文學家有《都蔗賦》。"《林下偶談》指《荊溪林下偶談》，作者未詳，當成書于南宋曰："甘蔗亦謂諸蔗。"相如西漢司馬相如賦諸柘、巴且顏師古引張揖曰："諸柘，甘柘也。"引文穎曰："巴且，草，一名巴蕉。"，則證知古都有諸音，又旁推之詩，酌以大斗。鄭玄音主古文，《易》日中見主。《象傳》曰："日中見斗，遇其夷主，吉。"凡字從詹、從單、從亶皆有舌頭、舌上二種之聲。）考《說文》，"樁"啄江切，《韵會》"樁"株江切，非確證乎？（樁從春聲，《說文》"春"書容切，《韵會》初江切，以狗軌、旁春古代有夷夏之分，二者皆屬于中國附近的八蠻之蛮音窻 chuāng，同"窗"也。古江如工，降如烘，後漢謠"江夏黃童，天下無雙"，則此韵亦後轉也。）至于陟經切"丁"，則尤可噴飯，《詩》："伐木丁丁。"出自《詩經·小雅·伐木》陸德明《釋文》《經典釋文》"丁"，陟耕切，蓋讀如錚也。《指南》乃以丙丁之"丁"附此門法，冤哉！

　　孫叔然三國孫炎以來，即有經堅、丁顛等轉法，《指南》鄙之，豈知其理乎？聲爲韵迕，其狀即異。惟真温、庚青皆爲韻部一韵，聲多，于禽鬪嘻縫撮偭忍送之狀，字字皆備。其次惟先天之韵，然已不如温、亨之盡矣。旋韵真、青，正當春秋二分之候，故其聲和平，自然相應，以此調唱，其竅自諧，春秋之用，豈人力可思議者哉！先天本從直轉，古通一韵，今中和立南北之極，而旋元適以先天合和，亦用三餘一之符乎！（何謂真？先通曰：《國策》陳軫，《史》作田軫。《陳敬仲世家》作田敬仲，《荀子》田仲史鰌即陳仲子。《詩》"應田縣鼓"，《宋書》引作"應陳縣鼓"。原本"陳"作"㯂"，《切韻聲原》皆作"陳"。《左傳》"渾良夫乘衷甸兩牡"，陸德明音"甸"之證反，《說文》顛、蹎、闐以真爲聲，煙、咽以甄爲聲，馴、紃以川爲聲，詵、駪以先爲聲。孫堅謂甄、井同名，後乃呼甄。《華嚴字母》第八列"因"，年、天文並列，可知西音亦然。又如

《沈韵》元與兜、痕爲一,《漢志》同並縣並音伴。智按:古有讀半爲笨者,吳元滿,滿音猛,滿音門,亦足證矣。)

何謂迲狀?曰:呼見母于東韻,則爲京翁合,而無其字。故成、公呼見于寒韻爲干,呼見于魚韻爲居,呼喻于透韻爲伊,呼喻于汪韻爲昂,呼風于侵韻則無聲矣。惟唱真、青諸狀不迲,是故平仄以平爲名。身心性情之靈,形于聲音,以韻爲輪,可不知所以平乎?

(邵子曰:"韻法,闢翕律天,清濁呂地。先閉後開者,春也;純開者,夏也;先開後閉者,秋也;冬則閉矣。"唧、凡、冬聲也。晁公武曰:"一行撰《五音新書》晁公武《郡齋讀書志》作《五音地理新書》,以人姓五音驗八山也。"卦影用之,心幾之徵乎? 竹西方豫立,自竹西,號墨吟。《切韻聲源》作"竹西"爲"智"曰:

元會呼吸,律曆聲音,無非一在二中之交輪幾也。聲音之幾至微,因聲起義,聲以節應,節即有數,故古者以韻解字。占者以聲知卦,無定中有定理,故適值則一切可配。纚析而有經緯,故旋元則一切可輪。因此表之,原非思議所及。)

七風六用,五音二變,概也,約爲宮倡商和而已。凡音在唇腭中皆謂之宮;音穿齒外皆謂之商,無非鼻竅也;而羽角合宮,用鼻爲多,無不自臍也;而徵商交用,自臍穿出。嘗玩河圖三陽二陰分類,互根其始,幾乎! 列則以生序輪序,言之今譜,

切母各狀 宮倡曰宮羽角總。商和曰商徵商總。

宮倡：奔兵幫細。烹平滂細。——喉腭唇以唇最動，故領宮倡。

商和：登丁端細。騰汀透細。——唇腭激喉，多用鼻轉，以舌最動，故領商和。

門明細明。庚見細京。阮溪粗輕。恩疑粗因。亨曉粗欣夫。氛非分文微無粗細狀。

肱見粗君四狀。坤粗群。溫疑粗云腭收。昏曉粗熏即爲喉發。

——唇起唇收。

能泥粗寧。倫精粗零來細。○來乃泥之余。

垕心粗清。尊精粗精。孫心粗心。諄知粗真。春穿嗔徹。○知照二列止有真諄二狀。醇申。妁如狀入日無細狀而有入如二狀乃禪之餘。

唇腭激喉在中爲一類二十五狀

舌齒用喉穿外一類二十二狀

　則天倡地和，分類辨之，特合真、文、庚、青一韵，而指其各母之異狀焉。大、略皆有粗細二狀，而見、溪、疑、曉則有四狀，舌齒之合約爲徹、穿、來隨泥後，日隨禪後，皆自然不可強之序也。

　調唱者，若以腭喉四狀分爲四種，而復分開口合口，則每韵八聲矣。聲爲韵迬，多無其字，並不得聲，逼紐太窘，從而併之，取所用者，表之此，即前用之理也。學者先調啌嘡上去入，次明發送收，次明粗細迬狀，次明禽闢穿撮，皆有清濁輕重焉，思過半矣。

幾表六卷終

圖象幾表卷之七

皖桐方孔炤潛夫授編
孫 中德、中通、中履、中泰編録

《崇禎曆書》約

易無體而寓卦策象數以爲體而用之。聖人惟言天地日月四時，而於穆其中矣。故致理以象數爲徵，而曆律幾微，正盈虛消息之表也。堯之首命，欽天授時，曆數受終據《尚書·堯典》，堯即位初，命羲和氏觀天定曆而用以指導人事。《尚書·堯典》曰："（堯）乃命羲和，欽若昊天；曆象日月星辰，敬授人時。"，在齊表焉。相沿爲臺官之學指由官方機構管轄和研究之學，而言理者忽之，故其器法，遂爾汨淹。漢三造曆兩漢制定通行的曆法有三部，分別爲：《太初曆》《三統曆》），漢武帝太初元年（前104）由洛下閎、鄧平等造，漢成帝綏和二年（前8）由劉歆引入三統説對之進行系統化整理，整理后的曆法被稱爲《三統曆》；《四分曆》，東漢章帝元和二年（85）編訴造；《乾象曆》，漢獻帝建安十一年（206）劉洪造，唐七造曆唐制定通行的曆法有七部，分別爲：《戊寅曆》，唐高祖武德二年（619）道士傅仁均造；《麟德曆》，唐高宗麟德二年（665）李淳風造；《大衍曆》，唐玄宗開元十六年（728）僧一行造；《五紀曆》，唐代宗寶應元年（762）郭獻之造；《貞元曆》，唐德宗貞元元年（785）徐承嗣造；《宣明曆》，唐穆宗長慶二年（822）徐昂造；《崇宣曆》，唐昭宗景福二年（893）邊岡造，宋十八造曆北宋、南宋各制定通行的曆法九部,北宋有:《應天曆》,宋太祖建隆元年(960)王處訥造;《乾元曆》,宋太宗太平興國六年(981)吳昭素造;《儀天曆》,宋真宗咸平四年(1001)史序造;《崇天曆》,宋仁宗天聖二年(1024)宋行古造;《明天曆》,宋英宗治平元年(1064)周琮造;《奉元曆》,宋神宗熙寧七年(1074)衛樸造;《觀天曆》,宋哲宗元佑七年(1092)黃居卿造;《占天曆》,宋徽宗崇寧二年(1103)姚舜輔造;《紀元曆》,宋徽宗崇寧五年(1106)姚舜輔造。南宋有:《統元曆》,宋高宗紹興五年(1135)陳德一造;《乾道曆》,宋孝宗乾道三年(1167)劉孝榮造;《淳熙曆》,宋孝宗淳熙三年(1176)劉孝榮造;《會元曆》,宋光宗紹熙二年(1191)劉孝榮造;《統天曆》,宋寧宗慶元五年(1199)楊忠輔造;《開禧曆》,宋寧宗開禧三年(1207)包翰之造;《淳佑曆》,宋理宗淳祐十年(1250)李德卿造;《會天曆》,宋理宗寶佑元年(1253)譚玉造;《成天曆》,宋度宗咸淳七年(1271)成鼎造。自洛下指西漢第一部曆書《太初曆》的制定者洛下閎《三統》劉歆引入"三統說"系統化《太初曆》而成《三統曆》,故此二曆可看作同一種曆法、《大明》指《大明曆》,亦稱《甲子元曆》,南朝祖沖之制定綴綴術率圓周率π、一行《大衍》指《大衍曆》,而郭守敬元郭守敬等制定的《授時曆》折中之,可謂精密。明明初仍沿襲元曆指《授時曆》,宋濂(1310—1381)字景濂,号潛溪,生于金華浦江(今浙江浦江),明开国功臣、學者等較正明代稱宋濂所校訂的《授時曆》稱爲《大統曆》。嘉靖明世宗年號初嘉靖三年(1524),華湘嘉靖三年爲光禄少卿管監事奏歲差三度五十二分五十秒矣。萬曆明神宗年號(1573—1620)中,有歐邏巴指歐洲人利瑪竇(1552—1610),號西泰,義大利人,天主教耶穌會傳教士、學者。明萬曆年間來到中國傳教,直至1610年去世。其間其游歷中國進行傳教,並與士人結交,傳播西方哲學、宗教、科學、藝術等方面的知識,乃西學東漸之始。其著作有《渾蓋通憲圖》《測量法義》《天主實錄》《坤輿萬國全圖》等,並翻譯了基督教一些著作和歐幾里得的《幾何原本》浮海歷諸國而至。其國重天學,所云静天即於穆之理也,九重天包地球,如脬pāo動物膀胱加工后製成的圓形氣囊氣鼓豆下文《圖中》曰:"豆入脬而吹之,豆正在脬之中。",其質測也。子曰:"天子失官,學在四夷,猶信。禮失而求諸野,不亦可當野乎?"天啓明熹宗朱由校年號辛酉1621壬戌1622間,歲差議起。徐玄扈徐光啓(1562—1633),字子先,號玄扈,天主教名保祿,明上海縣法華匯(今上海市)人,做過數學、天文、曆法、水利等方面的研究,參與編撰《崇禎曆書》,與利瑪竇交好,並合譯《幾何原本》請設專局,集成《崇禎曆書》,其法概可互明,而研極者觀此引觸,可以闡明至理,徵建開成。夫天九重,地如球,自黄帝《素問》、周公《周髀》、邵子、朱子、沈存中沈括、吳幼清吳澄,皆明地爲浮空不墜之形,大氣舉之詳解見下文《圖中》,則其言利瑪竇所言泰西天學皆中國先聖先賢所已言者。有開必先,後來加詳,專綴綫算,不出句gōu古同"勾"股,特少張衡、祖沖之輩之殫精耳。《崇禎曆書》,徵考近核,故約其概,以便觀察。

鹿湖潛夫方孔炤識

圜中

黄帝《素問》曰:"立于子而面午,立于午而面子,至于自卯望酉,自酉望卯,曰北面。立于卯而負酉,立于酉而負卯,至于自午望南,自子望北,皆曰北面。"今本《素問》未載此語,北宋沈括稱出自《素問》,蓋爲佚文。(自子望北,言北方之北,尚有北也,可以知地之圓。)"岐伯曰:'地爲人之下,太虛之中也。'帝曰:'何憑乎?'曰:'大氣舉之。'"語出《素問·五運行大論篇》。(大即"太"虛之中,即是太虛之下。圓物中之重者,在乎中心,則中即最下之處。今以豆入脬而吹之,豆正在脬之中。)《周髀》指《周髀算經》曰:"春分至秋分之夜,日内近極,極下常有光指日光。秋分至春分之夜,日外遠極,極下常無光。"趙君卿趙爽,漢末三國時人,字君卿，長于天文曆算，注《周髀算經》注曰："北辰之下，春分至秋分，六月見日爲晝。此後六月，不見日爲夜。"此句並非前面《周髀算經》引文之注文，爲趙爽注《周髀算經》其他文之語。又指《周髀算經》曰："北極之下，其地最高，滂沱四隤 tuí 而下。"三光日月星之光隱映，以爲晝夜，天體亦然。"故日運行處在極北，北方日中，南方夜半。在極東，東方日中，西方夜半。在極南，南方日中，北方夜半。在極西，西方日中，東方夜半。晝夜易處，四時相反。北極左右，夏有不釋之冰，此陽微陰彰。晝夜分歲，物朝生而暮穫。中衡左右，冬有不死之草，此陽彰陰微，故萬物不死，五穀一歲再熟。"引自《周髀算經》。（按：此益證地之圓，而北極應地，地如瓜焉，有蒂有臍，蒂應北極，臍應南極者，皆如軸中，乃其體也。體必貴用，用在腰輪，腰自爲東西南北，而腰輪之南爲心胸，即中華也。其喻如鍤 zā 指金鍤，又稱香薰，古代用以薰香衣被的球形器具。金鍤內置兩個環形活軸，活軸間置一盛香料的小盂。由于重心在下，無論薰球如何滾動，環形活軸皆能起平衡作用，使小盂始終保持水平狀態，避免內燃香料傾覆，以其不定而有定也。人受天地之中以生，各以所在爲中。而北極之南，正當中和用地，豈依崔浩北魏崔浩執北極之下爲中國乎，是與執混沌爲平泯，而賤天地之分別者，同一執一矣。）

曾子語單居離曾子弟子曰："天之所生，上首。地之所生，下首。上首之謂圜，下首之謂方。如謂天圜而地方，則是四角之不相揜也。嘗聞之夫子曰：'天道曰圜，地道曰方。'"出自《大戴禮記·曾子天圓篇》。（可知方言地道，而非地形也。）韓子曰："東西易面而人不知。"出自《韓非子·有度篇》。以其迤也。束皙（？—約 300）西晉學者、文學家，字廣微，陽平元城（今河北大名）人曰："人之視天，旁方與上方等，旁視則天體存于側，故日出時，視日大也，日無大小，而所存者有伸厭 yā。"出自《隋書·天文志》。（按：日初出，有水土之氣浮于地上，故其影大。至高處則水土之氣清，故其形小。今以盌 wǎn 同"碗"置錢使人遙望之，不見錢也。以水注盌，則人見錢矣，以水光之浮錢出盌面也。）

邵子曰："天惟不息，故閣在中，使天有一之或息，則地陷矣。"程子曰："氣莫非天，形莫非地。"出自《二程遺書》第六卷。朱子曰："天形圓，朝夕運轉，極爲樞軸。其運轉者，亦無形質，但如勁風之旋，升降不息。是爲天體，而實非有體也。地則氣之渣滓，聚成形質者，以其束于勁風旋轉之中，故得以兀然浮空而不墜耳。"（觀此可知中華之説本明，學者不學，聞地在空中，則駭矣。）

宗動天，其最上者；列宿，而下；土土星、木木星、火火星、日、金金星、水水星、月相次，故名九重。宗動天一日一周，列宿天二萬四千四百年一周，填星土星之古稱天廿九年百五十五日廿五刻一周，歲星木星之古稱天十一年三百十三日七十刻一周，熒惑火星之古稱天一年三百廿一日九十三刻一周，日輪天三百六十五日二十三刻一周，太白金星之古稱天、辰星水星之古稱天俱隨日周，月輪天二十七日三十一刻一周。此以氣限分重，非有形隔也。

天包火、包氣，而水土合爲一丸，即地也。火輕揚，故升于九重天之下。土重濁，故凝于天之中。水輕于土，故浮于土之上。氣承水土而負火。（智按：氣貫一切之實，克一切虛，此質測家據已凝形爲形論，故專指虛旋爲氣耳。）元火附天，極净甚炎而無光，一遇外物衝擊，則發光矣，俗所云天裂流星是也。又分上中下三域，上域近火，故大熱；下域近水土，爲太陽所射，故發煖；中域上下隔絕，故大寒。然廣狹不等，二極之下，寒冷域廣，赤道之下，熱煖域廣。地陸地海海洋合丸，渾天中之一點，謂地爲方，乃語其性也。

　　以度分天即以天度分地，自北而南爲帶。（言圓者三輪六合乃明，故南北稱謂易混，智每以圓瓜喻之，北極如瓜蒂，南極如瓜臍。此以中國地平，二極斜倚，故呼蒂爲北。）一帶在晝長短二界之中，其地甚熱，近日故也。（即赤道衡。）二帶在北極界內，三帶在南極界內，兩處甚冷，遠日故也。（即本蒂瓜臍之地。）四帶在北極界晝長界之間，五帶在南極界晝短界之間，兩處不冷不熱，日輪不遠不近故也，謂之正帶。（赤道以北爲北極所主，赤道以南爲南極所主，則中華屬北極。然天頂直綫，不當北極下也，故崔浩論中國非中，不知天以腰輪爲用，而中華當心胸之前，不直蒂之頂爲中也。或問：腰輪時旋，何以定爲正面耶？曰：卵而伏之，圓物浮之，必有上下，無定分而有定分，故中華當南也。南，用地也。泰西譏南贍南贍部洲之説、日月繞須彌須彌山之説皆出自古印度之宇宙學説，佛教繼承之並隨佛教傳入中國。佛教認爲宇宙由無數個世界構成，我們所在的小世界的中央爲須彌山，日月星辰圍繞著須彌山運動，須彌山下有人居住的四大部洲，即北俱蘆洲、東勝神洲、西牛賀洲、南贍部洲，而我們所居之所爲南贍部洲，彼寓言耳。以地爲扁，則其所未詳也。）

　　燕京指今北京在赤道北四十度，則北極高四十度，大浪山在赤道南三十六度，則知南極出地三十六度也。金陵指今南京赤道北三十二度，大東洋瑪八作，赤道南三十二度，正相對也。利瑪竇《乾坤體義·天地渾儀説》曰："南北則兩地人對足氐反行，故南京離中綫以北三十二度,離福島一百二十八度,而南亞墨利加之瑪八作離中綫以南三十二度,離福島三百零有八度,則南京于瑪八作人相對反足氏行矣。"

地周九萬里。(地厚二萬八千六百三十七里零二十五分里之九,半徑一萬四千三百一十八里零九分里之二,每度徑得二百五十里,每分徑得四里零六分里之一,即六十步。凡積十四秒二十四微爲一里,積二分二十四秒爲十里,積二十四分爲百里,但自赤道至北極緯度漸狹,然天體高圓不異,則經緯隨處皆然也。)

月距地中心:四十八萬二千五百二十二里餘。

辰星距地心:九十一萬八千七百五十里餘。

太白距地心:二百四十萬六百八十一里餘。(其光有消長,如月然。)

日距地心:一千六百零五萬五千六百五十零里餘。

熒惑距地:二千七百四十一萬二千一百里餘。

歲星距地:一億二千六百七十六萬九千五百八十四里餘。(四周有四小星,繞行甚疾云。)

填星距地:二億五百七十七萬五百六十四里餘。(形如雞卵,兩側有兩小星。)

日徑大于月:六千五百三十八倍,又五分之一。(此下皆以徑論。)

地大于月:三十八倍又三分之一。

地大于辰星:二萬一千九百九十一倍。

地大于太白:三十六倍又二十七分之一。

熒惑大于原本無"于"字,據文義而加地:半倍。

日大于地:一百六十五倍又八分之三。

歲星大于地：九十四倍半。

填星大于地：九十倍又八分之一。

經星距地：三億二千二百七十六萬九千八百四十五里有餘。（此外即一日一周之天，又高一倍，所謂宗動天也。）

經星之體大者六等。（皆大于地，以遠故望之小耳。）天漢乃細星稠密，若白練然。

天下寒暑日景ｙǐｎｇ同"影"五截，赤道下四時燠 yù 熱，二分春分和秋分爲甚，二至夏至和冬至稍減，二分表日晷的針日中正午之時無景，一年兩春兩夏，兩秋兩冬，草木一歲，再榮再枯。故自赤道南北各二十三度半之域立表，每歲東西南北，日影俱到也。日行南北二道之下，其地每歲一極寒，一極暑，而正相反。過此二界，則黃道之所不至，日不經天頂過矣。其地四時皆寒，周圓皆有日景，而以半年爲晝，半年爲夜，草木朝生暮死。故自赤道南北，各六十度至九十度一帶，爲二極界内之地，晝夜長短偏勝之極。惟黃道與南北二極之中間，冲和之氣鐘焉，自距赤十九度至四十二度，正當其處，此外皆偏氣矣。（智按：《周髀》曰："春分日之夜分，以至秋分日之夜分，内近極，極下常有光。秋分日之夜分，以至春分日之夜分，日外遠極，極下嘗無光。故春秋分之夜分，日所照，適至極，陰陽之分等也。冬至、夏至者，日道發斂之所生，晝夜長短之所極也。"趙君卿注曰："北辰之下，春分至秋，六月見日爲晝。自此六月，不見日爲夜。"又按：《隋志》言北方有煮羊脾而天明者，正將近凡極下之地也。由此觀之，北極之下，偏枯如此。天以蒂應地體，而天用正在腰輪，所在各定地平，而子午之針不易，則中國之常爲心胸，亦如丁緩漢代長安巧工所製錘爐指金錘球之心，外雖轉而彼不動也。

大都元大都路,治所在今北京市(今明代順天府明代京師地方行政區域),北極出地四十度太強古代天文曆法中,將整度四分表示餘分,則 1/4 爲少,2/4 爲半,3/4 爲太。又將整度十二等分,用強、弱(強表示多出 1/12 度,弱表示少出 1/12 度)增減三個四分餘度,則有少弱(2/12)、少(3/12)、少強(4/12)、半弱(5/12)、半(6/12)、半強(7/12)、太弱(8/12)、太(9/12)、太強(10/12)。其中,甲度強表示比甲度數多 1/12 度,甲度弱表示比甲度數少 1/12 度,太、少、半及其強弱皆表示多出或少出的度數。詳見《後漢書・律曆志》,夏至晷景二尺三寸四分四庫全書本、中華書局本《元史・天文志・四海測驗》"夏至晷景二尺三寸四分"皆作"夏至晷景長一丈二尺三寸六分",此二版本所列數值必有誤,日出寅正二刻,入戌初二刻,晝六十二刻,夜三十八刻。冬至日出辰初二刻,入申正二刻,晝三十八刻,夜六十二刻。

北京(即大寧)元初名爲北京路,後改爲大寧路,治所在今内蒙古赤峰市寧城縣,極出地北極出地之簡説,下倣此四十二度強。

上都(開平府)元上都路,治所在元開平城,位今内蒙古正藍旗東閃電河北岸,極出地四十三度少。

東平元東平路,治所在今山東東平縣,極出地三十五度太。

益都元益都路,治所在今山東青州市,極出三十七度少。

登州位今山東蓬莱市,極出三十八度少。原本"三十八度少"無"八"字,但"十"與"度"之間存在可容一字的空白。而《元史・四海測驗》作"三十八度少",據此而加"八"字。

高麗元附屬邦,位於朝鮮半島,治所開城位于今朝鮮開城市,極出三十八度少。

西京(即大同)元初襲金稱西京路,至元二十五年改名爲大同路,治所在今山西大同市,極出四十度少。

太原元太原路,治所在今山西太原市,極出三十八度少。

西涼州(即甘肅)元西涼州,治所在今甘肅武威市,隸屬于元甘肅行省,極出四十度強。

興元(即漢中)元興元路,治所在今陝西漢中市,極出三十三度半強。

安西府元初置安西府,治所在今陝西西安市,極出三十四度半強。

成都元成都路,治所在今四川成都市,極出三十一度半強。

大名元大名路,治所在今河北大名縣東,極出三十六度。

南京(即今明代開封)元初襲金稱南京路,后改名汴梁路,治所在今河南開封市,極出三十四度太強。

河南陽城(在今汝州西)今河南汝州市附近,極出三十四度太弱。

平陽元平陽路,治所在今山西臨汾市,極出三十五度少,夏至影一尺五寸。《元史·四海測驗》未載平陽的測驗數據。

揚州元揚州路,治所在今江蘇揚州市,極出三十三度。

鄂州(武昌)元初稱鄂州路,后改稱武昌路,治所在今湖北武漢市武昌區,極出三十一度半。

雷州元雷州路,治所在今廣東雷州市,極出二十度太。

瓊州元瓊州路,治所在海南海口市瓊山區,極出一十九度太。

吉州(江西)元初稱吉州路,后改名吉安路,治所在今江西吉安市,隸于元江西行省,極出二十六度半。

南海未詳,蓋在今中國南海或越南中部,極出一十五度,夏至景在表南一尺一寸六分,日出卯初二刻,入酉正二刻,晝五十四刻,夜四十六刻。冬至日出卯正二刻,入酉初二刻。晝四十六刻,夜五十四刻。

衡岳今湖南衡山附近,極出二十五度,夏至日在表端,無景,晝五十六刻,夜四十四刻,冬至反是。

岳臺當在今開封市祥符區。《元史》未詳載岳臺位置,據《金史·地理志》:"祥符,西附郭,有岳臺。"祥符位于今開封市祥符區,緯度與所測相近,極出三十五度,夏至景一尺四寸八分,日出寅正三刻,入戌初初刻,晝六十刻,夜四十刻。

和林元和林路,治所在今蒙古國烏蘭巴托西南鄂爾渾河上游右岸額爾德尼桑圖附近喀拉和林,極出四十五度,夏至景三尺二寸四分,晝六十四刻,夜三十六刻。

鐵勒在今俄羅斯貝加爾湖西部葉尼塞河上游安加拉河一帶,極出五十五度,夏至景五尺一分,晝七十刻,夜三十刻。

北海俄羅斯西伯利亞中部通古斯卡河一帶,極出地六十五度,夏至景六尺七寸八分,日出丑正初刻,入亥初三刻,晝八十二刻,夜一十八刻。冬至日出巳初三刻。入未正初刻。

以上郭守敬所測。據《元史·郭守敬傳》,四海測驗始于元世宗至元十六年(1279),《元史·天文志·四海測驗》中載有測驗數據。《郭守敬傳》曰:"四海測驗,凡二十七所。"這和《四海測驗》所載測量數目相同。然方氏載四海測驗總數爲二十八所,與《元史》相較,多出平陽一處測量數據,其他測量地點皆同。另《元史·四海測驗》所載測量項目沒有方氏所載的豐富,因爲《元史》所載的大都、南海、衡岳、岳臺、和林、北海等地的測量項目沒有夏至日出入時刻、冬至日出入時刻及冬至晝夜長短。

洪武明太祖朱元璋年號,1358—1399間,金陵今南京市測得夏至日出寅正四刻,入戌初初刻,晝五十九刻,夜四十一刻。冬至日出辰初初刻,入申正四刻,晝四十一刻,夜五十九刻。

天圜此標題爲校注者重加

天圜（天地總名也。水附地以成球，而天包氣數，岐伯所謂大氣舉之，朱子所云兀然浮空不墜是也。度數經緯天地相應，聖人之裁成即生成也。）

周天縱橫皆三百六十五度有奇，北極北極星爲天樞，與南極相距一百八十二度半强。赤道帶天體之紘hóng，距兩極各九十一度少强，黃道斜絡于赤道。冬至日躔chán太陽運行的度次黃道，距北極一百一十五度有奇，在赤道外二十三度太强。夏至日躔黃道，距北極六十七度有奇，在赤道內二十三度太强。春秋二正指春分和秋分日躔距兩極各九十一度少强，乃黃赤道相交之處也。赤道分周天之列舍，而黃道則識太陽之經行，二道度分不齊者，斜正廣狹，勢使然耳。古今歲差日躔退移，則經星亦異矣。人處地球，以天頂而分，有東西南北，亦界爲三百六十餘度，以期合于天行。東西謂之經，南北謂之緯，求經度者于赤道上測之，求緯度者于子午綫測之，隨方用儀，測極出地，每南北弦直行二百五十里，則差一度，東西離三十度，則差一時，所謂里差也。

《周髀》曰：「冬至晝極短，日之出入，照三不覆九。夏至晝極長，日之出入，照九不覆三。照三者，巳午未皆为时辰也。不覆三者，亥子丑也。」此正鐵勒、北海北極出地六十五度之晝夜刻也。

醫家五運，起于月初，各節氣是也。六氣起于月中，各中氣是也。晝夜漏刻，古曆有用百二十者，不須發驗，即得加時。西曆六十分爲度，即此法之半也。

二曜_{此標題爲校注者重加}

二曜（著明莫大乎日月，而日爲君，天得爲天，歲得爲歲，日而已矣。不明軌度，何以授時？）

日循黃道右紀，三百六十五日有奇，而周天黃道起箕_{東方蒼龍七宿第七宿}斗_{北方玄武七宿第一宿}間，北距赤道二十三度九十分，迤邐_{yǐ lǐ 曲折連綿貌}東北，至壁_{北方玄武七宿第七宿}一度，入赤道北。又東北至参_{西方白虎七宿第七宿}十度，則南距赤道亦二十三度九十分，遂折而東南，至軫_{南方朱雀七宿第七宿}初度，出赤道南。又東南旋于尾_{東方蒼龍七宿第六宿}箕，周而復始，長三百六十五度二十五分六十四秒，其與赤道交也。自南入北曰內道口，自北入南曰外道口，二交之口，隨歲差移。冬至前後，日行一度零百分度之五有餘，曰盈段_{原本"段"作"叚"。古代天文學中，一般將日行一度有餘的現象稱作"盈段"。後文"縮段""疾段""遲段"的校正和文義類此，不再加注}，其前其後，各十八日，日損一分有奇。春、秋分日行一度，無盈縮。夏至前後，日行百分度之九十五不足，曰縮段，其前其後，各十八日，益一分有奇。約一歲間截盈補縮，日得一度。歲行黃道，三百六十五度二十四分二十五秒，不及周天一分五十秒，是曰歲差。約六十六年八閱月，而差一度。萬曆四十年（1612）冬至，在黃道箕三度，一十九分一十九秒八十微，赤道箕四度四分廿五秒。故內道口在壁一度，外道口在軫初度，距今丙戌_{清順治三年（1646）}歷三十四年，歲差一分三十五秒。冬至，測其內道口，已不在壁，而在室；外道口已不在軫，而在翼，蓋隨歲差移也。

月循日道右紀，白道半出黃道外，半入黃道內，相距遠者六度零二分,兩環相交,如赤道之于黃道也。其相交處,自內出外曰陽曆口,世謂羅睺(亦名龍頭);自外入內曰陰曆口,世謂計都(亦名龍尾)。羅、計逆行黃道上,每十有八日五十八分五十二秒九十四微五而移一度。月行一交,移一度四十六分十一秒八十微四。羅居午,計居子,則月道出黃道東,古謂青道;羅居子,計居午,則月道出黃道西,古謂白道;羅居酉,計居卯,則月道出黃道南,古謂朱道;羅居卯,計居酉,則月道出黃道北,古謂黑道。各分內外,是曰八道,並黃道爲九,實一道也。月行十八年而遍九道,執謂春行青道,夏行朱道,秋行白道,冬行黑道者,妄也。月行二十七日五十五刻四十六分八十八秒而疾遲一周,又行一日九十七刻有奇,共二十九日五十三刻零五分九十三秒,而與日會,則爲合朔從地上觀測,當行星和太陽黃經相等時稱合,日月相合即合朔。其遲疾一周也,名轉終,折半爲轉中之日。其轉終前後,月行疾,日十四度七十一分五十四秒;轉中前後,月行遲,日十二度零四分六十二秒;終中之間,月行平,日十三度三十六分八十七秒半。每一轉終,行三百六十八度三十七分零五秒五十八微。七五折半爲轉中之度,所在名曰孛,月行最遲處也。(合朔以後,月夕西見,遲疾不一,或有差三日者。有三因焉:一因月視行度,若視行爲疾段,則疾見,遲段,則遲見;一因黃道升降有斜有正,正必疾見,斜必遲見;一因白道在緯北,凡在陰曆疾見,陽曆遲見也。三因之外又有極出地之不同,以及朦朧分與炁 qì同"氣"差諸異。)月行二十七日二十一刻二十二分二十四秒,爲交終,折半爲交中之日。每一交終,行三百六十三度七十九分三十三秒一十九微。六一折半,爲交中之度。其交終前六度一十五分三十四秒曰正交,交中後六度一十五分三十四秒曰中交。正交近羅睺,中交近計都。月離其度,而與日遇,則日食;與日對,則月食也。(日月行二十九日有奇,東西同度。月視行在于黃道近交,人適視爲同經同緯,則人目與月、日相參。直月魄正隔日光于人目,是爲日食。非日失其光,月魄掩之耳,太陰距太陽一百八十度,而正與之衝。月行近于兩交,地球居日月東西之中,体影間隔,則日光不能照射于月,人目視之,若月失其光,是爲月食。非月失其光也,地影隔之耳。然必日月及于正交,或中交,爲同度則食,餘則不能食也。)

五緯

木曰歲星,其行約十有二年一周天。法夕伏、合伏_{伏爲行星隱伏不見},各一十六日八十六刻,各行三度八十六分。晨出東方,疾遲,共一百一十二日,行十有七度八十四分,留二十四日。晨退、夕退,各四十六日五十八刻,各退四度八十八分一十二秒半,復留二十四日,遲疾,共一百一十二日,行一十七度八十四分,則又夕伏而復見,爲一周云。(以卯年居卯宮,建卯月,與氐、房、心夜半見東方。辰年居寅宮,建辰月,與尾、箕夜半見東方。巳年居丑宮,建巳月,與斗、牛夜半見東方。午年居子宮,未年居亥宮,申年居戌宮,酉年居酉宮,戌年居申宮,亥年居未宮,子年居午宮,丑年居巳宮,寅年居辰宮,各以其年之月,與其宮之宿,夜半見東方,凡五星之行贏縮與日同。)

火曰熒惑,其行約二歲一周天。法夕伏、合伏,各六十九日,各行五十度。晨出東方,疾遲,共二百八十有四日,行一百六十六度，留八日。晨退、夕退，各二十八日九十六刻四十五分，各退八度六十五分六十七秒半，復留八日，遲疾，共二百八十有四日，行一百六十六度，而又夕伏，爲一周。其疾也，日一度有半。

土曰塡星，約二十九歲一周天。法夕伏、合伏，各二十日四十刻，各行二度四十分。晨出東方，疾遲，共八十六日，行七度六十五分，留三十日。晨、夕退，各五十二日六十四刻五十八分，各退三度六十二分五十四秒半，復留三十日，遲疾，共八十六日，行七度六十五分，而又夕伏，爲一周，或名地候。

金曰太白，其行先後太陽歲一周天。法晨伏、合伏，各三十有九日，各行四十九度五十分。夕出西方，疾遲，共二百三十一日，行二百五十度五十分，留五日。夕退，一十日九十五刻一十三分，退三度六十九分八十七秒。夕退伏六日，退四度三十五分。其合退伏如夕退伏，其晨退如夕退，留五日遲疾，共二百三十一日，行二百五十度五十分，而又晨伏。其行也，晨先日出東，謂之啓明；夕後日入西，謂之長庚。以辰申爲界，晨見于巳位，夕見于未位。

水曰辰星，其行亦先後太陽歲一周天。法晨伏、合伏，各一十七日七十五刻，各行三十四度二十五分。夕出西方，疾遲，共一十七日三十一度五十分，留二日。夕退伏、合退伏，各一十一日一十八刻八十分，各退七度八十一分二十秒。晨留二日，遲疾，共二十七日，行三十一度五十分，而又晨伏爲一周云。（凡五星在歲行極遠之所必合于太陽，其行爲順而疾，其體見小。凡在歲行極近之所，其行爲逆而疾，其體見大。若土、木、火三星行逆，則衝太陽。金、水二星行逆，必夕伏而合，行順必晨伏而合。其各星之順行而轉逆,逆行而轉順之兩界中爲留。留者,非星不行,乃際于極遲行之所也。晉段前後,或順或逆,皆有遲行。按小大諸星,各有距太陽若干度分,以爲見伏之限。此限度新、舊二法各異。如太陽在降婁宮初度,或歲星在十五度,即謂見限。然未必也,諸星有緯南緯北之分,黃道有正斜升降之勢,各宮不同,何能泥此以定公法？今《崇禎曆書》,各星見伏之限,惟以地平爲主,緣地平障蔽日光,能使星爲見與不見耳。今夫日之下于地平也,其光漸淡,所謂晨昏。此晨昏之久暫,四時各各不等,即冥漠矣。而星見時刻又自不等,所以太陽繇 yóu 同"由" 黃道而下于地平,或有十度或十五度,甚至有三十餘度爲限者。總之,星在黃道南必多數度,若在北必少數度,故統論其因,有四焉：一曰太陽下于地平;一曰星在緯之南北;一曰極出地高;一曰黃道升降斜正。凡此數者,諸星伏見之大端也。

按：曆有四餘躔度,或曰孛生于月遲,紫生于月閏日者。論之其實,無此星也。(羅即白道正交,月自南遡北交黃道之處,羅之對即計矣。孛是月行極高極遠之處,其行最遲,其體見小,炁有謂土木相會者,宋景濂明初宋濂,字景濂有《監譯西占》一書,中言土、木二星同度,爲世運之大限云。)

太陽之出入于赤道也,南二十三度半而冬至,北二十三度半而夏至。內外不異,而往來有漸,茲著二十四氣每日所躔,九服準之,可以知所在赤道高低,因以推所在之北極焉。中通方中通曰："今穆公測至距赤道上二十三度一分,蓋謂黃赤相距遠近,行多歲而遠又行多歲而近,固其理也。"

勾陳第三星(入壁二度,距北極三度,赤道北六十五度

日數	芒種 雪	小滿 雪	立夏 冬	雨穀 降霜	清明 寒露	春分 秋分	日數
十五	四六	廿二	二五	廿〇	十六	一五	十九	六	一四	〇	一
十四	五二	廿二	七三	廿七	十六	一三	四二	六六	四八	〇	二
十三	五八	廿二	九四	廿四	十七	三三	〇五	七	二一	一	三
十二	〇三	廿二	〇〇	廿二	十七	五三	二八	七	三六	一	四
十一	〇七	廿二	一一	廿	四七	一三	五〇	七	〇〇	二	五
十	一二	廿二	二三	廿	〇三	三三	三	八	二三	二	六
九	一五	廿二	三三	廿	二三	五三	三五	八	四七	二	七
八	一九	廿二	四二	廿	四三	十四	九八	八	一一	三	八
七	一大	廿二	五一	廿	九四	三八	十四	〇二	九	五三	三	九
六	二四	廿二	〇〇	四	〇四	十九	一五	十四	二四	八五	三	十
五	二六	廿二	九〇	八一	十九	〇五	十四	〇四	七五	四	十一
四	二八	廿二	七二	六四	九八	二八	六二	十	五四	四	十二
三	二九	廿二	五二	六四	七四	七五	十	〇九	五	十三
二	〇三	廿二	三二	九五	三五	〇六	十	二三	五	十四
一	〇三	廿二	九三	廿一	廿	二三	大六	〇三	十	五五	五	十五
日	分十度	分十度	分十度	分十度	分十度	分十度	日

太。）

閣道南第二星（入壁六六度，距極北極三十六半，赤北赤道北五十三太。）

天綱（入壁七太，距極一百〇二，赤道南二十半。）

奎左比第五星（入奎三，距極六十二，赤北三十四少。）

天倉右第三（入奎七太，距極一百〇二，赤南十三太。）

大陵（入胃三太，距極五十三太，赤北三十九半。）

天船西三（入胃五太，距極四十一太，赤道北四十七太。）

天囷 qūn 東一（入胃八少，距極八十五太，赤北二少。）

昴（距極六十八少，赤北二十一太。）

畢大星（入畢二，距極七十五太，赤北十五太。）
五車右北（畢八太，距極四十五太，赤北四十五。）
參右足（畢十二太，距極九十八半，赤南九度少。）
參左肩（參五少，距極十一太，赤北六少。）
狼（井八少，距極一百〇六少，赤南十五太。）
北河中（井十六半，距極五十八少，赤北三十一半。）
南河東（井二十少，距極八十四少，赤北六少。）
北河東（井二十少，距極六十少，赤北二十八太。）
星（星初半，距極九十七太，赤南四半。）
軒轅大（張三少，距極七十五太，赤北十四少。）
軒轅南三（張三半，距極六十八半，赤北二十二少。）
北斗樞（張十五半，距極二十五太，赤北六十二太。）
璇（張十五少，距極三十一少，赤北五十九。）
太微西上相（翼三，距極六十六半，赤北二十二太。）
北斗璣（翼十三，距極三十三少，赤北五十七。）
權（翼十三太，距極廿九太，赤北六十少。）
太微帝座（翼十三太，距極七十一太，赤北十七少。）
衡（軫十少，距極三十一，赤北五十八少。）
角南（初角初度，距極九十八半，赤南八少。）
開陽（角一少，距極三十二，赤北五十七少。）
搖光（角七太，距極三十七半，赤北二十八太。）
大角（亢一，距極六十八，赤北二十一太。）
招搖（亢六，距極四十九少，赤北四十半。）
氐右南（初氐初度，距極一百〇四，赤南十三半。）
氐右北（五，赤南七。）

貫索大（氐四太，距極五十六少，赤北二十八太。）

市垣梁（房五，距極九十一太，赤南二。）

心中（心二，距極百一十五少，赤南二十四太。）

市候（尾二太，距極七十六少，赤北十三少。）

市帝（尾七太，距極七十四太，赤北十五半。）

天棓大（箕四，距極四十少，赤北五十二少。）

織女（斗十八少，距極五十一太，赤北三十八太。）

河鼓中（斗二十半，距極八十三太，赤北七少。）

天津右北三（女二少，距極四十七少，赤北四十三太。）

天鈎大星（虛二少，距極三十太，赤北六十太。）

壁壘（虛三少，距極百九太，赤南十八太。）

危北星（初太，距極八十七少，赤北七少。）

室北星（初，距極六十半，赤北二十五。）

室南星（初一，距極七十八少，赤北十二太。）

羽林大星（室九太，距極百六太，赤南十八。）

北落師門（室十。）

兩間質約《圖象目錄》作"兩間質測"

或問天地之實形。潛老夫曰：黃帝明大氣舉地之說，朱子明地爲浮空不墜之物。北極之下，半年無光；赤道之下，五穀再熟，蓋自周公《周髀》言之矣。士子不學，而忽聞西儒脬豆之喻，乃驚耳。鄒衍戰國齊人，陰陽家的代表人物以瀛海環大九州外據《史記·孟子荀卿列傳》載，鄒衍合稱大禹所分的九州爲赤縣神州，並認爲天下如赤縣神州者有九，此即大九州，而赤縣神州居其一。大九州之間爲裨海所隔，大九州之外有大瀛海環繞，大瀛海是天地的接壤處，《藏經》佛教經典總集分四洲北俱蘆洲、東勝神洲、西牛賀洲、南贍部洲,文長謂水際天,是皆以地爲扁土,陋哉!謬哉!兩間皆氣也,所以爲氣者,且置勿論。論其質測,氣貫實中而充塞虛廓,濕者爲水,燥者爲火,火出附天,水浮附地。天地之間,分三際焉,有凝形之氣,有未凝形之氣。水土之塊,太陽蒸之,是成煖際;真炎同天,是名熱際;中間至冷,名爲冷際。金、石則地之堅氣,木則地外之生氣也。故邵子止言水、火、土、石,而後乃分五行之用焉。氣無不旋,旋則爲風,人所覺爲風者,其鶩 wù 馳騁于地上者也。故合王柏(1197—1274)字會之,南宋婺州金華(今屬浙江)人、張文饒南北宋之際學者之説與熊三拔(1575—1620)原名 Sabbatino de Ursis,字有綱,耶穌會士,明末來華傳教,著有《泰西水法》《簡平儀説》《中國俗禮簡評》等之説而明之。

問海。曰:火氣好上,故鬱積聚、凝滯之則在下,冲出則在上。日光所蒸,復生火于土中,故木、石、海、井、人、物莫不有火,是火主升而生于土,水主降而浮于土也。虛氣積于天下地上,而水氣凝質,稍輕于土,附地居焉。惟地形最重,凝結水下,萬形萬質,莫不就之。水既在地,地之圓形如胡桃然,有凸有凹,海則地之胡桃凹也,故百川匯焉。

問:水之下全爲土乎?曰:惟火至純,不受餘物而能入于餘物。水土與虛氣,則皆相容相受者也。海水夜明,燒酒能爇 ruò 燒,是水有火分也;水體同重,爲酒則輕,是水有氣分也;積雪消之,沙土下凝,是水有土分也;雲氣上升,激成雷電,是虛氣有火分也;陰霾晝晦,黃霧四塞,是虛氣有土分也;雨露雪霜,虛升實降,是虛氣有水分也。地中最重,自心以至地面,虛竅甚多,皆水氣、火氣與虛所行。虛氣與水、火,皆相接無際而能相化者也。地中之氣與水接，水隨氣到，即水所不到，而土情本冷，氣遇其冷，亦化爲水，故地中皆水也。日光徹地則生溫熱，溫熱入地，積成燥乾，燥乾之極，秉氣爲火。積火所然，土石爲爐，復秉氣出，共成炎上，隔于雲雨，鬱爲雷霆，升于晶明，上成彗孛，此二物者，火之精微。別有洞穴上通，全體俱出，則爲西國火山，蜀中火井。若遇石氣滋液發生，則成硫礜yù，泉源經之，即爲溫泉。火道所經，填壓不出，則爲火石。故地中有火也。氣水在地，皆因空虛，雖居洞穴，終是地上，實亦未嘗離其本所。火在地中，非從本所而降，蓋由熱生以成濟萬物，因緣上升，仍歸本所者也。

問：海何鹹？曰：鹹者生于火也。火然薪木既已成灰，用水淋灌，即成灰鹵，燥乾之極，遇水即鹹，此其驗也。地中得火，既多燥乾，燥乾遇水，即成鹹味。鹹者之性，尤多下墜。試觀五味，辛、甘、酸、苦，皆寄草木，獨是鹹味，寄于海水，足徵四味浮輕，鹹性沉重矣。今蜀道盐井，先鑿得泉，悉是淡水，以筒隔之，更鑿數丈，乃得鹵焉。又鹽池雨多，水味必淡，作爲斗門，洩其淡水，下乃鹵焉，鹹重淡輕，亦其證也。海于地中爲最卑下，諸鹹就之，積鹹既多，淡入亦化。海中山岳，或悉是盐，岂獨水乎？

問：鹹既因火，火因于日，日遍大地，大地之下悉盐乎？曰：蜀道盐井，三晉盐池。西國有海，名曰地中，實不通海，而是鹹水。西戎、北狄多盐澤，彼以鹹故，悉名爲海。足徵大地之下，無不有盐。

問：盐下墜，故蜀井必深，乃今盐池、盐澤何淺也？曰：火自分深淺也。平原澤國，火不地見，盐不地出。惟是高山峻嶺，上多亢陽，下多洞穴，地中有火，即成鹹矣。今蜀中鑿井求盐，或得火井，覆之則火滅，投火則隨而上焉，是則井火在下，與水同深，遇水成鹵，不遇成火矣。晉中河曲，乃有火石，火石恒熱，大行河西，亦産硫黃，可見晉中火淺，故晉有盐池，亦在淺土。又有小盐，刮地作之，略如硝齫也。西地中海，其水亦鹵，周數千里，彼其側近，遂有火山，高數千丈，其上火穴，徑千餘步，厥火炎上，古今不絶，足徵盐之與火，相切則成，亦復相視以爲淺深也。

問：水火成鹹，何以不熱？溫泉由火，何以不鹹？曰：鹵水不熱，向言之矣。火炎成爐，水經其爐，因而得鹹，故忘其熱，然而海水不冰 bīng 同"冰"，亦具有熱性矣。火在地中，助于土氣，發生萬物，五金八石，及諸珍寶，皆由火煉而成，自餘諸物不可數計。諸物中最近火性者，無如硫黃，水過其上，則成溫泉。用療冷氣與硫同治，故作硫氣。其不作硫氣者，有所隔別，如重湯煮物，非別有朱砂、礜石也，此熊熊三拔説詳見《泰西水法·水法或問》也，愚謂礜石溫泉則誠有之。

問：鹹既火生，何不炎上？火所在上，何故遏居地中耶？曰：鹹能固物，使之不腐，却能斂物，使之不生。地中火煖，多所變化。熱火與鹹，俱在地上，則動植之物皆泯矣。蓋日光生熱，因熱生火，旋用水土壅閼，恒使在下，助生萬物，間一發見，即歸本所，不得一時游行地上，偶一游行，目爲災異矣。因火之鬱，下者生鹹，亦令性重，恒居在下，歸藏于海，爲人作味，鹹水生物，美于淡水，故海中之魚旨美、可口于江河之魚。鹹水厚重，載物則強，故入江河而沉者，或入海而浮也。海月疑"月"爲"舟"字之誤入江，驗痕深尺。石蓮一種草本植物試鹵，成則蓮浮，可見鹹能載物。浴則膚赤，或至皴裂，蓋有燥勁之情，故比凡水爲稠密云。

問潮汐。曰：月爲陰精，與水同物。凡濕潤陰寒，皆月主之。既爲同物，勢當相就，如呼吸然。潮長之時，江河以及盆盎，無處不長，長則氣入，水爲之輕，潮降氣出，水復故重。今人以缾盛水，每日權之，輕重不等，則潮升時輕，潮降時重耳。獨小水之處，升降甚微，人所不覺也。水族之物，皆望盈晦縮，故月虛而魚腦減，月滿而蚌蛤實也。草木資潤，無不應月，月滿氣滋，月虛氣燥，故上弦以後，下弦以前，不宜伐竹木爲材，是者易蠹，生氣在中也。邵子曰："海潮者，地之喘息也。所以應月者，從其類也。"隱老朱隱老曰："潮非水之體，乃地之氣也。月麗卯酉，則潮應乎東西。月麗子午，則應乎南北。"有人入海采珠者，爲潮所中則病，蓋采者入海必及底而止，不幸遇潮則水湧起，其底虛焉。潮高十丈，下所虛亦十丈，以水則虛，以氣則實，地氣奔騰而上，如火之爍，則水跳而起，如鼎之沸，中人則病。地之喘息，寓息于風，生氣也，寓潮于水，死氣也。

問：海水入大火，如益膏油，何也？曰：海鹹本從熱乾而生，亦自具熱乾之性。灰水作鹹，本從火出，人溺亦鹹，蓋由身中具有火行，積溺所成，絶似硝䃥 jiǎn 同"碱"，故鹹者火情也。溺鹹，猶海也。火盛煎逼之汗亦鹹，猶盐井、盐池也。

海復爲江乎？曰：江河入海，而海不溢。故知海水之下，地脈潛通，復爲江河也。

問：江河何淡也？曰：水本無味，鹹從外合。可合者，即復可離。海水入地，經砂石土滋液滲漉，去矣。又水向下不可上，其上者，日溫隨氣上騰，月攝因時而長。當其上時，皆如蒸餾。今用鹻鹵之水，如法蒸之，所得餾水，其味悉淡。海蒸成雲，雨亦淡水，足徵鹹性就下，不隨淡升矣。山出泉以成川，而江河之底，亦隨處出泉，不盡由山也，掘井泉眼可徵。

問山泉。曰：凡物之情，皆欲化異類爲己同類。兩物相切，弱者受變。凡山皆以石爲體，石中多空，空處氣滿。穴中最寒，氣情本煖，煖氣遇寒，變成水體，積久而洩。亦有洞穴深長，潛引地脈通海者，故曰：「山澤通氣」出自《說卦傳》、「山下出泉」《象傳》釋蒙卦語。

王柏曰：「陰凝陽于內而不得出，則激搏爲雷。陽在外者不得入，則周旋不舍而爲風。陽與陰夾持，則磨軋有光而爲電。陽氣正升，爲陰氣所乘，則相持而爲雨。陰與陽得助其蚩騰，則颺而爲雲，和氣散則爲露、霜、雪，不和而散則爲戾氣、霾曀 yì。陰干于陽，而氣薄不能以揜日，則虹見。陽伏于陰，而氣結不能以自收，則雹降。月星布氣，陰感之則肅而爲霜，陽感之則夜而爲露。風不宜溫而溫，則雨凝而爲雪，陽縱而陰僉之也。雷不當出而出，則雪霰 xiàn 下雪前或與雪同時下的小冰粒交摰，陽褻不純而陰乘之也。將雨則氣溢而磉潤，既雨則氣散而土晞 xī 干燥。」又曰：「山氣暮合而爲風，水氣朝降而爲霧。」熊氏熊三拔曰：「日射地溫，而水土蒸爲濕氣，氣情本煖，煖者欲升。復得日溫，鬱隆騰起，是有火行。火颺如烟，復挾土體，相輔上行。氣行三際，中際甚冷，氣升至此，因于水土本情之冷，濕結而爲雲，是雲體中具有四行也。凡物體具四行，及將變化勝者爲主，雲至冷際而濕情勝，即化爲水，水既成質，必復于地。正如蒸水，因熱上升，騰騰作氣，雲之屬也。上及于蓋，蓋是冷際，就化爲水，雲之行雨，即此類矣。若水土濕氣，既清且微，日中上升，即爲風日所乾，迨至夜時升至冷際，乃凝爲露。夜半寒深，氣升稍重，故晨露尤繁。夜有烈風，亦受風損，故大旱之天，夜並無露。"

問：雲不雨，何也？曰：氣升不等，四行偏勝，或爲霾霧，或爲雷霆、彗孛。風是熱乾，與此同本，不得直升，則橫鶩爲風耳。雲升化雨，其常也。暵 hàn 干旱 時氣多燥乾，雲起直上無濕相助，或遇風散，或泯其濕，但存燥乾，上爲奔星 指流星 而已。所以晴日雲高，而反不雨。旱雲山屹，行復散失，徒見流光。若氣升之溫性多，雲起遇濕，遽化爲水，此雲近地而得雨者也。高山之上俯瞰雲雨，下視震雷，如水發漚然。

雪與雨同理，將雪必先微溫，不溫氣不上升也。冬月冷際甚冷，氣升變雪，猶露之爲霜也。

雪花六出者，凡物聚方以八圍一，聚圓以六圍一，此定理中之定數也。木疑當爲"水" 居空中，在氣體內，氣不容水，急切圍抱，不令四散，水則聚而自保，故成圓體，此定理中之定勢也。雲遇冷而爲雨，初圓甚微，重則點滴。冬時氣升，成爲同雲，遇冷凝沍 hù 凍結，悉是散圓，及至下零，欲相歸併，不可大合，聊相依附。以六圍一，即成花矣。平湊即合，直湊即離，以空中氣體，隨天旋也，正如濕米磨粉，易令作片，成摶則難。大抵日蒸地氣，挾有火情，其勢壯猛，土之精者，亦隨而上，故雲中具有四行。時有偏勝，水勝爲多耳。間或火土合氣，水情絕少，力勢既盛，土之次分，亦隨而上。遇冷際而力稍微，土之次分，復歸于地，則成霾霧。若火土自升，水雲復盛，上阻陰雲，逼迫不容火土之勢，上下不得，亦無就滅之理，則奮迅決發，激爲雷霆。電是火光，火迸上騰，土經火煉，凝聚成質，質降于地,是劈歷即霹靂之楔矣。就其陰雲之中,亦有火土二體,上遇冷際,氣變成水,火情挾土,能在氣中,與之俱上,是則土之上妙者也。熱燥輕微,與火爲體,火性炎上,初隨氣升,氣既變水,水將就下,火土二體,不復從之,如蒸水成氣,氣至甑zèng古代蒸食的用具,底部有許多氣孔,上有蓋蓋,化而爲水,仍歸釜中。若其熱性,自透甑而出矣。既與雨分,火土相挾,決起而上。亦有火土自升,不遇陰雲,不成雷電,凌空直突者。此二等物,至于火際,火自歸火,挾上之土,輕微熱乾,略似炱tái煤炱煤指火煙凝積成的黑灰,秉勢直衝,過火便燒,狀如藥引,夏月奔星是也。其土勢太盛者,有聲有迹,下及于地,或成落星之石,與霹歷即霹靂同理焉。若更精厚,結聚不散,附于火際,即成彗孛,勢盡力衰乃滅耳。

雪雲甚冷,土微不能遍上凝雪而土亦與焉,故雪水化之,中有沉滓,仍作燥乾之味,此明徵也。

雹何也？曰:三際中爲冷際,冷際之中乃爲極冷。二時春秋二季之雨,三冬冬季三月之雪,蓋至冷之初際而零也。冬月氣升,其力甚緩,非大地同雲,不能扶勢,故雲足甚廣。二時雲足亦闊。雲生緩即雨徐,皆冷之初際也。夏月鬱積濃厚,決絕上騰,力專勢迅,故雲足促狹,隔塍chéng同"塍",田間的土埂子分壟lǒng田地分界高起的埂子,溝會旋盈,以其入冷深也。升氣愈厚,即騰上愈速,入冷愈深,變合愈驟,結體愈大矣。遽升入極冷之際,驟凝爲雹。雹體小大,又因入極冷之深淺,雹中沙土,更多于雪。雹體中虛,以其激結之驟,包氣于中也。器盛冰雪,外成溫潤,非極冷與外氣相激之徵乎？"問海"至此皆與熊三拔《泰西水法·水法或問》內容相關,或直接轉引,或換語陳述,或作評說。

如此則災占以自然之災變,占驗人事之得失多事乎?曰:《天官書》指《史記·天官書》云:"暈適、雲風,天之客氣,發見亦有大運。然其與政事俯仰,最近大人之符。"氣幾、心幾,二而一也。陰陽之氣,人事之變,各自爲幾,而適與之合。歲有寒暑風雨,而蟪蟀與蝸蠋當知自災,可取譬矣。儒者求端于天,"天人相與認爲天道和人事之間通過陰陽互推運動而存在相互感應的關係,甚可畏也!"引自《漢書·董仲舒傳》,董仲舒對漢武帝之言。靜深明理之士,觸其幾而知之,然不欲盡洩。至于聖人,則不爲陰陽所轉矣。時愆過而不中氣沴ⅱ不和,屢夫身體虛弱之人則病,壯夫則否。周王龜焦蓍折,劉裕竿壞幡亡,又何礙乎?焦焦延壽、京京房君明、管管輅、郭郭璞、崔浩、戴洋皆爲歷史上善占驗者,一端之中耳。關子明北魏關朗之如嚮,舉人事與天道消息之,此中論也。邵子觀其深矣,用三餘一,豈思慮所能測度乎?

四行、五行何紛也?曰:因世間可見之五材,而隱表其五氣之行。氣分其氣以凝爲形,而形與氣爲對待,此一之用二也。土形居中,而水火二形,交旋其虛實之氣焉。是土爲形主,水形流地,火形緣物,而水火寔爲燥濕之二氣也。金木之形因地而出,其爲氣也,列于東西以爲生殺,故舉南北之水火,而東西之金木寓矣。氣蘊于温,而轉動則爲風,吹急則爲聲,聚發則爲光,合凝則爲形,是風、聲、光、形總爲氣用,無非氣也。而今又專言氣,與水、火、土並舉者,指其未凝形之氣也。實則五材之形,五行之氣,二而一而已矣。就氣以格物之質理,舉其所以爲氣者以格物之通理,亦二而一也。費而象數,隱而條理,亦二而一也。合費隱而言之,分費隱而言之,亦二而一也。自非神明,難析至理。

此物格乎？曰：一端也。問：朱子、新建王陽明，其封爵新建伯孰是？詢問朱熹和王陽明的"格物之說"孰正確。曰：《大學》之天下、國家，所格之物也。身、心、意、知，能格之物也。以能格之物，格所格之物，即以所格之物，格能格之物，隨其交用，本自兩忘，代明錯行，之所以於穆也。或分物理之學、性命之學，曾知性命亦一物理耶。今所言者，一氣之質測也。所以爲氣者，即在其中，不得已而理之，前民用而表之。倫倫常常，舞蹈而踐形矣。聖人之作《易》也，一若撮天地人事于前，數此卦策而物之，一若陳卦策于前，數此天地人事而物之，徵之皆造化也，用之皆成器也，通之皆表法也，會之皆心量也。舉天地未分前，以格天地已分後，知此已分後之天地，即未分前之天地，一在二中，彼此互格，即無彼此。生死也，呼吸也，有無也，體用也，一也。冒格既明，惟有時宜其細格而已矣。《易》是一部大物理也，以道觀天地，天地一物也，以天地觀道，道一物也。以物觀物，又安有我于其間哉？一法不明，一法受惑，朱子以窮理盡至爲存存之門，未致乃磋磨也，已致乃飲食也。新建之致良知，是上冒也，其言格去物欲，則偏說也。道不域乎聞見，亦不離乎聞見。防人浮鶩，逼其切己，閉內捕影，危熏更甚。將謂學問多識爲長傲滋長不恭之傲氣、遂非順遂或堅持錯誤之資乎？本空獨尊，寔悍不顧，其爲長傲、遂非也，尚可言乎？合外內者，即多是一。析薪泯火，此"無妄"所以時于"大畜"也。象數條理，不可膠柱，將欲避之，逃洸洋耶？生此天地中土之時位，君民政教，皆賴士風。世即出世，惟有在世言世，觀會通以行典禮，制數度以議德行，不能博約明察，何由知聖人之財通"裁"成天地，而時措宜民哉？以畏難曙親近便之情，襲偏上未疑當爲

"末"流之説，爲糞除掃除之黃葉所詑 dàn 欺騙，而顛頤頤指在上者養在下者；顛頤指低材資之人襲高材資之學，則如東施效顰，行不稱位迷浚深。動掃考亭朱熹，杜撰狂談，掩其固陋，群廢開物成務之實法，朝野職學，均何賴焉？是人牛浪死白白送死耳。

幾表七卷終

圖象幾表卷之八

皖桐方孔炤潛夫授編
孫 中德、中履、中通、中泰編錄
子婿曹臺嶽再校

極數概

潛老夫曰："参天兩地而倚數。""極其數，遂定天下之象。"是數之理在象先，而人心之幾因倚乃極也。邵子曰："大衍其算原乎？不過方圓曲直也。乘數，生數也；除數，消數也。"《系述》指《四言銘系述》，北宋司馬光撰曰："數者道之運也，理之會也，陰陽之度也，萬物之紀也。定于幽而驗于明，所以成變化而行鬼神也。"張行成曰："理生數而論理遺數，是作樂而棄音律矣。"黃石齋黃道周曰："學者動卑象數，故天道不著。聖人示人條脈，如司徒蒐 sōu 狩以田獵訓練軍隊，致衆旝 kuài 古代的一種軍旗下，晝知其物色，夜呼之，名號不失。"引自《易象正·卷終上》。曆律象數，聖人所以剛柔損益之具也。余同西庫明刑部監獄而信之，歸學邵學邵雍之學，殫力不及，以命子孫。智曰：聖人體道而遜于開物成務之用中，深幾變化，非數何徵乎？故六十之節《周易》第六十卦爲節，曰："制數度，議德行。"《大象傳》釋節卦語。此言數本天之度也。一二三四五而萬理備矣。大一、大二，亦奇貫偶中之冒也。畏數逃玄，往往執冒，曾知官骸倫物之數度，即元會鬼神之數度乎？大小幽明，一也。音律甲子，數用天地之中，發聲、章色，莫非天地之中也。律取冬至之中氣正聲，此樂之從中出也，曆取至日之午景同"影"正色，此禮合外內者也。聖人知聲未始聲，色知色未始色，故制律曆禮樂而數度中費隱之節焉，聲色不大而聲色皆德矣。虛舟子方以智之師王宣曰：律曆禮樂，即河洛之秩敘，不容思慮者也。物皆數也，數皆理也，聖人不違物理，故天不能違聖人。極數知來，如屈其指，然聖人至此罕言，因數付數，猶因物付物耳。一切物數，信其理自如此，豈偏數毛孔而知之乎！河洛百點河圖洛書點數共一百，周公《九章》魏晉劉徽注《九章算術》曰："周公制禮而有九數，九數之流則《九章》是矣。"，實天之節度也，老父指方孔炤歷年，別有折中，茲謹先述其數度之理也，次兒中通指方中通知祘 suàn 同"算"，指算術，因命學之。（通方中通自稱少遭難失學，偶以流寓西堂，略知算術，後讀《周髀》《周髀算經》，而知泰西之爲郯子春秋時東夷人，孔子師之也。因侍老父方中通稱方以智，知此理之出于河洛，皆秩敘也，皆至道也，別爲《極數》一編，詳則太繁，謹錄所聞以俟研極。不肖中通跽 jì 長跪識。）

河洛積數概 原本正文無此標題，據《圖象目錄》而加

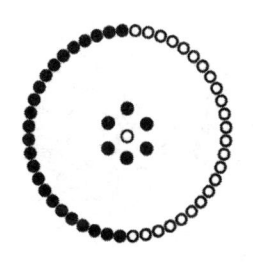

以一六居中，外四十八，陽、陰各二十四，用九用六，而用六爻者六。爲十二之半，惟六以立體，而九在中矣，九自以天半兼地之半也。

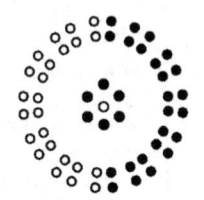

分十二堆，即十二時也。廿四即氣節氣也，子午陰陽半，可以知蓍法會策之妙，不出此矣。

暗寓兩法

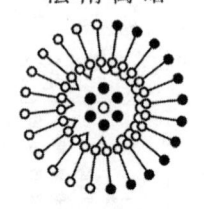

分爲內外兩層，用二即用四。

暗寓參法

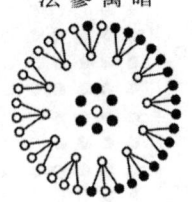

巳陽先隔六換戌陰，卯陽換申陰，丑換午陰。

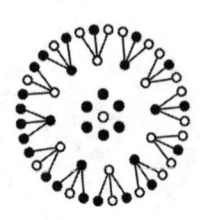

此陰陽互交也，圍一層爲六，圍二層爲十二，圍三層爲十八，圍四層爲二十四，圍五層爲三十，圍六層爲三十六，圍七層爲四十二，圍八層爲四十八，是此乃八層圍六之數而合中之一，則九層也。

二篇《周易》上、下經之策，萬有一千五百二十。河圖除一六在中，餘四十八爲圍，每一當二百四十策，以四爲一會，則每會當九百六十策。每會内二爲體，外二爲用，則每一當四百八十策。每會以一爲體，一生三爲用，則一當三百二十策。○一元十二萬九千六百年，環四十八，每一當二千七百年；環十二會，每會萬八百年；環二十四，每一當五千四百年；環三十六，每一當三千六百年。以萬三千五百之呼吸言之，分爲十二時，每時當一千一百二十五息；二十四分，則五百六十二半；三十六分，則三百七十五。

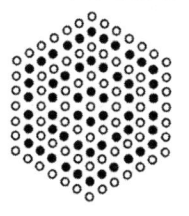

若加之每圍加六

圓一于中圍，則必六，六而七也。方一于申_{疑當爲"中"}圍則必八，八而九也。朱氏_{朱升}衍爲七七八八_{詳見朱升《周易旁注》}之《蓍七卦八方原圖》，朱氏所衍之圖如下下圖，今更爲衍之。

中一圍六，二圍十二，三圍十八，四圍廿四，五圍三十，六圍三十六，共一百廿六，本中一焉。以一爲七，則八百八十二。連中加七。

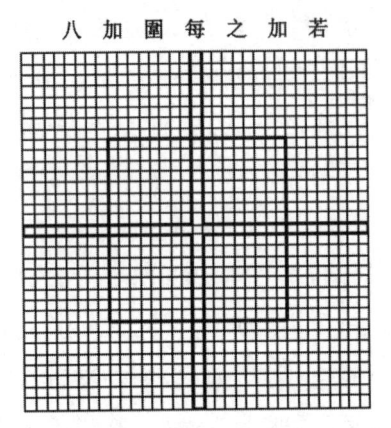

中一圍八，二圍十六，三圍二十四，四圍三十二，五圍四十，六圍四八四十八，七圍五六五十六，八圍六四六十四，九圍七二七十二，十圍八十，十一圍八十八，十二圍九六九十六，十三圍百四，十四圍百十二，十五圍百二十，十六圍百二十八。

內八層共二百，外八層共四百，合爲六百，本一中焉。冪積方分，十六其八八八六十四爲千二十四，加十字六十四見上方圖中十字，又加中一，爲千八十九。交道兩條綫相交則千二百廿五，猶之十八開方"開平方"之省略語，開爲分割，平方爲正方形。開平方即是將一正方形分割爲面積均等的若干正方形，則十九交道也。

內以六十四成方，外圍以八加之，加三十六，加四十四，加五十二，加六十，共一百九十二。合六十四，共二百五十六。每一各得六十四，則爲一萬六千三百八十四，其方即四其六十四之大方分，而旁徑一百二十八者也。若以七七之圓實之，亦可匊童勾股。《漢志》曰："算法用竹徑一分，長六寸二百七十一枚，而成六觚爲一握。"引自《漢書·律曆志》。今以一圍六，至六層則一百二十七也；圍七層，加四十二；圍八層，加四十八；圍九層，加五十四；合計九層之冪，實爲二百七十，加中一，則算枚數矣。

九六説 原本正文無此標題，據《圖象目録》而加

```
        説圖六九

          ●━●
    ○        ●
    ┃   ○○○   ●
    ○   ○○   ●
    ┃        ●
    ○        ●

    天  地
    三  二
    合  合
    九  六
```

潛老夫曰：河圖成六之用在北，成九之用在西，故西北爲太陽、太陰。洛書參天，由北一東三而極爲南九；兩地西南起二，而四、而八、而六，是陽用第三之九，而餘第四之七，含包第三之八，而用第四之六。坤逆旋，西南二即至西北六，以六奉乾，此用九所以藏于六爻也。

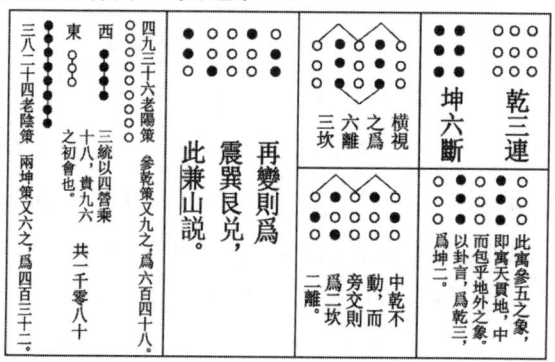

| 三八二十四老陰策，兩坤策又六之爲四百三十二。 | 四九三十六老陽策，參乾策又九之爲六百四十八。三統以四營乘十八，費九六之初會也。 | 再變則爲震巽艮兑，此兼山説。 | 橫視之爲三坎六離二離 中乾不動，而旁交則爲二坎 | 坤六斷 乾三連 此寓參五之象，即寓天貫地，中而包平地外之象。以卦言，爲乾三，爲坤二。 |

上圖中，兼山指葉兼山，江西人，方孔炤從父方鯤之師。

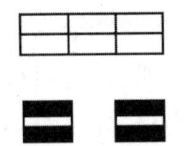

朱子曰："一畫即具三段，而析之爲六。"朱隱老注邵子暢其説，以乾中一分當坤之虛，是乾得六，坤得四而虛二。釋上圖語。

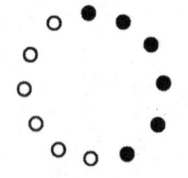

陽六陰六，而每日以寅至戌九時屬日，以亥子丑三時屬夜。地上見天分數，依然。是陽侵陰之三也。釋上圖語。

潛老夫曰：凡陽皆謂之九，陰皆謂之六。以惟變所適言，則九、六變而七、八不變也；以象言，則九、六之合數，著于圖中，一、九俱老陽，四、六俱老陰。然一與四主生而未實，六與九職成而已堅，故用九、六也。六子乾坤外其他六卦皆乾坤之畫，故于乾坤表之。通而觀之，萬變不出六虛，則用六即用九也。六神于用一，以一含五而爲六；九神用于四，以含五而爲九，故六爻之位，又合二爻爲一爻，則六爻藏九爻焉。十二律參法，次之皆三倍，兩法則一次倍之，一次四倍，二四並用，所以用六，蓋參兩之會也。

《漢志》曰："天數紀三，故置一得三又二十五分之六，凡二十五置，終天之數，得八十一，以天地合終于十者乘之，爲八百一十分，應曆一統，千五百三十九歲之章數，黃鐘之實也，由此起十二律之周徑。地數起兩，故置一得二，凡三十置，終地之數六十，以地中數乘之，爲三百六十，當期之日，林鐘之實。"又曰："黃鐘初九，律之首，因而六之，得林鐘初六，呂之首。上生六而倍之，下生六而損之，皆以九爲法。九六、陰陽、夫婦、子母之道也。"引自《漢書·律曆志》。五聲流于六虛，天地之中數也。伶州鳩東周樂官曰："紀之以三，平之以六，成于十二。"潛老夫曰：十二用七，所以虛五；十二虛一，所以用十一。用五六而知畢于十一矣。黃鐘以子一，曆參其十一，皆此幾也。用九六而知畢于十五矣。藏十五于十二，依然以九爲法，而行其倍與四而已矣，十二即六虛也。

用九用六，在圖爲西、北二太之象，九之生數爲四，而六之生數爲一，是用北一西四之五，即所以用東三南二之五也。

邵子曰："八卦用六卦，四分用三也。小成卦邵子曰"八者，卦之小成"不易者四乾坤坎離，反顛倒易者二艮與震顛倒互變，巽與兌顛倒互變。"是以六變成八變，八爲萬物之體，六爲三才之用，故曰：用九

九用卦八	六用卦八
巽離坤	震乾 巽坤 轉坎 爲離 艮不 兌易
震中兌	
艮坎乾	

于六中。夫六者，兩其三也；十二者，兩其六也，十二而四分損一即九矣，九而三分損一即六矣，六而三分益一即八矣，六而

三分損一，即四矣。由上右圖引出。

洛書九宮八卦，則用九于八中，是用中于旁輪者也。河圖用中于旁輪，兼四隅之空，亦八藏九也。由上左圖引出。

參兩説

智曰：天三合九，地二合六，圓一圍三而用全，方一圍四而用半，此本説也。蓋嘗借泰西爲問鄭孔子問鄭子，豁開通李長者晚唐時人，《華嚴合論》作者之表法。反復卦策，知周公、商高商高爲《周髀算經》所載的古代算術家之方圓積矩，全本于《易》，因悟天地間無非參兩也。參兩者，所以用九六也。九六爲十五，十五爲三伍，三伍歸一五，五即一也。邵子之旨，一役二以生三，又役三而役二也。以二生數，二其天三爲六，而六止用五。五歲于用半之四，常維四而八、而十二、而十六者，載上天以爲用也，四恒立而用三于四中，盈虛在手矣。參兩實用，見于洛書，前此三千年，未有發明者，故列其概云。中統四生四成之河圖，既變中應四正四隅之洛書，則一極三而爲九，三九二十七，三其二十七爲八十一。極、畡 gāi 古同"垓"、秭 zǐ 極、垓、秭皆爲古代的計數單位，傳世的具體數值不一，但皆是比億、兆等更大的計數單位無出一、三、九、七者，此以四正之陽參天也。兩一爲二，兩二爲四，兩四爲八，兩八爲十六，兩十六爲三十二，兩三十二爲六十四，極、畡、秭無出于二、四、八、六者，此以四隅之陰兩地也。七、六數少，而後于九者，先三極之而以四爲歸，歸于兑乾，爲終始也。蓋因算黃鐘律而得之，因辟卦十二辟卦之七十二七十二爻藏百八陽爻一畫，陰爻兩畫，則十二辟卦畫數爲一百零八而得之這種算法與三分損益相類，因八卦之二十四藏三十六而得之，則八卦亦十二卦也,六十四卦亦九十六卦也,三十六卦亦五十四卦也。河圖四周自乘爲八十河圖四正皆有兩數,四正各方兩數相乘後,相加之和爲八十,而北一六相乘則不加,南二七相乘減三五之一,獨用也;東三八相乘二十四,西四九相乘三十六,乃平用也,即老陽、老陰二十四策也,二少則不會參兩矣。十數以內,惟六會參兩,故《易》止用六爻,兼三才而兩之,則參兩也。偶倍二四而八,中不及六,猶之四隅之參兩不敢及五也;三倍三而爲九,中亦不及五七,故卦留七七爲蓍用,五則無非五也。董銖字叔仲,南宋防虎鄉（今屬合肥市）人,朱熹門人,著有《性理注解》《易書注》等所云,兩二、一三爲七,兩三、一二爲八,則十數之中,無非三兩矣。且就適用之節舉之,琴徽爲天地人正聲之合,故弦具周天。七泛十三藏閏之度,尺弦具之,丈弦亦具之。一徽至十三,乃四分用三分也,八洛書而首尾空二洛書也;一徽至二徽爲十五度,二至三爲十二度,三至四爲十八度,四至五則倍十五之三十也,五至六則倍十二之二十四也,六至七則倍十八之三十六也,七爲中徽,後半如前半,非此三等數之幾徽哉。十二者,六之兩也,四之參也,九而三分益一也。十八者,九六之會,而卯律參之三分損一也。十五者,圖之中三五,書之交午十五也,三五之會也,進退一而進退三之樞也,任其參兩而旁羅,歸于五與十者,紀之以十爲成,五爲中也。猶一月三十日,氣候之一中一節。五六者,十數之中,生成之終始也。月法爻策半甲,其會也,是十其參,十五其兩,而六其五矣,此三十之繼十二,爲元會日時之大用乎!陽尊九而九不會,兩其九爲十八而會。《易》尚八而八不會,參其八爲老陰策而會。猶之十數以內,兩其三,參其二爲六爻,而天下之變盡矣。由兩其六,參其四之時,法十二而推之，兩其十二爲二十四，而參其八亦二十四也，此四六合節而二十五之天數藏一也；參其十二爲三十六，而兩其十八亦三十六也，此四九、六六之合而還宮主陽者也。兩其老陰之二十四爲四十八，而參其十六亦四十八也，此六其八而四其十二之合也。兩其老陽之三十六爲七十二，而參其二十四亦七十二也，是八其九而六其十二之合也。參其南方二七之十四爲四十二，而兩其三七之二十一亦四十二也，此七其六而洛藏三之合也。兩其三十，參其二十爲六十，此五其十二而十其六之合也，甲也，律也，除四之通期卦也。參其三十六，兩其五十四爲一百八，此象限也，十二其九而十八其六之合也。兩其七十二，參其四十八，此坤策百四十四也。兩其百八，叄七十二，此乾策二百十六也。叄其三十二，兩其四十八，此全爻四破之九十六也。叄其三十，兩其四十五，通其四破之九十也。兩其九十六，叄其六十四，此陰陽爻平分之百九十二也。兩其百三十五，叄其九十，此邵子所嘗言四分三之二百七十也，百三十五者，三其四十五也。或損十八，或損六而用之，則二百六十四、二百五十二，皆參兩可分者也。兩其百四十七，叄其九十八，是三分通期益二十四之二百九十四也。百四十七者，三其四十九也。叄其二千三百〇四原本作"二千三百四十"，據文中算法改，而兩其三千四百五十六，爲六千九百十二者，三十六其百九十二也。叄其千五百三十六，而兩其二千三百〇四原本作"二千三百四十"，據文中算法改，爲四千六百〇八者，二十四其百九十二也。以至叄其四萬三千二百，兩其六萬四千八百者，一元之十二萬九千六百也，從此無量。安有出于參兩、三五錯綜者哉？言三五者，十數之中約用生數，止矣。至一得五而六，二得五而七,三得五而八,四得五而九,五得五而十,即一、二、三、四、五也,十不用而大一不可見,小一不能加乘,故止用二、三、四、五,而言二即具三矣,列四即具五矣。一切數度因地立體,而天用之,以天數統地數,故但舉三五而已。

㤗山方以智曰:數之用,皆以一與一相倚而用者也。有併倚焉,一與二爲三,二與三爲五,如大衍九十九是也;有乘倚焉,三乘八爲二十四,九乘四爲三十六是也;有除倚焉,河圖以九除之餘五,以五除之則盡是也;有損益倚焉,黃鐘三分損益是也;有追差倚焉,九六相差至十八而追合是也,日差天,月差日,相追歲閏,即以曆之,一切征幾皆在乎此;有方圓倚焉,天方圖見後文《石齋黃氏天方圖說》十八重是也;有方立倚焉,如三開方爲九,立爲二十七是也;有比推倚焉,如兌二離三爲五,除乾之一,則後震爲四。是勾股三角,弦弧圭黍,羃積切綫皆在方圓、開立、比推中矣,皆本于圖書、卦策,故略舉其原委。

```
    四 九 二
    三 五 七
    八 一 六
```

上圖原本左側"三"作"二",而據洛數與後文說明文字,當爲"三"。

參天一極三,而九,而二十七,而八十一,千萬無出一、三、九、七者。

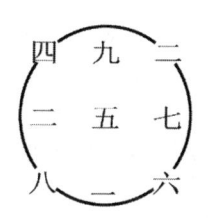

```
    四 九 二
    二 五 七
    八 一 六
```

兩地二而四,而八,而十六,而三十二,而六十四,千萬無出于二四八六者。

五合相藏説

智曰:用此即藏彼,故作五藏説,舒而萬億,縮而一二,即此而已。一六、三八、二七、四九,皆互藏也;一九、二八、三七、四六,皆互藏也;一十、二九、三八、四七、五六,皆互藏也。

九十藏:天地之終數也,以通期爲四分度之一,則九十也,地以成天也;十九十九歲爲一章,閏則天以成地也。河圖中五配五,而加五因倍除其十,而爲洛書。十統于五也,十數極于用九,而十變爲一也。

八九藏:方圍必八而後方,併中一則九也,八卦併中之象也。此圖之四正所以必用書之一環八也。橫圖指先天八卦次序圖乾一與坤八相對,乃九也;兌二艮七,亦九也;離三坎六,亦九也;震四巽五,亦九也。圖除中之十五,不過生數四,成數四,亦八也。書尊中五,五前之一、二、三、四與五後之六、七、八、九亦八也,用八之方,即用九之圓也。

七八藏:八卦五行,一水、一火、二木、二金、二土。運氣論君火、相火;北方玄武原本"北方"作"五方",古人以玄武配北方,故當爲北方爲龜蛇玄武有龜蛇之身,帝爲玄冥,乃少昊之二子,人有二腎,是二水也。二水、二火,而木、金、土各一,則七也。五音宮商角徵羽加二變變宮變徵,亦七也。水土合用而與火對也,此卦用八八,而用蓍之七七也。一、二、三、四、五,則三爲中;六、七、八、九、十,則八爲中;除十而以五、六、七、八、九言,則七爲中也。七、八所以應三之用也。

六七藏：五行分中土爲二。五音七調，必用六律。干_{天干}用于支_{地支}，以十二折半，則言六，而周則言七。邵子所云，餘分必七也，六爻加太極一層亦七也，七在六中。

五六藏：五運六氣，五色六章，五子六甲之類，所常言者。《周禮》六官《周禮》所載，爲周代官制，該書分章按官類而總分爲天官冢宰、地官司徒、春官宗伯、夏官司馬、秋官司寇、冬官司空六官，而虛司空蓋指《周禮》缺冬官，皆是也。五方，必有六合，故挈三輪之矩。

四五藏：播五行于四時，邵子一切四列，而五在其中。

三四藏：四分必用三餘一，以一用三，故上下常貫爲一，而止用左右交輪。（一行_{唐天文學家僧一行}以三四爲始中，七八爲中終，蓋一、二、三、四、五、六言，則三四爲前中，以五、六、七、八、九、十言，則七八爲中後。）

二三藏：參兩互用。

一二藏：一在二中，二即是一。析言則用七九處皆用三五，即用一也。統言則一、二、三、四、五、六、七、八、九、十總用一也。

四象八卦適值位數

河圖橫圖連算之數	成數自乘儀象之數	八九 太陽 陽十七	一八十 太陽 陽十五	四 六十 少陰 陰十六	七十 少陰 陽十六	九 四十 少陽 陰十六	七十 少陽 陽十六	六 三十 太陰 陽十五	六十 太陰 陰十七
	策	十二	三十六	十六	三十二	廿	廿八	廿四	廿四
	圖策相乘 具策分除	二千九百一十 爲三百二十者三十六	六百一十 爲三百六十者三十二	零四十八 爲二百六十者三十二	一千三百 爲四百八十者廿八	二百 爲四百八十者廿四	一千七百 爲二百八十而餘十六	八百 爲四百八十者二十	四十 者二十四
	萬三千五百息分除 一元分除	爲三十六者一當三千六百	爲三十二者一當四千零五十	四百二十一 半而餘十二 五十	爲三十二者一當四千零五十	十五	八年餘十六 四千六百二十	二餘四	爲廿四者一當五千六百	二半 百 四百年

河圖	九 一	二 八	七 三	四 六
四象	太陽	少陰	少陽	太陰
自右而左橫序數	一	二	三	四	五	六	七	八
洛書	乾一	兌二	離三	震四	巽五	坎六	艮七	坤八
小成卦奇偶	三畫	四畫	四畫	五畫	四畫	五畫	五畫	六畫
大成數奇偶	六	八	八	十	八	十	十	十二
圖十卦分度數	九	四	二	七	三	六	一	八
邵四十八卦分度數	五	八	二	四	六	三	九	十
各盪積數	十三六	百	百六十四	二百八	二百九十	二百六十	四百二十	四百八十
各盪陰陽畫數	陽三十二 陰二十六	陽二十 陰二十八	陽二十 陰二十八	陽二十 陰二十八	陽二十 陰二十八	陽二十 陰二十八	陽二十八 陰二十	陽三十六 陰十二
橫積陰陽數	四十一	二十五	十三	十六	八十四	七十二五	二十九	三十六百二
文邵十二與三十相乘數	乾一至泰五萬一千九百八十二千	兌一伯四十四 至履十二萬五千四百七十八百四十八千	離十二萬九千六百 至同人三百六十萬四千五百二十 明夷四千三百二十萬五千四百	震千八百六十六萬九千六百 復一百六十七萬九千六百四十萬 巽一百六十七萬九千六百四十萬 無妄四千一百八十六萬七千二百	坎二萬一千七百二十九萬四千九百六十萬 師八百七十萬一千二百九十四萬 升七十一萬二千八百八十四百七十萬 姤十二萬九千七百四十萬	艮二百一十七萬二千九百四十萬 謙二千一百七十九萬二千四百 遯四千六百四十萬 訟一百五十萬六千二百	坤三萬一千三百四十五 否五萬九千八百七十萬二千 六千六百五十六萬三千八百四十

商高積矩圖説

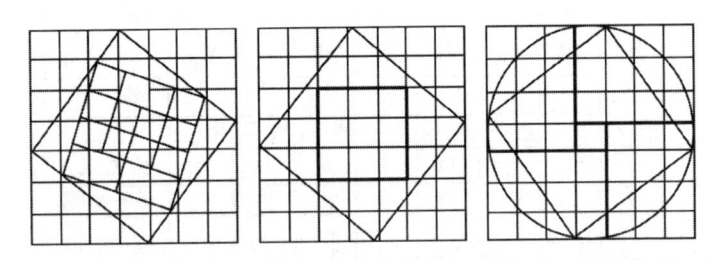

周公問商高曰："包犧伏羲曆度數，安從出？"商高曰："數之法，出于圓方。折矩校正方的工具：勾直角三角形較短的直角邊廣三、股直角三角形較長的直角邊修四、徑直角三角形的斜邊隅五，環盤三四五，是謂積矩。《周髀算經》卷上曰："數之法，出于圓方。圓出于方，方出于矩。矩出于九九八十一，故折矩，以爲句，廣三，股修四，徑隅五。既方其外，半之一矩。環而共盤，得成三四五。兩矩共長二十有五，是謂積矩。"禹之所以治天下者，此數之所生也。偃矩以望高，覆矩以測深，卧矩以知遠，環矩以爲圓，合矩以爲方。方數爲典，以方出圓，笠以寫天。"周公問"至此引自《周髀算經》卷上。青黑黄赤，裁制萬物，惟所爲耳。陳子告榮方曰竿、周髀陳子和榮方皆爲《周髀算經》中所載的古代天文曆算家。《周髀算經》卷上載有"榮方問陳子"一節，文中，"日竿"指"日中立竿測影"，《周髀算經》曰："周髀長八尺，夏至之日晷一尺六寸。髀者，股也；正晷者，勾也。"，趙君卿、甄鸞、李淳風所注三圖如上《商高積矩圖説》中的三圖，其概也，愚者方以智自稱益以欺大衍矣。三、四、五，十二也。勾股，開方，實二十五也。三、四、五之開方，實五十也。積矩之圖爲四十九如上《商高積矩圖説》三圖，每圖有矩四十九，以中黄中央一矩爲中黄藏其一焉，以五五之實居中如右圖中，二十五小矩合成圓内大矩，則外周二十四也。四其十二，則中黄如單井闌干之十字焉。除中交之十字，則四各九交。用中道，則爲十六，以介數之，亦八八也。象即有數，即具五方，何往非圖、書引觸，獨《算經》哉？

方分各二二每方均分成四方，下倣此，則一百九十六二二爲四，四其四十九爲一百九十六，下倣此也，除中黄則一百九十二也。（勾六實三十六，股八實六十四，弦十實一百。）各三三則四百四十一也，除一則四百三十二也。（勾九實八十一，股十二實一百四十四，弦十五實二百二十五。）各四四則七百八十四也，除一則七百六十八也。（勾十二實一百四十四，股十六實二百五十六，弦二十實四百。）各五五則一千二百二十五也，除一則一千二百也。（勾十五實二百二十五，股二十實四百，弦二十五實六百二十五。）各六六則一千七百六十四也，除一則一千七百二十八也。（勾十八實三百二十四，股二十四實五百七十六，弦三十實九百。）各七七則二千四百一也，除一則二千三百五十二也。（勾二十一實四百四十一，股二十八實七百八十四，弦三十五實一千二百二十五。）各八八則三千一百三十六也，除一則三千七十二也。（勾二十四實五百七十六，股三十二原本誤作"二十二"實作一千二十四，弦四十實一千六百。）各九九則三千九百六十九也，除一則三千八百八十八也。（勾二十七實七百二十九，股三十六實一千二百九十六，弦四十五實二千二十五。）三開方則九也，三開立則二十七也。析其三開立之立方體三之一，則十八爲長方立由十八個小正體構成的長方體，而邊條立九也。又橫析三之一，則角立三也，兩邊各立六也，方立者，十二也。四開方十六也，四開立六十四也。析其四之一，則四十八爲長方立，而邊條立十六也。又橫析四之，則角立四也，兩邊各立十二也，方立者，三十六也。五開方，二十五也，五開立，百二十五也。析其五之一，則百爲長方立，而邊條立二十五也。又橫析五之一，則角立五也，兩邊各二十也，方立者八十也。七開方四十九也，七開立三百四十三也。析其七之一，則長方立，爲二百九十四，而條立四十九也。又橫析之，則角立七也，兩邊各四十二也。方立者，二百五十二也。約言爲自乘，積多奇餘秒，賾難析耳。加方圓其中，即天方圖也，其法則盡于此矣。六十四卦，人知其扁一層也，彼亦具開立之理焉，扁有縱橫兩蕩，立又有縱橫兩盪，乾除其兩盪而用七子，則猶之除邊一也，除乾坤猶之除邊二也。積以起數陰陽可得，而針苔剪補之矣，用以爲冪積、芻童、圓容之量其一端也，大禹、周公，神矣哉！

《大衍序》指《大衍曆序》曰："乾坤之策三百六十，爲日度之策。乾坤之用四十九象，爲月弦之簡。"《象正》曰："四十九年而退一月，四十九章而退一閏。二曜逆行，與蓍相比，歲得之以爲月，《易》得之以爲閏，故《易》逆數也。"引自《易象正·卷初上·大象十二圖序》。按：天月十三交，交餘六十刻強，故四十九年退一交月也。雖實以四十八年半而退與月會，然以十九與四十九相因而交終閏終，通得相會在九百三十年內外，約言交終六百歲而退盡一歲之月，雖有盈縮而天道大准如斯。故十數之內，開方以七七爲奇用，外加一周則九九矣。

石齋黃氏天方圖說原本正文無此標題，據《圖象目錄》而加

《正》曰："天方圖無言語文字，而自有圖象以來，言語文字，皆從此出。其徑圍積實、方田圭黍、弦弧面罨、勾股周髀，皆與天經易緯相爲表裏，詳見《三易洞璣》黃道周撰，此具其略

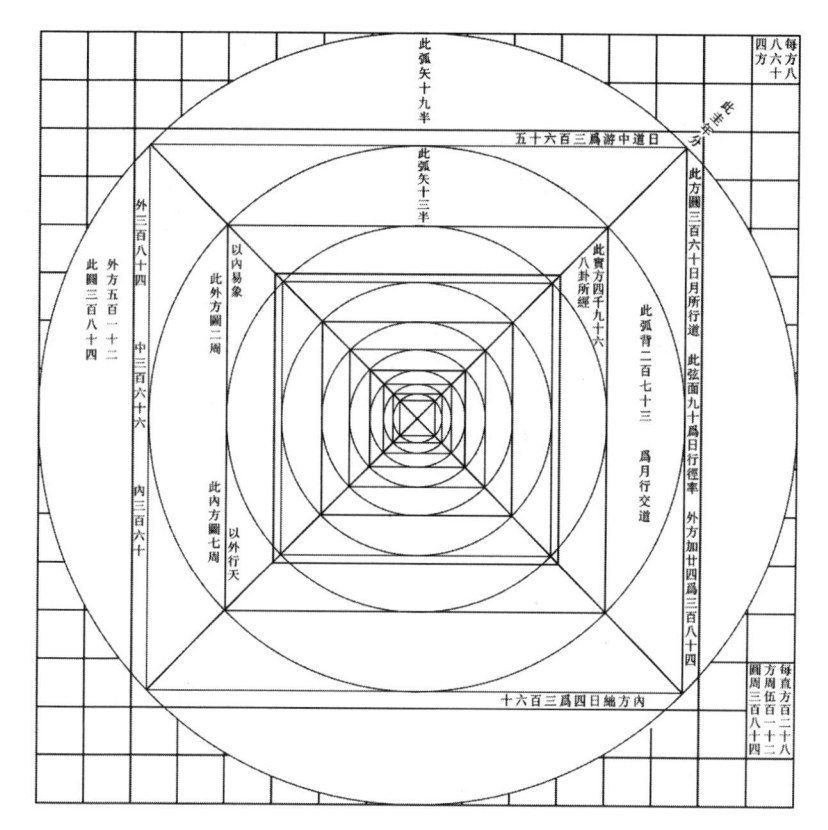

云。凡天方圖，立六十四，因倍豎之，百二十八以爲徑率；規而圜之，三百八十四；矩而方之，三百六十；規而圜之，二百七十三；矩而方之，二百五十六。此內方圓七周，卦實之所充也；此外方圓二周，日月星辰之所游也。凡方圖九成，合十八變而歸于極。其方者皆四分損一以爲圜，圜者皆十六分損一以爲方。大方四周一百二十八，爲五百一十二，四分損益得三百八十四，弧矢之罨十九餘强，則外周之弦，抵于次周之背。圭黍之稜，三分有半，中間空道，實得三分，則外圭之邸 dǐ 屏風，託 tuō 同"托"于內邸之圭。自平極而上四十有八，減三爲五，爲四十有五，以八乘之，爲通期原本"通期"作"通基"，《易象正》作"通期"之日道。是天地自然，非可强鑿爲智也。三分之道，截于八圭，日月所游，在一分四釐而上，故得三百六十五日二分五釐，次層弧背，因復浮上，爲二百七十有三。其次層徑率只得九十，以三圍之，二百七十，其浮爲二百七十有三，猶圜分之浮爲六十有五也。揉方就圜，每減十六分之一，徑三圍一，每不及圭黍之分。故日月交食，每在二日六分八釐上下，折之爲一日三分四釐，是日月交既食甚之限，皆在圭黍半折之中也。外方四八三十二方，只得方圜兩周，弧背弦矢，十九與十三相次，並不得餘分。內方四八三十二方，共得方圜七周。以十六分爲兩際，外際二八十六方，得方圜兩周。內際二八十六方，得圜五周，弧背弦矢，九與七相次，亦不得餘分。自是又空圭黍二分，爲三十二卦之游道，以二八分爲兩際，外際一八得方圜兩周，內際一八得方圜三周。弧背弦矢，以四年《易象正》"四年"作"四半"、三半相次，雖有餘分，而四分中極表影俱盡矣。故參兩倚數，《易》之所致用也。規參而矩兩，倚而察之，以得圭黍衝食之路，乾坤兩濟之所從交也。二七、二五、二三，極于一兩，是三分損益之所從出也。道未有出于三分損益者也。"圖、文皆引自《易象正·卷之終下》。潛老夫曰：恒法立體，而圓有奇餘，餘盈即藏餘虛，久之自差而合。故聖人止表恒法，此《易》所以範于圜，而範其圜也。專綴嘗言納虛泛差，亦用灑弧命商之法，取其急近得細節耳。温公司馬光算律圍徑七分而圍二十二，此天方徑百二十八，而圓圍寔四百。以每方贏六，故贏二十四也。中方三百六十，則十分損一也。

期甲具爻之會，五千七百六十。○此十五周三百八十四而十六周三百六十也，八其七百二十而九十六周甲子也。○減半爲二千八百八十，即九年前二月十五日辰，爲今年正月初一日辰也，爲月九十七而四十八周甲子也。○又減半爲一千四百零四，此十五其九十六而十六其九十也。○又減半爲七百二十，此十五其四十八而與十六周四十五相追齊者。○如甲子冬至日子時爲復初爻，則至丙寅雨水節盡，約一年零四閱月，而爻與時、與甲子俱齊，此槪耳。大約一萬七千二百八十爻，而與四千三百二十時齊矣。凡四十五周具爻，而四周四千三百二十原本誤作"四千三百二千"時，是四十八周三百六十，而二百八十八周甲子也。（倍爻齊時爲三萬四千五百六十爻，又倍之爲六萬九千一百二十爻。六乘五千六十爲三萬四千五百六十，九乘五千七百六十爲五萬一千八百四十。）

人息具策之會八十六萬四千。○人一日萬三千五百息，蓋十五其九十爲一千三百五十，此乃三百其洛書也。○萬三千五百者，十八其七十五也。七十五者，三百之四方一分也。萬一千五百二十具策，十八其六十四也。追至四千八百，則七十五與六十四交乘而齊矣。以日息乘具策爲一億五千五百五十二萬原本誤作"一億五千五百五十三萬"，是爲七十五者二百零七萬三千六百也，爲六十四者二百四十三萬也。今但僅僅以七十五乘萬一千五百二十原本誤作"一千五百二十"，又以六十四乘萬三千五百，俱得八十六萬四千，即以齊矣。（三百之四分一與具卦六十四卦會爲四千八百。）凡六十四日，而人息與具策齊。

四十九與五十相乘爲二千四百五十。（此與二千三百五十二相乘爲五十八萬〇五百六十，此與二千四百相乘爲五十

通期乘具爻爲一十三萬八千二百四十　二十四乘三十六爲八百六十四　　相乘爲九十三萬三千一百二十
貞悔乘通期爲一十五萬五千五百二十　三十乘三十六爲一千零八十　　　相乘爲六十二萬二千零八十
貞悔乘具爻爲一十六萬三千八百八十八　三十乘二十四爲七百二十　　　相乘爲七十七萬七千六百

八萬八千。)四十九與四十八相乘爲二千三百五十二。(此與二千四百相乘爲五十六萬八千八百。)四十八與五十相乘爲二千四百。(二十四其五十,而二十五其四十八,則爲一千二百。)二十四自乘爲五百七十六。(乃八其七十二也,八其五百七十六爲四千六百〇八。)三十六自乘爲一千二百九十六(蓋十八其七十二也,四其一千二百九十六即爲五千一百八十四。)三百六十自乘爲十二萬九千六百(即進十之數。)七十二與六十四相乘,皆四千六百〇八。(乃十六其二十四,而三十二其三十六也。七十二自乘爲五千一百八十四,六十四自乘爲四千〇九十六。)具策乃百八十周六十四,而三十二周通期也,半爲五千七百六十,(又半之)二千八百八十,(又半之)一千四百四十,(又半之)七百二十。(與具爻甲期之數,八分之一觚合,此三十周二十四,而二十周三十六也。)

　　五其三十,而六其二十五爲百五十。五其二十五爲百二十五,自乘爲萬五千六百二十五,以六十四乘之,爲一百萬。二十五與三十相乘爲七百五十。

　　五十五自乘爲三千二十五,四十五自乘爲二千二十五原本誤作"千八百四十五"。九乘圖、十一乘書爲四百九十五而圖書會矣,是五百而虛五也。圖書自乘爲二千四百七十五,以三十乘四百九十五,則萬四千八百五十。以十二乘四百九十五,爲五千九百四十,倍爲萬一千八百八十,則多具策一通之數。大衍與書會于九百,(十八其大衍,二十其書。)大衍與圖會于五百五十,(十一其大衍,而十其圖。衍用四十九,乘圖書,會數爲二萬四千二百五十五。四十八分三爲十六,又三分四百九十五爲百六十五,以十六乘百六十五,爲二千六百四十,于是三之,爲七千九百二十,而十六其四百九十五,亦七千九百二十也。)通期三分爲百二十,乘百六十五爲萬九千八百,于是三之,爲五萬九千四百,是三百六十與圖書之合數會矣。具爻三分爲百二十八,乘百六十五爲二萬一千一百二十,于是三之爲六萬三千三百六十,是三百八十四爻,與圖數書之合數會矣。四十五與五十四會,爲二百七十,即邵體數之用,貞悔爻與通期會爲二千一百六十。

　　貞悔爻與通甲具爻之五千七百六十會爲八千六百四十,四百三十二爻之十六觚,觚爲二十七,倍爲五十四,是八棱之一也,通期之四十五亦棱也。五乘五十四,爲二百七十,而六乘四十五,亦二百七十也,則五其貞悔爻,六其通期,亦二千一百六十也。二千一百六十,乃兩其一千○八十也。八其二百七十,亦二千一百六十也,比通具之五千七百六十之半,爲二千八百八十,則縮七百二十耳。是二千一百六十,乃三周七百二十也。三周二千八百八十,而四周二千一百六十,則爲八千六百四十,而合矣。倍八千六百四十,爲一萬七千二百八十,則三其五千七百六十也。倍一萬七千二百八十,爲三萬四千五百六十,而三周具策之萬一千五百二十,亦爲三萬四千五百六十。

　　氣候老陰陽策之會,爲二千一百六十。七十二爲二老策會,而一千○八十者,則十五其七十二也,三十六其三十也,爲四十八者二十二周半也,爲二十四者四十五也。至二千一百六十,則三十其七十二也,爲三十六者六十周,爲二十四者九十周,爲四十八者四十五周也。

《三統曆》以八十一分爲日法,京房周八十分,一行《大衍》指《大衍曆》以三千四十爲日策,三百〇四爲策分。(七十六周,四揲也,四章爲蔀,亦七十六。)朱子所算九百四十分,乃《四分曆》也。《授時曆》用萬,《太乙》用一萬〇五百,泰西用六十分,依邵子當用三百六十分。此隨人分而今用萬,易積算也。(晁公武曰:"唐曹氏小曆萬分,本天竺曆。")《授時》歲寔三百六十五萬二千四百二十五分(萬即日也),十九年得六千九百三十九萬六千七十五分。(邵邵雍得二千四百三十分,六日餘二百七十分。)

十六周貞悔爻直日,得六千九百一十二,尚餘二十七日。

十八周全爻,得六千九百一十二,尚餘二十七日。

十六章之二十七,合得四百三十二,是十六章,當一十萬一千〇二十四日,乃二百五十七周貞悔爻也。

四十章共二十七萬七千五百六十日,乃四千六百二十六周甲子也。一章追甲子,則餘三十九日,以京、邵除四卦之爻追之,當七千七百一十周三百六十爻也。(以餘分言之,四十章會,益二十四日多。)

以三百八十四乘六千九百三十九,得二百六十六萬四千五百七十六日,其餘爲二百三十三萬(日也)二千八百分,于年爲七千二百九十六年,乃六千九百三十九周貞悔爻也。

十二年(三百六十五日)爲甲子日者七十三。外餘積三日,二百四十年甲子整日一千四百六十一(二十七章共得十八萬七千三百五十三日)。

以常法言，十二周三百五十四日共四千二百四十八日，加七周三百八十四日共二千六百八十八日，總合十九年，共得六千九百三十六日（于各法短三日）。

《授時》法：轉終二十七日五千五百四十六分（不及朔策一日九千七百五十九分九十三秒）。朔策二十九日五千三百五分九十三秒。

十三交得三百五十八萬二千〇九十八分，每一歲十三交贏，朔策三萬八千四百二十六分八十四秒。

十二朔策三百五十四萬三千六百七十一分一十六秒。（《象正》二十七日三千六十即三分六毫，縮二百廿五分七釐一毫，二十九日五千六百三十一。）

邵子法：月與天會二十七日一百九十九分八秒。

月與日會二十九日一百九十一分。

月與天會不及月與日會七百一十一分五釐五毫七絲原本"絲"作"系"四忽八微，乃一日三百五十一分三釐五毫七絲原作"系"四忽八微也。

每日五億五千九百八十七萬二千忽。

聲數

推聲與數，《易》、律、曆不能離也。畫一而三倍而六，自初至五爲中位，用則取中于此，六則亢而周于潛矣。策每爻三，故十八也，方州部家出自《太玄》用三法，則三、四、五、六四者之和爲十八用之，固同符也。一律應辟卦六爻，三月爲十八爻，三月之日則爲十八者五矣。土寄旺于四季，各十八日，則五行各得十八者四，一時得六爻者十五，五行各得六爻者十二。一歲之日乃六十其六爻，一月之日乃五其六爻也。六甲、五子亦合六十。六十其六爻，與六十律同法。五其六爻，猶五音之用六律也。干、支之會六十，猶參兩之始會于六爻也。平聲陰陽爲哇嘡顯然者也，仄聲則上爲陰，去爲陽，此前所未發也。仄聲之極而收者入之，抑聲爲陰，起聲爲陽，論韻則上去自與平叶。詩餘詞曲所用，可證入聲，則不叶，必轉紐以叶之，此以知入爲極聲，而非與上、去同類者也。故論平、上、去、入，則粗以二十母乘三十六韵，爲七百二十，以五聲乘爲三千六百，與易策、元會皆符。舉以命曆積分消閏，無不可者，二十四乘三十六韵爲八百六十四，以五聲乘爲四千三百二十，以五聲輕重爲八千六百四十，則與貞悔爻、具爻、通期、甲子會矣。二十一，則三八損三，正參兩也。（原于兩三、參二爲六，而六乃九之三分損一。）兩九、參六爲十八，至百二十六而三七者會矣。（六其廿一而七其十八。）倍爲二百五十二（七其三十六，而六其四十二之會也。邵曰："坤以六之一與半奉乾，是侵數也。"）倍爲五百有四（七其七十二，而六其八十四也。八十四調，四其廿一而七其十二也。）調法會矣。（曰三六，曰三七，曰三八，曰六六，曰七六，曰七九，皆互用也。）倍爲千有八而四之，則通期辰法也。三百七十八則半調之九周，差于通期者十八耳。（二其百廿六也，即十八其廿一，而九其四十二也。）八乘爲六千四十八，則八十四調乘七十二韵之會也。（倍三百七十八爲七百五十六，則廿一其三十六，而十八其四十二，倍七百五十六爲千五百十二，則爲八十四者十八，爲廿一者七十二，爲三十六者四十八也，倍千五百十二即合。）萬一千三百四十縮半期而大會矣。（此七九六十三，乃全《易》虛乾，姑洗 姑洗律長七寸一分，爲六十四分析分之端也。六其六十三即贏通期十八者也。二十其三百七十八，而廿一其三百六十，則七百五十六也。廿其七百五十六而廿一其七百廿，則一萬五千百廿贏易策十通期焉。退三千七百廿，則廿一者百八十，故比策縮半期也，是爲百廿六者九十，爲廿一者五百四十，爲三百七十八者三十，爲七百五十六者十五，爲三十六者三百十五。少策者五周三十六也，三十一年之曆爲一萬一千三百十日四十五分，是縮今數一月之數而弱也，別積合之。）四百三十五萬四千五百六十則韻策聲數大會矣。（三百六十其六千四十八爲二百一十七萬七千二百八十原本誤作"二百一十七萬七千廿八"，而倍之即三百七十八其易策一萬一千五百二十也。）

律參者，黃鐘參法也。（亥一十七萬七千一百四十七，爲黃鐘寔，參之爲疇極之數。見本書第六卷《律呂聲音幾表》，下倣此。）律兩者，兩法也。（亥分六萬五千五百三十六，此極爻二十六萬二千一百四十四之四分一也，中呂之寔，即律兩之倍。邵法一歲寔分則贏四百十八者也。方其律兩，即三乘十八變之爻，以易策周二十三，則爲二十六萬四千九百六十，蓋爲六十四者四千一百四十，而贏三乘十八變爻者，四十四其六十四也。若二十二周，則縮千七百零四，是一百三十其六十四也。）五百八十九萬八千二百四十具策與律兩之會也。（律兩起參，以九爲法，又十之，九十其六萬五千五百三十六，而五百一十二其具策也。五百一十二乃八其六十四之午分也。）午爲用數而亥當更轉，《洪範》極五十三萬一千四百四十一者，十三轉黃鐘之參，尊一不用，猶十二也，十八變爻亦尊一不用者也。（七百二十九午數也，八十其午數，而八十一其具策之卦觚，則五萬八千三百二十而會矣。黃鐘分三寸爲五萬九千四十九，戌數也，卦觚十六之一也。五萬八千三百廿，此戌數縮一午數耳。二百四十三其午數，是黃鐘全寔也。參五萬八千三百廿，于亥縮未之二千一百八十七，是縮三其午也。五其具策爲五萬七千六百，縮午律，追卦觚之七百二十，參之爲一十七萬二千八百，縮律寔四千三百四十七也。四十六其具策爲五十二萬九千九百二十，縮律疇數一千五百二十一，倍十八變之大象，則贏五千六百三十二矣。七百二十其午律爲五十二萬四千八百八十，縮律疇，九其午也，是縮申數六千五百六十一也，二十億四千零七十三萬三千四百四十則皆會矣，是《易》具策乘律寔也。）

邵法者，時三十分，分十二秒，歲寔十三萬一千四百九十分。（一百五十七萬七千八百八十秒，朱子用九百四十分，即《四分曆》也。四分爲二百三十五分，即邵子之九十分也。《授時曆》萬爲日法，其歲寔三百六十五萬二千四百二十五分，而天周三百六十五度二千五百七十五分，則互移也。蓋四分度之一，縮百股中之三股。邵法則得七十八分二秒八釐，依黃道周法二十八，是六百二十五其四，而得十八其四也。邵法于九十分少二分七秒六釐矣，今以整積算而後通消之。）蓋三百四十四一周具爻（三百八十四爻曰具），而餘百六十爻也。六十四年爲八百四十一萬五千三百六十分（一億〇〇九十八萬四千三百二十秒），乃二萬一千九百十五周具爻也，倍之四萬三千八百三十，則千四百六十一周具策也。《易》萬一千五百二十日，具策六十四年之分，爲七百三十周策而縮半，故百二十八年而分策齊，又倍而聲數齊。）十六蔀得六十四章，爲一億五千九百八十九萬一千八百四十分（一千二百一十六年），乃四十一萬六千三百八十五周具爻也。（一章六千九百三十九日，十八周具爻、十六周貞悔爻皆得六千九百一十二，皆餘二十七日。十六章當十一萬一千零二十四日，則二百五十七周貞悔爻也。四十章共二十七萬七千五百六十日，乃四千六百二十六周甲子，而七千七百一十周通爻也。四其八紀爲七千二百九十六年，則三百八十四章而全爻齊矣。）依朱法一章即氣朔分齊，而至朔同日矣。（章算二百零六日六百七十三分，七閏四大得百二十日，三小每日縮一日八十九分，則月止得二十八日八百七十一分，故氣朔齊。若以三大四小，小月得二十九日百四十八分二十五秒，亦合二百零六日六百七十三分無餘。）以萬法合閏，章則餘積，四章當多閏一月矣，一百蔀而餘分盡矣。（章月二百三十五而七閏在內，三大四小用日六千九百三十二，而歲寔十九年，爲六千九百三十九萬六千零七十五分，依萬法除去用日，尚餘七日零七十五分，積四章七十六年爲一蔀，得餘分三十萬零四千三百分，有增一月而餘矣。一百蔀，四百章，七千六百年，餘分三千零四十三萬分，以萬法除得三千零四十三日，加七千六百年之二百七十七萬二千八百日，共爲二百七十七萬五千八百四十三日而餘分盡矣。）《象正》之旨，卦得四千九十六，爲二十六萬二千一百四十四。（即智所謂律兩之方數也。）舉六十年之曆歲，四千三百二十周甲，得二十五萬九千二百，無餘縮。天三千七百八十，每歲縮六十三，一月縮五辰二分五釐，與日分准，又以四十九歸之爻象，每歲天行不及爻象者十三而強，爻象不得干支者，四十九年而弱，此六十三之納虛所始也，（三百一十二辰而納虛一度，分辰四十九際，凡行十五歲而曆卦十六，以朔禦氣，以氣禦甲者也。）與疇極則倍象追者也。（五十三萬一千四百四十一爲百二十一年，又六月之歷歲歷絀九者也。象追疇極，差七千一百五十三，以七乘倍象，爲三百六十七萬一十六範，爲三百七十一萬九千六百四十七日，月積差共八日五分六釐六毫三絲耳。蓋八乘五百十二而六乘七百二十九之法也，五百五十去十而乘八爲通期之辰，七百二十九虛一而乘六爲日辰之交會，大象之辰四千三百六十九，大數之辰四千三百七十四。此與體用十六圖參兩通寔互用者，《三統》《大衍》皆與易符，黃公謂其不審，其目邵不如《太玄》，亦謂概也，深心矣。然以按今八綫分奇均洒，何不可析？即邵之分秒本乎自然算家，難于積除耳。交侵已發其端，以天進三退兩而損益之，則氣朔委悉皆中也。通寔互推贏縮相追數之神，神于損益而言者，先舉其恒法也。凡差之端，差至不差即成一法，道若不相關而氣候自應之，人事即應之，此《易》之妙幾而理之不可思議者也。老父但以具爻、通爻、貞悔爻並旋甲子，而氣朔閏差自有策分，與之盈虛，此非至易簡乎？蓍變三用以用三等爻，已自生侵交之數矣，猶之聲數相極而餘聲不礙其通變也，無萬數之，皆太極也，無萬聲之，皆寂然也，何容說乎？）

圖書在版編目（CIP）數據

圖象幾表/（明）方以智編；彭戰果，郭旭校注.--北京：華夏出版社，2021.6
（中國傳統：經典與解釋）
ISBN 978-7-5080-9633-9

Ⅰ.①圖… Ⅱ.①方… ②彭… ③郭… Ⅲ.①《周易》－象數之學－研究 Ⅳ.①B221.5

中國版本圖書館CIP數據核字（2018）第284814號

圖象幾表

作　　者	［明］方以智
校　　注	彭戰果　郭旭
責任編輯	王霄翎
責任印製	劉　洋
出版發行	華夏出版社有限公司
經　　銷	新華書店
印　　刷	三河市少明印務有限公司
裝　　訂	三河市少明印務有限公司
版　　次	2021年6月北京第1版 2021年6月北京第1次印刷
開　　本	880×1230　1/32
印　　張	13.875
字　　數	444千字
定　　價	98.00元

華夏出版社有限公司　地址：北京市東直門外香河園北里4號　郵編：100028
網址：www.hxph.com.cn　電話：（010）64663331（轉）
若發現本版圖書有印裝質量問題，請與我社營銷中心聯繫調換。

西方传统：经典与解释
Classici et Commentarii
HERMES
刘小枫◎主编

古今丛编

克尔凯郭尔　[美]江思图 著
货币哲学　[德]西美尔 著
孟德斯鸠的自由主义哲学　[美]潘戈 著
莫尔及其乌托邦　[德]考茨基 著
试论古今革命　[法]夏多布里昂 著
但丁：皈依的诗学　[美]弗里切罗 著
在西方的目光下　[英]康拉德 著
大学与博雅教育　董成龙 编
探究哲学与信仰　[美]郝岚 著
民主的本性　[法]马南 著
梅尔维尔的政治哲学　李小均 编/译
席勒美学的哲学背景　[美]维塞尔 著
果戈里与鬼　[俄]梅列日科夫斯基 著
自传性反思　[美]沃格林 著
黑格尔与普世秩序　[美]希克斯 等著
新的方式与制度　[美]曼斯菲尔德 著
科耶夫的新拉丁帝国　[法]科耶夫 等著
《利维坦》附录　[英]霍布斯 著
或此或彼（上、下）　[丹麦]基尔克果 著
海德格尔式的现代神学　刘小枫 选编
双重束缚　[法]基拉尔 著
古今之争中的核心问题　[德]迈尔 著
论永恒的智慧　[德]苏索 著
宗教经验种种　[美]詹姆斯 著
尼采反卢梭　[美]凯斯·安塞尔-皮尔逊 著
舍勒思想评述　[美]弗林斯 著
诗与哲学之争　[美]罗森 著
神圣与世俗　[罗]伊利亚德 著
但丁的圣约书　[美]霍金斯 著

古典学丛编

赫西俄德的宇宙　[美]珍妮·施特劳斯·克莱 著
论王政　[古罗马]金嘴狄翁 著
论希罗多德　[古罗马]卢里叶 著
探究希腊人的灵魂　[美]戴维斯 著
尤利安文选　马勇 编/译
论月面　[古罗马]普鲁塔克 著
雅典谐剧与逻各斯　[美]奥里根 著
菜园哲人伊壁鸠鲁　罗晓颖 选编
《劳作与时日》笺释　吴雅凌 撰
希腊古风时期的真理大师　[法]德蒂安 著
古罗马的教育　[英]葛怀恩 著
古典学与现代性　刘小枫 编
表演文化与雅典民主政制
　[英]戈尔德希尔、奥斯本 编
西方古典文献学发凡　刘小枫 编
古典语文学常谈　[德]克拉夫特 著
古希腊文学常谈　[英]多佛 等著
撒路斯特与政治史学　刘小枫 编
希罗多德的王霸之辨　吴小锋 编/译
第二代智术师　[英]安德森 著
英雄诗系笺释　[古希腊]荷马 著
统治的热望　[美]福特 著
论埃及神学与哲学　[古希腊]普鲁塔克 著
凯撒的剑与笔　李世祥 编/译
伊壁鸠鲁主义的政治哲学
　[意]詹姆斯·尼古拉斯 著
修昔底德笔下的人性　[美]欧文 著
修昔底德笔下的演说　[美]斯塔特 著
古希腊政治理论　[美]格雷纳 著
神谱笺释　吴雅凌 撰
赫西俄德：神话之艺
　[法]居代·德拉孔波 编
赫拉克勒斯之盾笺释　罗逍然 译笺
《埃涅阿斯纪》章义　王承教 选编
维吉尔的帝国　[美]阿德勒 著
塔西佗的政治史学　曾维术 编

古希腊诗歌丛编
古希腊早期诉歌诗人 [英]鲍勒 著
诗歌与城邦 [美]费拉格、纳吉 主编
阿尔戈英雄纪（上、下）
[古希腊]阿波罗尼俄斯 著
俄耳甫斯教祷歌 吴雅凌 编译
俄耳甫斯教辑语 吴雅凌 编译

古希腊肃剧注疏集
希腊肃剧与政治哲学 [美]阿伦斯多夫 著

古希腊礼法研究
宙斯的正义 [英]劳埃德-琼斯 著
希腊人的正义观 [英]哈夫洛克 著

廊下派集
剑桥廊下派指南 [加]英伍德 编
廊下派的苏格拉底 程志敏 徐健 选编
廊下派的神和宇宙 [墨]里卡多·萨勒斯 编
廊下派的城邦观 [英]斯科菲尔德 著

希伯莱圣经历代注疏
希腊化世界中的犹太人 [英]威廉逊 著
第一亚当和第二亚当 [德]朋霍费尔 著

新约历代经解
属灵的寓言 [古罗马]俄里根 著

基督教与古典传统
保罗与马克安 [德]文森 著
加尔文与现代政治的基础 [美]汉考克 著
无执之道 [德]文森 著
恐惧与战栗 [丹麦]基尔克果 著
托尔斯泰与陀思妥耶夫斯基
[俄]梅列日科夫斯基 著
论宗教大法官的传说 [俄]罗赞诺夫 著
海德格尔与有限性思想（重订版）
刘小枫 选编
上帝国的信息 [德]拉加茨 著
基督教理论与现代 [德]特洛尔奇 著
亚历山大的克雷芒 [美]塞尔瓦托·利拉 著
中世纪的心灵之旅 [意]圣·波纳文图拉 著

德意志古典传统丛编
论荷尔德林 [德]沃尔夫冈·宾德尔 著
彭忒西勒亚 [德]克莱斯特 著
穆佐书简 [奥]里尔克 著
纪念苏格拉底——哈曼文选 刘新利 选编
夜颂中的革命和宗教 [德]诺瓦利斯 著
大革命与诗化小说 [德]诺瓦利斯 著
黑格尔的观念论 [美]皮平 著
浪漫派风格——施勒格尔批评文集 [德]施勒格尔 著

美国宪政与古典传统
美国1787年宪法讲疏 [美]阿纳斯塔普罗 著

启蒙研究丛编
浪漫的律令 [美]拜泽尔 著
现实与理性 [法]科维纲 著
论古人的智慧 [英]培根 著
托兰德与激进启蒙 刘小枫 编
图书馆里的古今之战 [英]斯威夫特 著

政治史学丛编
克服历史主义 [德]特洛尔奇 等著
胡克与英国保守主义 姚啸宇 编
古希腊传记的嬗变 [意]莫米利亚诺 著
伊丽莎白时代的世界图景 [英]蒂利亚德 著
西方古代的天下观 刘小枫 编
从普遍历史到历史主义 刘小枫 编
自然科学史与玫瑰 [法]雷比瑟 著

地缘政治学丛编
克劳塞维茨之谜 [英]赫伯格-罗特 著
太平洋地缘政治学 [德]卡尔·豪斯霍弗 著

荷马注疏集
不为人知的奥德修斯 [美]诺特维克 著
模仿荷马 [美]丹尼斯·麦克唐纳 著

品达注疏集
幽暗的诱惑 [美]汉密尔顿 著

欧里庇得斯集
自由与僭越 罗峰 编译

阿里斯托芬集
《阿卡奈人》笺释 [古希腊]阿里斯托芬 著

色诺芬注疏集
居鲁士的教育 [古希腊]色诺芬 著
色诺芬的《会饮》 [古希腊]色诺芬 著

柏拉图注疏集
挑战戈尔戈 李致远 选编
论柏拉图《高尔吉亚》的统一性 [美]斯托弗 著
立法与德性——柏拉图《法义》发微 林志猛 编
柏拉图的灵魂学 [加]罗宾逊 著
柏拉图书简 彭磊 译注
克力同章句 程志敏 郑兴凤 撰
哲学的奥德赛——《王制》引论 [美]郝兰 著
爱欲与启蒙的迷醉 [美]贝尔格 著
为哲学的写作技艺一辩 [美]伯格 著
柏拉图式的迷宫——《斐多》义疏 [美]伯格 著
哲学如何成为苏格拉底式的 [美]朗佩特 著
苏格拉底与希琵阿斯 王江涛 编译
理想国 [古希腊]柏拉图 著
谁来教育老师 刘小枫 编
立法者的神学 林志猛 编
柏拉图对话中的神 [法]薇依 著
厄庇诺米斯 [古希腊]柏拉图 著
智慧与幸福 程志敏 选编
论柏拉图对话 [德]施莱尔马赫 著
柏拉图《美诺》疏证 [美]克莱因 著
政治哲学的悖论 [美]郝岚 著
神话诗人柏拉图 张文涛 选编
阿尔喀比亚德 [古希腊]柏拉图 著
叙拉古的雅典异乡人 彭磊 选编
阿威罗伊论《王制》 [阿拉伯]阿威罗伊 著
《王制》要义 刘小枫 选编
柏拉图的《会饮》 [古希腊]柏拉图 等著
苏格拉底的申辩（修订版）[古希腊]柏拉图 著
苏格拉底与政治共同体 [美]尼柯尔斯 著

政制与美德——柏拉图《法义》疏解 [美]潘戈 著
《法义》导读 [法]卡斯代尔·布舒奇 著
论真理的本质 [德]海德格尔 著
哲人的无知 [德]费勃 著
米诺斯 [古希腊]柏拉图 著
情敌 [古希腊]柏拉图 著

亚里士多德注疏集
《诗术》译笺与通绎 陈明珠 撰
亚里士多德《政治学》中的教诲 [美]潘戈 著
品格的技艺 [美]加佛 著
亚里士多德哲学的基本概念 [德]海德格尔 著
《政治学》疏证 [意]托马斯·阿奎那 著
尼各马可伦理学义疏 [美]伯格 著
哲学之诗 [美]戴维斯 著
对亚里士多德的现象学解释 [德]海德格尔 著
城邦与自然——亚里士多德与现代性 刘小枫 编
论诗术中篇义疏 [阿拉伯]阿威罗伊 著
哲学的政治 [美]戴维斯 著

普鲁塔克集
普鲁塔克的《对比列传》 [英]达夫 著
普鲁塔克的实践伦理学 [比利时]胡芙 著

阿尔法拉比集
政治制度与政治箴言 阿尔法拉比 著

马基雅维利集
君主及其战争技艺 娄林 选编

莎士比亚绎读
莎士比亚的政治智慧 [美]伯恩斯 著
脱节的时代 [匈]阿格尼斯·赫勒 著
莎士比亚的历史剧 [英]蒂利亚德 著
莎士比亚戏剧与政治哲学 彭磊 选编
莎士比亚的政治盛典 [美]阿鲁里斯/苏利文 编
丹麦王子与马基雅维利 罗峰 选编

洛克集
上帝、洛克与平等 [美]沃尔德伦 著

卢梭集
论哲学生活的幸福 [德]迈尔 著
致博蒙书 [法]卢梭 著
政治制度论 [法]卢梭 著
哲学的自传 [美]戴维斯 著
文学与道德杂篇 [法]卢梭 著
设计论证 [美]吉尔丁 著
卢梭的自然状态 [美]普拉特纳 等著
卢梭的榜样人生 [美]凯利 著

莱辛注疏集
汉堡剧评 [德]莱辛 著
关于悲剧的通信 [德]莱辛 著
《智者纳坦》（研究版） [德]莱辛 等著
启蒙运动的内在问题 [美]维塞尔 著
莱辛剧作七种 [德]莱辛 著
历史与启示——莱辛神学文选 [德]莱辛 著
论人类的教育 [德]莱辛 著

尼采注疏集
何为尼采的扎拉图斯特拉 [德]迈尔 著
尼采引论 [德]施特格迈尔 著
尼采与基督教 刘小枫 编
尼采眼中的苏格拉底 [美]丹豪瑟 著
尼采的使命 [美]朗佩特 著
尼采与现时代 [美]朗佩特 著
动物与超人之间的绳索 [德]A.彼珀 著

施特劳斯集
苏格拉底与阿里斯托芬
论僭政（重订本） [美]施特劳斯 [法]科耶夫 著
苏格拉底问题与现代性（增订本）
犹太哲人与启蒙（增订本）
霍布斯的宗教批判
斯宾诺莎的宗教批判
门德尔松与莱辛
哲学与律法——论迈蒙尼德及其先驱
迫害与写作艺术
柏拉图式政治哲学研究

论柏拉图的《会饮》
柏拉图《法义》的论辩与情节
什么是政治哲学
古典政治理性主义的重生（重订本）
回归古典政治哲学——施特劳斯通信集
　　　＊＊＊
施特劳斯的持久重要性 [美]朗佩特 著
论源初遗忘 [美]维克利 著
政治哲学与启示宗教的挑战 [德]迈尔 著
阅读施特劳斯 [美]斯密什 著
施特劳斯与流亡政治学 [美]谢帕德 著
隐匿的对话 [德]迈尔 著
驯服欲望 [法]科耶夫 等著

施米特集
宪法专政 [美]罗斯托 著
施米特对自由主义的批判 [美]约翰·麦考米克 著

伯纳德特集
古典诗学之路（第二版） [美]伯格 编
弓与琴（重订本） [美]伯纳德特 著
神圣的罪业 [美]伯纳德特 著

布鲁姆集
巨人与侏儒（1960-1990）
人应该如何生活——柏拉图《王制》释义
爱的设计——卢梭与浪漫派
爱的戏剧——莎士比亚与自然
爱的阶梯——柏拉图的《会饮》
伊索克拉底的政治哲学

沃格林集
自传体反思录 [美]沃格林 著

大学素质教育读本
古典诗文绎读 西学卷·古代编（上、下）
古典诗文绎读 西学卷·现代编（上、下）

柏拉图读本（刘小枫 主编）
吕西斯 贺方婴 译
苏格拉底的申辩 程志敏 译

中国传统：经典与解释
Classici et Commentarii
经典与解释
刘小枫 陈少明◎主编

知圣篇 / 廖平 著
《孔丛子》训读及研究 / 雷欣翰 撰
论语说义 / [清]宋翔凤 撰
周易古经注解考辨 / 李炳海 著
图象几表 / [明]方以智 编
浮山文集 / [明]方以智 著
药地炮庄 / [明]方以智 著
药地炮庄笺释·总论篇 / [明]方以智 著
青原志略 / [明]方以智 编
冬灰录 / [明]方以智 著
冬炼三时传旧火 / 邢益海 编
《毛诗》郑王比义发微 / 史应勇 著
宋人经筵诗讲义四种 / [宋]张纲 等撰
道德真经取善集 / [金]李霖 编撰
道德真经藏室纂微篇 / [宋]陈景元 撰
道德真经四子古道集解 / [金]寇才质 撰
皇清经解提要 / [清]沈豫 撰
经学通论 / [清]皮锡瑞 著
松阳讲义 / [清]陆陇其 著
起凤书院答问 / [清]姚永朴 撰
周礼疑义辨证 / 陈衍 著
《铎书》校注 / 孙尚扬 肖清和 等校注
韩愈志 / 钱基博 著
论语辑释 / 陈大齐 著
《庄子·天下篇》注疏四种 / 张丰乾 编
荀子的辩说 / 陈文洁 著
古学经子 / 王锦民 著
经学以自治 / 刘少虎 著
从公羊学论《春秋》的性质 / 阮芝生 撰

刘小枫集
城邦人的自由向往
民主与政治德性
昭告幽微
以美为鉴
古典学与古今之争 [增订本]
这一代人的怕和爱 [第三版]
沉重的肉身 [珍藏版]
圣灵降临的叙事 [增订本]
罪与欠
儒教与民族国家
拣尽寒枝
施特劳斯的路标
重启古典诗学
设计共和
现代人及其敌人
海德格尔与中国
共和与经纶
现代性与现代中国
现代性社会理论绪论
诗化哲学 [重订本]
拯救与逍遥 [修订本]
走向十字架上的真
西学断章

编修 [博雅读本]
凯若斯：古希腊语文读本 [全二册]
古希腊语文学述要
雅努斯：古典拉丁语文读本
古典拉丁语文学述要
危微精一：政治法学原理九讲
琴瑟友之：钢琴与古典乐色十讲

译著
普罗塔戈拉（详注本）
柏拉图四书

经典与解释辑刊

1 柏拉图的哲学戏剧
2 经典与解释的张力
3 康德与启蒙
4 荷尔德林的新神话
5 古典传统与自由教育
6 卢梭的苏格拉底主义
7 赫尔墨斯的计谋
8 苏格拉底问题
9 美德可教吗
10 马基雅维利的喜剧
11 回想托克维尔
12 阅读的德性
13 色诺芬的品味
14 政治哲学中的摩西
15 诗学解诂
16 柏拉图的真伪
17 修昔底德的春秋笔法
18 血气与政治
19 索福克勒斯与雅典启蒙
20 犹太教中的柏拉图门徒
21 莎士比亚笔下的王者
22 政治哲学中的莎士比亚
23 政治生活的限度与满足
24 雅典民主的谐剧
25 维柯与古今之争
26 霍布斯的修辞
27 埃斯库罗斯的神义论
28 施莱尔马赫的柏拉图
29 奥林匹亚的荣耀
30 笛卡尔的精灵
31 柏拉图与天人政治
32 海德格尔的政治时刻
33 荷马笔下的伦理
34 格劳秀斯与国际正义
35 西塞罗的苏格拉底
36 基尔克果的苏格拉底
37 《理想国》的内与外
38 诗艺与政治
39 律法与政治哲学
40 古今之间的但丁
41 拉伯雷与赫尔墨斯秘学
42 柏拉图与古典乐教
43 孟德斯鸠论政制衰败
44 博丹论主权
45 道伯与比较古典学
46 伊索寓言中的伦理
47 斯威夫特与启蒙
48 赫西俄德的世界
49 洛克的自然法辩难
50 斯宾格勒与西方的没落
51 地缘政治学的历史片段
52 施米特论战争与政治
53 普鲁塔克与罗马政治
54 罗马的建国叙述
55 亚历山大与西方的大一统
56 马西利乌斯的帝国
57 全球化在东亚的开端
58 弥尔顿与现代政治